Mistérios Vampyricos

A Arte do Vampyrismo Contemporâneo

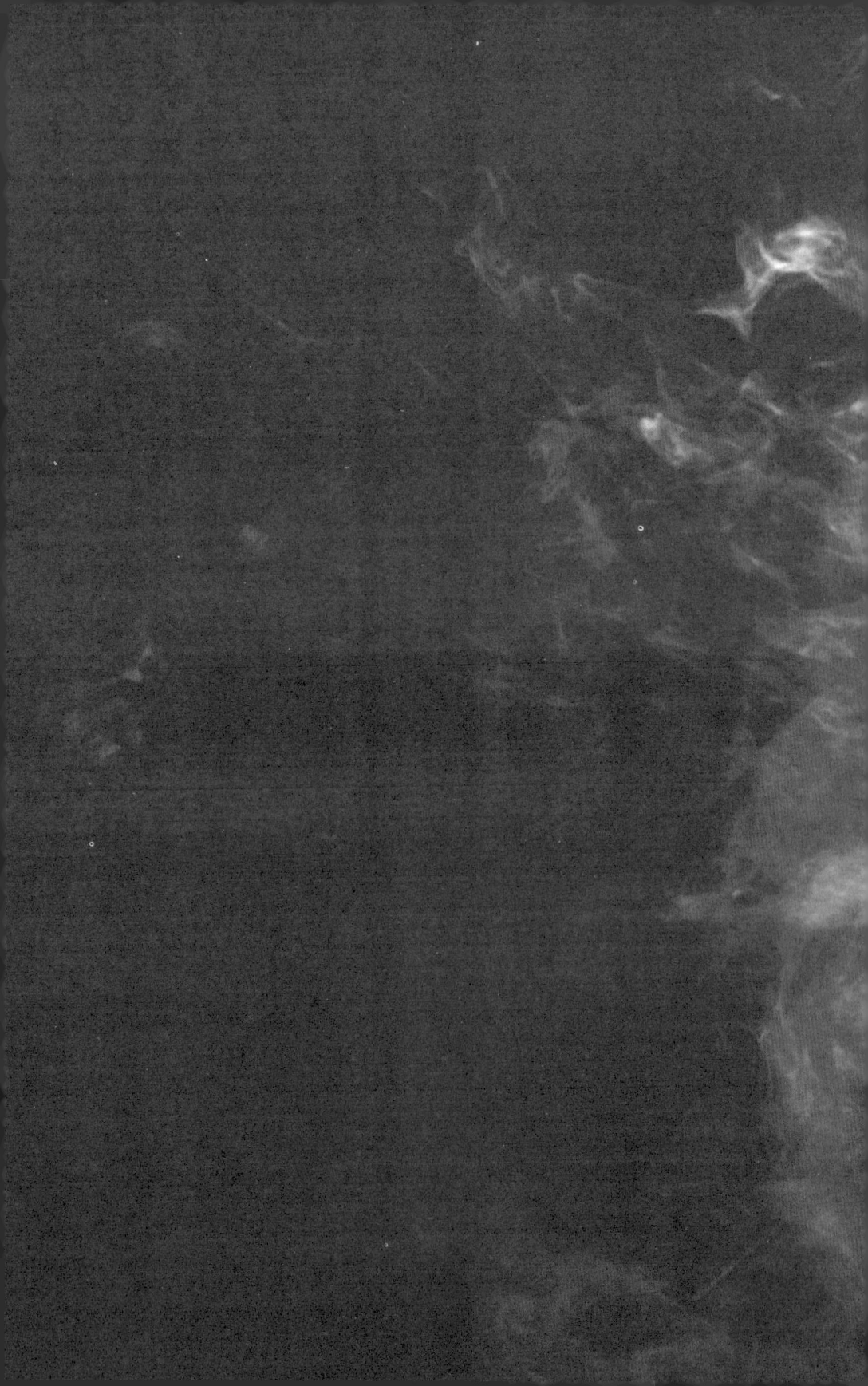

Lord A∴

Mistérios Vampyricos

A Arte do Vampyrismo Contemporâneo

MADRAS®

© 2014, Madras Editora Ltda.

Editor:
Wagner Veneziani Costa

Produção e Capa:
Equipe Técnica Madras

Fotos internas:
Carlos Eduardo Camargo Aranha Schiavo

Revisão:
Jerônimo Feitosa
Maria Cristina Scomparini
Ana Paula Luccisano

**Dados Internacionais de Catalogação na Publicação (CIP)
(Câmara Brasileira do Livro, SP, Brasil)**

Lord A.:
Mistérios vampyricos / Lord A.:. -- 1. ed. --
São Paulo : Madras, 2014.

ISBN 978-85-370-0923-9

    1. Ocultismo 2. Ocultismo - História I. Título.

14-06182   CDD-133.09

    Índices para catálogo sistemático:
    1. Ocultismo : História 133.09

É proibida a reprodução total ou parcial desta obra, de qualquer forma ou por qualquer meio eletrônico, mecânico, inclusive por meio de processos xerográficos, incluindo ainda o uso da Internet, sem a permissão expressa da Madras Editora, na pessoa de seu editor (Lei nº 9.610, de 19/2/98).

Todos os direitos desta edição reservados pela

MADRAS EDITORA LTDA.
Rua Paulo Gonçalves, 88 – Santana
CEP: 02403-020 – São Paulo/SP
Caixa Postal: 12183 – CEP: 02013-970
Tel.: (11) 2281-5555 – Fax: (11) 2959-3090
www.madras.com.br

Índice

Introdução 9
    Quem sabe, falando dos dragões... 10
1 – À Meia-Noite de uma Noite sem Luar, no Jardim das Delícias – A Trajetória dos Termos Uppyr/Vampyrico/Vampírico ao Longo das Culturas e Relevos 19
    Strigoi e o sussurrar dos ventos 24
    Uppyr Lich: as marcas que falam 60
    Drácula, vampiros, a ribalta e a luz prateada 73
    A Ordem do Dragão 95
    Vitorianismos, flaneurs e olhando o Drácula do romance e o da cultura pop 158
2 – Através da Vastidão sob um Longo Véu Negro – A Subcultura Vampyrica 165
3 – Uma Nova Encruzilhada – Depois de Outra Encruzilhada na Calada da Noite sem Luar 249
Despedidas, desperdiçando o amanhecer e esperando o manto aveludado da noite 277

Dedicatória

À minha amada srta. Xendra Sahjaza e aos nossos deuses, deusas, *daemons* – nosso "Sangue" – e ao fogo das estrelas que ardem no aveludado manto negro do espaço sideral.

À minha família diurna, que me trouxe a este Jardim Selvagem onde nem sempre fui o que esperavam, mas certamente me forjaram para ser aquilo de que precisam e que, para mim, sempre foram os gigantes que me levaram em seus ombros pelas encruzilhadas da vida – meu espelho dos deuses nas bênçãos, maldições e principalmente nas lições aprendidas pelo caminho, sendo que a principal delas é a inspiração deixada por cada ancestral aos seus descendentes para que sempre vivam e arrisquem um pouco mais do que eles em suas jornadas passadas.

Ao Círculo Strigoi e a toda Dinastia Sahjaza e seus integrantes por me fazerem alguém melhor, ensinando que o Universo é imutável em suas mutações e que o mistério e o inesperado são as certezas da vida – e que as

coisas se desvelam mediadas pela forma como escolhemos nos aproximar. Em especial, a Goddess Rosemary, Lisa Webb e Ophelia, nos Estados Unidos e Canadá; no Brasil, a Vincent Sahjaza, Chris "Misft" Sahjaza, Khintarus, SilverMist, Lilith Melanie, Jennifer e Isiliél. Aos aprendizes e neófitos de nossas órbitas externas e também dos encontros do Tarô dos Vampiros, do Passeio São Paulo Maldita, dos saraus que organizamos ao público de todas as festas e eventos já realizados nestes dez anos – atualmente sendo o Fangxtasy nossa bela e duradoura conquista.

Aos enlaces da amizade e das parcerias estabelecidas por meio desta trilha aos presentes, aos ausentes e aos que retornam. Marcas indeléveis do meu caminhar, gratidão: aos irmãos Schiavo, às famílias Alípio e Teixeira, a Shirlei Massapust, Alesão, Glaucia, Silvia e João, Liz Vamp e ao Dia dos Vampiros, a Ives Morgen, Heder Zapatero, Kell Kill, Paulo Med, Bacana, Demoh, Wadão, Edu Gyurkovitz, Ivan Bispo, Christian Hossoi e Fake No More, Daniel e Lillith Elizium do Alquimia, Lucius e Maryan, Nick e Katy, Cleber L., Heitor Wernek, Lili e Maicon da Fetishe Furries, Wagner V. Costa, Wagner Périco, Vahmp e Andy, Dam P. , Bram, Soraya M. e Priba, Angel Gonzales, Marcos Torrigo, Ghad, Tania G., Marcelo D. Debbio, David Lloyd e Alan Moore, Rubens Lacerda, Roberto Caldera, Arto, Vibratum, Nivia, Patricia Farias, Patricia Fox e Claudio, Arsenio e Zelinda, Elpidio e Marta, Claudiney Prieto e Nemorensis, Lua e Elfo, André Vianco, Giulia Moon, Martha Argel, Arturo, Andrezza, Fabricio, Max, Douglas, Alexandre, Taty, Equipe Madras, Gianpaollo Celli, Marcos de Britto, Flávia Muniz e a todos os mais de 13 mil leitores fixos da Rede Vampyrica no Brasil, América do Sul e Portugal, que todos os meses em mais de 300 mil acessos nos permitem cristalizar mais e mais sonhos de Vampyros e Vampyras.

Introdução

Existe uma grande chance de este livro ser nosso primeiro contato. Muito prazer! Seja lá quem você for, ou onde esteja. Está confortável? Quer diminuir um pouco a luz? Sinta-se à vontade para ligar o som ou beber um pouco de absinto... ou quem sabe vinho. Você se lembra da última vez em que sentou com alguém para conversar, olhando no olho e em tom reservado? Isso mesmo, aquela vez em que você se sentiu ouvido e se lembra de que também ouviu bastante e isso marcou aquela noite, ou quem sabe dia, na sua memória. As letras e os sons aqui desenhados talvez ocupem uma boa parte de sua mente imaginando minha voz e quem terá sido este autor – seja gentil com aquilo que imaginar a meu respeito. Se nas páginas a seguir conseguirmos um contato semelhante, a transmissão das ideias e o compartilhamento de variadas inspirações propostas por esta obra, formando um mosaico ou mesmo uma mandala sobre o Vampyrismo – apesar das minhas palavras afiadas –, ter escrito este livro terá valido a pena. Por onde começamos?

Quem sabe, falando dos dragões...

Vejamos a Terra – ela dá a luz, nutre, recebe e provê a todos sem preferências, sem exclusivismos, sem gostos, sem nojos, sem distinções, sem medos, sem traumas anteriores, e ao final de nossas vidas recebe todos igualmente. Da mesma maneira e inexoravelmente devora todas suas criações... Em seguida, ou melhor durante esse devorar, povoa-se nova e ciclicamente. Se, por ventura, a raça humana, que só vê a si mesma, terminasse hoje, em 50 anos a Terra veria sua filha Natureza consumindo todo o supérfluo que sobrou e indiferentemente recomporia numa boa todo o ecossistema com mínimo esforço.

Nas suas profundezas bate um coração vermelho de calor e lava capaz de tudo dissolver. Seu pulsar movimenta continentes e mares, e nas vezes que sobe para a superfície os resultados são avassaladores e sem controle algum. Seu pulsar estende-se pela superfície e propaga-se além de todos os véus do espaço gélido pelo infinito...

Uma vez que o planeta Terra é uma esfera, não tendo nem em cima nem embaixo, se alcançarmos o mais distante norte, pensaremos ter chegado à ilusória parte de cima dele?

Quando olhamos para cima, não vemos o norte e sim o céu infinito – e, quanto mais nos aproximamos do céu, percebemos que o azul vai ficando para trás; e, quando passarmos pela estratosfera, só nos restará um veludo negro salpicado de pontos luminosos. Do mesmo modo que tudo não se torna aquilo que esperamos, por mais que nosso comodismo o exija...

Quanto mais andamos, mais temos de andar. Existe algum caminho? Sim, aquele que começa logo atrás da árvore – mas a árvore tem alguma frente? Onde fica o lado da frente de uma árvore?

E penso que aprender, bem, aprender é como mergulhar em um abismo sem fim – ou seja, entre as estrelas da noite ou do espaço sideral –, do qual a nossa mente é apenas um pálido reflexo... Nunca termina, só é limitado por nossa linguagem e nossos mapas de realidade – até que tenhamos desenvolvido aquilo que é chamado de "O Despertar" na Cosmovisão Vampyrica... Mas, em determinado momento, voltamos atrás e dedicamos um tempinho para deixar algumas impressões e inspirações aos que desejarem trilhar os caminhos do labirinto e do próprio destino...

Nas enseadas do Mar Egeu o termo que designava dragão era *Drachenn*, também usado para se referir às serpentes voadoras, serpentes com chifres que rugiam como leões e outros seres fantásticos. Serpentes, por vezes, tinham veneno... a palavra também designava moedas daquela época, e há até quem diga que a palavra significava "olhar". Dizem até que a constelação que hoje chamamos de Escorpião era igualmente chamada de *Drachen* naqueles tempos...

Introdução

A melhor pergunta para começar é: Por que o meu veneno carmesim é melhor do que o seu? Se ele é tão bom assim, por que insistir em compartilhá-lo com outros em vez de guardá-lo consigo ou apenas para os seus? Se é tão bom assim, guarde ali quietinho com você – tome um pouquinho, delire e depois beba uma água... aquilo que cura ou sacia a sede de viver de um pode ser a danação de outro. É mais cômodo, confortável e é só ficar esperando ver na mídia a próxima baboseira que alguém vai cometer envolvendo os termos vampíricos, Vampyricos e afins.

Cada vez que assisto ao mau emprego desse termo ou sua relação exclusiva (e planejada) com uma realidade-espelho capaz apenas de salientar adolescentes problemáticos e sob uma ótica hollywoodiana que apenas vincula parasitas, sanguessugas, escórias e afins, algo se contorce no meu estômago. E como ninguém aqui no Brasil se dedicou a escrever sobre esse contexto ou mesmo essa exótica subcultura urbana, mantendo o vampírico apenas como gênero ficcional ou então como manuais práticos de verdades ocultas redigidas por cegos ou de parasitismos variados, escolhi compartilhar algumas instâncias e aspectos basais sobre o tema.

Se fosse para escrever mais um livro para empacotar as informações do meu jeito – isso já saturou o mercado desde o final do século XIX –, eu nem teria aceitado o desafio de escrever este. Se é para fazer tudo igual, é melhor nem fazer. Aquilo que é novo é normalmente grotesco, repulsivo e ainda bastante simples de se entender e de ser conversado – não requerendo artifícios mecânicos exagerados ou academismos insuportáveis. Gosto de dizer que vampírico ou mesmo Subcultura Vampyrica é um tema "dionisíaco e não apolíneo" – um retorno ao pensar pré-moderno, uma antropologia do imaginário em diversas expressões que pode ser usada como ferramenta ou arma para caçarmos aquilo que nos desperta a sede pela indestrutível força da Vida.

Esta é a primeira vez que escrevo sobre o tema? Não! Comecei ainda em finais de 2003; logo depois veio uma coluna eletrônica de um tradicional *site* gótico, o que despertou a atenção de outros *sites* não góticos – de paganismo, ocultismo, cultura pop e até dos principais canais jornalísticos brasileiros, bem como de publicações norte-americanas, francesas e belgas e, principalmente, de uma gama crescente e fidedigna de leitores e leitoras. Ainda em 2006, com base nesse crescimento, estabeleci e fundei o que hoje conhecemos como Círculo Strigoi (na época usei o nome de plume "Officina Vampyrica" com o objetivo de fornecer informações multimídia, promover *workshops*, cursos e introduzir apropriadamente na América do Sul e países lusófonos a vertente do fashionismo e também da Cosmovisão Vampyrica). Uma das minhas criações mais interessantes dessa época foi o Podcast *Vox Vampyrica,* que em 2010 se tornou um programa de web rádio semanal. Em 2007, criei o primeiro *site* exclusivo de conteúdo

Vampyrico que está no ar até hoje, chamado *Vampyrismo.org*, que foi o alicerce da Rede Vampyrica ou Rede Vamp, a qual atravessa a América do Sul e várias localidades em Portugal. Foi a primeira vez que conteúdo verossímil sobre o tema foi compartilhado em português desde então. Posteriormente veio a primeira grife de *Fangsmithing* (criação de presas ou próteses Vampyricas cinematográficas removíveis). Desde então, eu e o meu Círculo Strigoi, bem como seletos colaboradores e colaboradoras, fomos introdutores e precursores de diversos encontros e eventos de invejável infraestrutura com convidados relevantes, cuja história de tais atos se confunde com a história da própria cena brasileira e sul-americana – isto pode ser facilmente comprovado por meio de qualquer pesquisa via Internet.

O núcleo principal deste livro foi escrito entre os anos 2004 e 2008, recebendo generosa revisão durante 2009 – e atualização consistente ao final de 2013, quando foi revisado por mim e pela incrível Equipe da Madras Editora, o que torna esta publicação uma deliciosa coleção de retratos e imagens fractais do desenvolvimento de todo um contexto cultural e espiritual. Uma iniciativa de gênero único no contexto sul-americano, o livro chega às suas mãos quando a cena já completou a primeira década de atividades ininterruptas. Muitos dos seus projetos e eventos já existem há bem mais de seis anos, e todo semestre é criado algo novo – seja um evento, encontro, artigo, etc., que graças aos deuses já acontecem e são produzidos fora do eixo Rio-São Paulo, por toda parte. Isto é bastante estimulante para alguém que já vivencia e integra tudo isso desde o distante ano de 1993. E, no decorrer das páginas que virão, vou expondo, revelando e dividindo alguns fatos que não são comuns, tampouco corriqueiros. Enfim, Vampyricos e Vampyricas existem, estão por aí – não compondo nenhuma forma de mitologia, de faz de conta ou de folclore desajustado urbano. Não, este não é um livro religioso, antes que alguém insista nisso. Não pretende ser nenhum tipo de bíblia ou tomo sagrado – visto que, se essa Subcultura Vampyrica tem uma vertente neopagã, uma bíblia ou evangelho de vampiro seria algo ridículo de se pensar e denotaria mais um engodo de uma "realidade-espelho". Indo um pouco mais longe, Vampiros e Vampyricos não são nenhum tipo de Deus ou coisa parecida. Não somos nenhum tipo de buraco negro também – como alguns *sites* estranhos (e que comprovadamente desconhecem nosso meio) pregam por aí. E, como não somos nenhum tipo de único Deus existente e nenhum buraco negro, não precisamos adorar qualquer tipo de deus-não-morto ou seguir algum tipo de líder. Aliás, nunca siga ninguém e vigie o parquímetro onde você estaciona suas ideias!

E, uma vez que reafirmo os vínculos pagãos, não somos satanistas, "demonologistas", "tinhologistas", "coisa-ruim-logia", "encostologia" e

qualquer coisa semelhante. Também como nunca vimos nenhum tipo de "bruxólogo", achamos bem estranho que haja "vampirólogos". Embora no seu lado diurno o autor seja um estudante quartanista de uma famosa faculdade de psicologia paulista e, no lado noturno, considerado o patriarca da cena vampyrica local, isso não o torna um vampirólogo de qualquer tipo. Isso pertence a pessoas que vivem em uma realidade-espelho e que ainda precisam de dicotomia, monoteísmo empobrecido e que insistem que só existem bem e mal. Ou melhor, que insistem em culpar e responsabilizar agentes e terceiros por suas próprias mazelas, que escolhem apenas pela superficialidade e a presunção nas suas relações pessoais – e às vezes até mesmo com os habitantes da realidade "não ordinária", sejam eles anjos, demônios, fadas, lobos, espíritos, fantasmas ou invisíveis unicórnios cor-de-rosa. Fala sério, né?

Você vai perceber que uso bastante o termo Subcultura Vampyrica (era um termo comum nas publicações entre 2005 e 2010, atualmente vem caindo em desuso). Tentar explanar detalhadamente o que significa e o que se relaciona ao conceito de Subcultura renderia um livro e tiraria o seu prazer de pesquisar e ir atrás. Então ficarei com o conceito mais diluído, utilizando o termo Subcultura no sentido de uma cultura com valores, estética e produção alternativa à da cultura dominante, que não se opõe a ela. Mas, inevitavelmente, critica seu mecanicismo, artificialismo, superficialidade, discurso em que não existe discurso algum e afins.

Subculturas apresentam-se em "lugares" físicos ou eletrônicos, onde pessoas com modos de vida convergentes, de diferentes graus de vinculação, encontram um ambiente confortável, estimulante e acolhedor no qual podem expor como sentem que são e conviver com pessoas afins e de gostos semelhantes. Assim, obtêm algum sentido e certo fôlego – olhe ao seu redor e pense como é entediante se ver rodeado de pessoas que não apreciam ou são alheias a valores, impressões, conteúdos culturais, sonhos, ideias e atitudes que você aprecia. Somos mais um dos incontáveis cenários culturais de clandestinidade aceitável e pequenos traços de ontológica anarquia para com costumes e dogmas artificializados e desgastados. Talvez em outros tempos fôssemos associados aos diletantes do blues, do glam rock, dos *beatniks*, da *cabaret culture*, dos celebrantes de Sabás europeus e afins... ou simplesmente lunáticos pouco úteis para o pensar moderno.

Você vai perceber também que refletimos e vivemos além da chamada realidade-espelho. Realidade-espelho é o nome que damos a todo aquele sensacionalismo, "oba-oba hollywoodiano" e midiático que chamam de vampírico por aí nos meios de comunicação digital, como redes de relacionamentos e folhetins oportunistas. Sabe, todo aquele papo de parasitismo, beber sangue, automutilação, personalidade mórbida,

depressiva, cultos de adolescentes estranhos e outras pessoas que baseiam seus relacionamentos e vínculos sociais na capacidade de intimidar, perseguir e sabotar a vida de terceiros (e por extensão a própria vida). Até mesmo por causa desse último tipo, o termo "vampiro psíquico" (pessoas infames que juram que são parasitas ou carrapatos éticos) caiu em desuso e passou a significar algo bem ofensivo em nosso meio. Sejamos francos, realidade-espelho NÃO tem relação alguma com a cena da assim chamada literatura fantástica e o gênero do romance vampírico. Realidade-espelho também NÃO tem coisa alguma a ver com produções cinematográficas, *videogames*, desenhos animados, quadrinhos e outras artes. Vampyricos em geral adoram produção cultural que envolva o arquétipo do vampiro, desde que possuam algum conteúdo ou profundidade emocional – e não um monte de zumbis ou de playboyzinhos metidos a vampíricos se matando a torto e a direito. E vale dizer que o Brasil atualmente tem uma das melhores safras de escritores e romancistas vampíricos de todos os tempos nas obras de André Vianco, Martha Argel, Giulia Moon, Kizzy e Alexandre Heredia – bem como há alguns neófitos promissores que com o tempo e a boa obra ainda virão a se destacar. Subcultura Vampyrica costuma ter muitos integrantes que adoram colecionar itens relacionados a vampiros, como antigos seriados, pôsteres, livros, quadrinhos. Como também há muitos integrantes que não dão a mínima para isso tudo – considerando ridículo quarentões que gastam dinheiro comprando brinquedos e bonequinhos. A coisa é bem variada e coexiste com todos os seus paradoxos. Podemos conceituar que uma Subcultura pode conter fã-clubes e colecionadores de algumas coisas. Uma Subcultura não é um tipo de fã-clube ou grupo de colecionadores em larga escala sobre determinado tema.

Muitas pessoas tentam afirmar que todo gótico (integrante da Subcultura Gótica) é Vampyrico (integrante da Subcultura Vampyrica) ou vampírico. Isso é mentira. A Subcultura Gótica tem milhares de arquétipos estéticos disponíveis, como *perky*, vitoriano, medieval, *cyber*, *post-punk* – na dúvida, ver o livro de Nancy Kirkpatrick. Embora a Subcultura Vampyrica tenha muitos vínculos afetivos musicais (Darkwave, Ethereal, industrial, *darkeletro*) e por vezes estéticos (principalmente com os estilos vitorianos e *cybers*), assim como com tecidos como seda, látex e até com a renda, objetos de desejo também na Subcultura Gótica, ambas são únicas e com suas especificidades – não compondo de nenhuma maneira uma mesma Subcultura ou grupo social. Só que é bem comum, tanto aqui quanto no exterior, integrantes de ambas as subculturas frequentarem os mesmos eventos, encontros sociais e terem gostos musicais e estéticos semelhantes. Sei que é o tipo de informação que só faz diferença para quem está associado a tal contexto. Até mesmo porque muitos Vamps sequer mantêm laços com integrantes da cena Goth. Para o restante do mundo, ambos são apenas pessoas vestidas estranhamente de preto ou com trajes escandalosos. Nos dois casos, ambos os grupos são nomeados de "rockeiros", como ouvimos com frequência no interior e nas cidades mais afastadas.

Subcultura Vampyrica não é nenhum tipo de jogo de representação ou de encenação e menos ainda algum tipo de fantasia de final de semana, uma vez que envolve pessoas com modos de vida que compartilham um repertório emocional e simbólico cheio de convergências não planejadas. Em nosso meio social, lidamos com relações humanas "para valer" e não simulações ou faz de conta de qualquer tipo de jogo com base em uma obra ficcional ou de finalidades lúdicas. Estes conteúdos serão aprofundados no capítulo 1. Outro engano comum é dizer que todo Vampyrico é neopagão. Não é assim. A Subcultura Vampyrica é muito clara nesse ponto: você tem a vertente que aprecia; a moda, a estética e o modo de vida de uma perspectiva laica (sem religião ou dogma algum e geralmente de viés humanista secular – tanto quanto possível). E você também tem uma vertente chamada Cosmovisão Vampyrica, de tendência pagã – com alguns integrantes que primam por um viés politeísta e outros por um viés panteísta. Na minha opinião, o que há neste caso é um monismo qualificado, mas desenvolverei esta questão de forma mais aprofundada em futuras publicações. Apenas para clarificarmos a questão de uma espiritualidade Vampyrica e fornecermos informações básicas, temos que nenhuma de suas práticas se relaciona com o que os monoteístas chamam de culto a "encostos" ou "espíritos obsessores". E para aqueles que apreciam a temática da vida após a morte, as práticas neopagãs dos Strigois NÃO visam tornar-se um obsessor ou um encosto após a morte – nem se tornar pilha de egum. Tampouco se baseiam na premissa de alguém ter sido algo assim em uma vida anterior. Nem dependem de alguma crença de já ter sido isso em outra vida ou no outro mundo. O que vale é o que fará com a vida no presente e aqui neste mundo. Uma vez que não estamos possuídos por nada que não seja a "nós mesmos" e aquilo que escolhemos estruturar em nosso *modus vivendi,* sugiro aos monoteístas atrelados a dogmas vazios, e não a uma fé ou vivência espiritual qualitativa, além de apenas esconder seus recalques dizendo que é vontade de Deus: façam seu sinal da cruz, mas vejam que continuaremos por aqui. *Como dizem no seriado* True Blood, *de Allan Ball, inspirado nas histórias de Charlane Harris: "Deus tem lugar até para Vamps nos seus planos".*

E, a propósito, como este é um país laico, todo agrupamento social, crença, paradigma e "whatever" têm seu local de encontro e direito de expressão assegurado pela Constituição. Não invadimos o espaço de ninguém esperando que não invadam o nosso. É simples, mas não é fácil conseguir

este consenso. Ainda hoje tem Vampyrico que sofre invasão de espaço e tem de aguentar o "pregacionismo" e o "conversionismo" na sua porta todo dia. Vir a ser um Vampyrico não é algo para pessoas que precisam de desculpa para utilizar de violência física ou verbal. Nem uma justificativa para realizarem suas insanidades pessoais. E penso que os Vampyricos e as Vampyricas que conheço e com os quais tenho convivido ao longo desses anos são bem coerentes, estruturados e com boa qualidade de vida. Normalmente possuidores de uma carreira profissional, nível universitário e sem problemas em manter seu modo de vida para si e para com aqueles que se importam com consensualidade e segurança.

Sempre acaba acontecendo de ler ou ouvir coisas como: *"Então, vocês Vampyricos vieram para dividir, retalhar a cena e estabelecer mais uma religião e"...* Não! A Subcultura Vampyrica, inclusive Vampyrismo, nem é "religião" de nenhuma natureza, nem pretende ser algo parecido. O que fazemos neste livro é justamente fornecer acesso à informação e, porventura, desmistificar isso e oferecer novos pontos de vista bastante necessários à manutenção e à atualização deste tema em nosso idioma. Muitas pessoas simpatizantes e apreciadoras ainda estão carentes de informação consistente e substanciada desta temática. E os reflexos disso são bastante perturbadores a curto prazo... Ainda que a maioria incompetente de moderadores de comunidades eletrônicas sobre o tema insista em apenas mantê-las como celeiro de realidade-espelho.

Outra pérola bastante comum lida em 2006 foi: *"Então você está a revelar os segredos secretos da minha raça"...* (!) Uma vez que cerca de 97% das pessoas que escrevem esse tipo de frase também dizem que têm problema no chacra coronário (!), sugam energia dos outros via tela do computador (!) e, quando assistiram ao filme *Drácula,* de Bram Stoker (pense quando assistem ao *Crepúsculo,* então!), não desenvolveram sua interpretação de texto o suficiente para entender que o personagem interpretado por Gary Oldman ao falar "raça" referia-se ao fato de pensar ser descendente de "asiáticos" ou de "hunos"... Como não é possível mudar de raça (somos humanos biologicamente), tampouco deixarmos de vir a ser o que somos, resta termos de explicar obviedades como essas. Algumas dessas pessoas até que são simpáticas e é possível conversar e apresentar outras ideias mais assentadas a elas. Há ainda os fãs compulsivos de alguns seriados ou universos ficcionais específicos com olhares lânguidos e maneira repetitiva de apenas expor aquele seriado como a realidade única derradeira. Existem outros que são dogmáticos e se esforçam compulsivamente em afirmar que o vampiro é apenas um faz de conta e nada mais, exceto quando contam seus "causos" e repetem enfandonhamente matérias da revista *Planeta* para ser gurus de alguém – em geral dos fãs derradeiros de algum seriado em questão. Existem também aqueles famosos *"cool*

blazeístas" que adoram pregar que tudo isso não presta, é brincadeira e as pessoas não sabem com o que estão brincando, e porque, para quem é das "antigas", nada disso existiu e é coisa de molecada. Enfim, eles continuam caindo bêbados por aí e ainda não construíram nada que tenha durado mais do que alguns poucos meses.

Uma vertente dessa categoria também alega que não existe discurso algum, não existem rótulos e apenas há uma única cultura obscura universal, genérica e *dark,* blá-blá-blá. Normalmente, eles são agressivos em excesso e adoram ameaçar de maneira verborrágica pessoas com argumentos de que irão formar grupos de linchamento contra elas, fantasiando uma década de 1980/1990 hipotética e um paraíso de casas que não existiram como eles narram. Isso sem falar nas hereditariedades que alegam como forma de justificar sua suposta antiguidade e "direitos divinos" sobre as cenas alternativas – fim do modo irônico. Bom, ao meu ver, não estão nem um pouco distantes dos 97% citados no parágrafo anterior. Só que, em razão da quantidade de problemas de ego e sua postura de "minhas roupas são mais caras do que as suas", ou que sua faculdade é mais cara que a do outro, é melhor deixá-los de lado. Há espaço para todo mundo e de certa forma todo contexto humano contém subgrupos antagônicos entre si. Há também outros agrupamentos que inventam alienantes realidades de que todos esses aí não são algo de verdade e que o verdadeiro é alheio a tudo isso, e praticam o mesmo jogo cultural só que invertido... Só resta a cada um andar entre afins.

Outra variação dos casos citados é o "metido" a entender de magia que nunca praticou nada do que fala, apenas leu (isso quando leu!). Mas esforça-se em ficar na Internet assustando os outros e soltando ameaças e disparates – ou discursos verborrágicos –, como usar termos desconhecidos, alegar pretenso conhecimento de coisas desconhecidas, sacerdócio de panteões inexistentes e fotos que assustem. Se a pessoa não pratica, não deveria se propor a falar do que não sabe ou do que não vivencia. Citar chavões de *videogame* é pior ainda nesses casos.

Parecer não é "Ter" e só ter não significa vir a ser o que expressa. Chama-se "faz de conta" ou passar de importante, para levar fama. Também existem os "psico-alguma-coisa", com teorias mirabolantes dizendo que as pessoas escolhem ser Vampyricas por causa de exclusão social, narcisismo exagerado, ser vítimas de *bullying*, encriptamentos encafifados, complexos de Édipo malfadados. O tempo todo querem justificar o porquê de alguém ser vampírico ou expor novamente alguma pessoa maluca que bebe sangue como caso de *freak-show* e representando uma cena inteira. Enfim, agora que clarificamos o que é realidade-espelho e meu evidente desprezo por esse discurso cíclico, vamos injetar algo de novo ao tema e trincar esse espelho...

Eis o meu veneno que relutantemente aceitei compartilhar há algumas páginas, ou seria *venenum* – outro termo que descende de Vênus –, o qual se refere à química e à alquimia, que com letras e palavras carmesim começarei a servir em doses moderadas ao meu leitor nos próximos capítulos... Prometo uma jornada que despertará associações e descobertas; algumas vezes talvez eu seja apenas o cara que afirmou algo que você jurava já saber, mas esperava por uma confirmação ou autorização para fazer algo a respeito. Para alguns, serei um louco falando de ideias divorciadas da sua realidade e, a outros, um demônio insidioso. Minha certeza é de que levarei através e além dos cacos da realidade-espelho que ousamos golpear. Então vamos pela escuridão sideral, infindável e pelo dionisíaco caleidoscópio daquilo que tomamos como próximo e aceitável e daquilo que nos é distante e alienígena... Vamos por meio do aveludado manto negro da escuridão caçar o vermelho do "Sangue", e o fruto dessa caçada é a nossa afinidade...

Lord A:.
Axikerzus Sahjaza
Patriarca do Círculo Strigoi

1
À Meia-Noite de uma Noite sem Luar, no Jardim das Delícias
A Trajetória dos Termos Uppyr/Vampyrico/Vampírico ao Longo das Culturas e Relevos

Longe de mim querer instalar alguma origem anacrônica, não sequenciada, inventada em uma história perdida nas brumas do tempo. Uma vez que também inexistem linhagens *mágickas* ininterruptas de quaisquer práticas europeias, fico com o que encontrei em livros, teses de faculdade, vivência e certamente muita pesquisa, e principalmente "pensar" sobre essas pesquisas comparativa e multidisciplinarmente. Ainda assim há algo nesses assuntos de tons noturnos e incontroláveis – quando partimos para a pesquisa

de campo ou mesmo a vivência prática – com que temos de aprender a conviver, e apenas alegar "descrença" ou que é o único "deus" que existe não ajuda comprovadamente em nada. Se a natureza é o melhor retrato do imaginário, é mais sensato nos resguardarmos com algum pudor e respeito pela imprevisibilidade, potência e impessoalidade das coisas da vida, do ecossistema e dos seus habitantes.

Passa longe de mim a pretensão de inventar uma origem totalmente descontextualizada para uma moderna subcultura que a partir da década de 1970 se apropria e reinterpreta aquilo que havia ao seu alcance no chamado arquétipo do vampiro e, simultaneamente, atribuirá ao vamp um meio social e estético que vem se desenvolvendo ao longo destes quarenta e poucos anos de atividade transregional. Desde a Idade da Pedra, um terror comum à raça humana era que o morto voltasse à vida. Não raro vamos encontrar mortos enterrados no passado ancestral com os braços e tornozelos amarrados para que não levantassem mais em caso de retornarem. Nos relatos de antigas batalhas entre reinos, quando os mortos não podiam ser enterrados antes do anoitecer, tinham seus pés decepados para não poderem mais se levantar. Entre os bizantinos era costume estaquear os mortos para que eles não voltassem mais. O esquartejamento do morto e a utilização de piras funerárias eram outras formas de assegurar que eles não retornassem mais. O medo de morrer e da volta do morto era um grande terror para os viventes, que até mesmo nos dias de hoje não foi inteiramente superado a despeito da ampla produção cultural, científica e até mesmo espiritual.

O parágrafo acima é mais ou menos comum nas principais obras vampirescas desde o fim do século XIX – exceto pelo fato de eu ter incluído no seu começo alguns posicionamentos sobre o início da cena Vamp ou Subcultura Vampyrica nos anos 1970 nos Estados Unidos. Entretanto, ao falarmos da chamada Antiguidade e suas práticas mortuárias, temos a questão dos Reis Sagrados e ainda dos Mortos-Todo--Poderosos de algumas regiões ou tribos em diversas partes do mundo, que intermediavam a relação dos xamãs e dos vivos com os deuses e deusas. E, em torno desses túmulos em alguns lugares como no Oriente Médio, era comum encontrar vítimas sacrificiais em posições fetais para suas forças alimentarem a permanência desses Reis-Sagrados ou Mortos--Todo-Poderosos. Poderíamos pensar nos "Burial-Mounds" do norte da Europa, onde muitos eram enterrados – talvez com a mesma finalidade. Poderíamos pensar em árvores-oraculares como recentemente exploradas nos romances de George R. R. Martin de *Game of Thrones* – onde aqueles iniciados enterrados sob suas raízes se misturavam a elas e auxiliavam os vivos nos ritos apropriados. Até mesmo na Romênia e Hungria (regiões sempre associadas aos vampiros), segundo o pesquisador Radomir Ristic,

em *Balkan Traditional Witchcraft*, práticas similares eram mantidas pelos antigos ritos de fertilidade da terra e talvez por algumas guildas de profissões marginais, como parteiras, pedreiros e ferreiros. A questão da alimentação *post mortem* ou mesmo do fornecimento de um subsídio material a um espírito ou deidade nascida, ou até das oferendas para uma deidade nunca nascida, é parte de uma ferramentaria importante e validatória em todos os caminhos perenes dos tratos com a realidade não ordinária. Leitores mais aptos se recordarão da questão das múmias egípcias, do Ba e do Ka e ainda muitas outras variações relevantes em todos os continentes. Existem diversas obras da própria Madras Editora que auxiliarão aqueles que desejarem pesquisar mais sobre este tema. Nos *podcasts* do *Vox Vampyrica* tenho entrevistas com colegas historiadores como Arturo Branco (do livro *As Origens de Drácula*) e com a Andrezza Ferreira (do livro *História dos Vampiros*),* e muitos outros pesquisadores do Brasil e do exterior que podem informar melhor sobre esses temas. O que me permite saltar cronologicamente para cinco séculos depois de Cristo e prosseguir com esta jornada.

Desde 550 d.C. até pelo menos 900 d.C., tivemos uma Idade das Trevas na Europa, em que a metalurgia, as estradas e a cividade foram perdidas e a fome tomou conta do continente. Não raramente sobre esse período encontraremos relatos de canibalismo e diversos tipos de excessos realmente hediondos. A história de homens e mulheres que viviam no meio da floresta e literalmente se alimentavam da carne de crianças, em virtude da escassez de alimentos, não eram apenas contos. Alguns contos de fada dos Irmãos Grimm ou de La Fontaine podem ser mais aterrorizantes do que se pensa... A Igreja Católica também não ficava para trás na geração de atos hediondos e explicações que pudessem justificá-los – foram os "maus" da ocasião, não há religião ou instituição estatal teocrática que não tenha cometido excessos em suas regências em todas as épocas. Mas, de volta aos católicos, o primeiro passo foram as fogueiras para os que eram condenados por eles. Religiosamente o método era usado como forma de impedir que os mortos condenados voltassem e para purificar a região. Mas, na prática, era uma segurança contra a criação de mártires que pudessem inspirar o surgimento de novas heresias ou focos de resistência ao seu infame conversionismo. Além disso, queimar publicamente o oponente era um bom método de impedir que partes de seu corpo fossem transformadas em relíquias. Por longo tempo, o escambo e o envio de relíquias, como o osso do fêmur do santo tal, a língua do santo fulano, Santos Sudários variados, cálices

---

*N.E.: *As Origens de Drácula* e *História dos Vampiros* são obras publicadas pela Madras Editora.

com os quais José de Arimateia teria recolhido o sangue de Cristo e cabeças de João Batista para reis bárbaros recém-convertidos, ou para dar embasamento à criação de cidades que viveriam depois das peregrinações de fiéis em busca de um milagre, eram uma forma de sustentar a economia do clero europeu naquela época e até hoje.

A fogueira para os inimigos da fé se transformaria em um importante evento social que reunia os moradores das cidades e dos seus arredores para um verdadeiro espetáculo de morte e redenção católica. Os primeiros a ser condenados foram os hereges, depois vieram os cátaros, os Cavaleiros Templários, os leprosos, os judeus, os ciganos, os hussitas, os gnósticos e muitos, muitos outros, não necessariamente nesta ordem... Porém, as fogueiras para as bruxas só apareceram com a entrada da Idade Moderna – igualmente a partir do instante em que a imagem tanto da bruxa quanto do vampiro foi criada pela Inquisição católica e amplamente divulgada em sermões e na produção cultural. Tudo isso ganha evidência e força nas décadas finais de 1400 d.C.

Muito antes disso, os cultos de fertilidade da Terra, baseados em aspectos guerreiros e de violência explícita, pertenciam aos guerreiros que eram enviados para enfrentar o coração do exército inimigo, os quais provavelmente não retornariam vivos da batalha – no sentido real e imediato de morte biológica.

Para eles já não fazia mais diferença se continuariam vivos ou mortos; seus destinos eram entregues às mãos das deidades de quem eram devotos, e sua inspiração e entrega a elas no calor da batalha eram inquestionáveis. Para todos os efeitos, eles já estavam mortos para o mundo e não tinham mais nada a perder quando entrassem em estado de êxtase e de conexão com as suas deidades. Vale ressaltar que isso era um processo de fundamentação bastante complexo e enraizado na formação cultural e religiosa deles – uma possessão ritualística por meio da qual a deidade ou espírito totêmico era trazido para a Terra –, não se tratando apenas de uma declaração semântica de qualquer gênero e que nos dias atuais mal podemos sonhar como teria sido. Pode ser que ainda hoje em mistérios profundos de cultos de raízes africanas ou mesmo caribenhas alguns traços desses e de outros mistérios ainda permaneçam em seus complexos e ricos fundamentos.

Prosseguindo, iremos observar características de cultos de fertilidade baseados em processo de êxtase europeus anteriores ao século X d.C., a invenção da lenda e o arquétipo do vampiro sob as influências e auspícios que temos nos dias de hoje, com auxílio de pesquisas sérias, e não "achômetros", e sem o uso do símbolo para justificar o discurso estético ou místico de alguns sistemas dos outros séculos. Fica também evidentemente expresso que este é um estudo de impressões sobre a longa história

humana, muitas vezes dissociada de seus mitos, ritos, animais e outros elementos. Não se trata de nenhuma mecânica secreta para vincular uma subcultura surgida nos anos 1970 a costumes considerados "barbáricos" de outras eras. Uma vez que temos uma subcultura na qual uma de suas vertentes aprecia os movimentos do neopaganismo, e mesmo que a lenda do vampiro em si tenha surgido apenas a partir do século XVII no Leste Europeu, é curioso observarmos algumas das mais interessantes descobertas e pesquisas acadêmicas pouco conhecidas e expostas, em que o mito se torna muito mais exótico que o delírio criativo de tantos ficcionistas e revela uma realidade bastante diferente de algumas fantasias urbanas, desnudando com alguns eventuais dogmas vampíricos da cultura de massa. Portanto, antes de sair por aí com máscaras, presas e longas capas negras, lembre-se de que você vive em pleno século XXI, com todos os seus bônus e ônus. O preço da liberdade é criarmos o próprio universo, ainda assim a mesma liberdade reside na sua própria habilidade para despertar das próprias ilusões que você mesmo alimentou através dos anos sem qualquer hipocrisia, de forma nua e crua, e pensar o quanto custou para as pessoas à sua volta e para o ecossistema mantê-lo nesta forma e *modus operandi*.

Para facilitar a leitura e a compreensão, escolhi subdividir este capítulo em três partes:

Strigoi e o sussurrar dos ventos: aqui aparecem os mitos húngaros, romenos e dos Bálcãs – onde antigos cultos de fertilidade da terra de metodologia xamânica do Ocidente Europeu, da Ásia e do Oriente Médio se encontravam e se misturavam entre si ao longo da dança dos séculos perante nossos olhos de encontradores modernos. Imagine o mundo antes de termos e rótulos como bruxos e vampiros serem formalizados pelos inquisidores e o folclore...

Uppyr Lich: as marcas que falam: uma inscrição de rodapé, traduzida posteriormente com finalidades políticas e religiosas do século X em diante na Rússia, serviu como boa justificativa para a invenção do mito do vampiro nos séculos posteriores e uma excelente desculpa para o extermínio de pessoas não convertidas ao Catolicismo da época.

Drácula, vampiros, a ribalta e a luz prateada: passeando de forma lúdica pelo período do famoso regente romeno, veremos suas diferenças para com o personagem inventado por Bram Stoker e traçaremos um retrato de sua história real no início da Idade Moderna e da publicação do romance no final do século XIX; seu papel no estabelecimento da imagem moderna do vampiro, bem como algumas das primeiras expressões do vampírico na arte, anteriores ao romance *Drácula* e posteriormente...

Strigoi e o sussurrar dos ventos

Esta primeira parte tem a solene missão de abrir e aproximar o leitor de uma visão bastante ampla com o intuito de criar zonas de reconhecimento para um assunto realmente vasto e que apenas se inicia neste subcapítulo. Aos poucos e sorrateiramente, os apreciadores da lenda do vampiro poderão ter uma visão muito mais abrangente de uma região desconhecida da Europa, habitada por povos exóticos, nômades e equestres, cuja principal contribuição histórica pode não ter se dado na construção de cidades e obras de arte, mas na elaboração de uma nova forma de ver o espaço, o tempo e a velocidade. A visão de um cavaleiro sobre seu cavalo...

> *"O cavaleiro é mais do que um homem – montar num cavalo simboliza o ato de domínio sobre toda a Criação. Não é possível, hoje, recapturarmos o terror que o aparecimento de homens montados despertou no Oriente Médio e na Europa Oriental. Isto porque há uma diferença de escala que só posso comparar com a chegada de tanques à Polônia em 1939, varrendo tudo que estava à sua frente. A estratégia da horda móvel depende de manobras, de comunicação rápida e de movimentos táticos que podem ser armados em diferentes sequências de surpresas."*
>
> **J. Bronowski** em *A Ascensão do Homem*

Não surpreende que muitos cultos de fertilidade da terra nos Bálcãs e até mesmo no Leste Europeu encontrassem uma aparente valorização do "cavalgar" através dos mundos, das colheitas e muito mais. Nunca houve diferenças entre o sagrado e o profano entre esses povos, logo não é de admirar que os feitos dos deuses ou ir ao encontro deles pudessem recordar elementos mundanos e acessíveis, vestidos em símbolos e sinais compreensíveis para um povo. E que assim permitissem sua identificação, sentido e direção ao longo das épocas.

A visão do cavaleiro traz um novo padrão do tempo e da forma de vê-lo. A partir do instante em que o humano aprendeu a montar em um cavalo, descobriu uma nova forma de interagir com o espaço e com o tempo. Estar lá "hoje" e não "amanhã" é uma mudança de perspectiva revolucionária para toda uma espécie. Quebrar seu tempo biológico sobre o dorso de um cavalo levava uma grande vantagem sobre aqueles que se deslocavam apenas sobre seus próprios passos (ou sua locomoção biológica). Essa enorme vantagem encontraria reflexo na espiritualidade dos antigos cultos de fertilidade eurasiáticos, como veremos adiante nesta primeira parte.

Um senso de organização e de velocidade no intercâmbio de informações por meio de mensageiros era outro aspecto que desenvolveu a arte do planejamento e da estratégia de ação e reação em menor tempo. Isto sem falar no planejamento de ações estratégicas, vigia de territórios, espionagem e

tantas outras formas de controle e planejamento. Tanto Átila, o Huno, como os descendentes de Genghis Khan conheciam muito bem as técnicas da interação entre o humano e o equestre. O suficiente para tomarem de assalto a Europa e ela ser salva quase por sorte.

Com "velocidade" esses povos eurasiáticos aniquilaram cidades e conquistaram impérios. Mas também devem ter realizado muitas coisas pessoais e que lhes provinham sentido, significado e pertencimento. Por carregarem pouco peso e longe da riqueza excessiva dos povos assentados, podiam experimentar valores de ganho de tempo e distância, muito diferentes daqueles que estavam apenas na caçada. A sintonia entre o cavaleiro e a montaria precisava ser perfeita, tanto na caça como na guerra – tornando-os um superpredador especializado em alvos humanos, como agricultores e acumuladores de riqueza na beira dos grandes rios. Nesse período não há registro de outro invento que tenha causado maior impacto na vida humana do que a união entre o homem e o cavalo.

O ato de cavalgar encurtou as distâncias do hoje e do amanhã, mudou seus valores de existência. Na Antiguidade, o cavalo e o cavaleiro eram os modos de quebrar as barreiras do tempo e saltar entre muitas possibilidades que libertavam o homem de sua visão por meio da própria locomoção biológica (caminhar). Eu não vou entrar no fato de que até mesmo Einstein, alguns milênios depois, ainda se imaginava cavalgando sobre um facho de luz, antes de formular sua teoria da relatividade.

Ao cavalgar, cavaleiro e montaria entram em uma via dupla dos sentidos, em que os reflexos humanos e equinos se fundem em uma única ação. Provavelmente o leitor possa recordar-se da imagem do Centauro, meio homem e meio cavalo das lendas, como um símbolo, um retrato, deste momento e deste poder. Nas lendas, quando Strigois, Taltos e tantos outros cultos de fertilidade ascendiam aos céus, faziam-no em cavalos, felinos, lupinos e outras montarias – isso quando não se transformavam na própria criatura mítica e de uma forma ou de outra cavalgavam também. Todos os animais são biologicamente dependentes da velocidade do seu sistema locomotor. Quando o homem *"inventou a equitação, a espécie humana foi a única que desenvolveu um meio para quebrar a barreira da sua programação genética e atuar num padrão de tempo além do original"*, nas sábias palavras de Bjarke Rink.

Para os gregos e posteriormente os romanos, os ventos eram representados na forma de belos rapazes alados, ou então de cavalos vigorosos, e cada estação do ano era regida pela abertura do coche de um deles no céu, por meio do rei dos ventos, Eólo, um filho de Poseidon – que se acredita ter sido um deus que regia a terra e os mares, e tinha no cavalo uma de suas principais representações animais. O vento Oeste chamado de Zephyro (Grécia) ou de Favônius (Roma) era o vento benfazejo e que trazia os navegantes de volta a terra; era inclusive pai de cavalos legendários de alguns heróis. Cavalgar

os ventos seria muito mais que um devaneio entre os povos da Antiguidade, seria uma cosmovisão própria dessa época. Se bem que vampiros motoqueiros, como os do filme *Lost Boys* da década de 1980, nada mais são do que uma releitura dessas histórias antigas de cavalarias bárbaras.

Como este é um livro de amplo espectro sobre a temática da lenda do vampiro, fico aqui imaginando um bom religioso destes tempos pensar em um cavaleiro assim – que quando tinha sede era capaz de beber o sangue do próprio cavalo. Para tais cavaleiros, seu reino era onde estava seu cavalo e o seu grau de interação com ele era tanto que mesmo seus conselhos de guerra eram feitos sobre a montaria. Não era uma questão de pose, não era uma questão de mostrar como "impunham" sua vontade sobre a fera (e alquebravam seu espírito), como os cavaleiros europeus posteriores a eles. A integração entre o humano e o selvagem era quase neurofisiológica entre os antigos cavaleiros nômades, algo perdido hoje em dia... Não é de estranhar que esta poderia ser a origem da lenda dos centauros.

Mais adiante, ainda neste capítulo, observaremos como a utilização do termo *uppyr* era usada para designar forasteiros a um agrupamento social urbano constituído ou iniciantes nos mistérios da religião católica. Nele, concentramos nosso foco de atenção no ponto de vista dos primeiros católicos e que também eram moradores das urbes e cidades em relação aos que moravam fora delas nos campos e florestas (pagus). Então, inicio esta primeira parte aprofundando a questão dos antigos cultos de fertilidade e o processo de êxtase do antigo Leste Europeu. A atual Romênia é um país que também recebeu colonização e forte influência latina, assim como sua vizinha Hungria. São dois territórios que foram estabelecidos entre outros países de origem eslava como a Sérvia, Croácia, Bósnia-Herzegovina e Macedônia. É natural que muitas características estruturais do folclore e dos idiomas sejam compartilhadas entre si. Outro ponto relevante é a presença do povo cigano, que se desloca constantemente por essas terras desde 1370.

Um conceito que o leitor perceberá é a menção aos povos indo-europeus: este foi um grupo de populações designado pelo termo "indo-europeus", mais por um parentesco linguístico e semelhança em práticas cultuais, do que por origem geográfica (há quem aceite que essas populações pertencessem a uma região comum, não localizável de acordo com os estudos atuais, mas que provavelmente estaria próxima à Índia ou às estepes russas). Os povos indo-europeus tinham uma grande conexão simbólica com os cavalos – cujas semelhanças remetem até as primeiras passagens dos *Uppanishads* (a leitura do primeiro capítulo de *A Grande Upanishad da Floresta*,* comentada por Carlos Alberto Tinoco, oferece tal visão de forma atraente).

---

* N.E.: Obra publicada pela Madras Editora.

Os povos eslavos não haviam desenvolvido uma língua escrita no seu passado distante. Muito do que sobreviveu de suas antigas tradições foi passado por meio da transmissão oral e das artes. Por volta do ano 863 d.C., dois emissários cristãos chamados Cirilo e Metódio foram enviados pelo imperador de Constantinopla para converterem a região da Morávia à fé cristã.

Havia um caráter político nessa incursão, pois o príncipe Ratislav da Morávia precisava de apoio político para se defender da vinda dos francos, e assim solicitou ajuda a Constantinopla. Esses clérigos desenvolveram um alfabeto experimental que ficaria conhecido como "cirílico" e se tornaria posteriormente a linguagem escrita dos povos eslavos. E uma tradução do livro dos salmos bíblicos do glagolítico para o cirílico viria a estabelecer o termo Uppyr (Uampyr ou Vampyr), como o leitor verá na segunda parte deste capítulo. Vamos apenas pontuar que um alfabeto e as formas de suas letras sempre encerram sigilos e símbolos poderosos, pois servem como as letras e os símbolos que formam e vestem o imaginário dos povos que o utilizam – são o começo, o final e tudo aquilo que há para ser utilizado na transmissão cultural de geração em geração. Ao se redesenhar letras, estamos redesenhando uma cultura inteira e sua espiritualidade. Os leitores mais aptos podem observar as relações simbólicas do alfabeto hebraico em que cada letra carrega um símbolo associado a ela e afins. Questões de gematria, notaricons, Cabala inglesa e muitas outras ilustram tais assuntos. Outros alfabetos representavam árvores e eram comuns entre os chamados povos celtas e saxões. Então a situação fica interessante se pensarmos por que uma religião precisou "recriar" as letras de outros povos. Abordaremos isto melhor no terceiro subcapítulo dos Uppyr – incluindo a questão da tradução do livro dos salmos, como uma tecnologia espiritual.

O eslavo como linguagem escrita serviu para a apresentação de trechos bíblicos e liturgias dos gregos e latinos – o Ocidente não via com bons olhos a adoração de Deus se fosse realizada em um idioma bárbaro. Sem entrar em questões de natureza proselitistas, consta historicamente que a criação desse idioma se deu de forma respeitosa aos costumes e especificidades dos eslavos – talvez por isso tenha sido bem assimilado na Morávia e arredores. Posteriormente o alfabeto rumou para a Rússia, mas esta é outra história.

A história e o folclore eslavo, porém, são muito mais ricos que o episódio da criação de um alfabeto por terceiros. Até hoje se discute a origem do povo eslavo. Alguns acreditam que sua origem mais provável tenha sido de comunidades ribeirinhas ao norte do Mar Negro. Muitas de suas crenças eram partilhadas ou semelhantes às dos iranianos, como a adoração a uma divindade solar. Acredita-se que antes do século VIII d.C., muitas das tribos eslavas escolheram ocupar as porções norte

e oeste de suas terras que hoje habitam, e após esses estabelecimento começaram a se unificar em grupos nacionais.

A religiosidade, a magia e o folclore dos eslavos provinham diretamente de povos como os sármatas, citas, hunos, mongóis, trácios, dácios, getas e cimérios. Convém dizer que o leitor não deve tentar imaginar tais povos como um povo unificado nas descrições a seguir; na verdade, seria melhor designá-los como tribos ou aldeias com caracteres de identidade e cultural às vezes convergentes. Entretanto, alguns desses povos não existiram nas mesmas épocas ou regiões, como você facilmente poderá deduzir.

Vamos citar agora breves características desses povos, sendo que a primeira delas é que muitos deles viviam sobre suas montarias, e os cronistas de suas épocas costumavam dizer que seus reinos eram onde estavam seus cavalos. Então, falamos de reinos nômades que se deslocavam conforme a velocidade do galope das suas montarias. Não é de admirar que sua espiritualidade refletisse este elemento de profunda liberdade e de domínio do tempo e do espaço. A finalidade destes breves textos é situar o leitor sobre as características, história, práticas religiosas e um pouco do folclore desses povos. Eram nômades e caçadores, raramente usavam a agricultura e, por isso, não reclamavam terrenos individuais de onde habitavam. A noção da posse de terra vem das civilizações agrícolas – como seria imaginar quem jamais viveu tal noção de posse em seu mapa de realidade?

Sármatas: eram facilmente associados ao mito das Amazonas gregas. Em suas nações era frequente e comum a presença de mulheres guerreiras, de uma cavalaria rápida e malabarística e o uso de arcos curtos e mortíferos. Foram inimigos ferrenhos de Roma, dos hunos, de Alexandre, o Grande, e outros. Acredita-se que os sármatas tenham formado a maior parte dos povos do Leste Europeu. Suas práticas religiosas eram baseadas em um xamanismo guerreiro, criativo e de controle consciente das próprias habilidades. Vale dizer que essa civilização gerou muitas nações, algumas existentes até hoje na Europa e na Ásia. Em suas tradições e práticas de magia, os sármatas desenvolveram uma linguagem sagrada falada, intuitiva e natural que influenciaria pesadamente os conceitos e atributos da magia natural praticada pelo povo eslavo. Em alguns momentos essa linguagem pode recordar ao leitor as escritas sagradas celta (*ogham*), nórdica, o rúnico ou então o *futhark*.

Citas: considerados um dos mais violentos e temidos povos do passado. Esse foi um dos povos que mais terras dominaram na região mesopotâmica de sua época. Os citas mantinham um xamanismo com foco matriarcal em uma deusa chamada Tabiti, responsável pela "fertilidade". Alguns historiadores consideram que ela já era uma divindade regional,

e foi assimilada por esse povo. A civilização cita floresceu no primeiro milênio a.C. entre as regiões da atual Moldávia, Ucrânia e sul da Rússia, estendendo-se até o oeste da Sibéria. Algumas de suas influências foram a técnica da montaria. Outro objeto de culto era um deus masculino representado por uma espada sagrada – há quem diga que esse casal de deuses era adorado também por alguns segmentos dos sármatas. Os gregos descrevem alguns outros deuses citas por sincretismo, sendo eles: Thamumesadas (Poseidon), Goetosyrus (Apolo), Argimpsa (Afrodite), mas quase nada se sabe sobre suas representações originais. Em seus hábitos religiosos havia a construção de túmulos com cúpulas para seus líderes, onde todos os servos, concubinas e animais eram estrangulados, e o enterro era acompanhado por uma população que se autoflagelava no transcorrer do caminho. O que nos remete a questões do Rei Sagrado, Mortos-Todo-Poderosos e afins, abordadas no início deste capítulo. Segundo os historiadores gregos, os citas eram de caráter guerreiro e sanguinário – em guerras tinham costumes semelhantes aos de algumas tribos norte-americanas que retiravam o escalpo e a pele de seus inimigos para a confecção de ornamentos e artigos especiais. Outro costume peculiar era transformar o crânio de seus inimigos mortos em taças – prática posteriormente utilizada pelos vikings em seu brinde "Skol"! Os citas dominavam grandes territórios que iam da Ucrânia ao Estreito de Bering. Assim como os sármatas dominavam a arte da ourivesaria e da metalurgia, sendo que muitos de seus costumes influenciariam os celtas e os nórdicos. Os que sobreviveram desse povo foram posteriormente pacificados pelos czares russos e até mesmo cristianizados durante os séculos seguintes.

Hunos: eram um povo tártaro-mongol repudiado por toda a Antiguidade. Pelo menos era isso que constava na maior parte das fontes consultadas – que estranhamente tiveram embates significativos com eles. Eram um povo realmente bárbaro no sentido mais negativo da palavra; viviam de pilhagens, coletivismo, práticas nômades, sendo violentíssimos em todos os aspectos imagináveis. Até onde consta, desconheciam a lavoura e as técnicas agrícolas, comiam carne crua e também desconheciam a habitação em tendas, cabanas e afins. Vale lembrar que esse povo não é exatamente o mesmo que mais tarde se converteria em algumas regiões ao Budismo e em outras ao Islamismo; os hunos descendiam dos Hiong Nus. Pouco se fala sobre eles quanto à sua incrível habilidade na arte da equitação e da arqueria sobre um cavalo. Sua estrutura social era nômade e de fácil deslocamento pelo continente europeu. Um de seus mais conhecidos líderes, Átila, durante o século IV d.C., nasceu na Transilvânia (província da Hungria naquele tempo) durante o domínio "huno" da região e tornou-se supremo na Europa Central (do Mar Cáspio ao Rio Reno).

Claro que na obra de Bram Stoker o próprio Drácula alega ser descendente dele. Átila foi uma dura pedra no calçado de Constantinopla e do Império Romano do Ocidente. Seu império de cavaleiros era bem organizado – apesar da implicância católica que, entre outros fatores, se dava pela potente e quase invencível máquina de guerra baseada em Arquearia Montada sobre cavalos.

Mongóis: ao contrário dos hunos, com os quais possuíam vínculos antigos, os mongóis tinham uma civilização estruturada e a prática do xamanismo. Naturalmente mantinham práticas de magia natural, ordenadas pelos "Bogás", e eram relacionadas ao aspecto guerreiro; algumas de suas divindades eram Tengri, deus do céu azul, que representava sua realidade em nível cósmico.

Tengri era invocado pelo elemento fogo e assegurava a conquista e a vitória em batalhas. A presença do fogo era considerada elemento de purificação, e a cremação dos mortos, uma forma honrosa de despachar os finados. Os mongóis adoravam também o Sol, a Lua, o fogo, a água e a terra. Sua adoração era realizada de forma direta com orações e as mãos voltadas para o alto; outro caractere importante era a elaboração de uma egrégora mágica pessoal por meio do culto aos ancestrais, semelhante ao xamanismo Shinto. Havia a confecção de figuras humanas de feltro, como guardiões de suas moradas e rebanhos, as quais eram reverenciadas com a oferta da primeira retirada do leite de seus rebanhos. Havia também a oferta de bebidas variadas e pratos típicos a essas imagens. Muito dessa tradição foi perdida, pois a maior parte dos mongóis adotou o Islamismo ou o Budismo com o passar dos anos.

Cimérios: um povo guerreiro bastante popularizado no século XX pelo personagem ficcional "Conan, o Bárbaro". Os cimérios (em grego Κιμμέριοι, Kimmérioi) foram nômades equestres que viviam originalmente na região norte do Cáucaso e no Mar Negro – atuais Rússia e Ucrânia – nos séculos VIII e VII a.C. Registros assírios informam que esse povo se localizava no Azerbaijão em 714 a.C. Os cimérios ainda são um povo obscuro; arqueólogos afirmam que eles influenciaram a arte dos Medos e saquearam a Anatólia, após isso foram sucessivamente expulsos por diversos povos até supostamente terminarem ou se miscigenarem com os celtas, no sul da França. Existe muita especulação e, com o passar do tempo, acredito que ainda surgirá muita coisa sobre eles.

Trácios: dizem que, quando citamos o nome do ator Charlton Heston, todos viram teólogos. Então, quando citamos Kirk Douglas, é muito fácil lembrarmos do filme *Espártaco,* que narra a revolta conduzida por um gladiador contra o Império Romano. O personagem histórico Espártaco era um trácio escravizado por Roma. Os trácios foram um povo indo-europeu,

À Meia-Noite de uma Noite sem Luar, no Jardim das Delícias

habitante da Trácia e regiões adjacentes (Bulgária, Romênia, Moldávia, nordeste da Grécia, Turquia europeia e noroeste da Turquia asiática, leste da Sérvia e partes da Macedônia). Falavam o idioma trácio. Mesmo sendo numerosos, eram divididos em um grande número de grupos e tribos, apesar de poderosos estados trácios terem sido organizados durante alguns períodos, como o reino odrisiano da Trácia e a Dácia de Burebista. No século V a.C., os trácios ocupavam as regiões entre o norte da Grécia e o sul da Rússia. Nessa época, a presença trácia era penetrante o bastante para fazer Heródoto chamá-los de o segundo povo mais numeroso do mundo conhecido – e potencialmente o mais poderoso, se não fosse a sua desunião. A *Ilíada* registra os trácios da região do Helesponto e também os trácios cicones que lutaram ao lado dos troianos (*Ilíada*, livro II). Segundo os historiadores da atual região onde ficava a Trácia, muitas figuras míticas, como o deus Dionísio, a princesa Europa e o herói Orfeu, foram tomadas emprestadas pelos gregos de seus vizinhos trácios. Josefo afirma que os trácios eram descendentes do personagem bíblico Tiras, filho de Jafé. "Tiras, também conhecido como aquele que governou sobre os tirasianos; mas os gregos mudaram seu nome para trácios." A maior parte dos trácios finalmente se helenizou (na província da Trácia) ou se romanizou (na Dácia, Moésia, etc.). Pequenos grupos de falantes de idiomas trácios, contudo, poderiam ainda estar existindo quando os eslavos chegaram aos Bálcãs no século VI, e teoricamente alguns trácios podem ter sido eslavizados. Os acadêmicos propõem que os atuais albaneses possivelmente sejam trácios que mantiveram sua língua, mas isso é uma questão controversa. Nos primeiros anos do século XXI, arqueólogos búlgaros fizeram descobertas impressionantes na Bulgária Central em um local que chamaram de "O Vale dos Reis Trácios". Em agosto de 2005, outros arqueólogos anunciaram ter encontrado a primeira capital trácia, que estava situada próximo à atual cidade de Karlovo, na Bulgária. Uma grande quantidade de artefatos de cerâmica polida (peças de telhado e vasos em estilo grego) foi descoberta revelando a riqueza da cidade. O arqueólogo búlgaro Nikolai Ovcharov mostrou, durante uma conferência em Sofia, uma peça de barro que ele acredita conter uma das mais antigas inscrições do mundo. Ele julga que a placa date de 5 mil anos antes de Cristo. O artefato foi descoberto há vinte anos durante escavação em uma colina da região de Trácia, localizada entre a Bulgária e a Grécia, onde vivia a tribo dos trácios. O artefato pertence ao Museu de Arqueologia da Bulgária.

Dácios: a flâmula aos ventos, na imagem um lobo com cabeça de serpente... era chamada de Zburator e pertencia a um povo denominado "dácio" (latim *daci*, grego δάκαι – dákai). Eram um povo indo-europeu, antigos habitantes da Dácia (região correspondente à moderna Romênia)

e partes da Moésia, no sudeste da Europa. A primeira menção feita a eles vem de fontes romanas, mas os autores clássicos são unânimes em considerar os dácios um ramo dos *getae*, um povo trácio conhecido dos escritos gregos. Estrabo especificou que os dácios eram os *getae* que viviam na região da planície Panoniana (Transilvânia), enquanto os *getae* propriamente ditos habitavam as regiões próximas do Mar Negro (Cítia Menor). Dácia, na geografia antiga a terra dos *daci* ou *getae*, era um grande distrito da Europa Central, limitado ao norte pelos Montes Cárpatos, ao sul pelo Rio Danúbio, ao oeste pelo Rio Tisa (Rio Tisza, na Hungria) e a leste pelo Tyras (Dniester ou Nistru, agora na Moldávia oriental). A Dácia corresponde assim à Romênia e à Moldávia atuais.

Ao oeste, ela pode originalmente ter se estendido até o Danúbio, onde ele corre de norte a sul em Waitzen (Vacz). Júlio César, no livro 6 de seu *De Bello Gallico*, fala da floresta de Hercynia, que se estende do Danúbio aos territórios dos dácios. Ptolomeu aponta a fronteira oriental da Dácia antes do Rio Hierasus (Siret, na atual Romênia). Os habitantes desse distrito são considerados como pertencentes ao ramo trácio. Os dácios eram conhecidos como *getae* em escritos gregos, e como *Dacorum*, *Dagae* e *Getarum* (*Getae*) em documentos romanos. Os dácios obtiveram um grau considerável de civilização na época em que pela primeira vez se tornaram do conhecimento dos romanos. De acordo com o relato da história de Zalmoxis (ou Zamolxis) no livro 4 da História de Heródoto, os *getae* (falantes da mesma língua dos dácios – Strabo) acreditavam na imortalidade da alma e consideravam a morte uma mera mudança de país. Seu supremo sacerdote possuía uma posição eminente como representante da divindade suprema, Zamolxis. O sacerdote principal era também o principal conselheiro do rei. O godo Jordanes em sua *Getica* (A origem e feitos dos godos) fala de Dicineus (Deceneus), o maior sacerdote de Buruista (Burebista). Além de Zamolxis, os dácios acreditavam em outras divindades, tais como Gebeleizis e Bendis. Os dácios dividiam-se em duas classes: a aristocracia (tarabostes) e as pessoas comuns (comati). Apenas a aristocracia tinha o direito de cobrir suas cabeças e usar um chapéu de feltro (por isso *pileati*, seu nome em latim). Eles formavam uma classe privilegiada e supõe-se que eram os predecessores dos "boiardos" romenos – aqueles mesmos com os quais Vlad Tepes teria inúmeros problemas sociopolíticos e teria que resolver com a política do empalamento otomano.

A segunda classe, que abrangia os soldados rasos do exército, os camponeses e artesãos, pode ter sido chamada de *capillati* (em latim). Sua aparência e vestimentas podem ser vistas na Coluna de Trajano. Os dácios desenvolveram o Murus Dacicus, característico de seus complexos de cidades fortificadas, como sua capital Sarmisegetusa na atual Hunedoara (Romênia). O grau de desenvolvimento urbano dos dácios pode ser visto na Coluna de

Trajano e no relato de como Sarmisegetusa foi derrotada pelos romanos. Os romanos identificaram e destruíram os canais de água da capital dácia, somente assim sendo capazes de acabar com o longo cerco de Sarmisegetusa. Cronistas gregos e romanos registraram a derrota e captura de Lysimachus no século III a.C. pelos *getae* (dácios) governados por Dromihete, sua estratégia militar e a libertação de Lysimachus após um debate na assembleia dos *getae*. As principais atividades dos dácios eram agricultura, apicultura, vinicultura, criação de gado e trabalho em metal. A província romana da Dácia é representada no sestércio (moeda) romano como uma mulher sentada em uma rocha segurando uma águia, com uma criança pequena no seu joelho que segura grãos e outra criança pequena sentada à sua frente que segura uvas. Eles também trabalhavam nas minas de ouro e prata da Transilvânia. Mantinham um considerável mercado externo, como é visto pelas várias moedas estrangeiras encontradas no país. Os trácios foram incorporados ao Império Romano e estiveram presentes assim até na Inglaterra, como a guarda da muralha de Adriano. Há até pesquisadores que digam que a palavra *dagger* (adaga) descenda de "Daca", o nome de uma faca dácia com três lâminas usada somente em assassinatos. Os dácios eram patrilineares, não sendo raro entre eles alguns casos de poligamia e da mulher como alguém destinada a entregar o prazer ao homem, havendo relatos sobre as brigas mortais entre as mulheres para decidir quem era a mais amada de um marido recém-falecido. Algumas chegavam a se suicidar para estar juntas do amado. A morte era considerada uma honra entre eles, além de ser uma parte natural da vida – acreditavam que morrer era apenas trocar de país. Eram um povo orgulhoso de seus legados familiares e se, por ventura, o patriarca de uma linhagem fosse morto, o culpado teria suas propriedades e familiares mortos selvagemente. Os antigos dácios faziam rituais de cunho xamânico em que incorporavam o "espírito do lobo" para seus jovens guerreiros. Desde 271 d.C. a maioria da população romanizada retirou-se para as montanhas, para se afastar das desordens decorrentes das invasões hunas, godas e eslavas, desde a saída do exército romano. Sendo assim, eles sobreviveram mais ou menos intocados, preservando sua língua latina e costumes culturais, que do contrário teriam sido arrasados pelos invasores. Só depois da passagem de tantas ondas invasoras que os dácios voltaram a se aproximar gradativamente da planície, mas conservando seu abrigo entre as montanhas. Este percurso começaria apenas no século XIII e aproximaria os dácios/romenos do território original entre o Danúbio e o Mar Negro da antiga Dácia.

Getos, massagetas e tissagetas: são alguns dos getas, povos guerreiros pouco conhecidos; expulsaram os cimérios de suas terras, que foram sendo sucessivamente enxotados pelos sármatas, depois pelos citas, e enfim indo parar no sul da França, onde parecem ter desaparecido ou sido absorvidos

pelos celtas, talvez. Os getas europeus, ou daco-getas, mesclas de dácios (um povo aliás aparentado aos sármatas) e getas são uns dos formadores dos povos balcânicos, junto aos sármatas, gregos, eslavos e macedônios, entre alguns outros.

Em suas sociedades, assim como nas dos sármatas, as mulheres também ocupavam uma posição de equilíbrio com o homem. Alguns saco-getas desenvolveram uma religião própria baseada em Zalmoxis, uma das principais divindades desse povo; essa religião zalmoxiana deificava seus sacerdotes após suas mortes, e estes eram assimilados por Zalmoxis, que continuava mesmo assim deus supremo dos daco-getas. Estudantes das séfiras da Cabala ou ainda de Orixás – e mesmo leitores ávidos do *Livro dos Mortos Tibetano* – prontamente reconhecerão este padrão e o sacerdote falecido ser deificado e se tornar parte da Deidade Cultuada. Os getas são também chamados geti, quando daco-getas podem assim ser denominados em espanhol, ou também por getas-dácios, ou daco-getians em inglês. Outro nome para os getas é *getae*, em inglês, retirado do grego. Alguns estudiosos os vinculam também aos trácios, povo que habitava a Trácia, na Anatólia, atual Turquia. Zalmoxis (Salmoxis ou Saitnoxis) era um deus do céu, um deus da morte e também do mistério, e pode ter sido um ser humano que foi divinizado pela mitologia daco-gética. Enfim, podemos encerrar por aqui estes tópicos abrangentes para familiarizar leitores com algumas fractais do contexto espiritual da região estudada neste subcapítulo.

***

Agora, algumas entradas que podem ser devidamente aprofundadas pelo leitor mais incisivo sobre alguns dos principais povos que tiveram um papel ativo na formação do folclore e do imaginário do Leste Europeu. Por consequência, tradição oral e familiar, a rica simbologia de tantos povos, tiveram papel ativo na formação no seu imaginário religioso. E aqui temos elementos e atributos que acabam sendo assimilados pela religião posterior, pois vivem nos costumes e na cultura local. Talvez esses elementos ainda se aprimorem mais e mais, quando passam a ser reconhecidos em uma visão estrangeira e global – mas a partir deste instante incorro um evidente risco planejado de insinuar que, mesmo durante as fogueiras dos inquisidores, a velha "Arte" apenas se aprimorou ao encontrar seus reflexos nos mitos católicos, e para os sábios e as sábias os pontos de acesso foram mantidos.

Estabelecidas as possíveis e mais citadas origens, fica mais fácil falar sobre algumas das mais conhecidas práticas pagãs dos eslavos e de outros povos do Leste Europeu, e também dos deuses que compunham seu folclore – e principalmente obter interessantes pistas de como sentiam, imaginavam, negociavam e lidavam com a realidade não ordinária. Ainda,

falar de deuses, nesses casos, é mencionar a cosmovisão e a identidade dos povos que as sustentavam. Também é uma forma de nos dias contemporâneos estabelecer interessantes processos criativos e de descobertas pessoais. Afinal, como veremos, o termo vamp tem uma curiosa descendência francesa, na qual era sinônimo de Avant ou "daquilo que vinha à frente nos sapatos" e *a posteriori* também se tornou equivalente a uma forma de improviso que reunia o passado remendado com aspectos modernos. A assim chamada "magia eslava" era uma extensão de seus processos religiosos. É sabidamente muito ligada a práticas de exorcismo e bênçãos contra sortilégios, tal como se verifica no combate aos mortos, permanência da magia eslava no Cristianismo Ortodoxo eslavo, particularmente na região balcânica e carpática. Nesses casos, é preciso pensar sempre em termos de sequenciamento e de movimento constante. Uma característica provavelmente herdada das vantagens aprendidas da relação com as artes da cavalaria e cavaleiros do passado regional, embora utilizar o termo "magia" nem sempre seja apropriado para tais questões. O conhecimento de ervas não se restringe só a questões medicinais, mas também a uma magia talismânica que se descobre no acônito, ou napelo, uma planta de forte poder sagrado e abençoador, assim como também ocorre ao alho. Achei interessante ler que os xamãs eslavos precisavam aprender uma linguagem secreta para usar em seus voos "*mágickos*", sob transe (o que sempre evoca a questão dos alfabetos de poder, que já tocamos inicialmente no início deste capítulo), provavelmente provocados por uso de cogumelos (pois há menção a cogumelos em algumas pesquisas), e por meio dessa linguagem eles falavam com habitantes dos outros mundos espirituais. As divindades eslavas também se orientam em termos naturais, referindo-se aos elementos da natureza e sendo relacionados a criaturas nela existentes ou a forças dela emanadas. Tudo é um espelho do Sagrado. Seria desnecessário reforçar seu vínculo com elementos do politeísmo e do panteísmo. Citas e sármatas são frequentemente citados como ancestrais dos eslavos, porém é interessante mencionar que não há divindades parecidas, ao menos que eu saiba. De alguma maneira tanto citas e sármatas de um lado, quanto eslavos e vários outros povos, como latinos, fino-úgricos e hunos de outro, certamente formaram os povos do Leste Europeu. Uma ritualística intuitiva estava sempre presente entre os eslavos, pois tal linguagem secreta ao que consta era proferida praticamente ao léu, como uma forma de expressão quase animal, natural (urros, uivos, rosnados?). Também era uma magia dotada de suportes para o transe, por meio do enteógeno, usando tanto ervas e cogumelos alucinógenos para estimular as jornadas xamânicas.

     Os pesquisadores apontam tais práticas como essencialmente de cura dos integrantes da sua tribo ou da sua gente – o que sempre será um problema para as tribos antagonistas; afinal, quando um guerreiro do inimigo se cura, ele volta ao embate... O que é bom para um pode ser a danação de outro. Nessas práticas de teor xamânico havia também o exorcismo e a purificação. Os antigos e diversos cultos dos povos eslavos não chegaram a ser uma religião que influenciou a cultura mundial, como a dos gregos ou egípcios, mas teve uma influência enorme dentro da própria cultura eslava, que conserva alguns de seus traços até os dias de hoje. As crenças mais antigas são bastante regulares nessa fase de desenvolvimento social, tais como adoração dos animais, árvores ou forças da natureza – e o totemismo.

Muitas vezes, os especialistas falam sobre a transformação do totemismo em culto familiar em que um ou outro animal passa a ser o seu ancestral. Um dos cultos mais famosos do totemismo é a crença na capacidade de algumas pessoas em transformar-se em animais, o que aparece muito nos contos folclóricos, chegando a ser conhecidos até no Ocidente: transformação de uma bela noiva em um sapo ou em um cisne, ou transformação do personagem principal em um lobo ou gavião. O passo seguinte foi a crença nos habitantes invisíveis do mundo de que podiam influenciar a vida dos homens. Cada lugar tinha seu dono, fosse um ancestral, um ser fantástico e até mesmo a deidade. Nas florestas, nos campos, nas montanhas e até nas próprias casas habitavam seres invisíveis, que deveriam ser agraciados ou aplacados em caso de conflito. Essa crença com o tempo seguiu para o politeísmo com um culto estruturado aos deuses.

Os deuses principais dos eslavos sofreram certa influência da cultura escandinava, a partir do século IX, mas isso não era o paradigma principal: do mundo pagão apenas se acrescentaram outras divindades no panteão. Na época da Reforma (que trouxe o Cristianismo), o deus mais poderoso era Perún – deus do trovão –, que possivelmente foi "promovido" em função da origem escandinava da casa de Rurik. (Tem por equivalentes Perkons na Letônia e Thor na Escandinávia – ainda que seja recorrente na mitologia indo-europeia, teve sua primazia nestas mitologias próximas, entre outras.) Antes de ele aparecer, esse lugar era ocupado por duas encarnações do deus do Sol: Horos e Dajdbog. Os outros deuses importantes eram Volos, deus da pecuniária, comércio e riqueza; Stribog, deus do vento e das nevascas; Mokoch, deusa da terra, que passou a ser esposa de Perún depois de seu ingresso no panteão eslavo. Ela era protetora das mulheres e governava os destinos das jovens.

Os historiadores nos falam sobre duas reformas religiosas que chegaram a ser conhecidas até os nossos tempos: uma já mencionada é a colocação de Perún como deus superior, estabelecida pelos príncipes vikings no momento em que eles ocupavam o poder em Kiev, na Rússia. Outra reforma foi conduzida por um dos regentes de Kiev, chamado Vladimir, que estabeleceu um panteão com todos os deuses conhecidos do período, assentando seu lugar de poder em Kiev. Aquela era uma ação ideológica com a qual Vladimir aumentaria seu poder sobre os povos controlados por Kiev. Só que essa atitude não teve o sucesso esperado e ele teve de apelar para outra reforma religiosa. Em 989, Kiev é convertida oficialmente para o Cristianismo, após uma visita de Vladimir a Constantinopla. Os últimos resquícios do culto pagão seriam extintos pela Igreja Russa somente no século XIV. Ao menos foi isso que eu descobri há uns bons anos, mas recentemente tenho acompanhado alguns conteúdos relacionados aos monastérios russos mais distantes e até me arrisco a dizer que os tais conteúdos não foram exterminados, e sim agregados e repaginados. Até mesmo o célebre personagem histórico Rasputin teve seu aprendizado em tais monastérios, e eles continuam ativos até os dias de hoje. Tais conteúdos serão abordados futuramente. De volta ao século X, não admira que o sucessor do reinado de Vladimir seja bastante citado na segunda parte deste capítulo – em razão da tradução de certo livro dos salmos do glagolítico para o cirílico.

Não confundir esses búlgaros com os atuais. Esses búlgaros primordiais eram constituídos por populações tártaras que gradativamente foram misturando-se aos eslavos do sul e, principalmente, assimilando sua língua. O nórdico antigo, idioma falado pelos vikings, exerceu enorme influência na constituição da língua inglesa, em decorrência da extensa ocupação viking na costa oriental da Inglaterra durante grande parte da baixa Idade Média.

Seguimos agora focalizando a distante região do norte europeu, no Mar Báltico, nos reinos de Novgorod e Kiev, e em uma extensa rota comercial que cruzava esses reinos através dos rios até o distante Império Bizantino e a região da Grécia – e suas eventuais trocas e encontros mitológicos e comerciais. Nosso foco de observação, a partir de agora, desenvolve-se sobre as regiões da Wallachia, Moldávia, Transilvânia, Hungria e outros países circunvizinhos, onde poderemos olhar de forma superficial, e por vezes breve, o contexto religioso dos povos, seus contatos e comparações entre os pagãos e católicos, além da rica diversidade que compõe essa encruzilhada do mundo antigo chamada Bálcãs ao longo dos tempos. Recordando que esses antigos ritos de fertilidade da terra já estavam ali na região ou imigraram para lá desde muitos séculos antes dos católicos e suas manias de criarem o extranatural, sobrenatural e outras limitações (uma novidade técnica para os pagãos). E é certo que os habitantes das cidades se esqueceram de que seus ancestrais eram habitantes das florestas e campos. Todavia, seus costumes continuaram tribais, ainda que modificados com o passar do tempo ou com a chegada de novas religiões.

Quando utilizo o termo "extranatural" ou "sobrenatural", é sempre em relação a algum fato que acontece fora do aceito naturalmente para uma cultura ou povoado urbano e, consequentemente, é estranhado e atribuído (de forma culposa) a estrangeiros e forasteiros que chegam ao povoado.

Será um excesso de melindre ou de recalque da minha parte? Nesta segunda parte aprofundarei elementos da cosmovisão das antigas práticas xamânicas presentes nos territórios que atualmente pertencem à Hungria e à Romênia – e vez por outra algum país dos arredores.

O que percebo nos antigos povos que habitaram essa região (assim como outras) é que as ações de seus deuses ocorriam dentro de fenômenos naturais e quase sempre perceptíveis aos seus poetas e xamãs. Quero dizer, um arqueiro muitas vezes poderia vir a ser possuído por um deus ou deusa em uma hora crítica e acertaria um alvo quase impossível; e esses povos não precisavam de trombetas que derrubavam muros, ou ainda abrir um mar em dois (!). Além disso, viviam muito bem com a fauna que os rodeava, tanto que seus deuses eram representados com formas animais e por vezes se transformavam nos respectivos – mesmo quando predadores ou caçados ou mantendo seus rebanhos para quando precisassem de alimentos. A morte e a selvageria sempre eram elementos presentes. Respeitavam também os animais do seu próprio jeito com totens e outras representações que recebiam libações e oferendas. Seus deuses, deusas e seres encantados viviam à sua volta de forma manifesta em árvores, ervas, montanhas, grandes rios, quedas-d' água, cavernas e em toda uma geografia sacra. E não são raros relatos repletos de preconceitos, escárnio, nojo e julgamentos de valores por parte de outras religiões, normalmente taxando de "mortos-vivos" (talvez por não estarem vivos para o seu Cristo ou para a utilidade e planos urbanos dos seus governantes) aqueles conhecedores de antigas práticas que, em estado de deleite ou de êxtase, se metamorfoseavam e assim partiam para os outros mundos de suas sempre presentes representações da árvore da vida – fosse para combater uns aos outros ou seguir ao mundo dos mortos a fim de roubarem sementes e almas para reencarnar nos rebanhos bovinos e ovinos de suas criações. Como exemplo temos o caso dos Vrykolakas (que deram origem às lendas do lobisomem, que algumas vezes é confundido com o vampiro ocidental).

Vrykolakas foi um termo para vampiro usado na Grécia e que deriva de antigo ritual eslavo de se vestir com pele de lobo. Friedrich Krauss, em suas pesquisas de campo, concluiu que a palavra "Vrykolakas" designava um homem que se transformava em lobo. Algo não muito diferente dos relatos sobre os costumes dácios nos Bálcãs, das sociedades religiosas para jovens e proscritos alemães e muitos outros cultos que encontravam no lobo um arquétipo de poder. Provavelmente a estrutura familiar presente em um grupo de lobos e sua territorialidade fossem um espelho para esses "homens-feras" ou, como viriam a ser chamados, "mortos" que caminhavam.

O uso da palavra morte se dá como semântica nesses casos e não como referência ao processo biológico.

Embora não tenham tido tempo de erigirem civilizações e impérios memoráveis – penso que por falta de tempo para se mobilizarem e em razão da imensa diversidade de raças –, sobreviveram nas piores condições de manutenção de território e de identidade sobre as quais já li. Habitavam uma região estratégica e passagem de tudo quanto foi povo conquistador e invasor de que temos notícia. Seus principais bens eram conhecimento empírico; capacidade de planejamento; amplo conhecimento dos recursos naturais do terreno (flora, fauna e relevo eram sagrados); atribuição e medição sistemática dos céus noturnos, marcando quais eram as melhores épocas de plantio e da migração de manadas e o tempo de gestação dos rebanhos (elemento sagrado, afinal os deuses que cuidavam disso, demarcando a entrada das estações do ano, eram os astros observados); desenvolvimento de técnicas alternativas de construção e escultura, apesar de desconhecerem o uso de metais. E além de tudo tinham muita força bruta.

Penso que o ponto mais interessante é que eles realmente podiam afirmar que tudo estava ao alcance de seus pensamentos, experimentalismos, olhos e mãos – até mesmo os seus deuses.

Talvez esses deuses tivessem nascido ali, por meio de um processo de associação de valores humanos conhecidos aos fenômenos naturais que eles representassem. E, com o passar do tempo, os integrantes que mais se assemelhassem a essas descrições recebiam o nome da deidade ou quem sabe a deidade recebesse o nome deles. Isso se deve ao fato de que para as antigas tribos seus deuses não eram seres distantes ou externos ao ambiente onde habitavam.

Os seus deuses eram vistos no céu noturno e representados nos corpos celestes, fases da Lua e nas constelações e planetas. E os feitos dos vivos eram agregados como façanhas dessas deidades quando encontravam uma mesma consistência ou similaridade. Esse movimento constante delineava os períodos de plantio, colheita, marcação do tempo, caracteres e até mesmo ancestralidades e personalidades dos nascidos sob determinados períodos. As medidas desses espaços de tempo eram feitas de formas variadas, mas envolviam registros simbólicos e até mesmo arquitetônicos. Deusas e deuses eram representados em animais predadores ou não. Essas deduções provinham do fato de se observar e de se viver próximo, senão junto, aos animais (de forma convergente ou não convergente), de se conhecer o jeito deles, como agiam, comportavam-se e o que faziam – algo bem diferente de observar como hoje diretamente de um satélite e de longa distância.

Saber como era ou como não era um animal e transmitir esse conhecimento era questão de sobrevivência dos que viriam depois no agrupamento. Nos primórdios adoravam esses "deuses" como forma de se proteger ou de atrair sua caça para a alimentação e consumo da comunidade. Com o avançar dos séculos e o desenvolver de técnicas de sobrevivência, passaram a se importar e relacionar seus deuses a fenômenos da natureza, como o trovão, o relâmpago, as águas.

Deuses e deusas eram encontrados na forma das árvores e plantas associadas a um deus e não a outro, por meio de medições e análises próprias. Eram encontrados na ingestão de chás e bebidas chamados enteógenos – cujo efeito permitia a comunicação com a deidade e, por vezes, a manifestação dela por intermédio de sacerdotes ou outras pessoas igualmente treinadas em uma interpretação coerente dos "sinais" entre o próprio agrupamento. A terra e sua geografia eram sagradas, a ponto de seus prodígios naturais e relevos serem encontrados ao longo de todo repertório religioso das antigas tribos e suas eventuais migrações por meio de sítios predeterminados. Isso nada mais era que a ritualização de seu próprio repertório religioso. Naturalmente que questões de meio ambiente (escassez de alimento em determinadas estações e afins) estavam e eram fatores influentes também – porém, antes disso, havia o compromisso e a interpretação da terra e da realidade circundante coerente e coligada com o repertório e cosmovisão tribal.

Ao mesmo tempo que falamos de uma proximidade, algumas vezes até emprestando aspectos de uma realidade encantada – e com predadores sem dentes (*risos...*) –, podemos perceber nos escritos pagãos de antigos povos que, ainda que próximas, suas deidades continuavam distantes. Em muitos casos a devoção e o amor dedicados a elas davam-se apenas pelo fato de existirem e, assim, seus relatos e atos maravilharem e inspirarem os agrupamentos que mantinham seus modos de vida relacionados a esses deuses. E, claro, defenderem-se de invasões e lutarem lado a lado em caso de guerras, vinganças e outras contendas naturais do ser humano. Ainda falando em termos de Leste Europeu, muitas vezes as contendas pelas sementes da próxima colheita e até o nascimento dos próximos rebanhos se davam nos outros mundos, e celebrações eram organizadas – marcando assim o voo na noite de Vrykolakas, Strigois, Taltos e tantos outros...

A realidade estava repleta e povoada. Seus mundos e os conteúdos de suas cosmovisões estavam sempre presentes na produção cultural, pinturas, narrativas, música instrumental e outras. Até mesmo a morte e o sombrio tinham um lugar natural entre seus respectivos intercessores e deuses. Havia um senso de conforto e sentido que provavelmente não poderia ser substituído ou transcendido – visto que se nascia, vivia, constituíam-se vínculos e se morria ao final, dentro desse repertório natural. Vale observar que neste ensaio sempre falamos de pequenos agrupamentos, de algo tribal, não importando em que continente ou época tenha existido, e não do momento em que alguns dos agrupamentos se tornaram nações. Tanto que a partir do instante em que esses agrupamentos cresciam em demasia ou se alargavam demais, acabavam por se desintegrar ou perder sua focalização e orientação com a natureza regional de seu repertório. Talvez fosse essa uma das razões pelas quais deuses estatais aparentemente perdiam muito do seu poder com o passar dos séculos, ou que deidades menores fossem associadas como uma das muitas faces de tais deuses.

Os deuses mantêm seus tronos justamente nas infinitas leis impessoais do Universo, na beleza do mundo natural, nos fluxos e refluxos do nosso emocional e no acaso ou sorte – nada mais do que quando atos, preferências, opiniões, oportunidades e ideias, que convergem por conta de fatores naturais (geográficos, aparências e costumes) representados no repertório e cosmovisão de um agrupamento, acontecem sem requerer uma explicação formalizada.

Ainda assim, seus deuses e representações para os antigos estavam a seu redor, como nos momentos de orgias, combates sangrentos, proteção à família, cozinhar, casar, cultivar a terra, conduzir o rebanho e outros milhares de atividades. Sem outras hipocrisias, naqueles tempos antigos não raro havia o sacrifício de animais e, por vezes, até de pessoas, geralmente as mais aptas e mais qualificadas, que eram entregues aos deuses como homenagem. Sim, isso existiu lá atrás no tempo; não é nenhum tipo de segredo e teve seu sentido cultural secular para a época em que ocorreu.

Obviamente que esses antigos ritos regionais de fertilidade e geração não sobreviveram aos massacres promovidos pelos católicos e pelos muçulmanos durante séculos – inexistindo qualquer forma de continuidade interrupta entre os séculos, nem mesmo como cultos familiares. Elas dependiam de templos, espaço para realização de danças sagradas e processos extáticos, preparo de oferendas e libações. Uma vez que apenas o melhor do melhor era oferecido, isso envolveria custos, transporte e muito mais, que colocariam qualquer eventual grupo em uma situação de exposição e vulnerabilidade muito grande. Para os moradores das cidades atuais, essa questão do sacrifício é e sempre será muito delicada, e até barbárica para alguns. O que me faz abrir um parêntese e abordá-la no momento presente. O fato de sacrifícios animais e humanos terem sido praticados em um passado distante não significa que tenham de ser praticados novamente nem confirmam validade, atestado de veracidade ou prática verdadeira para tornar algo "não ordinário" de nenhuma natureza na "Cosmovisão Vampyrica" contemporânea. Com isso, não condenamos que outras religiões e espiritualidades perenes atuais pratiquem e mantenham vivos seus costumes milenares – principalmente aqueles que envolvem o sacrifício de animais de corte ou de alimentação em geral, como cordeiros, bodes, cabras, bois, galinhas – havendo o sacerdote fundamentado e reconhecido pelos seus pares e temente aos processos que tornam seu ato sagrado e capaz de prover aos seus integrantes e às deidades a execução do rito apropriado, é uma questão que compete a eles, não a nós integrantes da Cosmovisão Vampyrica, avaliar. Vale dizer que em uma fazenda é normal o fazendeiro ordenar a morte de um ou dois bois para um churrasco junto aos amigos e funcionários, se uma parte (em geral ossos e algumas partes não apreciadas pelo consumo humano) é oferecida liturgicamente aos deuses, orixás e ancestrais, não há nada demais nisso para quem mora no campo ou no "Pagus". Por outro lado, no contexto urbano, se há o sacrifício de um cão ou de um gato – e outros bichos que não servem para alimentação –, com certeza este autor e seus apreciadores serão os primeiros a denunciar o culpado a uma delegacia de proteção ambiental e exigir das autoridades o cumprimento das medidas cabíveis. Será redundante informarmos que no Vampyrismo Contemporâneo, ou vampirismo e afins, também não praticamos sacrifícios humanos de nenhum tipo – inclusive, tal prática consiste em crime na maioria dos países ocidentais de que temos conhecimento. Também não utilizamos sangue animal (incluindo humano) de nenhum tipo em nossos ritos – note que, ao escrevermos "Sangue", esta é uma metáfora para algo que será explicado nos próximos capítulos.

Nos dias de hoje é muito fácil denominarmos como religião as antigas artes ancestrais e rapidamente delegarmos um conteúdo como este à boa e velha mania de sair gritando: "Se tem de crer é religião, e eu não acredito em mágica". E ainda, na sequência, sempre há algum "teísta em uma só religião" que já se pronuncia contrário e atira pedras informacionais variadas (quase sempre só reforçando o monoteísmo dominante) ou, então, surgem aqueles "discursos não assumidos", pesadamente influenciados por ditames "protestantes ingleses ou alemães" de só existir "eu" e o "meu Deus", e tudo que eu tenho alcanço pelas minhas mãos porque acredito e me devoto a Ele e não a uma igreja, etc. Outra variante comum é a dos candidatos a líderes religiosos sem formação ou fundamentação apropriada de qualquer tipo, acompanhados por fiéis que nunca leram o seu livro sagrado ou que usam o "Sagrado" – seja ele monoteísta, politeísta ou panteísta – apenas como máscara para expressar seus recalques e melindres; que geram proles de "descrentes" e desiludidos em uma realidade não ordinária que se apaixonam por personagens mais *dark* da cultura pop e muito geralmente chegam ao paganismo, ao ocultismo e até mesmo ao Vampyrismo completamente sem noção de qualquer coisa, tornando-se motivo de piadas – até se desencantarem e partirem para outra "esquisoterice". Isso quando não encontramos algum monoteísta opositor da religião dominante (que nada mais faz do que seguir a mesma receitinha do monoteísta da religião dominante), o que apenas mantém a repetição de um ranço superficial e barulhento que nada acrescenta de significado ou no modo de vida coletivo. É conveniente fazer de conta que todos os problemas são externos, estão lá fora, inalcançáveis, transcedentais e do lado de fora da criação (ou ainda do lado de dentro inacessível de um símbolo). Essas águas continuam barulhentas, superficiais e rasas. O que vale não é gritado nem se esvai rapidamente ou com data de substituição. Parafraseando o célebre autor H. P. Lovecraft: "Nesta era estranha... até o discurso onde não existe discurso nada mais é do que um discurso..."

De forma breve, os eslavos descendem de povos como os Thracians, Dacians, Sarmathans e os Scythees, que deixariam qualquer viking de pernas bambas pelos seus costumes nas artes da guerra e espírito bélico. Foram considerados muitas vezes povos bárbaros pelos antigos romanos. Ao atravessarem o Mar Negro e se estabelecerem na região que viria a se tornar Hungria, Romênia e arredores, eles tiveram um contato maior com os romanos, seus panteões de deuses e costumes. Naturalmente houve sincretismos de deuses da parte dos romanos para entenderem a rica mitologia desses povos. Tanto assim que a Romênia e Hungria são até hoje consideradas "ilhas de colonização romana/latina no território eslavo" – até onde consta nos livros, os romanos permitiam o livre direito de culto aos eslavos e seus territórios, e isso gerou o encontro e eventuais sincretismos entre deidades de ambos os panteões e muito mais. Assim não é de surpreender que o termo *Stryx* grego aqui se torne Strigoi e na Itália, Strigone ou Sthrega.

As antigas religiões eslavas e seus cultos naturais facilmente associáveis às noções do que hoje abordamos como xamanismo, ritos de êxtase, culto aos ancestrais e necromancia para se ligarem aos deuses (ancestrais deificados), libações, oráculos, animismo, celebrações de solstícios e equinócios, tinham uma característica peculiar nos Bálcãs: "batalha pela fertilidade da terra". Seus sacerdotes e fiéis acreditavam que nas noites e em datas específicas combatiam no "outro mundo" ao lado dos ancestrais e espíritos diversos pela defesa das sementes da próxima colheita com sacerdotes e fiéis contrários a eles que queriam o mal de suas vilas. O lobo e outros animais noturnos, como a coruja e o morcego, eram um tema sempre recorrente nesses relatos.

A chegada dos Catolicismos (Romano e Ortodoxo) e seus costumes incompatíveis e sufocantes com essas religiões se deu de forma mais traumática. Longe de querer desmerecer ou invalidar os progressos católicos nas regiões eslavas em unificar, criar um alfabeto mais uniformizado e até mesmo os avanços científicos que trouxeram a essas regiões. Penso que se eles tiveram sucesso foi por terem feito um trabalho que supria necessidades e carências específicas daqueles que o aceitaram.

Evidentemente, houve descaracterizações igualmente severas a ambos os lados (católicos e pagãos), e a tal da conversão é um processo de agressão em diversos níveis. O que conduziu à região a famosa situação que alguns historiadores chamavam da fé dupla – um Catolicismo religioso e dogmático na Igreja e um Catolicismo popular que, em vez de adorar as deidades e semideidades e costumes eslavos, colocava os santos católicos em funções similares e doutrinárias às dos seus antigos deuses. E por aí muita prática interessante e muita coisa aconteceu e permaneceu para quem teve sabedoria. Enquanto isso havia núcleos familiares e pessoas que habitavam fora dos centros urbanos e que mantinham a sua religiosidade pessoal, familiar ou regional sem as influências de ambos os Catolicismos, com resquícios dos tempos romanos ou de forma mais arraigada aos diversos cultos das deidades eslavas. Estas, por sua vez, seriam denominadas inicialmente como atrasadas ou selvagens – como forma de desmerecer sua inventividade e questões doutrinárias. E, posteriormente, seus cultos e adorações seriam demonizados e combatidos pelos catequistas católicos romanos e ortodoxos e simultaneamente pelos muçulmanos em outras regiões.

Falamos aqui de pessoas de uma região geográfica que tiveram suas crenças, costumes e modos de vida sujeitados a padrões alienantes aos seus, suas crenças e símbolos sincretizados e, enfim, suas práticas demonizadas, consideradas atrasadas, inferiores e vexatórias por religiões dominantes. E isso deve pelo menos merecer alguns instantes de análise pelo leitor, pois fatos assim não aconteceram só nos cafundós da Europa medievalesca e romanizada dos séculos idos.

Acontecem ainda hoje em dia. E aspectos naturais, orgânicos e mitológicos acabam por permitir o diálogo entre esses símbolos e outros povos de outros continentes. Às vezes, até mesmo nos quadrinhos de terror das décadas passadas aqui no Brasil, podemos enxergar essas relações...

Esse processo de aculturamento religioso não acontecia da noite para o dia; levava algumas décadas e até mais tempo. E isso ocasionava traumas e problemas emocionais visíveis a um povo e a seus costumes. Como este é um texto de um autor que versa sobre mito do vampiro e Subcultura Vampyrica, longe de ser um tratado universitário, escolho expor inicialmente o aspecto dos funerais incorretos para uma cultura ao avaliar outra, certos sortilégios e artimanhas de bode expiatório sempre em voga nos ditames do poder.

Pare para pensar sobre sua própria mortalidade por alguns instantes. Pense na mortalidade das pessoas que ama ou com quem se relaciona. É bem verdade que um dia iremos morrer, por isso devemos viver com totalidade e de forma saudável dentro dos nossos próprios padrões de identidade e de historicidade. Isso era um fato aproximado também para pessoas de outros tempos, que dentro dos seus próprios padrões acreditavam que, quando os amados ou parentes morressem, eles deveriam ter uma ritualística própria de morte e um funeral condizente – para assim não cobrar a vida dos vivos (para ver o que seria atribuído a um morto que não recebesse um enterro e funeral justos). E, em tempos ainda mais primevos, como oferenda de sua força a uma deidade ou rei-sagrado que era indispensável ao seu povo. Neste jogo criativo sempre poderemos encontrar novas hipóteses. Um dos muitos costumes eslavos de funeral era o de cremar os mortos e enterrar o que restasse ou colocar a urna funerária voltada para o Leste – talvez por um instinto de que tinham vindo de além do Mar Negro e lá fosse a terra dos ancestrais. Ou talvez por ser o lado onde nasce o Sol; dependeria da época ou da região para sabermos mais. O ponto mais comum dessa crença era que o espírito ascenderia para junto do deus Perún, acompanhado por seus ancestrais e espíritos do ar rumo ao céu. E as cinzas ou os restos da sua carne eram devolvidos à terra. Tal rito era um processo secular sacralizado, assim como a forma correta de entregar alguém novamente para os seus deuses (nem sempre isto podia ser algo "desejado" ou disponível para todos). Cultuar esses ancestrais por meio de suas práticas era a maneira de mantê-los sempre próximos e assegurar boas colheitas e caçadas (ou seja, a sobrevivência dependia também desse fator). Particularmente, imagino o choque violento que o costume católico de enterrar os mortos nas igrejas ou nas suas cercanias não tenha sido para eles. Imagino quantas gerações de famílias e de conversões a ferro e fogo não foram necessárias para impor esse costume. Se ainda hoje em dia, nós, que não somos eslavos e apenas visitamos superficialmente neste texto um pouquinho de seu passado, já nos sentimos incomodados ao pensar em cemitérios como a morada final do nosso corpo, daqueles que amamos e dos nossos antepassados, imagine então a insegurança e o medo inconsciente de ter sido privado de seus ritos e do seu sagrado pessoal e regional. Logo "Mortos-Vivos" voltariam dos túmulos na noite para punir e cobrar dos vivos satisfações para com o seu descaso.

Antes de qualquer acusação de anacronismo para comigo, sei que o conceito de inconsciente, e como o concebemos hoje, surgiu com Freud e a Psicologia nos séculos XIX e XX. Não existia esse conceito de inconsciente que temos hoje nos tempos medievalescos, o mais próximo da imaginação já era chamado de conversar com os ancestrais e os deuses, para as pessoas daquela época – mas vamos pensar também que havia certos requisitos e fundamentos a serem cumpridos para que houvesse uma validação de contato. (Este também é assunto para outro futuro trabalho sobre o Sagrado e a arte da imaginação.) Voltando à questão do retorno dos mortos-vivos e dos demônios para sugarem os vivos, tanto os católicos ortodoxos como os católicos romanos (que disputavam entre si o território e a fé dos eslavos e imigrantes que ocupavam a região) tiveram de utilizar seu vasto repertório, ferramentas de exorcismos, condenações, excomunhões, canonizações, fogueiras, torturas, demonizações de animais noturnos e apropriações ilícitas de mitos eslavos sob enfoque cristão, como uma forma de oferecer conforto e proteção aos seus rebanhos humanos, bovinos e equinos.

Assim passava a ser usado o que chamamos de bode expiatório. Normalmente as pessoas jogam sobre as outras tudo aquilo de que não gostam em si. No modo coletivo, quando muitas pessoas abominam, renegam e repudiam alguns valores – escolhem algo ou alguém para projetá-lo como o epítome de todo mal. Logo, heréticos ou pagãos (que também eram englobados pela palavra "vampiro" na região), pessoas que cultuavam os antigos deuses, leprosos, mendigos, ciganos, infiéis, vizinhos irritantes acusados de ser autores de malefícios e bruxescos perdiam suas propriedades, sua liberdade e muitas vezes a vida. No texto "O Mito do Vampiro Eslavo" em <www.vampyrismo.org>, exploro o que acontecia com os que conseguiam sobreviver.

Após serem mortos sob torturas indizíveis, fogueiras, enforcamentos e empalações, eram enterrados e os sacerdotes poderiam se utilizar disso em um futuro próximo. Bruxo, bruxa (supondo que o termo realmente existisse naquele tempo) ou lobisomens em vida se tornariam vampiros depois de mortos e poderiam voltar para assombrar e sugar os vivos.

Quando eram identificados casos assim, as sábias autoridades eclesiásticas de ambos os lados prontamente conduziam a catarse pública para aliviar o pânico e a histeria desenterrando os corpos, decepando suas cabeças, enfiando estacas em seus corações e cometendo um sem-número de violências, perversões e agressões com o corpo morto. (Imagine como você se sentiria se esse corpo fosse o de um familiar seu.)

Em vez de utilizar o termo "antiga religião do Leste Europeu", seria mais correto dizer "antigas religiões dos povos do Leste Europeu", pois, dependendo da área geográfica e do período, havia muitas deidades, muitos espíritos, bem como questões políticas – cada governante sobrepunha o seu deus pessoal ou o de sua família como o Deus supremo. Camponeses pobres e nobres mais abastados podiam adorar a mesma deidade, mas de formas diferenciadas. E, ainda, soma-se nesta equação a vasta extensão territorial que é falar dos territórios no Leste Europeu e dos muitos povos e vertentes sobre esta alcunha.

É uma tarefa árdua e que merece a devida profundidade acadêmica. Então, o que faço neste momento é pincelar e destilar de forma superficial algumas das crenças pertinentes à vida após a morte para as muitas facções daquele tempo – ou que pelo menos foram registradas. Instigar e inspirar o leitor a ir atrás de mais informações e refletir sobre seus conteúdos é sempre o foco principal desta obra.

As concepções apresentadas podem e devem causar certa estranheza ao leitor brasileiro, acostumado a visões espiritistas dissolvidas no imaginário sincretista popular. Muitos povos da Antiguidade não tinham na sua visão religiosa elementos de natureza "iluminista", "quantificável", "caritativa", "terra como um mero estágio", "o próprio solo como algo sujo ou dispensável" ou uma doutrina baseada na "recompensa após a morte" comum aos espiritistas modernos ou ao conceito de religião em voga nos dias de hoje. Tentar atribuir elementos assim a povos do passado é um anacronismo muito forte e evidente sinal de despreparo. Julgar suas crenças como atrasadas, pueris e insuficientes é também um equívoco. Sentir-se ultrajado com muitos dos seus costumes é compreensível e um sinal de pés no chão e uma visão crítica e madura. Mas vale lembrar que olhamos esse passado com a nossa visão de hoje, enxergamos por meio de livros, pesquisas, imaginação e passíveis de nossas interpretações e julgamentos pessoais. Ao falarmos de "antigas religiões eslavas", falamos de mistérios religiosos e elementos não passíveis de explicações mais detalhadas, baseados apenas na própria experiência dos participantes. Portanto, escolho abordar em linhas gerais apenas para situar o leitor e permitir melhor compreensão do tema. E talvez ajudar todos os supostos descendentes do "Drácula cinematográfico" que em vão o buscam no "Drácula do Romance de Stoker" a fonte verdadeira e derradeira e sequer aprofundam o conhecimento dos "Dráculas históricos", os quais não tinham nada a ver com o simpático conde de Bram Stoker que foi amalgamado a um personagem que já existia. Primeiro Stoker criou um vampiro que morava ao sul da Áustria, "vampiro" seria inclusive o nome da obra, mas daí caiu na mão dele um livro chamado *Land Beyond of Forest*, sobre a Romênia e seu imaginário – onde descobriu Vlad Tepes –, e em sua obra máxima misturou a *persona* histórica e a do seu romance. Ao mesmo tempo sabemos que Stoker foi integrante de graus iniciais da Golden Dawn e, como todo londrino bem-sucedido, maçom. Então, há histórias de que na obra ficcional *Drácula* há uma mapa iniciático de simbolismo presente em alguma discreta sociedade secreta que apenas faz sentido aos membros – nada diferente do que sentiria um "não maçom" ao ler sobre um templo deles. Ou ainda de fãs de Bela Lugosi lerem sobre hipnotismo para imitar o amado personagem interpretado por ele. No entanto, se houver algo de pontual e factual sobre o tema, deixo assumido aqui meu compromisso de explorar a temática em futuras publicações.

***

As antigas religiões eslavas baseavam-se na adoração em ritos de êxtase, assegurando a fecundidade de seu solo (muitas vezes combatendo em planos sutis inimigos da colheita) e o retorno da caça para alimentação, no animismo e no culto aos mortos ou ancestrais deificados. Em linhas gerais, seus integrantes estavam mais preocupados em viver seu cotidiano, o que eventualmente incluía criar uma família, defender suas terras em guerras sangrentas e afins.

A morte era recebida com tristeza, honrarias ou desprezo. Cada região, cada segmento do povo, tinha opiniões diversas. Alguns acreditavam que o morto se desintegraria e seria reintegrado ao fluxo da vida, como tudo que podiam observar na natureza. Outros achavam que o morto se uniria aos seus ancestrais junto ao seu "pai-céu" e de lá velaria por eles – interferindo entre os vivos em datas ou templos sagrados. Neste aspecto, alguns acreditavam que os ancestrais poderiam voltar na própria família em uma nova vida; outros, que os ancestrais poderiam renascer na forma de um animal totêmico de sua família ou mesmo como uma árvore. E ainda haveria o chamado eterno retorno de vida, morte, vida novamente sem um estágio intermediário ou pós-vida. Temos, então, diversas modalidades entre as antigas religiões eslavas, anteriores à entrada dos catolicismos e dos muçulmanos. As crenças católicas eram bastante limitantes para o imaginário desses povos, pelo menos hoje ainda o são. Para os católicos romanos, as pessoas morriam, tomavam consciência de sua morte e eram encaminhadas para o limbo, purgatório ou ainda para o inferno, e uns poucos e perfeitos iam para o céu ao lado de Deus Pai. Os católicos ortodoxos pulavam todos esses estágios. A pessoa morria e havia o julgamento divino, céu ou inferno, ou então ficaria vagando entre os mundos. E os muçulmanos invadiam os reinos e matavam muita gente, pois, em suas concepções, todos os europeus eram infiéis e iriam para o inferno – e os muçulmanos que morressem em nome de sua fé ou aqueles que se convertessem iriam para o paraíso de Alá.

Acredito, pelo que pesquisei em livros de história e incontáveis *sites* nestes anos, que povos como os Thracians, Dacians, Sarmathans e os Scythees pudessem ter costumes pavorosos aos nossos olhos de humanos do século XXI. Não acho que usar o termo pagão torne tudo bonito e perdoável e vítimas do "patriarcado malvado" e das "religiões dominantes". E tampouco sou parcial em meus pensamentos sobre esse período histórico abordado de forma tão breve por aqui. Porém, sinto-me enjoado ao pensar em europeus letrados e muitas vezes doutores e catedráticos que, do século XIII ao século XVIII, consideravam justo e correto desenterrarem corpos e mutilá-los na tentativa de afirmar o que era ser o evoluído, o correto, condutores da luz do progresso e do sacro e, até hoje, suas mesmas "formas de pensamento" assombrarem o nosso mundo a cada vez que minorias e suas religiosidades são massacradas como atrasadas e não evoluídas por elites descerebradas.

As diferenças entre os católicos romanos e os católicos ortodoxos são muitas e até hoje ainda não foram resolvidas. São questões políticas, dogmáticas e inúmeras contendas violentas em guerras.

Como falamos de mito e folclore de vampiros, um dos pontos mais interessantes é relativo ao fenômeno da não decomposição dos corpos mortos. A não corrupção do corpo é tema sagrado e considerado milagroso para os católicos; enquanto para os ortodoxos é uma prova de ação dos demônios (como eles classificam deuses ou ancestrais) – algo corrupto e perverso.

Outro ponto importante, por exemplo, é que a questão da sucessão dos Dráculas históricos (eles são detalhados na terceira parte deste capítulo) precisava sempre ser reconhecida pela Igreja Ortodoxa para ser legitimada. Curiosamente, Radú, aquele irmão de Vlad (filho) que bandeou para os muçulmanos, governou a Romênia para seu sultão, sob vista grossa dos ortodoxos. Vlad (filho) teve um filho que o sucedeu após sua morte por traição e também foi morto pouco tempo depois em situações parecidas.

– A Igreja Ortodoxa não aceita o juízo particular imediatamente após a morte, como ensina a Igreja Católica, admitindo somente o Juízo Universal; consequentemente, a Igreja Ortodoxa nega a existência do purgatório e do limbo, bem como não aceita as indulgências (redenção de pecados baseada em ofertas financeiras). Instigante, não?

– Os ortodoxos só aceitam ícones nos templos.

– Na doutrina católica romana, o Espírito Santo, Terceira Pessoa da Santa Trindade, vem do Pai e do Filho, definido no Concílio de Niceia, enquanto, para os ortodoxos, o Espírito Santo só vem do Pai.

– Os sacerdotes ortodoxos têm liberdade de optar entre o celibato e o matrimônio, enquanto os sacerdotes católicos são celibatários.

– O Catolicismo Ortodoxo não aceita, de forma alguma, tanto a primazia como a infalibilidade do papa da Igreja Católica romana.

– Para os católicos ortodoxos não há as tradicionais devoções dos católicos romanos, como a comemoração de *Corpus Christi*, do Sagrado Coração de Jesus e outras.

Jogamos um jogo de especulações ao falarmos de "vampiros" e afins. Um complicado jogo de apropriações, ressignificações, corrupções, associações indevidas, anacronismo e que se divide ao longo de pelo menos três categorias: um mito e um rito regional ou transregional, uma demonização e reinvenção monoteísta e, ainda, o amplo uso apenas do mito nas letras e na ficção para criar personagens secundários de romances/ficções vampíricas. Isso não quer dizer que eu desaprovo ou condeno tais práticas – admiro e sou fã das artes e das letras que envolvam o vampírico –, só que, quando podemos olhar mais de perto e aprofundar o pano de fundo dessas lendas, enxergamos que o vampírico é uma excelente forma de inspirarmos o leitor a estudar história, mitologia, geografia e outras disciplinas escolares e universitárias.

Falar das práticas espirituais do Leste Europeu é e sempre será uma tarefa que envolve muito mistério, narrativas folclóricas e que inspira profunda nescessidade de vivência e de escrever seguindo trilhas cheias de névoa e de irresistível escassez de material em português. Podemos dizer de forma resumida que é a parte mais substanciosa. Em geral, suas práticas estavam mais conectadas ao trabalho com gênios da natureza do que o culto aos deuses propriamente dito. Mas não admira que certos gênios, com o passar dos tempos e cultos, pudessem ser honrados como deuses e até mesmo alcançar tal *status* – como no caso de Jurata, uma sereia adorada na Lituânia e Polônia, que foi considerada uma deusa posteriormente.

Voltemos no tempo, para antes da chegada católica ao Leste Europeu...

Personificações espirituais de forças da natureza sempre existiram no limiar dos espaços. E mulheres que existiam entre dois mundos eram uma constante entre muitos povos. Vou me restringir neste texto às Russalies eslavas e, vez ou outra, dedicarei algumas associações que me ocorreram ao longo da pesquisa. Algumas das mais famosas foram as Sereias da Grécia, as Banshees da Irlanda e as Russalies das terras eslavas. Todas representantes de um feminino extremamente sexualizado e temidas por seus dons proféticos relacionáveis à morte dos vivos.

Suas vozes sibilantes, seios fartos, sempre nuas, olhares hipnotizantes ou de aparições oscilantes e seus longos cabelos sempre foram temas que permaneceram no imaginário e nas obras de diversas culturas e povos. A pouca informação que temos disponível sobre as Russalies provém de colonizadores e invasores de suas terras, e os mitos que foram passados por meio da tradição oral e relatos familiares à beira da lareira em noites gélidas. Figuras femininas que induzem à imagem de uma fêmea de altíssima sexualidade, controle sedutor e abrasador – mesmo estando relacionadas ao aquoso. Tais entes ou personificações originaram-se nas águas e fontes primordiais, tanto da mitologia como das muitas regiões geográficas onde surgiram. As águas, sempre associadas com passagens de vida, do viver e morrer, do renascimento, dos ritos de batismo de tantas religiões, emoções, espiritualidade e sexualidade (psicológica ou espiritual). Nas florestas do Leste Europeu, dizia-se que as Russalies viviam ao longo das fontes, rios e lagos daquelas regiões mais próximas do Oriente do que do Ocidente. As águas onde habitavam eram especialmente poderosas e tinham as habilidades de trazer fertilidade, curar, saciar a sede interior e até mesmo de alimentar aqueles que bebiam de suas águas. Em muitas áreas elas eram vistas como descendentes de Mokosh, a deusa da Fertilidade eslava.

De maneira similar, a Banshee ou Bean Sidhe (sua prima celta) é geralmente vista ao longo dos rios da mesma forma. Muitos relatos e descrições tornavam intercambiáveis as imagens das Banshees e das Russalies, mas as consequências e resultados dos encontros entre peregrinos solitários e elas ocasionavam resultados díspares.

Em vez de oferecer dons de cura ou de sedução, a Banshee previa a morte e sua canção era um grito aterrador; suas aparições nos campos de batalha ou entre os que morriam por causa de um assassinato facilmente levavam as Banshees a serem associadas com a deusa celta Mórrighan. Ainda assim, a imagem imaginária tanto da Banshee quanto da Russalie era recorrente: seios fartos, nudez parcial, vestes esvoaçantes, cabelos longos negros ou verdes. Detendo-se um pouco mais sobre ambas, percebemos que suas diferenças expressavam variações culturais ecológicas, histórico--sociais e os anseios espirituais de seus respectivos povos. Quando os soldados romanos rumaram para o Norte e encontraram as tribos eslavas, este encontro alterou aos poucos as perspectivas culturais e espirituais eslavas, e assim as Russalies deixaram de ser vistas como Ninfas que viviam no interior das florestas e passaram a ser vistas como perigosos espíritos sombrios; provavelmente a partir desse instante as Russalies e as Banshees foram associadas a uma mesma imagem pelos invasores.

Sou favorável à ideia de que, ao juntarmos em um mesmo símbolo o humano e o animal em uma única representação, estejamos fazendo referência ao humano que assume qualidades referenciadas às daquele animal em questão, facilmente traduzível em expressões comuns, como "esperta como uma raposa" ou ainda "fulano tem olhos de águia". No caso das representações dos centauros, percebo a referência ao cavaleiro e ao cavalo como um único ser. Enquanto falamos de sereias, lembro-me das referências portuguesas posteriores às chamadas damas com pés de cabra, sereias, moiras e encantadas; mulheres ricas e que detinham poder decisório por herança ou por serem amantes de importantes figuras políticas, mas que precisavam se manter ocultas – que a história destinou lugar nesses mitos. Não fica difícil imaginar uma ocorrência comum na vasta extensão do Leste Europeu.

Nesta similaridade social e espiritual, por assim dizer, Russalies e Banshees passaram a ser retratadas como "aquelas que guiam a transição da vida neste mundo para a morte e o período de transição entre os dois mundos". Dizem que, entre os antigos eslavos, uma Russalie local poderia ser evocada por uma família para abrandar os sentimentos de perda por alguém recém-morto e tê-la como a preparadora do corpo para a jornada através da morte. Talvez, e apenas talvez, esse costume fosse uma referência ao ato de lavar o corpo do morto para prepará-lo para as cerimônias do funeral. A celebração católica do Pentecostes era particularmente interessante no período de 1230, na região da Bulgária Macedônica. Era uma festa em que muitos jovens fantasiados corriam pelas ruas de suas aldeias extorquindo oferendas e representando gestos obscenos de fertilidade. O evento era conhecido como "Russalies" e recordava elementos pagãos do passado – uma festa das rosas da primavera, com conotações funerárias e de renascimento que evocavam as antigas "rosálias". Podendo ser comparadas aos períodos dos 12 dias entre o Natal e o 6 de janeiro, ou do próprio Pentecostes posteriormente – em ambas as datas os antigos cultos de fertilidade eurasiáticos mostravam bastante atividade. Embora de tons mais eólicos, as Musas gregas, as Valquírias nórdicas e as Dakinis tibetanas são outras deidades femininas que merecem uma apreciação mais delicada e aprofundada pelos admiradores do tema.

Outros personagens instigantes da Bulgária Macedônica eram os Suvorakaris, os quais usavam vestes negras, compridos chapéus com quase dois metros e longas asas negras. Andavam cantarolando músicas fúnebres por entre os habitantes locais. Traziam notícias dos outros mundos e eram bem recompensados com dinheiro e alimento pelo que cantavam. Andavam solitariamente ou em pequenos agrupamentos, logo atrás de um grupo de pessoas cobertas por um manto negro que simulava um cavalo. Eram grupos de jovens solteiros ou recém-casados e, assim como outros agrupamentos, eram liberados após o nascimento do primeiro filho do casal.

Personagens envoltos em peles de animais, máscaras, espadas, cajados em forma de cavalos caminhavam pelas ruas dos vilarejos em êxtase – trazendo notícias dos mortos e atuando como mediadores com o além e, às vezes, personificando os próprios mortos. E, ao final do período, encontravam-se em algazarras e combates simulados em frente às praças principais das cidades. O costume era frequente na Península Balcânica e na Ucrânia.

As Russalies não eram os únicos cultos de fertilidade presentes na Romênia e nem de longe um dos mais antigos. Por onde podemos começar? Pelas cavalgadas noturnas presentes nos relatos de todos eles é um bom começo, sendo um tema bem recorrente e presente não só entre os romenos, húngaros e outros povos. Vamos encontrar referências semelhantes até mesmo no Friul italiano entre os chamados "Bernadantis". A ideia inicial que fixamos nesta trilha é: assim como outras regiões, o Leste Europeu era forrado por antigos cultos familiares ou geográficos, com elementos que oscilavam entre o politeísmo e o panteísmo, profundamente influenciados por toda a rica miscigenação e presença de todo o patrimônio simbólico que estudamos até aqui. Antes da chegada do conversionismo católico, primeiramente as cidades e posterior e efetivamente com a inquisição nos campos, esses antigos cultos de fertilidade ocupavam lugar mais ou menos público na vida das comunidades do campo. Não sendo difícil imaginar que as pequenas populações se mobilizassem em equinócios, solstícios e outras datas importantes. Totens, representações das deidades, geografia sagrada, procissões, máscaras de animais e de ancestrais, tambores, bênçãos, exorcismos, processos extáticos, oráculos e tantas outras práticas derivadas.

Com a entrada do Catolicismo nas cidades, e posteriormente no campo, as práticas públicas tornaram-se perigosas e vítimas de perseguições; tornava-se difícil manter templos ou imagens contrárias às da nova religião dominante e da emergente nova cultura imperante. Aos poucos esses cultos de fertilidade foram banidos da esfera pública e tornaram-se práticas escondidas, marginalizadas e perseguidas pela cultura e religião reificante.

Para sobreviverem, ou melhor, ganharem uma "sobrevida", algumas tentaram se misturar a partir do sincretismo com o monoteísmo e outras como costumes populares. A incompatibilidade de permutas dessas identidades se demonstraria ligeiramente na prática, em pouco tempo – no surgimento das heresias católicas, seitas católicas que seriam perseguidas e se tornariam um problema muito maior para a Igreja (tanto Romana como Ortodoxa) por distorcerem suas diretrizes e conteúdos. Os meios inquisitoriais eram monoteístas e baseavam seus testemunhos na tortura e no terror dos alvos. E assim, ao capturarem as pessoas, interpretavam como bem queriam seus relatos e as situavam dentro de suas demonologias inventadas. Afinal, para curar os males, era só inventá-los. E, falando em invenções, veremos frutíferas criações de personagens caricatos, como a bruxa e o vampiro – este baseado em um termo búlgaro usado entre os eslavos, como abordaremos adiante.

Em partes do Leste Europeu e também da Ásia, havia grupos de jovens que vagavam em determinado período do ano, com máscaras de cavalos e alguns outros animais, a pedir alimentos e pequenas quantias em dinheiro na porta das casas. Aqueles que recusavam a doação eram vítimas de impropérios e maldições. Eram grupos conhecidos por inspirarem medo, culpa, desejo de obter favores associando sua imagem às chamadas procissões dos "mortos". Essa procissões eram uma variante do mito da caça selvagem dos nórdicos e germânicos, conforme interpretado pelos católicos. Esses "mortos", que estavam bem vivos e provavelmente eram pessoas em estado de êxtase, só poderiam ser representados por aqueles que não estavam perfeitamente inseridos no corpo social das sociedades nas quais viviam. Se pensarmos no óbvio, não existia o conceito de adolescência – um estágio intermediário entre vida infantil e vida adulta. Era preciso encontrar um meio de adequar os jovens mais indisciplinados ao cotidiano da cultura em questão. Os tais mortos só podiam ser interpretados por aqueles que fossem ao mesmo tempo internos e externos à sociedade de então. Por exemplo, entre os "Xévsur" do Cáucaso eram as mulheres que ocupavam essa posição.

Já na região da atual Alemanha, os jovens e os marginalizados integravam grupos que se vestiam como lobos e com máscaras – identificados pelo mito da caça selvagem, ou posteriormente do exército dos mortos – e sempre marchavam sob a liderança de uma deidade. Esses lobisomens eram considerados defensores das colheitas e dos rebanhos locais, que eventualmente cobravam seu preço na morte de um bezerro ou de algum tonel de vinho ou hidromel. Vamos encontrar relatos parecidos desde os tempos de Heródoto e também de Plínio.

Enquanto os mais jovens vagavam em êxtase por aí, os mais versados adormeciam e partiam para uma guerra contra feiticeiros, além dos véus da realidade – pela colheita farta e um rebanho vistoso no próximo ano. O combate em êxtase era praticamente um consenso entre os diversos cultos de fertilidade eurasiáticos. Enquanto alguns se transformavam em lobos, ursos ou outros animais, como corujas, morcegos, alces e peixes, para suas jornadas além do céu, você pode imaginar o que um monoteísta poderia pensar ouvindo um relato como esse. Alguém, por algumas horas, virar um ser voador noturno ou cavalgar outros seres rumo a um confronto no além. Particularmente, nada mais vampírico e romântico do que isso.

Outros cavalgavam animais vivos ou mortos e até mesmo objetos do cotidiano. Esta última categoria que roubava objetos do cotidiano era particularmente inconveniente, acabava requerendo dos habitantes o uso de esconjurações, banimentos e exorcismos sobre os objetos para impedirem seu roubo. Para o olhar ocidental do século XXI, tudo isso pode parecer um jogo lúdico, entretanto temas como viagem astral, *dreamwalking*, feitiçaria e outros elementos do neopaganismo ainda estão vivos e são capazes de prover uma vida mais rica em pertencimento, sentido e significado para os seus apreciadores – como veremos no capítulo 2 sobre a Subcultura Vampyrica e suas interpretações. A questão do voo mágico na chamada "Jornada do Herói", do mitógrafo Josepeh Campbell, bem como a própria jornada como um todo, podem agregar muitos significados a essa questão. Lá na Europa ancestral, costumes assim eram considerados normais e não causavam furor na maior parte da população. Para o povo dessas diversas regiões, esses grupos eram facilmente identificados aos cortejos dos deuses de seus ancestrais. De manhã rezavam na igreja e à noite alimentavam esses jovens em troca de prosperidade ou de notícias de parentes falecidos.

Sobre os integrantes desses agrupamentos, normalmente os relatos documentados contam que eles eram obrigados a servir nesses ritos e processos descritos apenas por um período específico de tempo. O relato mais comum é narrado pela expressão "ter nascido sobre uma estrela", ou melhor, "ter nascido com o 'pélico' cobrindo parcialmente seu corpo ou cabeça". É quase certo que C. G. Leland no século XIX tenha ouvido sobre essa lenda e a tenha atribuído ao vampiro entre os ciganos em seu livro sobre a Magia Cigana, assim como no seu *Aradia: o Evangelho das Bruxas*.*A obra de Leland no final do século XIX serviu como uma maneira mística para muitas correntes esotéricas justificarem a existência de uma imagem do vampiro caricato, inventado na Inquisição e reforçado no Romantismo, usada para endossar seus próprios discursos, desde a Golden Dawn, Teosofia e até mesmo a Wicca no século seguinte. O único grande detalhe que esqueceram foi que na Ásia próxima e quase em todo continente Europeu a maior parte do que hoje chamamos de xamãs nascia dessa forma. E, ao compararmos todo esse conteúdo dos antigos cultos de fertilidade europeus e asiáticos apresentado aqui, facilmente veremos que o chamado "vampírico" não passa de uma distorção e interpretação monoteísta e demonificada de processos facilmente envoltos no âmbito xamânico do Velho Mundo.

Essa estrutura social a qual escolho denominar como "xamânica" era a mola mestra ao longo dos antigos cultos de fertilidade que existiram pela Europa, antes e durante os Catolicismos. Além do fato do nascimento sobre "determinada estrela" (pélico), os candidatos a esses cultos eram reconhecidos por integrantes mais velhos e era comum a escolha por crianças mais silenciosas e dotadas do que hoje chamamos de rica vida interior para o treinamento. O sempre brilhante Thimoty Leary diria que a diferença entre o xamã e o esquizofrênico atualmente é que o primeiro tinha a tecnologia e o amparo para entrar e sair da dimensão simbólica e o segundo não, por conta da formação cultural dos dias de hoje. Outros ocultistas e espiritualistas certamente levantarão a questão da mediunidade como a forma de entrar em contato com outros mundos.

Nessa preparação, os xamãs aprendiam sobre os momentos de "morte" e ida para os outros mundos, os períodos de combate, o caminhar espiritual entre os vivos, o que enfrentariam, bem como seu destino como guardiões do seu povo e da sua terra. Outro aprendizado que percebemos era que além do espiritual havia toda uma encantaria, vestes, costumes e comportamentos sustentados publicamente em períodos de datas específicas. Em muitas regiões esse era um processo mantido em família e de hereditariedade; era aquela pessoa ambígua da vila ou de uma casa no mato que resolvia os problemas não comuns ou atribuídos ao sutil – não havendo uma denominação específica, a não ser o nome geral do culto de fertilidade de diversas regiões: Strigoi, Kresnick, Taltos, Mazzeris, Coledoris, Koljadanti, Rëgos e tantos outros.

Apesar da estrutura xamânica, esses conhecimentos e "saberes" eram passados apenas aos que experimentavam um rito de iniciação proposto

---

*N.E.: Obra publicada pela Madras Editora.

pelos mais antigos ou o chefe do grupo. Repetindo os feitos das antigas cavalarias e cavaleiros eurasiáticos, esses grupos apresentavam estrutura hierárquica e uso de bandeiras, tambores e até mesmo instrumentos musicais como flautas.

Para andar por outros mundos, cavalgavam ou metamorfoseavam-se em animais. Nas aparições públicas, trotavam como se estivessem cavalgando e portando bastões com caras de cavalos esculpidos; alguns davam saltos altíssimos e outros arrastavam grilhões de correntes.

Alguns grupos, como as Kralijce, eram compostos inteiramente por mulheres e ainda estão ativas na região da Servo-Croácia dos dias de hoje. Elas caminhavam sempre em números pares e vestiam roupas masculinas, armadas com espadas; eram especialmente ativas no Pentecostes católico. Os cortejos femininos tinham como foco o acompanhamento das chamadas Deusas Noturnas, como Diana, Artémis, Aradia, Irodíade. Alguns desses agrupamentos, como as Russalies (citadas anteriormente) e as Frumosaelle, eram também associados a figuras mortuárias, como as Bonae Res e as fadas célticas Irodesa, Arada, Doamna Zinelor. As Russalies, especialmente no Pentecostes, vagavam ao longo da noite e eram consideradas uma ameaça para as aldeias onde ficava outro agrupamento chamado Calusaris (basicamente masculino). Este acreditava que elas iriam sugar o leite de suas mulheres parturientes e também de seus rebanhos, ao lado das fadas da noite e outros terrores noturnos. Inicialmente, o problema eram as mães pararem de produzir leite – seus filhos e proles morreriam. A questão do roubo do sangue seria muito posterior. Note que a questão do Pentecostes ou a descida do Espírito Santo foi herdada dos judeus e é sempre presente nesses temas – o que remete aos meandros do chamado "corpo de glória", duplo-etéreo e a vivência direta do contato com a realidade "não ordinária" por meio do processo extático.

Quando um integrante de um desses antigos cultos de fertilidade da terra estivesse em seus períodos ativos, era frequentemente associado com os "mortos" que andavam "vivos" sobre a terra. Pelo menos a Hungria e a Romênia tiveram uma colonização latina expressiva e assim herdaram o conceito latino do "morto" estar sempre contra o vivo. Nos dias de hoje aquilo que chamamos de viajar nas ideias era encarado como jornada pelos reinos dos mortos em alguns lugares e outras épocas. Herdaram também as ideias da insaciável sede dos mortos. Esta crença seria modelada na forma da mística "Strix", sedenta pelo sangue ou pelo leite das lactantes. O nome era usado tanto para pequenas e estridentes corujas como para outros seres que voavam na noite, como os morcegos. Assim como os cabelos ao vento, indomáveis espelhos dos pensamentos que correm em nossas cabeças – bem como mitos e ritos africanos que versam sobre aqueles que voam-na-noite. No folclore grego, e posteriormente no romano (citado em

Ovídio), eram mulheres que se transformavam em pássaros negros. E assim comunicavam-se com os mortos, primeiramente, tornando-se um deles ou disfarçando-se como animal junto a eles. No caso das Strix, apenas especulo que provavelmente possam ter sido referência a algum culto de fertilidade da terra ainda mais antigo – que acabou sendo suprimido e "vilanizado" na Antiguidade Clássica. As Strix provavelmente serviram como inspiração para o "feminino deletério", conforme os gregos encontraram ao desenvolverem relações comerciais com outros povos. A presença de um feminino deletério é muitas vezes encontrada quando um deus de uma tribo destrona a antiga deusa criadora de alguma outra tribo. Dentro desse contexto vamos encontrar entre os gregos/romanos a Lâmia, Empusa e até as apavorantes lobas de Hécate, chamadas Mormocileias. Outras personagens legendárias que encontraremos nesse contexto são as Fúrias e também as Harpias, e até mesmo as Górgonas como imagens de um feminino deletério e assustador, a face que consome as próprias criações e traz o horror e o selvagem. E invariavelmente foram de maneira anacronológica somadas e misturadas à imagem do vampiro, depois do século XVI, pelos católicos. No Oriente ainda encontraremos o Lilitu e até mesmo a Lilith dos judeus – provavelmente uma antiga deusa criadora, destronada, diabolizada e suprimida pelos judeus ao tomarem Canaã, mas que, posteriormente, ao ouvirem falar das Strix e de outras misturaram seus mitos com os de Lilith. Enfim, a vastidão da noite (seja da caverna escura ou do espaço sideral) e toda sua potência criativa, como a suprema força maior de onde tudo provém antes de ser nomeado e ganhar formas cabíveis – como a senhora do imprevisível define-me e lhe escapo, no qual o inconsciente da moderna psicologia é apenas um parvo espelho –, sempre será desafiante a todos, assim como o indômito espírito feminino, por exemplo o *Arcanum Arcanorum*, por onde os deuses e anjos vêm à Terra.

***

O termo Harpia era usado para designar "raptoras", "arrebatadoras" e "ladras" a quem toma alguma coisa e a leva embora. Outrora descritas como donzelas lindas e aladas, posteriormente foram transformadas em monstros alados com garras, que carregavam pessoas para o submundo, infligindo punições e as atormentando. Foram também associadas aos ventos das tempestades e, aos poucos, ganharam aparências monstruosas. E hábitos de agirem como as capangas dos deuses e darem sumiço em definitivo para humanos e animais. Em meados do século XIII, as Lamiae, Mascae, Striae dos gregos estiveram em evidência, sendo associadas às mulheres que passavam pelas casas e roubavam crianças dos berços. Poucas décadas depois, uma derivação católica vestiu as Lamiae na forma de uma velha montada na garupa de um lobo que matava lactantes. A essa altura os católicos já haviam estabelecido a imagem caricata da bruxa, como instrumentos conscientes do seu Diabo. Em geral, ainda serviam como uma forma de culparem os judeus e os acusarem de roubar crianças para usar seu sangue em rituais – e assim justificar sua perseguição. Além da especulação, nos confins entre a Sérvia e a Romênia o culto das Russalies sobreviveu, por meio do sincretismo com o monoteísmo católico, até o início do século XX. O fator mais interessante é que o culto sobreviveu mais ou menos extrovertido, como um costume regional.

Acontecendo no período do Pentecostes, as mulheres entravam em transe e, ao voltar a si, afirmavam ter estado entre os mortos e até mesmo ter falado com Deus. Enquanto ficavam deitadas em transe em uma área aberta, os homens faziam danças circulares frenéticas à sua volta e os recém-mortos eram evocados e homenageados. Desconheço se o Pentecostes tem relação com o costume judeu da chamada contagem do Ômer – outra poderosa ferramenta de purificação e potencialização do duplo etéreo em termos basais e cuja contagem dos dias e semanas em cada uma das séfiras cabalistas acontece próximo à da Páscoa. Segundo Camile Paglia, em seu maravilhoso *Vamps e Vadias*, os dois pilares que sustentam a cultura ocidental descansam ocultos no paganismo latino e expressos no Catolicismo. Ao longo deste texto transitamos nessas curiosas encruzilhadas.

Os cortejos femininos tendiam a sustentar lendas e relatos mais sutis. Diferenciavam-se da estridência e violência masculina quase sempre baseadas nos combates pela fertilidade da terra.

Um dos casos mais interessantes dos cultos masculinos são os Berserkers e os Ulfheadjars dos povos nórdicos, geralmente encontrados ao longo das rotas comerciais fluviais dos rios entre o norte da Rússia e Constantinopla. Eram guerreiros que nas batalhas entravam em um estado de transe, tornando-se ursos ou lobos de Odin – o grande deus dos povos nórdicos. O próprio Império Bizantino os manteve dentro de suas tropas mercenárias. Neste caso, observamos novamente a presença do exército dos "mortos", cuja aparente ironia deste autor chama de exército dos "mortos-vivos". Afinal, quando entravam em transe eram comparados aos mortos.

Certamente havia uma forte dimensão iniciática em torno dessa aura mortuária a circundar e sustentar todo um processo religioso e social, uma forma de violência ritual reunida em uma poderosa e intimidante associação guerreira. Homens gigantescos vestidos com peles de animais, de couro cru, escudos, machados e maquiagens negras em um furor bélico destruidor. Os relatos contam que seus uivos congelavam os inimigos e que lutavam com diversos oponentes de uma só vez. Embora diferentes do clima de violência jocosa dos cultos de fertilidade daquela época, consistiam igualmente em mais uma variação do que era chamado de exército dos "mortos-vivos" na cristandade. Entretanto, os Berserkers e os Ulfheadjars não eram os primeiros a fazer uso de processos de terror e de furor belicoso em batalha no continente europeu. Ainda nos tempos de Esparta, já se encontravam sociedades e rituais de guerreiros que eram isolados de forma iniciática do convívio público – para viverem em lugares selvagens. Ainda citando a Antiguidade dos tempos de Heródoto e Pausânia, localizamos também os relatos sobre os fócios, tropas de guerreiros que lutavam na escuridão da noite, com suas faces aterrorizantes maquiadas com gesso. Havia também os hários, que eram comparados por Tácito a um verdadeiro exército dos mortos. Vestiam-se de preto, tinham suas faces cobertas de tintura negra, assim como os escudos e as armas, e certamente suas origens eram baseadas em processos iniciáticos. O próprio mito que antecede o casamento de Cadmo e Harmonia descreve um processo iniciático nas artes de Ares ou de Marte, posteriormente.

Ainda no século V a.C., o mesmo Heródoto escrevia sobre os homens que viravam lobos. Nos antigos mitos cristãos temos a história de São Repróbus ou São Cristóvão, que era retratado como um humano com cabeça de cão. O lobo, neste caso, era um arquétipo do **agressivo** radicado profundamente na psique humana e transmitido desde o antigo Paleolítico. Assim, não só aqueles cultos que encontravam no lobo seu arquétipo de poder, como em outros animais, os integrantes desses ritos lidavam diretamente com seu poder selvagem e sua capacidade de integrar-se consigo – fosse em um processo de violência jocosa ou à frente de um *exercitus bestialis* ou *exercitus furiosus*, também chamado de exército dos mortos. Na maior parte da Europa, a partir do século X, passaram a ser tratados como pessoas amaldiçoadas e vítimas de um destino negro. O caráter de ambiguidade desses agrupamentos resistiu até meados do século XV, quando passaram a ser comparados e sobrepostos aos estereótipos dos ladrões e devoradores de crianças. O que acabará coincidindo com a formalização da imagem das bruxas caricatas e mesmo do vampiro, que era o bruxo depois de morto na fogueira. Apenas a partir do século XVII esses exércitos passariam a ser estudados com distanciamento histórico depois de atenuarem as perseguições às chamadas bruxas e o fim das histerias vampíricas forçosamente associadas ao *sabá* inventado pela Inquisição.

Podemos dizer que os nórdicos foram uma das encarnações que ficaram mais conhecidas desse processo de gerar terror nos oponentes por intermédio do que traduzimos como magia. Só que nos tempos dos Dráculas históricos, a guerra por meio do terror e do uso do elemento iniciático será ainda mais fascinante, como você verá na terceira parte deste capítulo, uma vez que não havia abismo entre o sagrado e o profano. Até mesmo a guerra tem suas deidades iniciáticas e responsáveis para quem rezar no calor sangrento da batalha.

***

Encerro esta parte recordando romanticamente a cavalgada dos Strigois e de outros ritos de fertilidade das eras passadas. Deitavam-se ritualisticamente, seus pensamentos e inspirações ascendiam na escuridão noturna, montavam cavalos de vento ou se tornavam morcegos e corujas com seus gritos paralisantes, seguindo suas deusas caçadoras rumo a seu destino tecido pelas Parcas... Ou quem sabe a condução de suas próprias têmperas e espirituosidade com pudor e sem presunção de qualquer tipo. Avançavam pela escuridão noturna, sobre o grande oceano (às vezes chamado de rio por alguns povos), rumo a um prado, muito além de todos os véus (ou rios, a órbita de cada planeta era tomada como um rio). Lá, reassumiam suas formas humanas, armados de foices, adagas, espadas, bastões, e combatiam valorosamente toda a noite a fim de roubarem de seus oponentes as sementes da próxima colheita e as almas do próximo rebanho, para retornarem triunfantes à sua amada terra, além do longo oceano dentro dos véus... Esta é apenas uma visão breve e inicial sobre um amplo período histórico, uma vastidão geográfica onde a realidade é mais exótica e mais fascinante que as lendas que foram inventadas sobre ela. Apenas alguém muito tosco verá isso como uma censura ou uma triste limitação – ou mesmo como um término das lendas noturnas. Evidentemente, a partir daqui fica complicado sustentar junto à lenda do vampiro perspectivas satânicas, perspectivas de parasitas ou de ser dependente de terceiros e outras invenções surgidas dos artefatos religiosos, dos românticos e dos místicos que "pegaram o trem andando", e chamar isso de vampírico ou mesmo de Vampyrico em termos de Subcultura. Aliás, vale lembrar que Subcultura Vampyrica não é nenhum sequenciamento ou reconstrucionismo desse período. A seguir, confrontaremos as prováveis origens e uso do termo que desandaria em Vampírico.

Uppyr Lich: as marcas que falam

Palavras carregam poder, ou pelo menos podem ser assim acusadas, pois estranhamente despertam em nossos espíritos momentos incomuns e se revestem de significados auspiciosos. Algumas se mantêm e se potencializam, outras apenas aguardam que suas marcas indeléveis despertem no momento certo. Nos tempos atuais, o Vampiro cultiva uma imagem próxima do chamado romantismo; porém, não de clichês modorrentos de Meyer, e sim com redivivas maneiras tempestuosas de oferecer visões e compreensões súbitas e pulsantes como dos escritos de Rice, contrastando o enfadonho mundo moderno e sua superficial certeza de tudo que existe. Toda marcha tem um primeiro passo, todo alfabeto tem um começo. E o que chamamos de Vampiro ou mesmo de "Vampyre" descende de uma palavra que talvez seja russa – ela era usada ao menos no século X comprovadamente como uma forma depreciativa para designar não católicos. A mais antiga referência feita ao termo "Uppyr" (lê-se "uAmpyr" ou "vAmpir" e não "úpir") vem lá dos antigos russos, aparecendo ao rodapé de uma tradução do Livro dos Salmos do alfabeto glagolítico para o alfabeto cirílico, datada de 1047. A obra foi traduzida por um monge que em uma nota de rodapé ao fim da tradução escreveu as palavras "upirü liðy\" como sendo aparentemente uma dedicatória; posteriormente veremos o termo voltar à baila em uma reprodução desse supracitado livro em 1499 – aproximadamente 400 anos depois. Você há de convir que seria, no mínimo, muito estranho um monge católico, traduzindo um texto católico de uma Bíblia católica em um reino convertido há menos do que um século ao Catolicismo, assinar a tal obra de tradução como "Vampiro Demoníaco e Sanguinário", como autores oportunistas dos séculos vindouros proclamaram. E, com base nessas traduções, muita gente fez uso desse argumento como forma de justificar a existência de um personagem mitológico inventado apenas quatro ou seis séculos após o uso do termo "uppyr" na referida tradução.

De forma suave e resumida, vamos abordar primeiramente a região onde ocorreu a tradução desse Livro dos Salmos. O nome da cidade era Novgorod, capital da República de Novgorod, um antigo estado russo da Idade Média até o início da Idade Moderna, que se estendeu além do Mar Báltico (além deste ficavam as terras dos nórdicos e dos vikings, os colonizadores da região que desciam pelos rios e eram conhecidos como varangues – que inclusive vinham em sua maioria da temida Suécia, considerada a terra da feitiçaria entre os nórdicos daquele tempo, onde existiu um de seus mais poderosos e famosos santuários dedicados a Odin, Thor e Frey (ou Freya quem sabe), conhecido como "Uppsala"). Para o controverso (e contundente) pesquisador Nicholas de LaVeré, o termo Uppyr era uma corruptela local de algo como "Upper" ou "Superior", conforme veremos no saxão ou no inglês posterior – e podia fazer referência a algum tipo de sacerdote. Para outros, o mesmo termo podia ser visto como "uivador" ou "gritador"; também poderia ser um nome próprio ou ainda designação de alguma profissão ligada à gravação de runas (algum tipo de sacerdócio também?), o que deixa um leque de possibilidades incomuns em aberto para qualquer referência ao termo anterior à menção no rodapé daquele Livro dos Salmos. Dentre todas as possibilidades, contentei-me com a que aponta um termo depreciativo para pagãos, pois acaba por agregar e reunir de forma bem imaginativa todas as possibilidades de significados apresentados ao leitor e à leitora. A palavra "runas" designa "sussurro" em algumas traduções... e certamente é um importante alfabeto de poder e de contato; era a realidade não ordinária e a ordinária, constantemente redescoberta desde os primeiros ensaios de Johannes Bureus. Logo, temos um contexto bastante privilegiado: a Suécia e o norte da Europa também eram terra dos temidos relatos dos guerreiros "Bersekers" – humanos que viravam ursos e "Ulfheadjars" humanos que viravam lobos – , até os Montes Urais (conhecido reduto dos xamãs siberianos, que alguns relatos indicam capacidades transmorfas semelhantes aos nórdicos, e ainda, como o leitor viu anteriormente, não eram exatamente uma ocorrência singular no Leste Europeu).

O nome Novgorod significa "cidade nova", apesar da haver relatos de 859 d.C. que já demonstravam sua existência como importante ponto da rota comercial entre o Império Bizantino e o Mar Báltico – percorrida com rápidas embarcações pelos guerreiros nórdicos chamados varengues (relacionados às lendas recém-citadas). Próximo da segunda metade do século XI, desde o ano 1036, o reino era comandado pelo príncipe Vladimir Yaroslavich, filho de Yaroslav I, o sábio de Kiev, e de Ingigerd, filho do rei Olaf Skötkonung da Suécia. A história geral se recordará desse Vladimir Yaroslavich pelo fato de ele ter sido um príncipe guerreiro envolvido em muitas batalhas, e ainda em 1043 também ter lutado contra os povos do Norte chamados de finns. Essas guerras, apesar de terem uma documentação escassa, prosseguiriam por quase cem anos e deram bastante trabalho para os sucessores de Vladimir. Acredita-se que um dos muitos pontos que ocasionaram o conflito foi a conversão do norte da Rússia ao Cristianismo a partir de 980. Esse fato mexeu muito com a política da região e dos países vizinhos. Isso sem falar que a colonização mais marcante e presença constante eram dos varengues. O domínio da região de Novgorod implicava dominar uma importante rota comercial fluvial entre os reinos nórdicos e a distante Grécia. Não preciso entrar em detalhes de como o comércio interliga pessoas, crenças, raças e valores monetários. E, eventualmente, muitos varengues se estabeleceram e construíram fortalezas e propriedades ao longo dessa extensa rota comercial. Também não fica difícil ao leitor deduzir que os varengues (nórdicos) miscigenaram-se com os eslavos ao longo dessa rota e, naturalmente, tiveram papel importante na criação dos reinos de Novgorod e de Kiev ainda durante o século IX. Sendo que o pai de Vladimir manteve a tradição e os vínculos culturais e comerciais, desposando e tornando rainha a filha do rei sueco e, ainda, oferecendo refúgio e asilo ao rei Olaf II da Noruega. E é quase natural que o leitor deduza que os varengues eram pagãos e odinistas (tinham Odin e os Aesir como seus principais deuses). Os varengues eram conhecidos guerreiros nórdicos e facilmente relacionáveis com os "Bersekers" e "Ulfheadjars" citados anteriormente – muitos deles viviam como mercenários de elite e prestavam serviços como guarda pessoal dos imperadores bizantinos em Constantinopla e nas regiões vizinhas (Hungria, Romênia e até mesmo se aventurando nos domínios turcos e italianos) até a época da queda de Constantinopla em 1453 (!) nas mãos dos turcos. Vladimir foi um importante príncipe-guerreiro dos eslavos, sendo chamado até mesmo de "rei viking" pelos historiadores modernos em razão da sua descendência nórdica. Seu reinado foi marcado pela conversão dos russos ao Catolicismo (com menos de um século), um momento turbulento, no qual o paganismo nórdico, o paganismo eslavo e o Catolicismo disputavam entre si o apelo do povo. Enquanto esse conflito de crenças se alojava na região, aos poucos ia sendo exercido um sincretismo popular, e espíritos guardiões dos lares tornavam-se novos santos da Igreja e o Natal era marcado por árvores decoradas e grandes fogueiras para chamarem de volta o Sol.

Provavelmente foi uma dura transição, pois, ainda no final do século IX, matavam-se católicos e no século X convertiam-se ao Catolicismo. O príncipe Vladimir Yaroslavich entrou de forma inesperada para a história vampírica do Ocidente, pois durante algum momento de seu reinado – provavelmente em meados de 1047 – ele encomendou uma cópia com a tradução do glagolítico para o alfabeto cirílico do Livro dos Salmos da Bíblia católica, no qual em uma nota de rodapé o monge que realizou a tradução inscreveu "upirü liðy".

Certamente que glagolítico e cirílico não fazem parte do nosso cotidiano, então, antes de aprofundarmos mais a questão, falemos um pouco dos povos e dos respectivos idiomas e alfabetos. Lembrando que as letrinhas que compõem um idioma e seu alfabeto sempre carregam repertórios, símbolos, significados, mitos e ritos, e modelam a forma de interpretar daqueles que o utilizam. E, em um longo espaço de tempo, certos termos podem ser reapropriados e ressignificados para designarem outras coisas de uma cultura, ou mesmo uma religião e um espaço geográfico.

O glagolítico foi um dos alfabetos mais antigos dos povos eslavos, cabendo neste momento recordarmos duas citações do subcapítulo anterior.

Vamos só pontuar que um alfabeto e as formas de suas letras sempre encerram sigilos e símbolos poderosos, pois servem como as letras e símbolos que formam e vestem o imaginário dos povos que o utilizam – são o começo, o fim e tudo aquilo que há para ser utilizado na transmissão cultural de geração em geração. Ao se redesenharem letras, estamos redesenhando uma cultura inteira e sua espiritualidade. Os leitores mais aptos podem observar as relações simbólicas do alfabeto hebraico, no qual cada letra carrega um símbolo associado a ela e afins. Questões de gematria, notaricons, Cabala inglesa e muitas outras ilustram tais assuntos. Outros alfabetos representavam árvores e eram comuns entre os chamados povos celtas e saxões. Então, a situação fica interessante se pensarmos por que uma religião precisou "recriar" as letras de outros povos.

Logo, o alfabeto glagolítico seria substituído pelo cirílico; quanto a este, acredita-se que tenha sido criado pelo Santo Cyril e o Santo Methodius, ambos enviados como missionários pelo Império Bizantino em 860 d.C. – com finalidades religiosa e política de traduzir a Bíblia e outros textos para um idioma eslavo. E assim enfraquecerem a influência dos padres de algumas tribos germânicas na Morávia. O trabalho desses dois missionários os conduziu até a Bulgária onde, em 865, apoiados pelo regente local "Bóris, o Búlgaro", o Catolicismo foi instaurado como religião oficial e o alfabeto glagolítico tornou-se corrente para espalhar a nova religião, bem como impedir o temido aumento da influência grega e bizantina nas missas (rezadas em grego) e o enfraquecimento do Estado Búlgaro (Eslavo) nas mãos dos estrangeiros (gregos de Constantinopla). Entusiasmado com as possibilidades, o regente da Bulgária construiu duas academias, uma em Ohrid e outra em Preslav, onde acontecia o ensino do novo idioma. Vale dizer que não existe uma concordância em relação à origem do glagolítico, e alguns povos alegam que ele já existia no século IV, nos escritos de um certo São Jerônimo. Enquanto isso, o alfabeto cirílico viria a surgir posteriormente – em 940 d.C. – na academia de Ohrid, segundo algumas fontes, ou na academia de Preslav, mas este é um ponto em debate até a presente data. O fato é que o cirílico se tornou um alfabeto mais fácil de ser utilizado e rapidamente foi adotado como forma escrita de diversos idiomas eslavos. E permitindo uma troca cultural mais efetiva. Alguns pesquisadores consideram que o glagolítico serviu como um idioma intermediário para o advento do cirílico. Superficialmente, ambos os alfabetos herdaram elementos do alfabeto grego, judeu e de outros povos do Leste Europeu. O que não surpreende quando, durante os tempos da Renascença, ao norte da Europa, o mestre runólogo Johannes Bureus bebeu em sincretismos convergentes. Como não se herdam apenas letras, herdam-se também palavras, sussurros nos símbolos e desenhos das letras, correspondências naturais, folclore, costumes e afins. Assim como de toda a região da Hungria, Romênia e seus arredores, falamos um pouco do lugar, do príncipe, dos alfabetos e de sua tradução. Mas não falamos sobre o conteúdo do Livro dos Salmos, exceto que ele permanece nas Bíblias cristãs até hoje, com prováveis alterações durante os séculos. Para o vulgo, o conteúdo do Livro dos Salmos consiste em tópicos de adoração ao Deus judaico-católico, narrando seu poder, sua bondade e justiça e delineando o discurso monoteísta, de acordo os Dez Mandamentos recebidos por Moisés, os quais se tornaram um guia de comportamento para o fiel. Acredita-se que ele tenha sido compilado pelo rei David (um rei guerreiro dos judeus, importante dinastia que seria herdada até mesmo por Cristo), refletindo todos os exílios, lutas, perseguições, incidentes e o eventual triunfo dele e do seu povo – servindo como fonte de inspiração e esperança para o leitor em suas provações. No caso, suponho que Vladimir, como um rei guerreiro de um país recentemente convertido, possivelmente iria encontrar muita inspiração e quem sabe identificação para prosseguir seu reinado inspirado em outro rei guerreiro. Só que esse rei do Livro dos Salmos não era da antiga fé nórdica e sim um rei guerreiro judeu – algo bastante coerente para a leitura de um rei de um país recém-convertido e em momento de transição. Ainda mencionando Bureus, fica curioso não citar que em seus escritos o grande bibliotecário real da Suécia também reclamou ascendência espiritual da referida dinastia. No começo deste livro prometi compartilhar certo veneno carmesim, seria injusto neste parágrafo já escrito há tantos anos (*circa* 2007) não citar algumas entrelinhas comprovadas entre os anos de 2012 e 2013: *"E o que não é o Livro dos Salmos senão uma coleção de versos poderosos para o refinamento, purificação e potencialização destas sabedorias em antigas ordens monásticas do Leste Europeu – para uma comunhão direta com o Criador? A obtenção de uma linguagem ou alfabeto de poder único que potencialize a relação com a força maior. Um manual de tecnologia espiritual católico que se equiparava com as técnicas arcaicas do êxtase pagão? É de se pensar nos distantes monastérios russos e do Leste Europeu, em monges guerreiros a cultivarem tal caminho. Desenhe as letras do alfabeto glagolítico como quem desenha runas e veja o que sua imaginação desperta em si. Muitas questões das quais ainda não falarei tão cedo nos livros, mas que sugiro uma reflexão apropriada e que exalte a dignidade do tema"*. A memória de Vladimir Yaroslavich foi mais bem conservada nas sagas nórdicas. Sua morte ocorreu em batalha no ano 1052 – dois anos antes do Grande Cisma que separaria a Igreja Católica, estabelecendo a Igreja Católica Apostólica de Roma e a Igreja Ortodoxa (cujo nome significa louvor correto) no Oriente.

De volta à nota de rodapé daquele exemplar do Livro dos Salmos, a atual forma da inscrição é **popú upirü liõy**\, sendo que "upir" é do eslávico do leste e oeste é uma variação do eslávico do sul. Enquanto alguns conjecturam que a inclusão do "upir" esteja relacionada aos deuses eslávicos, temos um problema aqui com o presumido significado do epíteto **upirü liõy**\. No idioma russo moderno é natural para os pesquisadores traduzirem o **lixoj upyr'** como equivalente a "vampiro maligno". Mas isso é possível apenas pelo fato de que o vampiro aqui citado se refere ao que foi criado depois do século XVII nos romances e posteriormente no gênero ficcional. Mas, ainda no século XI, o termo **upirü** referia-se a algo totalmente externo ao contexto moderno: provavelmente um deus ou semideus dos antigos cultos de fertilidade das terras eslavas ou, ainda, a não integrantes ou não iniciados no Catolicismo urbano. Sequencialmente demonizados pelos católicos.

Deixando de lado o conteúdo da "realidade-espelho" ao falarmos de vampiros e mergulhando no fascinante universo da etimologia, veremos que no russo antigo "liõú" significava "destituído" – algumas vezes era associado a "triste", "um mal" e até mesmo "corajoso". No russo moderno, o verbo "li¹it", além de se relacionar com os significados de "liõú", é descendente direto do eslávico antigo "liqiti", ou seja, reforçando a ideia de "destituído".

Segundo alguns pesquisadores, o termo "liqiti" entre os gregos seria associado ao *allotrios*, que tinha significado de estrangeiro, o estranho e o alienígena (no sentido de pessoa de fora daquela cultura). Podemos então inferir que o termo esteja relacionado a estranhamento, estrangeiro e "ser de fora" ou forasteiro.

Normalmente aquilo que é estrangeiro ou externo a uma cultura e vem visitá-la é maligno e, por vezes, considerado corajoso ao se arriscar a ir tão longe. O que coincide com as atitudes e atos do Catolicismo em relação ao paganismo. Não fica difícil de pensar no sentido da palavra Pagus, como do campo e da terra a partir deste ponto. E igualmente não é difícil de lembrarmos que o Catolicismo sempre foi um culto urbano que depois partiu para os campos. E aqui vamos começar a ver alguns atavismos que em muitas civilizações colocam que quem vive fora da cidade ou no mato não tem "cultura" ou é destituído. E ainda temos a questão do sincretismo dos antigos deuses e deusas inicialmente com os santos e, posteriormente e em larga escala, com os demônios e hierarquias infernais inventadas pelo monoteísmo católico.

Segundo a pesquisadora búlgara de lexicografia Sabina Pavlova, o termo "liõy\" era algumas vezes formulado e utilizado como forma de se "autodenegrir", rebaixar a si mesmo, significando fraco ou pesadamente influenciável pelo "externo", "estrangeiro" e, consequentemente, dentro desse contexto o "mal", o "demoníaco". Não raro escribas e escolásticos referiam-se a si como "não merecedores", "servos sem valor", "escravos" (em alguns casos). Neste ponto percebemos que a sentença "popú upirü liõy" evidentemente é mais do que um apelido, nome, sobrenome ou epíteto de um deus ou semideus dos antigos cultos eslavos de fertilidade da terra. Também percebemos que ele não é utilizado em um sentido de mal demoníaco (católico, claro!). Fica mais assentado dizer que a sentença original poderia se referir a um comportamento aceitável de um estrangeiro ou alguém que se mantivesse externo ao círculo do permitido em uma cultura ou sociedade.

Uma vez que estamos além da "realidade-espelho", ficamos liberados de assumir que "upirü" fosse algum tipo de demônio católico. Ou que ainda se referisse a algum atrevido monge católico que, porventura, tivesse se referido a si mesmo como um morto-reanimado-demoníaco – no meio de um governo cristão aparentemente severo. Particularmente, acho divertido imaginar alguém que fosse irônico a esse ponto, algo como "perco a vida, mas não perco a piada". Isso terminaria em morte. Porém, como não dá para deixar de ser humano nem mudar de raça, penso que talvez fosse provável que alguns monges, ao se depararem com os antigos ritos de fertilidade dos eslavos – ao verem danças, músicas e até mesmo a aparição dos deuses aos seus olhos, diante dos mistérios da possessão ou da incorporação, como alguns podem preferir –, poderiam escolher abandonar a vida monástica de uma vez por todas. Uma vez que isso acontecesse, esses monges seriam dados como "mortos" socialmente para aquela emergente cultura e religião urbana. Vale lembrar que para os católicos ortodoxos daquele tempo um morto-vivo era todo não convertido, excomungado ou que abandonasse a fé católica. Uma outra hipótese ainda neste contexto é que, para os monges, os antigos deuses do campo não tinham poder nem existência, e talvez o que encontrassem ali, ao ver um rito daqueles, achassem ser manifestações de seu próprio Deus monoteísta (ou do seu opositor). Assim, com o tempo, poderiam elaborar as chamadas seitas heréticas do Catolicismo – seja ele romano ou ortodoxo – para desse modo estabelecerem seu contato com o sagrado. Uma das minhas favoritas são os bogomilos, sobre quais, enfatizo ao leitor e leitora, irão apreciar bastante uma pesquisa a respeito deles.

Falamos de interpretações que começam a partir do século XV no Leste Europeu – ou dos "mortos-vivos" monstruosos chamados de vampiros –, praticamente quatro séculos depois da tradução daquele Livro dos Salmos e sua infame nota de rodapé – e neste tempo a palavra pode ter adquirido e abrangido outros significados. Pode ser que já nesse momento o termo "upirü" fosse relatado aos humanos que integrassem tais heresias ou seitas gnósticas. A palavra "upirü" origina-se de duas raízes eslávicas e pelo menos dois morfemas. O termo "pir" é relacionado à libação ou deleite. O antigo idioma eslávico particularmente associa o termo "pir" a cerimoniais de casamento. A raiz em si é cognata com vários termos eslávicos e também indo-europeus relacionados ao "ter que beber". Então, bebia-se em algum tipo de festividade ou casamento, provavelmente pagão, e talvez a palavra fosse abraçada por algum segmento católico posteriormente. Não esquecendo que, para os católicos, o pagão era um forasteiro (mesmo estando lá, muito antes deles). Recapitulando, estamos assumindo que a palavra "liðy\" encontrada em uma cópia de um manuscrito do século XI tenha sido originalmente referência a estrangeiros ou pessoas estranhadas e à parte a determinados grupos ou lugares católicos. Em seguida, assumimos que a palavra "upyr" contenha dois morfemas eslávicos, sendo que o "pyr" refere-se a deleite ou festividade – da minha parte penso em processo de êxtase – e especulamos que o termo poderia ser um adjetivo negativo para membros de heresias católicas a partir do século XV. E quanto à primeira parte da palavra? O "U" ou "uam", como pronunciado pelos ocidentais. Vamos a ela: hipoteticamente temos no mínimo três possibilidades, "vamú", "vú" e "vunú", e estes são combinados ao "pyr". Estamos trabalhando estas hipóteses com a origem eslava do termo, então teremos a seguir estas três possibilidades:

(1) vamú + pirú: Phonologically, the compound that involves the least morphophonemic difference from vampir is (1). In this case, we would have to assume that vamú represents a dative plural of the Old Slavic second person plural personal pronoun, vy. Traduzindo, fonologicamente, o composto que envolve pelo menos a diferença do vampir é (1). Neste caso, vamos assumir que "Vamú" represente um plural dativo de segunda pessoa do plural do pronome "Vy" do velho eslávico.

In this form, there would be virtually no phonological change except the dropping of a weak back vowel: vamú + pirú > vam (ú)pir (ú) > vampir (ú). Thus we would probably have to imagine that the original phrase meant something like "a feast [or: libation] for/to you [plural]". Traduzindo: Desta forma, poderíamos ficar virtualmente sem mudanças fonológicas, exceto a de uma fraca vogal traseira: vamú + pirú > vam (ú)pir (ú) > vampir (ú). Assim, podemos imaginar que a frase original significaria algo como: "um deleite, [ou libação] por (ou para) você(s)".

As an ethnonym, perhaps, such a word might refer to a group which was known to offer libations to multiple deities (since the Orthodox Christian God was always addressed, in prayers, by the singular, ty). However, there is some disagreement about whether such a ethnonymic construction follows a productive pattern in Old Slavic. Como um termo ou expressão que designa o repertório de uma pessoa ou grupo étnico, tal palavra pode referir-se a um grupo conhecido por oferecer libações a múltiplas deidades (algo que chocaria os católicos ortodoxos que se dedicavam apenas a uma única e exclusiva deidade). Novamente recaímos nos praticantes dos antigos ritos de fertilidade da terra baseados em processo extático ou metodologia xamânica do Leste Europeu. **The Russian mythologist Dmitrij Raevskij, [74] for example, objects that ethnonyms never involve pronouns, much less pronouns in oblique cases such as the dative.** O mitologista russo Dmitrij Raevskij objetiva que grupos étnicos nunca utilizem pronomes, muito menos pronomes oblíquos, como neste caso um pronome dativo.

Furthermore, a question remains about the order of morphemes: why would we end up with vam pir rather than pir vam, the more natural Slavic word order? Já que é assim, por que não usam "Pir vam", que soaria muito mais natural no eslávico? **Also, if, as is generally agreed, the Bulgarian form precedes the Russian, then derivation of Russian u – from Old Bulgarian vamâ – requires us to postulate a slightly more complex sequence of steps, envolving first dropping**

the nasal consonant [m] and reduction of the vowel [a] to [â] prior to the Old Slavic-to-Russian sound change from vâ > u in initial position [75]. Existe uma concordância de que a presença do termo tenha se originado na forma bulgára e anteceda a forma russa de sua utilização. Neste caso a derivação do russo "U" vem do velho búlgaro vamã – e este requer que postulemos um arranjo mais complexo, envolvendo primeiro jogar as consoantes nasais (m) e a redução das vogais (a) para (â) uma prioridade do antigo eslávico para o russo na mudança de sonoridade. Seria então uma mudança do vâ > u na posição inicial.

(2) vú + pirú: The second possibility, vú pirú, is a prepositional phrase, and requires the assumption of some sort of epenthetic nasal [m] between the back reduced vowel [â] [76] and the initial [p] in Bulgarian: vâ pir > vâm pir [77]. A segunda possibilidade, vú pirú, é uma frase preposicional e requer que se assuma algum tipo de epentético nasal (m) entre a redução de vogais [â] e a inicial [p] em Búlgaro: vâ pir > vâm pir.

This compound would mean, presumably 'in (or: into) the feast', vú being a preposition that may be glossed as 'in, into; among'. In this case, a 'vâ-pir', designating a member of a group, might refer to someone who participated in feasting. (It is harder to justify the notion that pirú was ever some sort of nomen agentis, such that vâ pir would mean 'he who drinks in', an etymology proposed by Rudnyækyj. [78]). Este composto poderia significar, presumivelmente, "Em" (ou dentro) do deleite ou festejar. O Vú sendo uma preposição poderia ser destacado como "em, dentro, entre". Neste caso, um "vâ-pir", designando uma pessoa ou um grupo que participa do deleite ou do festejar. Uma nota pessoal minha: ainda insisto no estado de êxtase previamente citado. É difícil justificar a noção de que pirú seja algum tipo de agente nominal, tal como vâ pir pudesse significar "ele que bebe lá"; esta foi uma hipótese proposta por Rudnyækyj.

(3) vúnú + pirú: The third proposed compound, vúnú pirú, is also a prepositional phrase, and is phonologically easier to derive than the second alternative. The nasal dental [n] becoming bilabialized to [m] before a bilabial stop [p] following the loss of the 'weak' vowel [â] is a type of assimilation that is commonplace. O terceiro composto que propomos observar é vúnú pirú; sendo também uma frase preposicional, é fonologicamente fácil de derivar para a alternativa anterior. O som do (n) torna-se nasal e, entre os dentes, sendo bilabializado para (m), antes de uma parada labial, seguindo a perda da vogal anterior (â), é um tipo de assimilação e lugar-comum.

[79] However, from a semantic perspective, the meaning of this phrase is a little trickier to explain. The literal meaning of the compound would be 'outside the feast'. De uma perspectiva semântica, o significado

desta frase é um pouco enganador para explicar. O significado literal deste composto seria algo como "do lado de fora do deleite ou do festejar".

This speculation was offered by Ivan Marazov, [80] who was willing to interpret pirú in a slightly different way. If we take pirú to mean not merely a feast or drinking bout, but a libation offered at an initiation, [81] then we would arrive at a gloss of vú pirú as something like 'uninitiated' or 'outside the circle of initiates'. Tal especulação foi oferecida por Ivan Marazov que desejava interpretar pirú de uma forma não usual. Deveríamos observar que "pirú" significasse não apenas "deleite ou festejar" ou "reunir-se para beber", e menos ainda "estado de êxtase", e sim uma libação oferecida em uma iniciação – deste modo chegaríamos ao significado de "não iniciado" ou "externo ao círculo dos iniciados".

This last hypothesis is attractive, given our understanding of liõy\ as 'outsider, foreign'. However, since the word vampir/upir' is Slavic, and since the writer of the word in this case is an Orthodox monk from Novgorod, we would have to infer that the implied self-criticism of upirü liõy\ concerns his *status* as being uninitiated: 'an estranged uninitiate'. Esta última hipótese é atrativa e entrega ao nosso entendimento de "liôy"\ como um "alguém de fora, forasteiro, estrangeiro". Entretanto, desde que "upir" é termo eslávico, e o escritor desta palavra neste caso é um monge ortodoxo de Novgorod, podemos inferir que o "upirü liôy\", ao final da tradução do tal Livro dos Salmos, implicava sua própria autocrítica e concernia ao *status* dele como sendo um não iniciado: um estranhado e não iniciado.

Since Christianity effectively replaced initiation ceremonies with baptism, seeing in initiation evidence of paganism not very different from sacrifice, we would think that a more potent form of self-abnegation would be for our monk to refer to himself as an initiate, rather than as an outsider relative to the outsiders. Quando o Catolicismo efetivamente substituiu suas cerimônias de iniciação pelo batismo, passou a tratar a iniciação como evidência de paganismo não muito diferente de sacrifício. Nós poderíamos pensar que a forma mais potente de autoabnegação para nosso monge seria a de referir a si mais como um "novato" do que como um forasteiro aos costumes daquele povo – visto que se usasse forasteiro e estranho rapidamente seria associado a pagão. Vale dizer que, até os dias de hoje, muitos leigos desdenham do termo "iniciado", tratando-o como relativo a novato.

Based on the foregoing discussion, we may more confidently assert that the word vampir was a pejorative name for a group or a member of a group whose rituals or behavior were offensive to early Orthodox Christians. Baseados nesta longa conversa, podemos de forma confiante concordar que a palavra upir, pronunciada como vampir ou uampir, era um nome pejorativo para um grupo ou uma pessoa do qual o comportamento ou seus rituais eram ofensivos para os primeiros católicos ortodoxos. Sempre designando os estrangeiros e pessoas estranhadas a adentrarem seus domínios urbanos e retomando a dicotomia típica do urbano (da urbe), como sábio e civilizado, e o campestre ou do mato (pagus), como atrasado e não civilizado – e principalmente ainda não batizado, à mercê do demônio, portanto. Existe uma hipótese surgida em 1982, por meio da qual o historiador sueco Anders Sjöberg sugeriu que "Upir' likhyi" é de fato a transcrição ou transliteração do nome Öpir Ofeigr (OfæigR ØpiR), famoso escultor de pedras com runas – existentes até hoje –, o qual viveu do **fim do século XI ao início do século XII**. Sjöberg alega que Öpir pode ter estado em Novgorod antes de mudar-se para a Suécia. Embora a pesquisa careça de mais informações e não fossem encontrados dados que comprovem esta alegação, ela apresenta uma ideia até que coerente – as obras de Öpir são encontradas em sua maioria nos países nórdicos e não nas regiões de Novgorod ou de Kiev, norte da Rússia. Como foram encontradas algumas grafias diferentes para o nome de Ofaeigr, alguns historiadores supõem que mais de uma pessoa utilizou esse nome ou eventualmente apelido. Realmente, segundo as fontes de pesquisa, Öpir ou Öper vem do velho idioma nórdico: ØpiR/OEpir, significando "shouter" ou aquele que se expressa em tom elevado de voz. Em sua época, Öpir foi muito famoso e deixou como legado mais de 50 grandes pedras de runas com artes complexas em formas serpeantes entrelaçadas. A teoria de Anders Sjöberg até hoje permanece controversa.

    Conversando com amigos eslavos também apreciadores e praticantes das antigas religiões da Terra, tive a oportunidade de perguntar para eles sobre a frequência ou se era comum a utilização de algum nome próprio derivado de Upyr – como Öpir, por exemplo – e a resposta deles foi categórica: este (Upyr) é um termo que indica maus agouros e atualmente é apenas utilizado para designar o vampiro do folclore e das produções cinematográficas; ninguém gostaria de ser chamado assim por lá. Um desses amigos brincou comigo e disse que o uso desse nome na carteira de identidade seria tão complicado como o de alguém chamado "Exu" no Brasil. Beber, comer, dançar, cantar e, principalmente, ver os próprios deuses como partes integrantes de suas comunidades era algo que ofendia severamente a sensibilidade católica e da emergente católica ortodoxa que prosperaria nos séculos seguintes. E esses viriam a exterminar sistematicamente seus ofensores e descaracterizar suas práticas. Tanto que com o passar do tempo o termo "Eretik" (herege) acabou assumindo o lugar do termo Upyr entre os russos. Afinal, para a nova religião dominante, o Catolicismo, todo o conteúdo pagão inexistia, não passando de ilusões inventadas pelo Diabo. Ainda assim, a vida dos católicos russos não seria nem um pouco fácil, em virtude das contendas internas: o Grande

Cisma de 1054 (quando a Igreja Católica Romana e a Igreja Ortodoxa separaram-se), o surgimento e estabelecimento das Heresias (denominações católicas independentes, cujas práticas divergiam e criticavam os padrões da Igreja) e ainda, em 1453, a queda de Constantinopla (a partir desse instante Moscou para os russos tornava-se a terceira Roma).

Alguma coisa sobreviveu nos caminhos da dupla fé ou dos sincretismos entre deidades pagãs e os novos santos católicos assim estabelecidos. E o que não virava santo era tornado demoníaco. Entretanto, as vias da dupla fé vêm sendo pesadamente questionadas pelos modernos acadêmicos russos, sendo vistas como ferramentas românticas e nacionalistas inventadas no fim do século XIX e que após a revolução de 1917 foram reforçadas pelo governo comunista para exaltar a cultura e o folclore locais. Acrescento que os não confessos ao "Catolicismo Ortodoxo", estabelecido de 1054 em diante, eram considerados mortos-vivos em muitos casos – sem direito à propriedade, expressão, herança e vida social. É certo que com a passagem do tempo o monoteísmo, com o auxílio de extermínios e politicagens, logrou êxito em desfigurar e descaracterizar o selvagem e o orgânico. E não surpreende que essa política conduziu até mesmo aqueles que não se convertiam à fé católica e preferiam beber e festejar com os deuses e até mesmo aceitar a pecha de diabólicos e satânicos, quando capturados e torturados pelas inquisições, e acabavam por admitir qualquer coisa aos inquisidores que inventavam lá seus "demonicos". Se observarmos do ponto de vista de uma cristandade militante e basicamente urbana (mesmo em um pequeno povoado), onde o maior acontecimento da vida dos habitantes era ir a uma igreja e assistir a uma missa rezada de costas para o público em um idioma desconhecido, em silêncio mortal mas sob a luz de belos vitrais; e o que era narrado ali só podia ser apreendido por meio de iluminuras nas paredes e sem um Deus que desse as caras, fica patente imaginarmos o choque que não era o encontro com pessoas que dançavam em volta de fogueiras, ofertavam totens de madeira, batiam tambores, cantavam, urravam como animais e conheciam ervas e remédios que curavam ou envenenavam de forma ágil e volátil. E principalmente que não dependiam de alguém que intermediasse o contato entre elas e o sagrado e viviam rodeadas pelos seus deuses, que eram parte do seu modo de vida e do ambiente no qual estavam inseridas. E elas não precisavam viver na dicotomia de estar fora da criação. Só que para o mundo dos vivos, quero dizer católicos da época, elas estavam mortas...

A inspiração apenas me indica que definitivamente o vinho ou o hidromel deveriam estar no meio e no coração desses encontros sob o céu estrelado e em torno de fogueiras... O que era rotulado negativamente como Uppyr, lá na Bulgária, pelos reinos vikings do norte da Rússia, ao longo dos rios das rotas comerciais e mercenárias varengues, pelos casarões de Constantinopla, era – dentro dos devidos parâmetros – o que romenos, húngaros e outros povos chamavam de Vrykloakas, Strigois, Taltos, Russalies, Mazzeris e ainda que os romanos e gregos vulgar e adjetivamente rotulavam sumariamente como Stryx... Antigos ritos de metodologia xamânica de fertilidade da terra que, através da noite e distantes das cidades, mantinham suas atividades e mistérios.

Drácula, vampiros, a ribalta e a luz prateada

E eis que nesta terceira parte observamos o destino da ficção que o arquétipo ou mesmo o mito do vampiro virá a receber e sua entrada oficial na "realidade-espelho" da cultura e religião dominantes. E naturalmente o personagem que irá nos seduzir, atrair-nos e, mesmo não estando nem morto tampouco vivo, levar-nos para as noites sem fim – em busca de descobrirmos o que é realmente viver teremos em Drácula, personagem criado por Bram Stoker no final do século XIX, *par excelence*, o grande rei dos vampiros de todos os tempos.

Embora, segundo o livro *As Origens de Drácula,* do historiador Arturo Branco,* o grandioso personagem tenha mais produções nas quais os personagens e ele mesmo são inspirados e recriados apenas utilizando nomes criados por Stoker. A versão mais recente acontece no elegante e suntuoso seriado da NBC, no qual Drácula (interpretado por Jonathan Rhys Meyers do *The Tudors*) retorna como um herói visionário e vingador, amparado por Van Helsing e Renfield, para destruir a imperiosa Ordem do Dragão. Em produções mais antigas e mais fidedignas, dentro das possibilidades, temos a de Copolla, que contou com o Drácula interpretado por Gary Oldman, e uma versão espanhola com *sir* Christopher Lee bem harmoniosa com o clássico literário.

Na primeira parte deste capítulo, fizemos um estudo sobre o conteúdo e cosmovisão tribal dos Strigois, Táltos, Vyrkloacas e tantos outros que voavam na calada da noite no Leste Europeu – ou seja, nada do personagem da lenda nem nada a ver com a lenda que

---

*N.E.: Obra publicada pela Madras Editora.

seria inventada. Ela seria baseada em retratos extremamente distorcidos, retirados do contexto original e explicados por um contexto que os recusava. Na segunda parte deste capítulo, aprofundamos como um termo usado para designar em uma livre interpretação "aqueles que bebem e celebram com os antigos deuses selvagens" – ou seja, povos pagãos e tribais na Europa – passou a qualificar anacronicamente um monstro morto-vivo sedento de sangue. Nesta terceira parte, chega o momento de observarmos a reinterpretação das lendas dos vampiros fomentadas pelos católicos no romance, no folclore e na criatura demonizada que assolará a Europa iluminista, a Inglaterra vitoriana e desembocará no cinema, nas letras e em múltiplos conteúdos culturais do século XX e do século XXI, gerando inicialmente uma "realidade-espelho" ou o imaginário vampiresco mais comum dos tempos de hoje. Vamos apenas nos concentrar no fato de que o nosso Drácula da cultura pop inventou o estereótipo que temos do vampiro, e foi mais influenciado pelas primeiras adaptações e recriações teatrais de terceiros sobre a obra de Stoker do que propriamente a do personagem apresentado no livro do escritor irlandês. E vale também ressaltar que o próprio personagem de Stoker foi originalmente elaborado como um conde vampiro genérico do sul da Áustria – com traços marcantes inspirados no seu amigo maçom e diretor do Lyceum Theatre. Só depois, quando Bram viu o livro *Land Beyond Forest* e lá conheceu mais sobre o folclore romeno e o Voivoda Vlad Tepes, que ele misturou sem muito critério sua história como *background* do seu personagem. Ou seja, como diria Arturo Branco, temos três Dráculas, portanto: a *persona* histórica ou Voivoda, o personagem de Bram Stoker e, ainda, o personagem da Cultura Pop e pai dos vampiros. Saindo um pouco de Bram Stoker, sabemos que, pelo menos dois séculos antes de ele escrever seu Drácula, havia muitos outros vampiros tornando-se febres editoriais em jornais e pequenas publicações – que até mesmo grupos espiritualistas e sociedades secretas precisaram expor ou elocubrar vistosas e pomposas explicações que os encaixassem no imaginário e somatizações de seus integrantes. Não compete a mim a árdua tarefa de apontar a origem da lenda do vampiro, ainda mais que sou um amplo defensor da ideia de que o personagem desencadeado pela palavra "Vampire", a qual vemos atualmente e temos enlaces afetivos e repulsivos variados, apenas surgiu efetivamente no folclore e nas artes depois do século XV e no Leste Europeu. E o que mais apreciamos dele é seu tom feral, dionisíaco, caçador, afirmado com propriedade na prosa e na arte romântica e derivações destas que atingiram seus ápices ao longo do século XX. Sendo que uma das suas mais atraentes e magnéticas aparições desponta durante os anos 1970, servindo como impulsora de uma Subcultura ou Meio Sociocultural que irá coexistir, mas que logo se posicionará socialmente como algo mais aprofundado do que aquilo que havia disponível nas fantasias da realidade-espelho – por sua vez avivando seus vínculos perenes com antigos ritos baseados em processos xamânicos e para sempre ligados a uma antropologia do imaginário pré-moderno. Também discordo da ideia de chamar de vampiro todo personagem folclórico ou mitológico que ingere sangue ou afins, afinal isto é um vistoso anacronismo (ou despreparo). Naturalmente que este pode ter influenciado de forma subjetiva a criação da lenda, porém hoje, no século XXI, a lenda do vampiro e a moderna Subcultura Vampyrica têm identidades e caracteres específicos e, por sua vez, diferentes do folclore e do passado romantizado. Nesta parte do livro, vamos trabalhar e aprofundar o personagem Drácula inventado sobre uma pessoa que realmente existiu no século XV.

Escrever sobre Drácula não é tarefa simples tampouco banal, naturalmente contém algumas armadilhas em seu percalço e pelo menos por quase duas décadas foi algo bastante raso de conteúdos verificáveis e acadêmicos em português. O grande cânone para explorarmos a vida do Voivoda Vlad Tepes foram os escritos de Radu Florescu e Raymond T. McNally do final dos anos 1970 – infelizmente nunca mais relançados no Brasil desde a década de 1990. Entre 1980 e 1990 tivemos o lamentável *Manual Prático do Vampirismo*, no qual Paulo Coelho sacaneou o simpático Toninho Buda, obrigando-o a inventar um livro em uma semana (confiram *O Mago*, a biografia do Paulo Coelho, que lá consta uma *mea culpa* sobre o ocorrido). Durante a década de 1990, os apreciadores contaram com o célebre e importado *Livro dos Vampiros*, de Gordon Melton, abrangente e impreciso sob muitos aspectos. A primeira década do século XXI trouxe novo ânimo com as publicações de Voivoda organizadas por Cid Vale Ferreira; quase na mesma época tivemos *Vampiros: Rituais de Sangue,** de Marcos Torrigo. Então, veio um novo hiato de publicações técnicas até quase o final da segunda metade da mesma década, quando surgiu *O Vampiro antes de Drácula*, da dra. Martha Argel e seu marido Humberto Moura Netto. Logo apareceu *História dos Vampiros*, do francês Claude Lecoteux. E durante os primeiros anos da década corrente vieram os excelentes *História dos Vampiros*, de Andrezza Ferreira,* e *As Origens de Drácula*,* de Arturo Branco (que inclusive realizou uma interessante pesquisa de campo nas terras do Voivoda). Tenho certeza de que aqui temos uma bibliografia bastante recomendada sobre vampiros em idioma português e disponível em livrarias. Mas, apesar deles, ainda estava ausente um livro que abordasse a Subcultura Vamp ou mesmo a Cena Vamp local e estrangeira com amplitude e fidedignidade. Meu enfoque tem sido falar de Vampyros e de Subcultura Vampyrica, sua identidade, práticas corren-

---

*N.E.: Obras publicadas pela Madras Editora.

tes, aspectos de cosmovisão, traços humanistas, comportamentos e afins. Sendo assim, a imagem mais presente e influente de Drácula que mais influenciou a moderna Subcultura Vampyrica é a do filme de 1992 de Francis Ford Coppolla. Pode parecer surpreendente, só que nestes anos todos percebi que a imagem arquetípica de vampírico presente na Subcultura Vampyrica, e para as pessoas que vivem esta temática no seu cotidiano, lida diretamente com o imaginário popularizado por Anne Rice e suas crônicas vampirescas e toda uma geração de escritores que a precederam em zines e correntes de troca de cartas, que seguiram vias semelhantes em suas obras; embora haja palavras carinhosas para atores e atrizes anteriores que interpretaram vampíricos no cinema e no teatro antes do filme *The Hunger*, de 1983. Atores de produções anteriores e mesmo posteriores são vistos como caricaturas grotescas bem distantes da estética "vamp" contemporânea. Esta questão também é abordada nos capítulos seguintes. Todo este trabalho, focalizações de ideias e ressignificações vieram a estabelecer para o público da década de 1990 os elementos do "arquétipo vampírico" aspirado. Alguns dos primeiros frutos dessa abordagem introspecta, densa e psicológica foram evidenciados no filme *Fome de Viver*, de 1983. A produção *The Lost Boys* teve seus momentos de mostrar alguns vampiros adolescentes eternos, porém pecou da metade em diante na sua proposta.

Sinto que a tal abordagem do vampiro com densidade emocional no cinema atingiu o seu clímax em 1992 com a produção milionária de Francis Ford Copolla intitulada *Drácula de Bram Stoker*, na qual tivemos um Drácula monstro-humano, górgona e esfinge, capaz de se sensibilizar por seus atos e aspirações. Em 1994, a produção *Entrevista com o Vampiro*, baseada nas crônicas de Anne Rice, encerrou por enquanto a boa safra de filmes vampíricos e consolidou a imagem vampírica, tanto comportamental quanto estética abordada na Subcultura Vampyrica e na Subcultura Gótica. Em 1997, o centenário da publicação do romance *Drácula* e dos eventos que ocorreram tanto na Inglaterra como na Costa Oeste norte-americana marcaram até o momento os últimos vínculos (e talvez) significativos entre Drácula de Bram Stoker e Subcultura Vampyrica, cujo maior enlace entre Drácula e esta Subcultura acabou sendo mesmo a estética visual e o figurino do filme de Copolla. No evento que aconteceu em Los Angeles, os autores Raymond T. Macnally e Radu Florescu (falecido em maio de 2014), do livro *Em Busca de Drácula e outros Vampiros*, o primeiro livro a abordar o Vlad histórico e sua trajetória, foram presenteados com um Legacy Ankh por integrantes do Sanguinarium e da Subcultura Vampyrica norte-americanos. A associação Drácula e Subcultura Vampyrica fica por aqui – lembrando sempre que Vampyros e Vampyras apreciam os filmes (normalmente os mais antigos), contos, ficção e até mesmo o folclore relacionado ao tema do vampiro.

Não pretendo aqui sustentar e nutrir a "mesmice semirrepetitiva" que mais parece uma cartilha na Internet brasileira sobre o que falar de vampiros, Drácula, Transilvânia e ficar insinuando que é "tudo um mistério" só para ganhar fama. Ou então fomentar a necessidade de escapismo que as pessoas externas à subcultura Vampyrica têm de "representar" caricaturalmente um vampiro que bebe sangue, tem 300 ou mais anos em comunidades eletrônicas. Ou, ainda, sustentar a quantidade repetitiva e enfadonha de textos copiados e colados do *Livro dos Vampiros*, de Gordon Melton, tanto em inglês quanto em português.

***

Para falarmos apropriadamente dos Dráculas Históricos temos de levar em consideração os seguintes e imprescindíveis itens:

– Existem os personagens históricos: Vlad (pai) e Vlad (filho), que usavam a alcunha de Drácula e foram GOVERNANTES da atual Romênia; e durante seus governos enfrentaram bravamente conflitos religiosos, epidemias, superstições e invasões turcas – e foram o terror de seus inimigos pelo uso efetivo de folclore e táticas de guerrilha pesadas. Existe o romance *Drácula* escrito por Bram Stoker, e o personagem inventado pelo altor para animar esse romance, que nunca pretendeu ser nenhum tipo de relato real. Sim, era uma ficção e uma obra para entretenimento.

– O cinema apropriou-se do personagem criado por Bram Stoker e, com as adaptações teatrais criadas por terceiros, misturou tudo isso e recriou a lenda do vampírico na indústria cultural do último século; fez do Drácula seu grande personagem e esterótipo principal da "realidade-espelho".

A dificuldade número zero e primordial é dizer de "Drácula" que todas as pessoas à sua volta viram "vampirólogas" ou algo parecido. Afirmam que já sabem tudo sobre ele, que vão lhe ensinar umas coisas e acabam só dizendo que "é tudo um mistério"... Vale dizer que até hoje nunca vi nenhum bruxólogo, lobisomólogo e nada parecido. Normalmente dizem isso por realmente não terem argumentos e com uma vã esperança de, por alguns segundos, fazer com que você acredite no inacreditável. Se pelo menos fossem mais consistentes, seria terrorismo poético à la Hakim Bey; em geral, fica apenas uma sede de atenção gratuita de pessoas que muitas vezes não a conseguem por seu próprio charme ou conteúdo. Assim, quem sabe resgatem a imagem de algum parente próximo de que gostavam e fazia a mesma coisa com elas na infância – se admitido como uma brincadeira, é algo legal; se não admitido, na grande maioria dos casos... fica complicado.

Uma mesma variante dessa situação é a pessoa que realmente começa a falar alguma coisa sobre Drácula e despenca em uma salada confusa que mistura tudo em uma coisa só: a *persona* histórica que usou essa alcunha; a *persona* dos filmes "hollywoodianos", com livros de ocultismos rasos ou superficiais; aquelas revistas insuportáveis de *new age* dos anos 1980, que asseguram que essa mistura confusa é real e que Drácula é um nome próprio. Inventam reencarnações e todo tipo de salada só para serem notadas e depois confundem terem sido notadas com serem amados por todos, e daí em diante temos "dramas" dispensáveis e desgastantes que sempre rendem um tom negativo para a cena como um todo. Sim, considero livros como *Manual Prático do Vampirismo, Vampiros: a Verdade Oculta* e outras pérolas desse tipo repudiáveis em todos os aspectos – pela imaturidade, falta de aprofundamento e veracidade nas afirmações. Até hoje ninguém levantou a voz quando digo isso. Então sinto uma anuência silenciosa das pessoas sobre esse tema. E felizmente ninguém foi imaturo o suficiente para dizer, *"ah!, e as pessoas que gostam desses livros? Você as está desrespeitando"*... Não, não estou, uma vez que minha crítica vai para as obras em si, as quais infelizmente estão aquém de tudo. Faz-me pensar até por que a temática vampírica não recebe mais apoio e incentivo cultural e mesmo espaço em instituições de pesquisa sérias. Comparativamente, ambos os casos ainda podem querer afirmar que a antiga religião e os movimentos neopagãos são idênticos em práticas, costumes e manifestações ao que é exibido em filmes como Harry Potter ou os da série *Twilight*. E ambos ainda se mostram frustrados ou querem reprovar você por desejar um aprofundamento no tema vampírico. Pelo menos a vantagem de Harry e *Twilight* é que em ambos bruxos e vampíricos são exibidos como protagonistas, ainda que algumas vezes como heróis/anti-heróis e não exatamente como vilões. Porém, eles permanecem como uma ficção e entretenimento sem vínculos com a História ou agrupamentos sociais neopagãos. A primeira dificuldade que enfrentamos ao falar de Drácula nos primeiros anos do século XXI foi a evidente "superficialidade" e a quantidade de informação repetitiva e lugar-comum sobre o tema, tanto na Internet quanto nos clássicos manuais básicos e importados sobre o assunto – parecendo até um tipo de cartilha de coisas que precisam ser sempre repetidas, mas sem qualquer densidade. Uma segunda dificuldade foi a desesperada muleta de ego que as pessoas faziam sobre essa temática "Draculesca", pelo menos no Brasil. Essa confusão prolifera em identidades eletrônicas descontextualizadas que misturam o personagem histórico, o personagem dos filmes e do *videogame* em uma salada só e cada vez atribuem mais distorções, injustiças e inverdades ao contexto de Drácula. Diferenciar entre a *persona* histórica, a criação de Bram Stoker e as releituras da cultura pop (cujos colegas Andrezza e Arturo apresentaram regiamente suas contribuições e ajudaram muita gente a entender melhor tudo isso) não era algo óbvio e sequer de domínio público, mesmo em cenas alternativas como a Gótica ou a Vamp – em que se esperava que tal conteúdo fosse basal ou numericamente aceito. Para os leitores da nossa Rede Vamp tais conteúdos eram claros, mas, mesmo com uma quantidade expressiva, tal informação ainda precisaria estar além dos pontos comuns da Internet.

Ao falarmos de Drácula, outra dificuldade ainda é a de sobreviver à república do tapinha nas costas, do "tão tá", da ausência de posturas, dos puxa-saquismos e do "ah, mas o fulano é meu amigo e me disse que é isso, você não pode contestá-lo..." Ou, então, de pessoas imaturas que só sabem falar do próprio gosto e repetir uma série de informações descontextualizadas e incapazes de formular uma opinião mais aprofundada, disparando em um berreiro tosco, temeroso e apenas focalizado no recurso argumentativo do "*ad hominem*" (acusar o questionador) daqueles que buscavam uma conversa com mais conteúdo. Da primeira década do século XXI para esta segunda década, com o fornecimento de informação apropriada, as coisas melhoraram bastante nesse quesito. Claro que ainda vemos por aí malucos, que juram ser reencarnação dele ou ainda de seus sucessores, a aliciarem pessoas por aí. Mas apenas os tolos caem em suas lábias mal estruturadas. Talvez os sacerdotes ortodoxos que condenaram Vlad e seu filho à morte por vil traição nos campos de batalha romenos, assim como os nobres germânicos que o difamavam em folhetins populares – surgidos com a invenção dos tipos móveis –, sintam-se orgulhosos até hoje por esse feito perdurar. E cada vez que alguém cita o Drácula Histórico como satanista, monstro morto-vivo, como uma forma de chocar os pais ou os amiguinhos, como um modo de autoafirmação para justificar arrogância, *bullying*, parasitismo, assédio moral, acaba por prestar mais uma desonra à memória desses governantes romenos. Até hoje eles são vistos como heróis nacionais por lá, apesar da severidade e dos tons draconianos dos seus métodos e políticas de governo. Sem querer incorrer em tons de uma "necrocracia", mas acredito que, quando queremos falar de *personas* históricas que existiram sem o devido conhecimento, apenas prestamos um grande desserviço e uma confusão e distorção generalizados sobre os tais e à memória dos seus feitos. Ao mesmo tempo defendo a liberdade de criação de personagens que misturem *personas* históricas e delírios criativos dos autores – mas, como esta é uma obra informativa e não um papo descompromissado em algum evento, penso que é importante alertar para que vocês não queiram tomar como realidade o personagem do livro do Stoker ou da cultura pop – deixem que eles sejam boas metáforas e interpretações líricas e subjetivas da condição humana, não precisam ser literais para ser legais. A obra de Stoker é retratada como uma obra de ficção bem conceituada e de grande capacidade narrativa e imaginativa, mas não corresponde à realidade histórica dos fatos ligados ao Vlad e também ao Vlad Tepes. O que Vlad e seu pai foram já é bastante fascinante por si. Vai muito além de qualquer ficção que se utilizou deles como fonte de inspiração. E, infelizmente, o estudo sério e histórico sobre eles se iniciou apenas na década de 1970, abrindo mão das superstições e afins. Já ouvi e presenciei situações ridículas promovidas por supostos descendentes genéticos e espirituais do Drácula. Já vi e revi outras dezenas que se diziam "Vlad" alguma coisa e que eram vampiros reais ou até mesmo demônios que descendiam de Drácula e que iam recriar sua seita satânica e afins... em busca de atenção e confundindo-a com "amor"; assisti a muitas tragédias alheias ao longo das últimas décadas. Vale dizer que as pessoas históricas que utilizaram ou foram associadas ao adjetivo "Drakul" eram católicas romanas ou ortodoxas severas – dependendo da época –, mesmo vivendo em um país onde o povo realizava seu sincretismo entre ambos os Catolicismos e o folclore eslavo. Os "Drakul" eram orgulhosos de sua relação com Deus e do seu trabalho hereditário como governantes diligentes de suas terras. De forma pessoal, acredito que o apego de Vlad (pai) e do Vlad (filho) ao estandarte do Dragão da chamada Ordo Drakul se dava pelo reconhecimento que um imperador do Sacro Império Romano-Germânico havia tido para com governantes de uma terra marginalizada e tabu no restante do continente europeu. É uma opinião pessoal, mas sinto que para eles a terra que habitavam era como um Dragão a ser confrontado constantemente. O personagem do livro de Bram Stoker é FICCIONAL, elaborado para um livro de FICÇÃO, e isso não desmerece, não desqualifica, tampouco o vulgariza. O autor também alterou no livro, propositadamente, localizações geográficas e afins para evitar a confusão do personagem FICCIONAL com as *personas* históricas que utilizaram a alcunha de Drácula. Haveria algo de iniciático nessas entrelinhas em símbolos como Borgo Pass, luzes azuis no bosque, martelos e estacas, morrer para o mundo e afins? Talvez em alterações de passagens históricas houvesse algo – apenas para quem tivesse olho ou iniciação? Já cheguei a ler até que supostamente um Exu Morcego havia inspirado tal obra em alguns escritos de praticantes de uma espiritualidade afro-brasileira mais de uma vez. No entanto, no momento da revisão final deste livro que tem em mãos, possuo apenas sussurros e fontes pouco densas para qualquer afirmação nesse sentido, ao menos naquilo que tange ao romance *Drácula* escrito por Bram Stoker. No campo da cultura pop, já vimos Drácula ser apresentado como alienígena, Judas ou até mesmo o Caim da Bíblia e Satanás. Restou o campo especular da *persona* histórica que continuamos abordando ao longo deste subcapítulo.

Desde a invenção do cinema pelos irmãos Mellier, que rodaram um curta de vampiro com direito a morcego virando mefistófoles, o Nosferatu de 1922 (adaptado do romance *Drácula* de Bram Stoker), que o cinema reinventa a história do romance *Drácula*, reinterpreta-a e ressignifica-a a cada época, segundo os costumes da mesma.

O filme original com o húngaro Bela Lugosi é inspirado mais na peça teatral de Hamilton Deane (amigo de Stoker que adaptou a obra em 1925) do que no livro em si. Algumas mudanças mais "radicais" podem e devem, entretanto, ser comentadas: Renfield é um persongagem que, tanto no livro como em outras adaptações cinematográficas, já fazia parte da corte de escravos dominados por Drácula. O corretor imobiliário que vai à Transilvânia naquela noite é o próprio Jonathan Harker, namorado de Mina. Ele não é enlouquecido pelo vampiro, mas sim preso por ele, assim como o dr. Seward, que no livro é pretendente de Lucy mas no filme é mostrado como pai de Mina. O próprio Van Helsing é sempre um caçador, até que na mais recente adaptação da NBC passou a ser aliado do vampiro em um audacioso plano de vingança. A indústria cultural apropriou-se do que o cinema realizou e, por sua vez, desenvolveu o tema dentro da abordagem cinematográfica, que acabou por reproduzir indefinidamente um novo padrão de vampiro, só rompido efetivamente nos escritos de Anne Rice em 1976 – curiosamente quando a Romênia celebrava 500 anos da morte do Drácula Histórico –, que fornecia um aprofundamento emocional e psicológico ao mito desde o surgimento da obra de Stoker. Na década de 1980 (menos de dez anos depois), Peter Murphy lamentava que Bela Lugosi estivesse morto, ou melhor, morto--vivo, no hino do Bauhaus chamado "Bela Lugosi's Dead" nos clubes londrinos.

As *personas* históricas Vlad (pai), Vlad (filho/empalador) e mesmo seu irmão mais novo, Radu, que se bandeou para o lado dos muçulmanos, realmente existiram. Foram governantes, cada um a seu tempo, de uma terra fragmentada naquele momento, constantemente ameaçada pelos invasores turcos, explorada por colonizadores germânicos e cujos habitantes residiam em uma área estratégica, tanto para os europeus quanto para os muçulmanos. Detalhes políticos e religiosos sobre toda a extensão da Wallachia e da Moldávia que fazem parte da Romênia atual.

Vamos ver agora alguns itens relacionados a como Drácula, tanto o pai quanto o filho, é lembrado, associado e mencionado em seus antigos territórios:

Governantes severos e justos: desde que você não pensasse de forma diferente deles, senão o empalamento por uma estaca pontuda o aguardava. Eles foram responsáveis pela construção de muitos templos e mosteiros católicos, escolas, cidades e vistosa organização e legislação social.

Generais habilidosos nas artes militares: mas de forma alguma são considerados gênios ou afins, pois se o fossem teriam conquistado todo Leste Europeu. Eles dominavam o conhecimento geográfico de sua região, e saíram-se muito bem nas artes da guerrilha ao conduzir inimigos a lugares com difíceis condições de luta; e ainda faziam uso do terror, como corpos trespassados por estacas, e da propaganda.

Reis messiânicos: são lembrados, de forma parecida ao rei Arthur na Inglaterra e dom Sebastião em Portugal, como reis que retornariam em momentos de crise. O ditador romeno Ceaucescu no começo da década de 1990 que o diga: prestes a ser deposto, correu para rezar para que Drácula o salvasse, conforme mostrou a imprensa. Mas não adiantou nada...

Patronos de ditadores posteriores: tanto o pai quanto o filho viveram em uma época em que soberanos eram ditadores sanguinários em diversos países europeus. Torturar pessoas, perseguir desafetos políticos, matar pessoas de forma pública eram tidas como medidas políticas, e o soberano sentia que era investido desse poder pelo próprio Deus de sua religião e era seu direito governar assim. Maquiavel escreveu em seu livro *O Príncipe** um retrato dos governantes e das formas de governo daquela época. Podemos então pensar como eram barbáricos nossos ancestrais, mas aquele era o mundo deles.

Em relação às condições de seu governo, à terra e ao país em que viveram, podemos considerar:

Território marginalizado: a região onde o pai e o filho governaram era distante demais dos grandes reinos civilizados ocidentais e próxima demais da Constatinopla, que caiu na mão dos turcos. Era um local de fronteiras, fundamental para diversos impérios do período e porta de entrada para a Europa ou o Oriente. Porém, pensar que somente durante o governo draculesco essa região foi pela primeira vez ameaçada é um evidente desconhecimento de história regional... lembre-se de todos os povos que passaram pelo lugar, ou o influenciaram apresentados no primeiro subcapítulo, e também seus costumes, cultura e espiritualidade ao longo do segundo subcapítulo. Temos um quadro de guerreiros resilientes e que nossos vampiros da cultura pop atual dificilmente dariam conta em sua *expertise* e *know-how* de infligir dor e insuflar medo no coração dos adversários.

---

*N.E.: Obra publicada pela Madras Editora.

Epidemias e doenças desconhecidas: naqueles tempos, doenças físicas e mentais não eram de conhecimento público, tampouco dos nobres ou acadêmicos como são hoje. Não havia sequer microscópio. O mundo era assombrado por demônios e a boa sorte e a fé se mostravam indispensáveis, pois os procedimentos cirúrgicos e medicinais eram bastante empobrecidos. O que chamamos de "melancolia" hoje poderia ser até mesmo a "esquizofrenia" daquele tempo. O número de mortes de mulheres e bebês na hora do parto era grande em razão da falta de higiene. O número de recém-nascidos que morriam nos primeiros dias ou nos primeiros meses era expressivo igualmente pelas condições naturais e falta de higiene. Até se ensinar e se comprovar que ao se lavar as mãos antes de uma cirurgia aumentavam-se as chances de sobrevivência do operado foi preciso muito tempo. Vale lembrar que os invasores turcos eram providos de mais tecnologia e desenvolvimento cultural do que os povos de muitas regiões da Europa daquela época.

Vamos citar algumas das doenças que levaram à associação com ataques vampíricos:

Anemia: vem da palavra grega que designa "ausência de sangue"; entre seus sintomas estão: palidez, fadiga, desmaios, falta de ar, desordens digestivas. Suas causas variam de doença, heredietaridade e severa perda de sangue – naqueles tempos poderia ser uma ótima forma de se imaginar vítima de um ataque vampírico. Entre suas principais características se incluem uma palidez gradual e a perda do apetite... Indícios clássicos de pessoas que estariam se tornando vampiras, segundo os relatos folclóricos – posteriormente adotados nos romances.

Catalepsia: desordem do sistema nervoso que pode causar uma forma de animação suspensa, perda de movimentos voluntários, rigidez dos músculos, diminuição da sensibilidade à temperatura do ambiente. Uma pessoa vítima da catalepsia pode ver e ouvir, mas é incapaz de se mover. As funções corporais podem diminuir a ponto de dar uma impressão aparente de morte para as pessoas não acostumadas ao mal, e isso pode durar de minutos a dias. Declarações de mortes aparentes e prematuras eram comuns naqueles tempos. E pessoas enterradas durante um ataque de catalepsia poderiam acordar enterradas dentro de um caixão... O que explicaria o fenômenos dos corpos que se moviam.

Porfiria: a associação da Porfiria com o mito do vampiro se deu de forma anacrônica em um sugestivo artigo de 1964 chamado "On Porphyria and the Aetiology of Werewolves", e posteriormente ressurgiu na tese de outro pesquisador chamado David Dolphin para a "Associação Americana para o Avanço da Ciência". Nessa tese, era apresentada a hipótese de que nos séculos anteriores alguém que sofresse de porfiria poderia tentar beber o sangue de outros para aliviar os sintomas da doença. Ambas as teses não tinham embasamento histórico e apenas causaram grande angústia para as pessoas que padeciam desse mal em virtude do sensacionalismo da imprensa sobre o tema. Um conjunto de doenças sanguíneas normalmente hereditárias e muito raras – seus sintomas incluem desordens metabólicas por deficiência enzimática; extrema sensibilidade à luz do sol; dores e cicatrizes que surgem e desaparecem deixando marcas e nunca se curam completamente; esticamento da pele ao redor dos lábios e gengivas; a urina e a saliva podem tomar coloração vermelha em alguns casos, fazendo com que o doente pareça estar sempre com sangue na boca (no caso o seu próprio sangue).

Raiva: o vampiro folclórico normalmente mordia suas vítimas para sugar o sangue delas. Para muitas pessoas, nos séculos anteriores, a doença da raiva era desconhecida; suas características se assemelhavam muito à descrição dos sintomas dos vampiros folclóricos. A raiva afeta severamente o sistema nervoso periférico. A doença é muito mais presente nos homens do que nas mulheres; homens com raiva desenvolvem a tendência de morder outras pessoas; gera hipersensibilidade e causa espasmos violentos nos músculos faciais. Homens com raiva desenvolvem a insônia e a tendência a vaguear, dentes expostos em função da retração das gengivas, hiper-sexualidade e um estranho líquido branco na boca – a doença afeta o sistema limbíco do cérebro que regula emoções e comportamentos. A raiva também afetava lobos, cachorros, morcegos e outros animais, os quais apresentavam os mesmos sintomas. O mais interessante é que mortes pela raiva podem tornar o sangue liquefeito por um bom tempo após a morte, e cadáveres assim poderiam sempre ter sangue saindo de suas bocas – não admira que, nesses casos, mortos ou vampiros fossem encontrados em seus túmulos com o sangue dos vivos não só no Leste Europeu.

Hematidrose: fenômeno raríssimo produzido em condições severas de abatimento, fraqueza física e sensação de grande medo. Faz a pessoa suar e lacrimejar em tom sanguíneo. Se pararmos para pensar a respeito das possibilidades de doenças que no passado poderiam servir como desculpa para condenar alguém à designação anacrônica de vampírico, veremos que são muitas e as mais diversas. Algumas muito importantes e que nem foram citadas são as várias vertentes da tuberculose (enfermidade dos românticos do século XVII, XVIII e XIX) e seus sintomas muitas vezes eram atribuídos às ações dos "maus ventos", "maus-olhados", "envultamentos" aos mortos e aos demônios – fossem eles pagãos ou heréticos, ou ainda de qualquer afiliação diletante do governo ou da religião dominante. Em relação às chamadas histerias e epidemias vampíricas, que acabaram por consagrar e estabelecer o folclore do morto que volta do túmulo à caça do sangue dos vivos no Leste Europeu, vejo uma estranha relação com um fenômeno social que coincide com o período histórico e com um fator de rápido desenvolvimento nas principais escolas de medicina e academias de ciências médicas daquela época: os chamados ladrões de corpos ou violadores de túmulos, que invadiam cemitérios do interior para roubar corpos recém-enterrados e os vendiam aos estudantes dessas academias. Existem muitos registros dessa prática na cidade escocesa de Edimburgo – que teve umas das mais avançadas academias médicas da Europa nesse mesmo período. Este é um tema que merece pesquisa e aprofundamento histórico para a correta averiguação – sendo neste momento apenas e tão somente uma hipótese bastante atraente.

A questão de conflitos religiosos severos e sincretismos entre o pagão e o católico foi aprofundada anteriormente neste capítulo. Um retrato da Europa e das terras governadas pelos Dráculas é algo bem interessante e conveniente dentro desta longa viagem de aprofundamento sobre o tema vampírico emergente. Já observamos as especificidades de Vlad e do seu pai; exploramos uma rica antropologia do imaginário local pelos povos que habitaram a região e mesmo por seus processos simbólicos e religiosos.

Vejamos agora os povos e agrupamentos sociais que estavam ativos e modelavam a política e as relações locais à epoca:

Muçulmanos e os invasores turcos: a queda de Constatinopla nas mãos dos muçulmanos em 1453 foi um acontecimento cataclísmico para a cristandade europeia. Principalmente para os reinos do Leste Europeu, que bateriam de frente com as novas hordas de invasores, que agora teriam um porto seguro mais próximo a eles. O Islamismo foi uma religião fundada por Maomé no século VII com base no Judaísmo, Cristianismo e nas tradições das tribos árabes do deserto. Muçulmano, *grosso modo*, significa aquele que se submete a Deus. A palavra islã significa submeter e exprime a submissão à lei e à vontade de Alá. Os *muslins* ou muçulmanos naquele tempo viam os católicos (de ambas as Igrejas) como infiéis que se desgarraram de Deus para seguir um profeta chamado Jesus. E viam os judeus como infiéis que também se desviaram do caminho de Alá. Isso justificava sua Jihad – "Guerra Santa" – contra todos os infiéis. Originalmente, tal meta referia-se a um confronto pelo aprimoramento interior, no entanto, a pressão política e a sede de expansão levaram a uma reformulação desta prática. É uma batalha por meio da qual se atinge um dos objetivos do Islamismo, que é reformar o mundo. Qualquer muçulmano que morra em uma guerra, defendendo os direitos do Islamismo ou de Alá, já tem sua vida eterna garantida. Por essa razão, todos que tomam parte dessa "guerra santa" não têm medo de morrer ou de passar por qualquer risco. Naturalmente, os muçulmanos de hoje não são os mesmos daqueles tempos, e as abordagens tendem a um diálogo de convergências com menos fundamentalismo. Vivemos no mesmo mundo da tragédia do "11 de Setembro". Mas em tempos de Drácula o ódio racial ao invasor estrangeiro e a defesa da terra natal, da Virgem e da fé inabalável eram primazia. Então: Alá não é um Deus pessoal, santo ou amoroso, pelo contrário, está distante e indiferente mesmo para com seus adeptos. Suas ordens expressas no Corão são imperativas. Segundo as interpretações dos desígnios de Maomé, seu Deus é autor do bem e do mal. Em um dos anais que descreve as mensagens de Alá para Maomé, ele diz:"Lutem contra os judeus e matem-nos". Em outra parte diz: "Oh verdadeiros adoradores, não tenham os judeus ou cristãos como vossos amigos. Eles não podem ser confiados, eles são profanos e impuros". Segundo eles, Gabriel foi o anjo que transmitiu as mensagens de Alá para Maomé. É ensinado que os anjos são inferiores aos homens, mas intercedem por eles. Os muçulmanos creem que Alá deu uma série de revelações, incluindo os Antigo e Novo Testamentos, que são chamadas de Corão. Segundo eles, as antigas revelações de Alá na Bíblia foram corrompidas pelos cristãos e, por isso, não são de confiança... Nesse grande dia, todos os feitos do homem, sejam bem ou mal, serão colocados na balança. Os muçulmanos que adquiriram suficientes méritos justos e pessoais em favor de Alá irão para o céu; todos os outros, para o inferno.

Pobres e leprosos: eram tratados na maioria dos casos como alvos vivos de arqueiros que vigiavam de cima das torres dos castelos e fortalezas. Segundo muitos relatos de várias regiões da Europa, matar um pobre ou um leproso era algo tão natural quanto a chuva no verão ou a neve no inverno. Leprosos normalmente eram isolados do convívio social nas cidades e condenados a viver em condições sub-humanas em cavernas e lugares ermos. A morte violenta e rápida era a única certeza que os doentes tinham. Os judeus também foram envolvidos em uma conspiração imaginária na qual foram colocados como aliados dos muçulmanos, tramando a morte por envenenamento dos poços e fontes de água dos diversos reinos europeus e, dessa forma, todo bom cristão podia matar seu leproso ou qualquer judeu quando o encontrasse. A indiferença para com essa doença e suas vítimas é cruamente exposta em uma crônica do Mosteiro de Santo Stéfano de Condom: "Em fevereiro de 1321... caiu enorme quantidade de neve. Foram exterminados todos os leprosos. Antes que se chegasse ao meio do período de Quaresma, tornou a cair muita neve, depois veio uma grande chuva que eliminou alguns que sobraram". Outros relatos ainda mais aterradores do mesmo período detalham como leprosos foram trancafiados em suas casas ou moradias e, em seguida, queimados sob as bênçãos do rei francês e do próprio papa. Eram considerados doentes de corpo e de alma e envolvidos nessa conspiração imaginária em que envenenariam os poços das vilas, sendo que o veneno utilizado fora comprado pelos judeus, sob orientação dos sultãos muçulmanos. A instrução de reis como "Filipe, o Longo" eram simples: os leprosos eram torturados até confessarem e posteriormente incinerados. Se torturados não confessassem, eram igualmente incinerados. E se, porventura, tivessem algum bem ou propriedade, estes eram repassados aos religiosos da paróquia do vilarejo em questão. Nos tempos seguintes outros personagens foram agregados a esse vil teatro de dor e degradação: os pobres, estrangeiros, loucos, pagãos e heréticos. Para tudo isso acontecer em determinados períodos não havia nem mais a interferência do poder secular, simplesmente as casas eram cercadas e as pessoas que estivessem ali e todos seus bens eram incinerados. A respeito da conspiração imaginária, um dos cronistas, Guillaume de Nangi, conta que o suposto plano do envenenamento da cristandade europeia provinha do sultão de Granada. Ele havia contactado os judeus prometendo-lhes uma vultosa soma de dinheiro para tanto. E, por sua vez, os judeus lhe disseram que não poderiam agir por serem suspeitos e que contactariam os líderes dos leprosos. E, com a ajuda do Diabo (sempre ele), fizeram os leprosos abdicarem sua fé e se envolverem em reuniões diabólicas durante as quais preparariam o tal veneno para atirar nos poços das vilas e cidades. A fórmula secreta do veneno imaginário era a hóstia, três gotas de sangue, urina e três ervas indefinidas – tudo era desidratado e transformado em pó que seria arremessado com saquinhos amarrados a peso dentro dos poços e fontes. Eis aqui o invencionismo dos nefandos sabás das bruxas, feiticeiras e de outros povos. Passavam-se os anos e a fórmula era repetida apenas trocando o leproso por novas vítimas. No caso, os eventuais leprosários consumiam grandes quantidades de dinheiro proveniente da coroa, que seria economizado e reorientado para os bolsos de duques e outros nobres a partir do instante em que os indesejados fossem eliminados. Os mesmos nobres poderiam, dessa forma, livrar-se de seus credores judeus e outros inimigos financeiros. Nos relatos dos documentos queixosos dos defensores da conspiração imaginária, era muito claro de se perceber lúcida determinação de eliminar um segmento competitivo rival. Nesses tempos, se você tivesse inimigos, era só inventar que eles estavam envolvidos em ações infernais, como profanar hóstias sagradas, envenenamentos, infanticídios canibalescos e prática de homicídios ritualizados. O ódio rapidamente se instaurava na população de diversas partes de toda a Europa. Outra prática bastante comum do período impunha aos leprosos trajes característicos obrigatórios, e a não utilização deles consistia em ato de crime de lesa-majestade. Entre esses trajes estavam a obrigação do uso de capas cinza ou negras com capuzes vermelhos, distintivos e pinturas características. A ideia era clara, instaurar o repúdio e o preconceito institucionalizado; uns contaminavam pela carne, enquanto os pobres ou os judeus, pela ideia ou mau hálito. A marginalização era a conduta europeia a partir do século XIII para com seus excluídos. Vale salientar que todas essas acusações eram inventadas e, como sempre, motivadas por ações políticas e financeiras das classes dominantes desse período que visavam aniquilar seus concorrentes e o que consideravam desperdício de dinheiro.

Judeus: a situação dos judeus sempre foi delicada durante toda História. No mundo europeu e católico, eles sofriam perseguições generalizadas e os cronistas medievais narravam suas chacinas com grande descaso. Eram acusados de ter deixado o Messias cristão morrer na cruz, um grande motivo para serem mortos por qualquer razão. A marginalização a que eles eram expostos os obrigava a usar roupas com estigmas e símbolos que permitissem seu reconhecimento a distância, uma ordem que provinha dos poderes seculares de diversos reinos. Muitos eram banqueiros e comerciantes, forneciam usuras e empréstimos a cidadãos e nobres europeus, e estes, quando não queriam ou não mais convinha pagar, os matavam. Como não acreditavam no Messias cristão, eram grosseiramente acusados de pactos com o Demônio; e, como provinham do Oriente, terra dos invasores forasteiros muçulmanos, tinham ainda menos motivos para ser benquistos na Europa.

Nos idos anos de 1300 em diante, foram envolvidos por toda a Europa em uma conspiração imaginária e diabólica, junto aos leprosos e aos muçulmanos, engendrada por reis católicos. Por meio de encontros secretos com o sultão muçulmano que ambicionava dominar a Europa e varrer os infiéis do mapa, os judeus serviram como agenciadores e transportadores de venenos para os leprosos disseminarem nos poços das cidades. Tudo não passou de boataria política para justificar as limpezas étnicas e curas definitivas da lepra. Existem inúmeros relatos medievais de fogueiras para incinerar judeus, leprosos e outros forasteiros com essa pérfida justificativa. Inclusive essas supostas reuniões ocorreriam nos Sabás judeus e viriam a ser uma das supostas origens de um outro mito associado ao Sabás das feiticeiras. Em meados de 1340, as atividades e o ódio contra os judeus foram reavivados uma vez mais com a vinda da chamada Peste Negra. Acredita-se que ela tenha começado e sido deflagrada pela Europa após o atracamento de 12 navios vindos de Constantinopla na Sicília, em cuja carga acabaram trazendo os ratos portadores do bacilo da peste. Em pouco tempo toda a Europa foi tomada pela Peste Negra.

Como era de se esperar, os judeus foram os primeiros a ser culpados pelo infortúnio e rapidamente os moradores dos guetos judeus foram massacrados, ao iniciar da Semana Santa.

Os agressores quase sempre saíam impunes, protegidos pela nobreza ou, nesse caso, pela necessidade de manutenção de mão de obra, quando as cidades eram esvaziadas em decorrência da peste. O fenômeno dessas manifestações populares explodia em todo o continente, a peste servia como pano de fundo para a desculpa da erradicação dos hebraicos. Inicialmente, não se via a Peste Negra sendo transmitida pelos ratos e imediatamente os boatos da "conspiração imaginária" voltaram à tona, e as torturas também – como sempre os marginalizados da sociedade foram as primeiras vítimas. Dessa vez começaram pelos judeus. Diferentemente da histeria original de 1321 (que você pode ler detalhadamente no verbete "Pobres e leprosos" deste livro, p. 86), agora, em 1348, além de pós-envenenados com hóstias profanadas, sangue e urina, os cronistas do período alegam que a proximidade de dois planetas intensificava a propagação da peste. Os culpados eram os judeus e não mais os leprosos. Estes foram deixados de fora (a lepra estava desaparecendo – afinal, quase todos que tinham o mal foram dizimados) e os "supostos" inimigos estrangeiros eram os reis da Inglaterra (tempo da Guerra dos Cem Anos), os pobres, os destituídos; e foi criado um novo inimigo a partir de 1408. Mas, certamente, os judeus sempre seriam perseguidos e associados a esse novo inimigo. Os acusados sob tortura sempre dizem o que seus juízes e acusadores esperam que digam...

Os heréticos: em 1408, com o término do Grande Cisma do Ocidente – cujo papado e consequentemente a liderança da Igreja Católica Apostólica Romana haviam ficado divididos entre Roma e Avignon – foi instaurada a nova temporada de caça: as perigosas seitas heréticas, os cristãos desvirtuados que praticavam susperstições, os desprezíveis judeus que propagavam seu abominável livro Talmude e seus erros recorrentes de traírem o Cristo novamente. Dentre os sincretismos entre Catolicismo, Judaísmo, antigas religiões pagãs e paralelos que inventam "demônios" e ritos de "magia negra", temos o surgimento de novos personagens: feiticeiros que eram mais lobos do que homens e devoravam crianças. Esses novos personagens ainda não tinham um caráter definido ou delineado. Mas suas descrições, obtidas sempre sob tortura, contavam que eles preparavam unguentos com a pele das crianças que matavam, renegavam o Cristo católico e rendiam culto a um mestre ou ao próprio Demônio. Com o passar do tempo, eles poderiam metamorfosear-se em animal, participar de orgias, banquetes e voar pela noite – por fim, estabelecendo no imaginário cristão o tal do Sabá das bruxas de 1435 em diante.

Como sempre, o sistema dominante inventava seus opositores com novas formas de elaboração para assim justificar o extermínio das minorias inconvenientes, embora nunca tenha havido evidências comprobatórias da união de judeus com suspostos bruxos e feiticeiros nesse período.

Inicialmente, os inimigos da fé eram os leprosos (grupo circunscrito), depois estes foram associados aos judeus (um grupo mais amplo, mas ainda assim com uma etnia e uma unidade religiosa). Posteriormente os judeus foram associados a uma seita imaginária de feiticeiros e bruxas (potencialmente sem limites).

Todavia, o inimigo sempre é composto de integrantes à margem da sociedade, uma conspiração para erradicação da sociedade dominante e coordenada por um inimigo externo (dessa vez o próprio Diabo – que vinha na forma de um urso ou bode negro). Assim como na conspiração imaginária dos tempos de 1321, esses novos inimigos já haviam dividido entre si todos os reinos que iriam conquistar. E para reconhecer o inimigo é muito fácil: basta ver os estigmas que ele é obrigado a carregar na própria roupa. Lembramos que judeus, assim como leprosos, eram obrigados a usar roupas e carregar símbolos que designassem sua condição racial e religiosa.

Se pararmos neste momento para observar os ciclos da História, perceberemos algumas curiosidades – padrões repetitivos em toda essa constante descrição inventiva de minorias que incomodam em razão de fatores político-financeiros associados a corruptores internos e que respondem diretamente a líderes externos:

a) Século II d.C.: os cristãos inicialmente eram acusados de praticar atos de canibalismo, orgias, infanticídio e beber o sangue de crianças. Era tanta acusação que no ano 150 d.C. um grego recém-convertido ao Cristianismo chamado Justino afirmava que essas acusações eram oriundas do preconceito dos judeus para com a nova religião.

b) Último século antes da Era Vulgar (depois de Cristo): os judeus eram acusados de coisas parecidas e ainda de adorar uma cabeça de burro falante, de praticar homicídios rituais e atos de canibalismo.

c) Por mais de 50 anos os primeiros cristãos esforçaram-se em seus escritos para explicar que seu culto não tinha relação alguma com antropofagia, necromancia ou elementos semelhantes – provavelmente em virtude do Evangelho de João, 6:53.

d) Por volta do século V d.C., Salviano em seu *De Gubernationne Dei* já recordava essas confusões e erros de interpretação como algo que tinha ficado no passado distante.

e) Mas, a partir de Santo Agostinho, os católicos renovaram as tais acusações de antropofagia contra as diversas heresias por toda Ásia e Europa, condenando dessa maneira catafrígios, carpocracianos, borborianos. Mudavam os alvos, mas não os conteúdos. Por volta de 720, até o líder da Igreja Armênia proferiu acusações semelhantes à prática de uma missa negra aos paulicianos seguidores de um tal de Paulo da Samosata.

f) Por volta do ano 1000, o estereótipo hostil ressurgiu no Ocidente destinado aos hereges de Orleans de 1022, aos cátaros, aos valdenses, aos fraticellis, aos bogomilos da Trácia e outras heresias.

g) Em meados de 1380 havia um sentimento generalizado de descontentamento para com o clero ao norte da Itália e arredores. As pessoas não aprovavam mais a hierarquia corrupta, houve recusa dos sacramentos e do culto aos santos e negação do purgatório. Falamos de um cenário de pregadores e fiéis sérios e severos ao Catolicismo, os quais provavelmente passavam bem longe do perfil de orgiásticos e canibais, e que mesmo assim foram acusados. Muitas vezes os inquisidores apenas projetavam e repetiam seus processos de delírio nos autos e nas atas. O culpado era sempre o outro. Temos então estereótipos inquisitoriais e cultura folclórica. Muitas vezes não existia exatamente um grupo de heréticos e um líder específico. E os inquisidores trabalhavam para materializar esses grupos e suas seitas de feiticeiros.

h) Região da Estíria, na Áustria, por volta de 1380: no *Errores Haereticorum Waldensium* do fim do século XIV, o autor fala sobre a conversão de 600 valdenses e, ao descrevê-los, inventa uma nova seita. Ele escrevia baseado em informações genéricas e já misturava elementos oriundos dos cátros em suas concepções.

i) A emergência do Sabá, ou melhor, a invenção do Sabá, no século XIV se dá em função da crise na sociedade europeia e à carestia, à peste, à segregação ou expulsão dos grupos marginais que a acompanharam. A área em que se verificam os primeiros processos centrados no Sabá coincide com aquela em que foram construídas as provas do suposto complô judaico de 1348, por sua vez, modelado na presumível conspiração engendrada por leprosos e judeus em 1321. A presença dos dialetos do Delfinado e da Savoia, de termos como Gafa (Bruxa), etimologicamente conexo com o espanhol Gafo, "leproso", na zona de Briançon ou "Synagoga" – dança noturna de seres míticos imprecisos – de *Synagogue* no sentido de reunião de hereges no Vaux en Bugey, recapitula as já referidas assimilações dos Vaudois aos feiticeiros. A interação da expectativa dos juízes e das atitudes dos imputados fornece uma resposta inicial acerca da pergunta das características assumidas pela imagem do Sabá dentro dos processos inquisitoriais e posteriormente espalhadas entre as populações europeias.

Ainda no ano 1321, temos a passagem do processo contra Guillaume Agassa para as mãos de Jaques Fournier. Esse inquisidor de Pamiers fez aflorar na descrição do complô dos leprosos dois crimes tradicionalmente atribuídos a seitas heréticas: Apostasia da Fé e Profanação da Cruz.

Décadas de atividade inquisitorial nos Alpes Ocidentais completaram a convergência imaginária entre hereges e adeptos da seita de feiticeiros: adoração do Diabo em forma de animal, orgias sexuais e infanticídios entraram de modo duradouro no estereótipo do Sabá. Mas de onde provêm então as metamorfoses animalescas, voo rumo aos encontros noturnos? Todo esse conteúdo seria encontrado de forma diluída nos antigos cultos de fertilidade da terra eurasiática. O que acontece nessa sequência em nenhum instante se trata da projeção de ideias que causem ou evoquem horrores ancestrais de um passado bíblico ou idealizado, pois no momento desses julgamentos o que contava era apenas o uso e a criação de um contexto específico, cultural e geográfico para justificar a violência, a tomada de propriedades e, ainda, a manutenção da identidade estagnada dos dogmas católicos.

Ciganos: ao contrário do que se pensa, os primeiros relatos sobre a presença dos povos chamados "romá", popularmente designados como "ciganos", começam a se tornar frequentes pelo menos desde 1050 nos arredores do Império Bizantino. Segundo uma lenda do poeta épico Ghaznavid Firdousi (c. 930-1020), os lurís partem da Pérsia para a Grécia em 1010. Já em 1050 existem relatos que o imperador Constantino Monomachos empregou um povo chamado adzingani a fim de utilizar seus encantamentos para espantar animais selvagens. Entre 1060 e 1068 existem diversas referências aos adzincani em Constantinopla. Após um breve hiato, eles ressurgem entre meados de 1180 e 1190 nos comentários do canonista Teodoro Balsemão, ameaçando com excomunhão por seis anos qualquer membro da Igreja que explorasse o público exibindo ursos e outros animais para divertimento ou lendo o destino das pessoas. Em 1200, o patriarca do Clero Bizantino fornece instruções severas para que os paroquianos não se associassem aos Athinganoi, diante de seus ensinamentos demoníacos. Em 1322, dois irmãos franciscanos, Simeon Simeonis e Hugo, o Iluminado, encontram os tsiganos em Cândia (Creta). Lá, eles viviam como Cham, eram seguidores do rito ortodoxo, moravam em cavernas ou tendas negras. Os gregos os chamavam de atsinganos e eram procurados pela habilidade na música e nas artes da clarividência.

Embora alguns registros como o do escolar Joseph Bryennios demonstrem descaso para com os "atzinganoi" (nome dado aos moradores do *Feudum Acinganorum*), existiu uma comunidade independente bem assentada e economicamente estabelecida em Corfu. Ainda em 1362, relatos afirmam que há "egiptius" e "ciganos" vivendo na Sicília e trabalhando como comerciantes. E, ainda, em 1380, há relatos gregos de guarnições militares dos "ciganos" ao sul da Peloponesia. Um relato de um peregrino chamado Frescobaldi, que seguia a trilha de Veneza a Jerusalém, informava que os ciganos eram penitentes religiosos. Uma curiosidade é que em Constantinopla alguns deles já estavam inseridos no mercado de trabalho local, principalmente na área da forja de metais. Existiu inclusive um crucifixo feito de cobre no qual o Cristo dos católicos está crucificado com apenas três pregos, sendo que a representação normal era com quatro. Segundo os "romás" da Lituânia, entre os séculos XII e XIII, isso servia como prova para eles alegarem que no passado uma mulher cigana havia roubado um dos pregos dos soldados romanos para aliviar a dor do crucificado, e assim se livrar das acusações de serem apóstatas ou afins. Em algum momento seguindo as rotas comerciais ou migratórias, provavelmente a partir de Constantinopla, nos idos de 1370, os ciganos que migraram para o Leste Europeu se encontravam como escravos das dinastias que governavam Wallachia, Moldávia, Transilvânia, Hungria e arredores – sendo que esse período de escravidão só terminaria 510 anos depois. Em meados de 1384, relatos bem documentados sugerem que havia mais de 40 famílias que viviam aos pés dos Montes Cárpatos e eram chamadas de *acigani* ou *cygan*. Posteriormente, estabeleceram-se em Chipre. Ainda em 1386, existem relatos da venda de escravos tsiganos na Moldávia-Wallachia. Entre 1407 e 1416, sua presença foi assinalada na Alemanha, onde foram associados aos Heyden (Pagãos). Nessa mesma época alcançaram a Europa, em Perpignan na Espanha, território da coroa de Aragão. E lá Tomás Sabba, um peregrino, recebeu salvo-conduto para ir a Santiago de Compostela. Muitos documentos desse período atestam a passagem desses grupos pela Romênia, Boêmia, Hungria, Alemanha, Zurique, Magdenburgo e Lurbeck. Porém, um dos fatos mais interessantes é que em 1417 algumas caravanas de romás recebem uma carta de Sigismundo II, rei da Boêmia e da Hungria (fundador da Ordem do Dragão, inclusive) com boas recomendações. Naturalmente que o leitor há de perceber que falamos de Sigismundo II, o imperador que em 1408 havia fundado e estabelecido a Ordo Drakul, Drachen Hord em moldes da ordem de cavalaria católica – da qual Drácula viria a ser recebido como membro na iniciação coletiva de 1431. Porém, esse tema veremos mais adiante neste capítulo.

  Sabe-se que nos terrmpos de Drácula os ciganos já viviam desde 1370 nas terras da Wallachia, Moldávia, Transilvânia e Hungria – como "escravos" da nobreza e da tirania local. Não me admiraria se eles não realizassem também os serviços de manutenção de redes de informação (olheiros e vigias) para líderes políticos como Vlad e seu filho. O ponto mais interessante é que a principal linhagem cigana a se estabelecer nas regiões de Drácula era a dos Kalderash, especializada na arte da forjaria de metais, e que se especula ser os armeiros dos exércitos de Vlad e de seu filho. Se esta hipótese se confirmar, isso poderia servir como um ótimo tempero romântico para imaginarmos um exército com armas de qualidade superior às do exército turco e que, aliado a uma boa estratégia de inspirar terror, levou muitos invasores daquelas terras a um fim bem doloroso. Contam ainda que as armas produzidas pelos Kalderash eram capazes de cortar armas do mesmo material sem se danificarem, graças à extrema perícia desses ferreiros e cuteleiros que viviam escravizados nas terras da atual Romênia. Outra linhagem cigana talvez presente em menor número nas terras dos Dráculas eram os hoharanô – especialistas na criação de cavalos e que tiveram suas origens nas terras turcas. Há ainda a linhagem referenciada como moldavianos que enfrentavam os rigores do inverno do Leste Europeu em carroças de madeira, vestindo peles e capotes pesadíssimos.

Varengues: era um termo usado pelos bizantinos que designava genericamente os povos nórdicos das mais variadas regiões. Trata-se de mercadores e mercenários que cruzavam desde o norte da Europa através de rios até as águas de Constaninopla. Não eram só comerciantes; por onde passavam, esses povos espalhavam sua cultura e eram influenciados pelas culturas locais. As rotas varengues passavam por Novgorod e Kiev, chegando até mesmo às distantes Romênia e Hungria como parte de suas rotas comerciais menores. Entre os anos 1030 e 1040, os varengues já compunham uma poderosa tropa mercenária que fazia parte da guarda pessoal do imperador de Constantinopla, sendo que seu capitão, Harald Hardrada, era o homem de confiança da rainha Zoé e ainda uma personalidade influente junto a filósofos e membros do alto escalão do reino. Alguns anos mais tarde ele viria a ser conhecido como Harald III, rei da Noruega, e morreria em batalha no ano 1066 tentando conquistar a Inglaterra. Os varengues tornaram-se temidos em toda extensão do Império Bizantino em virtude da fama criada por seus guerreiros Berserkers e Ulfheadjars, poderosas máquinas de matar que, ao entrar em estado de êxtase, se tornavam semanticamente mortos-vivos possuídos por um espírito de ferocidade do urso ou do lobo. Encontravam semelhança com os diversos mitos dos Vrykolacas eslavos e de outros antigos cultos de fertilidade que trabalhavam com um estado xamânico de êxtase. O pavor inspirado por eles era tamanho que ao morrerem eram muitas vezes cremados ou tinham seus corpos estaqueados ou pregados no chão para nunca mais acordarem. Existe uma hipótese que encontrei por meio da Internet brasileira que narra a possibilidade de o autor das *Eddas o Snorri Sturtson* ser um descendente direto dos varengues que serviram em Constantinopla, e, por isso, poderia ter tido acesso a muitas traduções de mitos iranianos, as quais teriam inspirado trechos de seus relatos sobre o Ragnarok. Entretanto, prefiro lidar com a presença do elemento e dos conceitos do eterno retorno comuns aos povos europeus que tiveram descendência das migrações indo-europeias. Interessante observar que uma expressão como "**povo dos ventos**" também poderia ser bem aceita para apresentar povos que utilizavam a força dos ventos nas velas de suas embarcações para locomoção. E que, sem o "sopro" (vento) da deidade, era improvável a realização do feito *magicko*. Assim como, sem a inspiração, a vontade é fadada à insuficiência.

Creio que demos breve visão panorâmica, baseada na História e na Geografia da região da atual Romênia, Hungria e arredores. A visão do leitor sobre os personagens históricos "Drácula", parece-me, ganhou um vistoso aprofundamento, o que não exclui o leitor de ir atrás e conhecer ainda mais dessa fascinante e aterrorizante história, embora atualmente muitos dos lugares onde Drácula realizou seus feitos tenham se transformado em estacionamentos ou ruas comerciais. A história continua fascinante em si e, quanto mais nos aprofundamos nela, mais e mais instigante ela se torna, revelando assim um mundo muito mais complexo, orgânico e interessante do que as excessivas abordagens estéreis e desprovidas de historicidade – pelo portal *rede vamp* em <www.redevamp.com> mantemos amplos arquivos sobre todos estes temas.

A Ordem do Dragão

Toda história que realmente vale a pena ser contada e lembrada começa com um herói mítico. Assim como todas essas histórias pertencem apenas parcialmente a quem as contou e que inadvertidamente acaba colocando seus próprios pontos. Nosso herói mítico era um cavaleiro da Sérvia chamado Miloš Obili; as pinturas o retratavam usando um elmo com um dragão prateado modelado na parte superior. Sua mãe dizia que ele era o filho de um dragão que naquela terra era visto como nuvens de chuva ou de violentas tempestades. Sobre essas potências, diziam até que feiticeiros ou integrantes de um rito baseado em processo extático, chamados "Solomonars", descendentes do mítico rei Salomão, podiam cavalgar tais "dragões" lá perto na Romênia. O grande e sábio rei bíblico é uma associação interessante e pertinente para o contexto que abordamos, embora eu suspeite de que temos aí um caso de sincretismo ou de algum deus local que acabou sendo vestido com as roupagens dele – claro que Goétia, rainha de Sabá ou uma peculiar visão astrológica são lembranças naturais para com esse assunto salomônico, embora talvez esses conteúdos possam não ter sido da autoria dele. O que temos é que a tradição da evocação desses espíritos poderosos – no caso os Dragões (vamos deixar as associações de Santo Agostinho quanto a eles serem anjos caídos e afins de lado, pelo menos tanto quanto pudermos) – é ancestral e presente entre muitos povos em todos os continentes.

Na região da Hungria, Romênia e Sérvia temos descendentes do povo cumani, que detinham um xamanismo primevo e onde trabalhavam o Dragão como talvez um totem ou ancestral étnico. Não havendo surpresa alguma em constatarmos que a chegada deles no Leste Europeu era aparentemente recente – muitos tomaram abrigo na própria Hungria fugindo das invasões mongóis (1230 aproximadamente). Antes disso viviam próximos, ao norte do Mar Negro e ao longo da extensão do Rio Voga, e eram influentes na política de Kiev e dos arredores. Eram nômades, tinham boa cavalaria e potente força militar. São os fundadores da Dinastia Basarabid, na Valáquia (atual Romênia); os documentos medievais se referem a eles como Dinastia Vlach – sim, a mesma que alguns séculos depois teria Vlad II e Vlad III como principais expoentes – e muitos cumanis se integraram facilmente às dinastias bizantinas, húngaras e sérbia.

O *Codex Cumicus,* que data do século XIII, era uma espécie de dicionário para missionários poderem se comunicar com esse povo. Continha uma versão no idioma deles e no turco da oração do "Pai-Nosso", a qual se referia ao sempre oculto e poderoso Pai dos Céus e Senhor de tudo na figura de "Tengrim". Isso nos permite imaginar que a origem desse povo veio do interior do continente asiático e seu oculto do Pai-Céu, que anima a tudo, e ainda todo seu aspecto xamânico primevo de cultuar os ancestrais como a ponte entre eles e o sagrado. Esse povo influenciou a Hungria, Bulgária e outras terras. O documento é guardado até hoje na Biblioteca de São Marcos em Veneza. Cumanis vestiam máscaras, bebiam sangue de cavalo e toda manhã oravam para o primeiro animal que enxergassem. Também detinham o saber dos oráculos e tinham nos lobos e cães seus principais aliados espirituais. Possuíam pele e cabelos claros, e certamente o tal do "Sangue do Dragão" poderia vir deles. Embora o leitor e a leitora mais aptos irão notar que são apenas um povo mais recente a entrar na região estudada neste capítulo – houve muitos outros com dragões como totens, como já vimos.

Cada povo e região têm o dragão que merece; o termo muitas vezes é associado a estrelas cadentes, meteoritos e anjos caídos ao longo daqueles países – bem como aos xamãs regionais. E, por aquelas bandas, xamãs e o que chamamos de vampiros são bem próximos e temidos. Não é um exagero pensar que aqueles que carregam sangue do dragão carregariam o sangue dos céus ou das estrelas (certamente, aqui o tom conotativo é apreciado, podendo oscilar desde "escolhidos", a ideia comum de "mediunidade" dos dias de hoje – mas, certamente, não pode ser limitado por moral ou contexto religioso), e este tema descansa no cerne do pensar pré-moderno e merece ao menos uma reflexão ponderada da parte de cada leitora ou leitor.

Algumas pessoas podem associar esta questão do sangue a forasteiros ou até mesmo a algum povo que navegasse em barcos com dragões entalhados na proa. Quem sabe seria uma iniciação especial junto ao culto de algum totem ancestral daquela região. O banquete de possibilidades e de simbolismo é vasto e suculento, afinal beber do sangue pode ser a mesma coisa que dizermos "provou dos mistérios iniciáticos", mesmo que o tal herói fosse apenas um gentil cavaleiro errante inventado como símbolo para inspirar o povo local. Os abençoados com o sangue do dragão tinham cabelos claros ou ruivos, olhos claros e um olhar potente que não é uma novidade de nenhum tipo – desde leitores de Arthur Machen, Kenneth Grant e mesmo Anne Rice. Ainda assim, se não tivessem um intenso apelo ou mesmo forte conexão com o sentimento e o imaginário local, de nada adiantaria. E a imagem marcial de um cavaleiro disciplinado, honrado e severo é bastante evocativa nesse sentido e no momento histórico. E São Jorge, ou São Yuri (apelido carinhoso dos eslavos ortodoxos), é uma imagem potente disso. "El Capitano", como diriam os vennetos em outras ocasiões. Solitários cavaleiros ou dragões sozinhos correndo através dos céus, como demonstrado em algumas imagens da época. Santos e mártires carregam espadas ou lanças nessas terras – e sua alternância entre o sagrado e o mundano com desenvoltura e praticidade é marca reconhecida de cada um deles.

Existe um poema chamado "Obilic Dragon's Son" que enfatiza que o herói Milo teria força sobre-humana e dons espirituais apurados, embora não seja o único herói na poesia e na prosa a lutar contra os invasores turcos na Sérvia. As lendas atribuem sua figura à criação de uma "Sagrada Ordem do Dragão" que, dada a proximidade geográfica e cronológica – bem como seu principal objetivo, que era assassinar o sultão inimigo –, a tornam uma excelente candidata hipotética a inspirar e influenciar a Ordo Drakul, ou Ordem do Dragão, que viria a ser fundada algum tempo depois. As origens de Milo eram míticas, só que o seu principal feito beira o épico – ele e seus aliados (dizem que eram 12, o que acho simbólico e conveniente demais dentro de um contexto hermético) iriam assassinar o tal sultão Murad I durante a desastrosa Batalha de Kosovo. O fato é que Milo e seu grupo invadiram o acampamento fortificado e guarnecido pelo poderoso exército dos invasores e o grande herói matou o sultão, mas, com todo o seu grupo foi retalhado e morto – talvez exceto um deles, que teria sobrevivido e fundado uma famosa escola de cavalaria e treinado o filho do príncipe a quem Milo servia. A história é tão ressonante e impressionante, que até hoje esse cavaleiro recebe honrarias, homenagens e tem aparições no folclore e na produção cultural da Sérvia. Milo Obilic servia como cavaleiro do príncipe Lazar e de sua influente família – mesmo que o cavaleiro Milo não tenha existido, o príncipe Lazar e sua influente família, bem como seu martírio nas mãos dos traiçoeiros aliados de Vuk Brankovik, fazem parte da história, do folclore e do imaginário local, tendo os feitos que lhes foram atribuídos repercutido amplamente pelos Bálcãs e Leste Europeu. E o próprio Lazar também é considerado um santo e um mártir em sua terra, recebendo a devoção dos seus pares e da cultura de lá até os dias de hoje. Não devemos confundi-lo com outro Lázaro famoso das narrativas bíblicas.

Mas vamos ao que interessa àquele sobrevivente da Sagrada Ordem do Dragão de Milo. Foi o tutor de Stefan Lazarevic (filho de Lazar) e um dos mais prestigiados cavaleiros do seu tempo, sendo considerado o fundador da cidade de Belgrado (onde curiosamente seria encontrado o segundo livro apócrifo de Enoch) e integrou, também, o governo e a autoridade na Hungria. Stefan lutou batalhas importantes e fundamentais, confrontando até os invasores mongóis. Além disso, foi um pensador, poeta e artista que renovou o desenvolvimento intelectual na Sérvia – assim como o dono de uma das maiores bibliotecas daquela época, nos Bálcãs. Sua principal obra foi a poesia *Slovo ljubve* ("A Palavra do Amor"). Encontrou jazidas de prata e foi um rico déspota, tendo administrado a cidade de Belgrado, que na ocasião era a mais populosa da Europa. Dizem que ele fundou uma importante escola de cavalaria – talvez a mesma tenha dado continuidade à Ordem do Dragão criada por Milo –, e tal escola foi mencionada até na obra do poeta/menestrel germânico Oswald Von Wolkenstein (conhecido por explorar a Ásia e o Norte da Europa em suas inúmeras viagens) – este também um integrante da Ordem do Dragão que seria fundada em 1408. Assim como o próprio Stefan, segundo os registros, nada mais corriqueiro que Confrades citarem os negócios de Confrades. Pode ser que tal escola tenha sido abrigada no mosteiro de Manasija ou Resava, uma obra bastante imponente do seu tempo como regente. Antes de falecer, o próprio Stefan escolheu como sucessor George Brankovik, que poderia ser membro da Ordem do Dragão, a qual foi bastante fecunda em solo sérvio, tendo como integrantes as casas Tarcanovic, Crnojevic, Brankovik, Dinjcic, Kacic, Klesic, Pikiolominovic e Frankopanovic – conhecidos como os dragões sérvios.

O folclore local não estranhava mulheres que tivessem filhos com dragões, uma vez que estes podiam assumir formas humanas e protegiam ou amaldiçoavam as colheitas com as chuvas e guardavam a fauna e flora locais – seus descendentes humanos eram varões de respeito e, segundo o poema "Empress Milica and the Dragon of Jastrebrac", o próprio Stefan também era filho de um dragão, bem como podemos supor que as casas mencionadas anteriormente também tivessem o "Sangue do Dragão" correndo em suas veias. O que não surpreende, pois o imaginário eslavo aceita o dragão como ancestral totêmico e há bastante evidência disso ao longo de sua produção cultural; e os descendentes mais nobres o são, por carregarem tal sangue ancestral em suas veias. Serão os dragões aqui referidos os integrantes dos antigos ritos de fertilidade da terra baseados em processo extático, e até mesmo guildas de profissões marginalizadas? Ou ainda, o que teria sobrado desses grupos que aos poucos se misturavam com o povo da cidade e sincretizavam suas crenças com a Igreja urbana? Claro que os leitores e leitoras mais aptos perceberam que ao longo deste primeiro trecho sobre as origens sagradas da Ordem do Dragão não realizei nenhuma afirmação pontual e, basicamente, explorei liricamente um contexto bastante novo e deveras instável para cristalizarmos afirmações mais sólidas ou duradoras – creio que o tempo de pesquisa e muitas outras descobertas factuais ainda se fazem necessários sobre tais assuntos. Talvez a Ordem do Dragão que surgiria em 1408 usasse seu peculiar emblema para afirmar a dominância católica sobre o Dragão, visto que a Ordem de Milo ostentava o Dragão sobre a cruz ou heráldica católica, uma irreverência eslava talvez, cujo acesso à natureza é por meio do coração – entrando no coração dos ancestrais com coragem –, e isso independe de qualquer dogma. Ainda assim temos dragões naquela região que podem ser mais surpreendentes e inesperados, passando bastante longe do conteúdo costumeiramente associado ao tema que os leitores estão acostumados. Escolhi incluir tais histórias para ampliar o imaginário, afinal, desde o começo, prometi contar uma boa história e reviravoltas são sempre bem--vindas em qualquer roteiro – na verdade são esperadas por leitores e leitoras deste tipo de publicação. Mencionar tais histórias apenas me tornam quem as mencionou, mas jamais alguém a tomá-las como realidade absoluta. No entanto, não ferem de nenhuma forma, e os mais hábeis podem transformá-las em ouro, já os tolos apenas perderão uma boa jornada criativa.

Nas encruzilhadas noturnas, sabemos que os deuses, as deusas e os heróis são vestidos e travestidos com os trajes dos conquistadores, mas sempre continuam sendo o acesso e o diálogo a certas esferas de poder que permanecem perenes. Os símbolos e os animais de poder continuam ali nas iconografias e imagens. Enquanto do lado de cá se importam em como rezar, do outro lado apenas o coração e o fundamento de quem reza importam.

As histórias de um caçador que persegue um animal mítico (ou diversos deles) são pertinentes para as antigas espiritualidades do Velho Mundo. Foi assim com Órion, antes de se tornar uma constelação pela graça de Artémis ou Diana. Poderíamos pensar na deidade nórdica Earendell, cuja imagem na Inglaterra e na Germânia é contemplada em Guilherme Tell e Robin Hood. O arqueiro sagrado ou o floresteiro, o filho de Deus e o grande urso que caçava um cervo ou mesmo um búfalo na estrada de Wotan – a Via Láctea. Por que com a nova religião as pessoas não poderiam rezar e adorá-lo sob o nome de São

Eustáquio (patrono dos caçadores) da Hungria? Nos brasões dos estandartes de seus devotos, a imagética é muito próxima à do mito que compartilhamos, e os encontros e inspirações ficam no imaginário e pesquisas de cada um de vocês. O mito da fundação da Hungria conta que Erzindur dos Onungar (clã de heróis míticos civilizadores de algumas ordens esotéricas) perseguia um cervo branco (animal mítico tomado como mensageiro dos deuses pelos povos do Oeste e como aquele que distribui os mortos entre os Scythian) nas florestas dos Cárpatos até a Transilvânia e depois se casou com a filha de um "elfo" daquela terra. Daí surge o ovo do mundo e assim o eixo da árvore-do--mundo (*axis-mundi*) e "Wouivre", a serpente verde que vivifica e fertiliza todo o mundo – o divino espírito que corre das profundezas à superfície e onde ele se esconde os lugares se tornam sagrados, pois desvelam a unicidade entre o céu e a terra – às vezes, o útero dos anjos ou dos dragões cujos encontros são tramados por velhas senhoras das florestas.

Muitos dos mitos iniciais dos eurasiáticos trazem a personagem da "Filha daquela Terra" misturada e difusa, que forma o primeiro arco ou *pedigree* (Heim-Ring). Essa figura da "Filha daquela Terra" é relacionada com "Ela cujo abraço é a morte" (*A Passagem*): na Transilvânia, ela é a Strigoi (compare como a Sthrega, originalmente da Styria); na Grécia, a Lâmia; na Pérsia, Arábia e Israel, Lilith – e ela é a "La Belle Dame Sans Merci" do poema de Keats, que tem o mesmo nome. No culto siberiano e do Altai, chamado Tengri, seu nome é "Umai", a princesa do gelo que irradia "a centelha da vida", encarnando a primeira esposa ou a mãe viúva de Khagan (Rei dos Reis) – para os heréticos bogomilos, elas são as duas faces da Rainha da Floresta casada com o Rei da Terra. Nos termos da Ordem do Dragão, ela é a esposa de Sigismund, ou seja, Barbara von Cilli (Celj). Há, inclusive, uma imagem que representa de sobremaneira tal passagem que será comentada adiante – bem como a lenda de que se tornou uma rainha-dragão, após sua morte, e até mesmo uma vampira.

A Strigoi dos Bálcãs alada, com asas de cisne, representa tanto uma valquíria quanto um lobisomen – talvez dependendo de qual deidade estão acompanhando. As donzelas elfas são retratadas como cisnes nas águas dos lagos iluminados pelas estrelas, que cativam e capturam as almas dos espectadores para sempre, tornando-os "Yfverboren", nascidos de novo (supremos e distintos ou ainda iniciados), agora dos Elfos. De certa forma, elas recordam as Dakinis que arrebatam e expandem os chacras dos tibetanos; ou ainda um solar reflexo da egípcia Sekhmet que irradia a luminosidade entre os chifres do Cervo Branco. Outros se recordam dos dragões como "donzelas-cisnes" ao verem alguns dos selos da Ordem do Dragão. A própria egrégora do Dragão vem do velho polo, a estrela vermelha de Astarot (A Cauda do Dragão), por meio da casa de Rurik e dos varengues (que serão também os fundadores de Novgorod, em que teremos aquela peculiar questão da palavra "Uppyr" no rodapé do Livro dos Salmos e outra que apresentaremos mais adiante envolvendo os deuses Veles e Perún), pela dinastia real dos normandos da Sícilia e do legado Angevin da Hungria, onde se reúne com o legado do Javali de Ardene na pessoa de Sigismund.

Os símbolos presentes nos brasões, as lendas e os mitos que ambas as dinastias carregam desvelam ainda que suas árvores genealógicas possuíam raízes profundas e ramificadas prateadas e distantes, pulsionais e arrebatadoras imersas em profundo solo negro, encontrando-se e enlaçando-se muito antes, onde moiras conspiram vertendo água e argila nas raízes do sagrado lenho e dragões fazem sua morada. Tal prosa romanceada leva à ideia de um casamento sagrado para a perpetuação de uma linhagem. Embora o tema cause impopularidade nestes tempos modernos, sendo considerado de mau tom falar de "sangue sagrado" e atrair discussões infrutíferas sobre direito divino de reis e rainhas, observemos que neste exato momento cultos ancestrais africanos e asiáticos ainda honram e prestam devoção às senhoras e deidades que entronam tais responsabilidades há bem mais de cinco milênios.

Acredita-se que o imperador estava a par dos segredos de seus ancestrais quando trouxe os restos de São Maurice de Agaune para a Hungria em 1414. Nomeado de Velho Burgúndio (talvez no sentido de morador das montanhas), Sigmund é herdeiro da tradição de Luxemburgo; ele certamente saberia que aquele era não somente o patrono do Exército dos Lobos (Welf ou Guelf) como um soldado da legião tebana (o sagrado batalhão de Dionysus) e também um metalúrgico ou ferreiro (Burgundy era a terra dos metalúrgicos, em hebreu).

Também devemos lembrar que a cor verde do dragão, assim como a da capa vestida em alguns graus, representa o Rei-Verde, como El-Khidir e aquele elfo que reina sobre os lugares elevados, o Cabiri dos metalúrgicos, cujas runas e sussurros ecoam a arquitetura das florestas... "desenhando sons e os pronunciando de volta". O radiante coração da arca da aliança é também a serpente verde, e assim nos aproximamos da "alma" da alquimia. A árvore do mundo varrengue contém uma serpente-dragão enrolada em sua base. Em suas raízes há uma fonte na qual vive o salmão da sabedoria. Esta é a Donzela Elfa, a pedreira ritual da Caçada Selvagem e o peixe na fonte; assim, nós somos colocados nos graus do arco real de Zerubabel: Vinho, Mulheres ou Reis, qual é o mais grandioso?

Sabine de Steinbach, filha do grande mestre dos pedreiros (maçons) que esculpiu as estátuas da Catedral de Strassburg. Historicamente, a Oroboros alada com uma cruz pendente foi o símbolo de Innana ou Vênus. O bosque das donzelas cisnes é o ninho dos Repha'im (tema já abordado neste livro, no papel de reis sagrados ou de mortos poderosos que recebiam oferendas que incluíam até outros mortos enterrados em posição fetal com os braços amarrados pelos pulsos, no Oriente Médio), ou Rapha Elohim, nomeados posteriormente como Raphael, que corresponde ao Atu "O Aeon" (conhecido como o arcano "O Julgamento" nos tarôs). Somos lembrados de quando o Graal aparece como uma pedra, como nos trabalhos de Wolfram von Eschenbach, apresentado sob uma capa de seda esverdeada, que reafirma os vínculos da pedra e da esmeralda de Vênus. A cor verde na alquimia é a *Benedicta Viriditas*, a cor do Espírito Santo ou de Sofia, a sabedoria conquistada pelo herói que completa a busca pelo Graal; é a conquista da capa ou do manto verde, quando o herói se torna "Elias, o Artista" (Gênio Reitor dos Rosacrucianos, personificação simbólica da Ordem, Embaixador do Santo Paracleto! "Sopro Coletivo das generosas reivindicações, espírito de liberdade, de ciência e de amor que deve regenerar o mundo!", como dizia Paracelso), "El Khidr" ou ainda "São Jorge" – por sinal o padroeiro da Ordem do Dragão (ou até, quem sabe, o próprio Milos Oblic). As águas nas quais as donzelas cisnes se banhavam é o mar da compreensão – ou "Binah" (o Sangue Ancestral) –, o que as torna filhas do entendimento e da compreensão; em número de sete representam as Plêiades, as filhas de Atlas que foram perseguidas por Orion na forma de uma selvagem caçada. O Yfverboren (O Supremo, mais elevado e distinto) da Transilvânia foi o resultado do casamento entre a rainha Elfa das montanhas e do rei Erzindur dos kurgans, vindo das planícies.

Certamente este é um trecho do texto que apreciadores da Cosmovisão Vampyrica deveriam refletir pautados em pesquisa e estudos de cada termo apresentado, bem como suas funções mitológicas, sociais e na Astrologia. Algumas noites depois que eu havia encerrado a escrita de todo este capítulo, tive o privilégio de ler o capítulo final da obra *Os Pilares de Tubal Caim*,* da dupla Nigel Jackson e Michael Howard, e constatei que o capítulo XX da edição brasileira oferece um vislumbre bastante didático sobre esta temática associada às Dinastias do Dragão nas páginas 268 a 270, explanando quem é o "prego", "lança" ou "estaca" do grande dragão, bem como seu nome gnóstico.

Na Inglaterra teremos a fundação da Ordem da Jarreteira, quando o rei Eduardo III encontrou a bela Dama de Kent, a condessa de Salisbury. Durante o baile de Calais, ela sofreu um pequeno acidente e sua jarreteira (liga) caiu ao chão: o rei se ajoelhou prontamente, recolheu a liga e ameaçou: "Vergonha sobre quem pensar mal sobre isso" (*Honi Soit Qui Mal Y Pense*), e ajustou a cinta na própria coxa. Há quem creia que ele viu a representação do "Oroborus", a serpente que devora a própria cauda, nesse pequeno incidente. O fato ocorrido em 1397 coincide com a época dos eventos de Milo na Hungria e uma década depois com a fundação da Ordem do Dragão de Sigismund e Barbara – aparentemente as duas últimas ordens tinham Oroborous em seus brasões, ou ainda seriam retratos de Woivre? O próprio é comparado com o El Khidir dos muçulmanos e também dos sufistas, um mestre trajado de verde que representa

---

*N.E.: Obra publicada pela Madras Editora.

o atemporal e a vastidão; logo, conhece os ciclos e órbitas do temporal e do limitado, ensina a prudência e a paciência como virtudes de conhecer o inefável. O professor dos profetas, mas que muitos, incluindo o próprio Moisés, não tem por vezes paciência para escutar. Algumas lendas do Médio-Oriente o apresentam confrontando uma hidra de sete cabeças (há certamente uma influência e inspiração astrológica nesse simbolismo, bem como em outras de suas aparições). Uma de suas passagens mais interessantes envolve "fixar" ou "equilibrar" as montanhas com seu cajado de madeira sobre um peixe gigantesco (quem sabe um dragão marítimo) que sustentava o próprio mundo e, quando descompensado, seus movimentos provocavam terremotos devastadores – na iconografia seu cajado é o equivalente à lança de São Jorge ou da "estaca" dos monásticos dragonistas –, assim como ele é o espelho dessa mesma potência no Ocidente. Ambivalência mencionada em discurso ecumênico pelo príncipe Charles da Inglaterra, atual líder da Ordem da Jarreteira – e descendente de Vlad Tepes, segundo ele próprio, para herdar uma propriedade e preservar uma floresta na Romênia, fato inclusive televisionado em vários jornais há bem mais de uma década. Certamente, podemos nos arriscar a considerar que a força da vida aqui mencionada seja o segredo que jaz no interior da Arca da Aliança sob as graduações do Arco Real. Vivemos na caverna ou na penumbra quando só compreendemos as partes ou o temporal; vivemos entre as estrelas e como as chamas delas quando tocamos a totalidade e a atemporalidade. Nosso pilar forte a nos sustentar pelos transitórios mares da vida, embora haja a metáfora do símbolo da "cinta", abordada em tópicos referentes a São Jorge na lenda bizantina, o qual fez uso da mesma para controlar e subjugar seu dragão pela boca ao levá-lo para a cidade, mas antes o estabilizou com sua lança – uma metáfora para controlarmos certas pulsões e ímpetos que sejam igualmente interessantes e convergentes, dadas as têmperas a que soldados e cavaleiros de todas as épocas sempre foram propensos –, "é preciso saber calar!".

Vale dizer que muitas vezes, entre o povo e em alguns relatos, impera o sentido conotativo do local onde algumas histórias são contadas, como Jorge Luis Borges explica muito bem na obra *Breve História da Eternidade*. As pessoas, muitas vezes, ao se referirem a seres e animais fantásticos em seus relatos e nas lendas que ficaram para a posteridade, podiam estar se referindo aos brasões de algumas dinastias. O que é uma consideração bastante válida também enquanto exploramos tal labirinto. Por mais nobre e elevada que seja a imagem dos cavaleiros e das Ordens que integraram, Kevin L. Gest, na obra *As Origens e a História das Ordens de Cavalaria*,* recorda-nos de que eles nada mais foram que soldados que assumiam papéis especiais em uma guerra, dado o desenvolvimento de suas habilidades e a utilização de táticas militares do período em que atuavam, estando todos eles no mesmo nível dos soldados dos exércitos modernos de hoje. E o próprio Kevin diz que as histórias e os feitos fantásticos dos cavaleiros que se tornaram mártires e santos eram tão fantásticos quanto os dos seus empregadores. Da minha parte, acredito em bravos soldados que se levantaram por aquilo que acreditavam, pensando nas terras onde cresceram e no povo que defendiam – se não fosse pelos atos desses homens, e não pelas intenções e jogos de poder de seus mestres, o mundo ocidental poderia não ser como este onde vivemos hoje.

O pesquisador Radomir Ristic, em sua obra *Traditional Balkan Witchcraft*, menciona em dado momento um tronco de árvore sagrada oco que era possuído pelo próprio Lúcifer (cujo nome em latim significa Portador da Luz – o termo pode designar uma função xamânica ou sacerdotal hereditária, como no caso dos Fenyen de Arad, na Romênia, ou dos Cohen hebreus) e que este instruía alguns ritos baseados em transe e processo extático, mas não permitia que o adorassem; às vezes era chamado de Danika. Tal afirmação não é tão surpreendente, no final das contas, e se refere a deidades solares e de cunho apolíneo – que se harmonizam com o Sol Invictus e as chamas na escuridão, tão caras aos cultos de necromancia de todos os tempos. Na Itália, temos a própria Arádia, filha de Lúcifer e Diana (Apolo e Diana), enviada dos céus para instruir as primeiras bruxas, segundo o Leland. Ao longo do Leste Europeu teremos ainda as senhoras da fortuna, deusas como Irodiade ou Herodíade que também vinham em ocasiões especiais guiar os seus devotos, como nos conta Ginzbourg. Existe um relato intitulado "As Rainhas Dragão" que fala sobre os mitos de origem da Transilvânia, o qual descobri ainda na década passada, escrito pelo pesquisador David Wilson – mais conhecido como Awo Falokun Fatunmbi, um oraculista especializado no "Ifá" dos africanos. O artigo foi escrito como uma revelação recebida da parte de seus parentes, originários de Arad na Transilvânia, e que tinham o sobrenome Fenyes, cujo significado é "portador da luz", mais ou menos como o "cohen" hebreu – tal sobrenome pode indicar uma função ritual nas respectivas culturas citadas. Logo no começo do artigo, somos apresentados ao avô Carlos Fenyes, advogado da família Hapsburg, e seu filho Adelburt, que era médico da mesma família nos tempos que antecederam a Primeira Guerra Mundial – este também foi embaixador austríaco no Egito. Para quem não conhece os Hapsburg, eles foram a última família que ocupou o trono do Sacro Império Romano-Germânico; alegavam descenderem de Cristo, bem como lhes era atribuída a posse da lança de Longinus, a qual inclusive teria perfurado o peito do Messias crucificado e tornava invencível quem a detivesse, tanto que na Segunda Guerra o próprio Hitler não sossegou até consegui-la. A lança também pertence

---

*N.E.: Obra publicada pela Madras Editora.

aos mistérios do Graal e tem muita história – sua aparição mais recente foi na trama do filme *Constantine,* com Keanu Reeves. Segundo consta, o título de Sagrado Imperador doado à tal família Hapsburg pela Igreja Católica comprou o silêncio deles em sua peculiar história familiar. Particularmente, dado o tom germânico, eu pensaria em Balder como ancestral totêmico e deus sacrificado, mas isso não importa. Segundo o próprio autor, ele detém provas externas acumuladas ao longo de quatro décadas de pesquisa e acredita que a história como nos é ensinada nas escolas, condicionada por interesses de controle político e filtrada pelo academismo e o pensar moderno, é bastante diferente daquilo que realmente aconteceu – e isso tem a ver com a posse de uma tecnologia espiritual que deveria ser um presente para todos, e jamais monopolizada em benefício de poucos. E tudo isso pode ser encontrado na história da própria Transilvânia. Historiadores dizem que a linguagem escrita começou na Europa há quase 5 mil anos; na Transilvânia, há amostras encontradas em sítios arqueológicos que datam de 10 mil anos atrás – estranho intervalo que parece ser ignorado pelos acadêmicos por romper a conformidade de suas ideias. Na mesma região, também foi encontrado um mapa de porcelana com características topográficas exatas. O mapa é impossível de ser datado, mas itens que estavam enterrados juntamente ao mapa foram datados como tendo 20 mil anos de idade. Então, no tempo em que os europeus supostamente estariam fabricando ferramentas toscas de pedra, também estariam forjando mapas em ajuste exato de escala. Alguma coisa está faltando aí, pois o mito da Criação da Transilvânia diz que um caçador seguia um antílope do norte da África até a região das montanhas do que agora é a Romênia. Segundo David Wilson, existem evidências de que essa região era uma colônia de mineração do antigo Egito. Os egípcios sabiam, compreendiam e usavam os segredos da alquimia como base para o processamento do metal e a transformação do espírito humano. A história acadêmica tende a dispensar a noção da alquimia como uma ciência real, e a matéria recebe pouco estudo sério nos tempos de hoje. Alquimia, da palavra *alkemit* ou *Ala kemit,* significa "luz da terra de kemit" ou "luz da terra negra". A terra do Egito ao longo do Rio de Nilo é rica em platina. Por um processo de fundição, os egípcios conseguiam extrair irídio da platina e, para Wilson, tal elemento assumia importante caráter sagrado nos ritos iniciáticos – permitindo que os adeptos pudessem ver Deus em um arbusto ardente, ou seja, ver através dos véus e realizar jornadas em duplo etéreo. Na Transilvânia, os segredos da alquimia e desses mistérios eram guardados pelas misteriosas "Rainhas Dragão", assim como no Egito – um curioso sacerdócio que se mistura com os dragonistas nesse estranho artigo. Suas origens jazem no imaginário atribuído aos "vigias" e "anjos caídos", para os místicos, e nas estrelas cadentes e meteoritos, para os míticos. Aparentemente, houve um dilúvio universal que teria exterminado tais sacerdotisas ou quem sabe uma raça com sangue de dragão. Mas aquelas que moravam na Transilvânia conseguiram escapar para as regiões que atualmente pertencem ao Iraque e ao Egito, conforme é narrado no próprio mito da criação da Transilvânia. Todo mito de criação tende a ser etnocêntrico e especulativo. Em todo caso, a tradição das Rainhas Dragão existia nas regiões montanhosas da Romênia, na antiga cultura acadiana da Suméria e no começo das dinastias egípcias. David também aponta que o escopo de influência dessas mulheres abrangeu o sul da Europa, o norte da África e porções do Oriente Médio, que possuíam uma cultura única, composta de uma confederação solta de Cidades-Estados. Essa cultura recebeu nomes diferentes por historiadores; pronomes que refletem a influência do deslocamento de poder entre Cidades-Estados mas falham na precisão da apreciação espiritual comum, ligações científicas e culturais que sustentaram o desenvolvimento desta região. As Rainhas Dragão eram responsáveis pela consagração ritual de reis na Bacia Mediterrânea. Elas possuíam templos no atual Iêmen, no oeste da Nigéria e no sul da França. Antigamente um rei não podia reinar a menos que fosse ungido pelas Rainhas Dragão. O processo de unção era feito com uma mistura de gordura de crocodilo e sangue menstrual. As Rainhas Dragão tinham abundância de certos hormônios, que podiam ser usados para abrir o terceiro olho, dando ao rei ungido o dom da clarividência. A habilidade de se produzirem os hormônios necessários era considerada genética, então para ser uma Rainha Dragão era necessário também ser filha de uma Rainha Dragão. Essas mulheres tinham o poder de veto efetivo sobre aquele que iria reinar e, como consequência, a tradição desenvolvida fez com que as Rainhas Dragão se tornassem a primeira esposa do rei e, para proteger sua herança genética, elas se casariam com seus irmãos. Esta é a origem do termo sangue azul. Para manter o terceiro olho aberto, os reis ungidos precisavam ingerir regularmente um ritual preparado de sangue menstrual das Rainhas Dragão, assim eles fariam parte do tribunal real. No Oriente Médio, as Rainhas Dragão viviam em comunidades chamadas Haréns, mas não eram as rameiras descritas na literatura ocidental. A tradição de beber sangue menstrual era chamada "fogo da estrela", e tal cerimônia foi denegrida pela Igreja Católica pelas histórias de vampiros. As Rainhas Dragão não eram mordidas por regentes demoníacos; eles prepararam suas poções com carinho e gostavam de beneficiar a comunidade. Acreditava-se que se o rei estivesse alinhado com seu mais alto *self* como resultado de contato com outras dimensões, ele reinaria em benefício do povo para manter-se alinhado com o plano original da Criação. Em outras palavras, a vida era compreendida feita para o benefício de todos. As Rainhas Dragão também eram as guardiãs do mistério da alquimia. A arte ancestral da alquimia foi tanto usada para transformar o metal quanto como medicina para iniciação. A alquimia é essencialmente o aquecimento da platina para fazer irídio. Na Bíblia o irídio é chamado mana, que significa "o que é?" . O irídio ou mana era ingerido como parte de um processo ritual. O iniciado jejuava por 30 dias e ingeria mana por dez dias. No fim do processo, o iniciado era descrito como aquele que podia ver Deus em um arbusto em chamas. Essa iniciação é descrita no Livro do Gênese, quando Moisés recebe os Dez Mandamentos. O processamento do mana exige fornos que geram grande calor, e as Rainhas Dragão podiam abrir portais interdimensionais para criar uma chama azul usada para fazer o mana. Essa chama tinha um tremendo calor, mas não queimava a carne humana; era chamada de "a chama eterna" e, uma vez acesa, não se apagava. O processo para fazer tal chama é descrito na literatura alquímica como a linguagem dos pássaros. Quando um portal interdimensional é criado relampejará como um *flash* de câmera, e este relampejo é simbolicamente descrito como um espírito de pássaro. As Rainhas Dragão tiveram vários nomes que dependem da cultura e região em que elas estavam operando. Esses nomes incluíam Ísis, Hator, Maria e Sheba.[1] Acredito que tenha existido um Jesus histórico, mas sua vida não possui uma precisão refletida na Bíblia. "Messias" quer dizer o "Ungido", e esta é a palavra hebraica usada para descrever as iniciações das Rainhas Dragão. Na cultura judaica, as Rainhas Dragão eram chamadas de "Maria". Então, Jesus fora iniciado por Maria, sua mãe, e por Maria Madalena, sua irmã e esposa. Se olharmos para as tumbas dos faraós egípcios, notaremos que seus órgãos internos eram colocados em jarros separados. As Rainhas Dragão usavam esses órgãos como parte do processo de unção. A alquimia do "mana" é tal que, se você ingerir um órgão interno de alguém que faleceu, absorverá suas memórias e experiências de vida. Esta era a base para a crença de que os reis eram divinos. Eles literalmente recebiam a experiência coletiva de todos os seus predecessores. Por essa razão, o corpo de um rei ungido era importante para a instalação do próximo rei. Alguns filmes e romances vampirescos até hoje trazem releituras dessa curiosa ideia ligada à antropofagia ritualística de certas culturas – incluindo algumas previamente mencionadas em outras páginas, tais como Schytes e os Getae.

Conforme anunciei é, sem dúvida alguma, um artigo que explora a mitologia e a história de forma audaciosa, embora duvido de que haja acadêmicos dispostos a fundamentá-lo ou oferecer algum detalhamento sobre os muitos tópicos lá presentes. Reproduzi apenas a parte mais convergente para nosso estudo e com o tema deste livro. Mas aqueles que encontrarem o artigo na íntegra observarão apontamentos do autor que demonstram como o Império Romano decidiu criar imperadores sem a dependência das Rainhas Dragão e suas políticas de extermínio ao longo do Crescente Fértil e da região da Galileia, para assegurar que nenhum novo rei ungido

---

1. Como a Rainha de Sabá.

surgisse naquela região. O autor também acredita que o corpo de Jesus foi removido da região e levado para o sul da França, para evitar que este caísse nas mãos romanas – o segredo da atual posse do corpo inclusive é guardado pela família do autor. David Wilson também explica que a história europeia é pautada no conflito entre os que regiam por iniciação obtida com as Rainhas Dragão e aqueles que regiam sob as bênçãos do papa que comandava a nova regra divina – sua aceitação levou um milênio e meio de confrontos e programas de extermínio em massa daqueles que estiveram reunidos com as "Rainhas Dragão". Todas as cruzadas e mesmo a caça inquisitorial às bruxas teriam sido os tentáculos desse plano para assegurar o extermínio de todas as Rainhas Dragão e suas descendências. Mas elas sobreviveram, mesmo que poucas, e seu alcance era longo. Wilson acredita que os Templários e algumas Ordens Monásticas ou de Cavalaria tenham sido criações veladas delas para preservar descendentes e recuperar artigos importantes do seu culto. Gosto de pensar que talvez algumas rainhas, como Eleanor de Aquitânia (velada criadora do romance de cavalaria e por extensão do tantra ocidental incluso nessas obras), tivesse sido uma delas. Bem como muitas outras damas que vestiram o manto azul de Nossa Senhora e foram patronas de muitas dessas ordens; sincretismo é sempre uma ferramenta curiosa ao lançarmos nossos olhares rumo ao passado. Sábias dragonistas, hábeis em sua invisível arte, jamais se deixariam pegar fácil e certamente estariam por detrás dos meandros do poder. O que não me deixa esquecer de Bárbara von Cilli e até mesmo Elizabeth e Zsofia, da Famíla Bathory, ao menos próximo do contexto vampírico que exploramos neste livro. Como atribuir elementos míticos e místicos às chamadas Catedrais Góticas é tema recorrente no ocultismo, o próprio David Wilson aponta que elas foram construídas para guardar os segredos dessa alquimia das Rainhas Dragão e que sua grande Deusa era Ísis, velada nos subsolos como uma Madona Negra, onde povos nômades da Transilvânia secretamente iam rezar em suas rotas de peregrinação pelo mundo. A beleza e a importância do culto das Madonas Negras bem como sua expressão da força maior são exploradas no *blog* Cosmovisão Vampyrica, em, <www.redevamp.com>. Infelizmente, os Templários foram destruídos, como bem sabemos, e seu legado e sabedoria tomados pelos membros ávidos de poder do clero e da monarquia não iniciada nos mistérios das "Rainhas Dragão" e acabaram sendo desvirtuados em muitos lugares. O sacrifício de garotas virgens (e que ainda não houvessem menstruado) e atos de pedofilia acabaram sendo algumas das práticas errôneas e criminosas mais comuns associadas com esse contexto. As acusações de nobres beberem o sangue de terceiros – comum da parte dos protestantes para com algumas famílias no Leste Europeu – podiam ser verdadeiras, talvez fossem apenas propaganda política para intimidar adversários ou, ainda, quem sabe, tentativas posteriores dos descendentes do "Sangue do Dragão" tentando recuperar fundamentos que apenas sentiam o potencial para obter, mas que agora estavam fragmentados ou não acessíveis.

Em todo caso, o artigo de David Wilson se encerra com o autor em tom pesaroso pelo descaso dos administradores do museu criado por seu avô na velha mansão Fenyen em Pasadena, Califórnia, para com a rica história de sua família, que tem no brasão a imagem do Dragão Alado, das antigas Rainhas Dragão. Um fato relevante é que no transcorrer dos séculos tanto a Igreja Católica romana, como a Reforma e o Protestantismo, e mais recentemente o partido comunista fizeram o possível para denegrir e destruir a herança pré-cristã da Transilvânia. Há uma perene influência ou sincronicidade com a cultura dos dragões da Suméria através dos Cárpatos. O próprio David Wilson aponta em uma das postagens do seu *blog* que atualmente existem mais de 26 famílias que carregam o dragão vivendo na região. Vale observar que dragões e povos serpentes intervindo e interagindo com humanos existem em diversas eras e culturas – mais recentemente esses mitos são explicados como os anunnaki e outros alienígenas reptílicos na linguagem moderna – será que eles passaram por Marte antes de chegarem aqui? Particularmente prefiro o tom conotativo dos mitos e ritos mais antigos.

Deixamos assim um contexto no qual o lirismo e a prosa popular imperam. E vamos às origens mais conhecidas da chamada Ordem do Dragão. Estamos no século XV, o ano é 1408, e no começo de dezembro, quando Sigismund de Luxemburgo (que as más línguas diziam ser descendente dos Merovíngios), rei da Hungria e posteriormente (a partir de 1410) o sacro imperador romano-germânico, com sua segunda esposa Barbara von Cilli (ou Celj – invejada e vítima de acusações de feitiçaria e afins) e outros nobres, vem a fundar a Ordem do Dragão (conhecida como Societas Draconistarum, Ordo Drakul, Ordo Draconis, Drachenordern, e ainda outros nomes que aparecerão adiante). Os processos que levaram à escolha do nome da Ordem ainda jazem na obscuridade e na especulação; abordaremos os mais conhecidos e documentados no transcorrer da obra. No entanto, como mencionamos, o cavaleiro e santo sérvio Milo Obilic (um São Jorge Sérvio), logo no começo, não deixaria de ser curioso imaginar se o próprio Stefan Lazarevic não poderia ter sugerido o nome para Sigismund e Barbara, para assim reviverem a sociedade ou ainda serem os herdeiros do seu peculiar legado, se levarmos em conta o folclore e o imaginário dragonista daquelas terras e dos seus povos. Como também observamos a presença da influência dos heréticos bogomilos, poderíamos fantasiar se não existiria alguma "Ordem de Dragovitia", localidade na qual houve interessantes atividades desses heréticos. Até hoje há pesquisadores em geral do Leste Europeu que, ao se referirem à Ordem do Dragão, o fazem com a grafia "Ordem de Dragovitia", o que pode ser apenas um tempero linguístico ou sinal de que algo mais ainda deve aparecer no futuro sobre eles. Claro que tais suposições se enquadram apenas naquilo que é nomeado como superstição ou teoria da conspiração. O papado vem a reconhecer a Ordem em 1411; assim começa um processo de formalização de suas atividades, como a escolha do *motto* "*O Quam Misericors est Deus*", o padroeiro fica sendo São Jorge na imagem de "Matador de Dragão" – e o símbolo passa a ser um dragão recurvado e enforcado na própria cauda, bem como uma cruz igualmente atribuída à de São Jorge sobre o dragão e em outros modelos perfurando o próprio animal heráldico. As interpretações possíveis para este símbolo *Draconis Tortuosis* vão desde o dragão ou uma ameaça derrotada com a força de São Jorge (uma interpretação famosa de sua imagem dizia que o dragão era o imperador pagão Diocleciano), que talvez se referissem aos desafetos e inimigos políticos do casal, até um "Oroboros" alquímico – de um poder maior associado a um ancestral mítico ou à administração da própria têmpera para o bem do coletivo. As hipóteses variam conforme o imaginário de cada um. Particularmente suspeito de que tais associações de tons pagãos ou ocultistas poderiam ser de épocas posteriores quando a Ordem se tornou mais branda para com seus integrantes e suas crenças para prosseguirem as atividades de combate aos invasores. Claro que essa continuidade é considerada controversa, em vista dos tons de clandestinidade assumidos pela Ordem, que logo se tornaria Fraternidade.

A figura de São Jorge e do dragão continua sendo interessante. Nos tempos pré-cristãos o dragão representava força bruta ou de fecundidade e de fertilidade na Europa. A associação diabólica data do século V d.C.; pelo menos nas cidades e nos campos, a boa imagem do Dragão ainda durou um pouco mais, chegando a alcançar o folclore do final da Idade Média. Na imagem do dragão europeu, temos elementos gregos, célticos e de muitos outros povos. Ainda assim não era um inimigo a ser destruído, e sim integrado ao contexto e transformado em força útil ao herói ou à comunidade. A lenda original de São Jorge, famoso por derrotar um dragão, é bizantina e bastante próxima do Leste Europeu, e nela o santo apenas vem a subjugar o dragão e levá-lo calmamente para a cidade. Há outras imagens de santos católicos realizando a proeza de harmonizar a grande fera, direcionando-a para fins mais nobres. Estranhamente, na Romênia renascentista dos tempos de Vlad II e Vlad III, eram tomados como diabólicos. Um deles, "Balaur", vinha de um termo Thraco Daciano ou ainda do termo Zmeu, palavra eslavônica que remetia à antiguidade do mundo dos Thraco e Dacians – que estudamos anteriormente. Era um estandarte de madeira com a cabeça de um lobo entalhado e uma bandeira tremulante ao vento, que ficou conhecida como "Draco" nos tempos romanos. Estranhamente, no folclore romeno, uma serpente pode se tornar um dragão, e isto é mau para as pessoas, segundo o historiador Vasile Parvan. Enfim, no caso do estandarte da Ordem do Dragão, o pobre ser mitológico estava rendido pelo poder de São Jorge ou de São Miguel – ou quem sabe na ausência da valente santidade e sua cavalaria, o dragão fazia o que queria. Talvez aqueles que rendessem sua têmpera descontrolada a São Jorge ou São Miguel pudessem conquistar a vastidão. O que, como já dissemos, era bastante diferente dos brasões sérvios, nos quais o dragão ficava sobre os símbolos das famílias ou católicos. Enfim, temos a lança ou o relâmpago nas mãos do herói, que tomou para si a arma que no passado grego ou babilônico representava o relâmpago – que fertilizava a terra e criava a vida. Para os romenos e húngaros, a lança por ser feita de madeira simbolizava a sagrada árvore que integra os mundos do alto, do meio e das profundezas. É a mesma arma que nos mitos germânicos e nórdicos Odin, ou Wotan, utiliza para se perfurar e morrer ritualisticamente para conquistar as runas (e outros uma linguagem ou alfabeto de poder); também é a mesma arma que xamãs trácios usavam no mesmo processo de se obter o diálogo com a realidade não ordinária – e tornavam-se um ser com um pé neste mundo e outro no além, "um morto-vivo" para alguns. Nas duas variações temos o xamã ou o iniciado que alcança a condição da deidade ou ainda o eleito. No caso do cavaleiro em questão neste trabalho, podemos interpretar como tombou o dragão o ato de beber dos mistérios e provar da fisicalidade das próprias aspirações em harmonia consigo e não mais como a parte ou separado do reino – provar do "Sangue", como dizem na cosmovisão vampyrica contemporânea. Embora não possamos nos esquecer de que a imagem de São Jorge triunfando sobre o dragão também já tenha sido utilizada como forma de mostrar o santo triunfando sobre o imperador Diocleciano (retratado como dragão para afirmar seu reinado pagão); talvez Barbara e Sigismund quisessem retratar politicamente a queda de todas as víboras e traidores em seu meio social.

    Deuses sacrificados são sempre interessantes, assim como seus xamãs e santos que adquirem a atemporalidade graças a eles e, consequentemente, se integram a eles. Mortos-vivos, ou mortos para o mundo, mediando suas "passios" ao melhor sentido platônico, reconhecendo as origens de cada uma delas na *Axis Mundi* e suas afinidades com cada uma; separando o refinado do bruto – despertos da ilusão de estar à parte do todo. Conhecem a linguagem secreta, os sigilos, sussurros, os cantos, as danças e assim dialogam com estranhas runas. Não mais intimidados pelo dragão que guarda o umbral, pois agora são o mesmo ou ainda santificados capazes de direcionar seu poder – ou ainda guiados por algo maior. Lá, bebendo do "Sangue", afinal provaram o mistério, confiando em sua sensorialidade para investigarem as obras daquele olhar que vive atrás do todo e apenas se apresenta como a vastidão do céu ou espaço sideral... no qual o reflexo é nossa mente e o espírito ou inspiração – o olhar que penetra, reflexivo e brilhante como tochas sustentadas em meio à escuridão. Enquanto na Antiguidade é a mulher a senhora do útero, da vida e da morte – perpétua guardiã dos ciclos da terra –, o homem e o masculino são sempre ávidos por ir um pouco mais além no horizonte e assim penetrar mais e mais nos mistérios – como o céu que a tudo recobre... Janus e Jana e outras potências primevas do mediterrâneo.

Embora Vlad II tenha dado uma brecha da Casa Besaarab, cujo epíteto que carregara chamado "Draculesti" apenas significava partidários do dragão, tenha sido o integrante mais famoso da Ordem do Dragão no imaginário ocidental, prefiro conduzir as próximas páginas focalizando na Ordem fundada por Sigismund e sua dama Barbara Celj, bem como em outros "dragonistas" de respeito e os feitos singulares de alguns dos seus descendentes. O próprio Sigismund de Luxemburgo é um personagem interessante nesse contexto, afinal serão as suas ações que levarão à fundação da Ordem, e essas são bem retratadas historicamente. Já nos detivemos analisando algumas fontes de conhecimento relacionadas às vias noturnas e tomadas como lendárias ou folclóricas a respeito dele e da fundação da Ordem. Certamente, ele herdava uma tradição familiar bastante próspera em títulos e riquezas, tanto no capital simbólico como no imaginário atribuído aos seus ancestrais. Não sendo de surpreender que uma das aparições folclóricas mais interessantes da chamada "Melusigne" – uma sereia ou dama-dragão, com formidáveis poderes mágicos e tomada como ancestral mítica dos Lusignam e da linhagem merovíngia – tenha acontecido com um de seus parentes de poucos séculos atrás. Durante altas horas da madrugada, quando escrevia trechos deste texto, cheguei a pensar se, quando se referiram a Barbara von Cilli, a segunda esposa de Sigismund, como "Messalina", não queriam dizer "Melusina"; neste mesmo tom jocoso cogitei escrever um romance ficcional em que Vlad III na realidade seria um filho desse casal que, ao melhor estilo de ciclo arturiano, foi enviado para crescer longe dos pais. Leão vermelho, dragão vermelho – as horas avançadas da noite são musicalizadas por estranhos pássaros. Outro fato interessante sobre o Rei da Hungria que logo se tornaria imperador era documentado por um tal Gaspar Heltai. Ele afirmava que o rei João Hunyadi (um dos mais fiéis aliados do futuro imperador) era filho bastardo de Sigismund. Ele teria se apaixonado por Isabel Marjeana, a mãe de João, quando ela ainda era uma donzela, engravidando-a logo depois da morte traumática de sua primeira esposa. Na manhã seguinte, após deflorar a jovem, presenteou-lhe com um anel jurando tomar conta do filho que nascesse. Após o nascimento, a família viajou até o palácio de Sigismund. Durante a viagem, pararam para descansar. Como o bebê João chorava, Isabel deu-lhe o anel para brincar e acalmá-lo. Nesse momento, um corvo apareceu e roubou o anel.

O irmão de Isabel atirou uma flecha à ave, mas o corvo miraculosamente não morreu e o anel foi recuperado. Ao receber a família na corte, Sigismundo encheu o berço da criança com pedras preciosas. A lenda deve ter algum fundamento verídico, já que seu suposto pai adotivo nunca teve um brasão com ave de rapina, e repentinamente o alterou por alguma razão. A tradição na Valáquia não tem nenhum laço com corvos. A família de Vojk imediatamente recebeu as propriedades de Hunyad/Hunedoara, e sua educação foi financiada pelo rei. Seu irmão também foi batizado como João, sem motivo particular; por isso, João Corvino é às vezes confundido com ele (também chamado *Székely János*, ou *João, o Szekler*), que morreu por volta de 1440. O filho de João, rei Matias, ergueu uma estátua de Sigismund em Visegrád e o considerava seu avô. De maneira interessante, a figura do corvo era associada às lendas que cercavam Barbara von Cilli (Celj) em sua terra natal. Falaremos disso adiante – talvez os Corvinus a vissem como uma avó adotiva e a protegessem.

Por volta do ano 1387, Sigismund foi eleito rei da Hungria por conta de um casamento arranjado com a rainha Maria da Hungria; quando ela morreu grávida em um acidente, em 1395, as coisas não corriam nada bem para ele. Era uma época violenta e Sigismund precisou ser um monarca capaz de responder à altura com crueldade para manter o seu trono. Próximo dali, na Sérvia, o sultão Murad I e o príncipe Lazar digladiavam-se na trágica batalha de Kosovo, história contatada anteriormente. Em seguida, aconteceu a fatídica batalha na fortaleza de Nicópolis, em que mais de 15 mil cruzados morreram por conta de ações incautas dos franceses e do próprio papa Bonifácio IX. Sigismund teve de fugir e chegou a sua terra no meio de diversas revoltas populares. Só conseguiu retomar o controle como Rei da Hungria graças ao apoio militar de Nicolau II Garay e Hermann II de Celje, a partir do ano 1401. Então, veio a batalha de Dobor, o ápice da campanha contra croatas e bósnios – um verdadeiro massacre em todos os sentidos pela posse de diversos territórios importantes. Tamanho massacre no qual, inclusive, centenas de aliados na guerra contra os turcos precisaram ser eliminados por conta das ambições e sedes de conquistas territoriais internas. Também foi a batalha derradeira contra a heresia cristã dos bogomilos (o nome quer dizer os queridos de Deus), particularmente muito interessantes e que influenciaram o território que estudamos a ponto de os mesmos precisarem ser perseguidos e destruídos, em razão da ameaça política que representavam ao governo estabelecido e ao clero. As leis não escritas da afinidade são fascinantes; a crença dos bogomilos recordava a antiga crença eslava, mas adaptada e misturada aos conceitos da nova religião das cidades. Havia influências marcantes do Maniqueísmo, Paulicianos e Órficos – bem como de um dualismo ancestral associado a Zoroastro. Segundo fontes pessoais ligadas a algumas ordens monásticas em atividade na região, tal influência seria expressa no estudo de Cabala Zevariana – Zervan Akarana –, o fundamento mais antigo, que data do tempo não criado e de uma deidade que a tudo animava e outras duas que representavam a dualidade em eterno confronto, do qual nascia toda a vida. A busca pelo tempo não criado e pela força que a tudo vivificava conduzia os devotos a uma postura cultivada de ascetismo e algum pessimismo ou prudência para compreender o fluir da vida em sua totalidade – talvez um tom saturnino esteja aí evidenciado, também compartilhado por clérigos passionistas italianos posteriormente.

Segundo a crença dos bogomilos em linhas simplistas, o Deus que criou o espírito não era o Deus que criou a matéria. Assim, rejeitavam a utilização de relíquias e também a eucaristia; igualmente acreditavam que Jesus só parecia humano, mas não o era na realidade, e tinham ideais voltados para o social. A deidade criadora dos sete céus e do firmamento (Deus ou quem sabe sua face como Arcanjo Michael) deixou a criação do mundo material para sua sombra ou primeiro filho – conhecido como "Satanael" e retratado algumas vezes como um dragão vermelho, o que é bastante evocativo. Ele era nomeado nos cultos como o "Tsar" da Terra, e "Deus" era o "Tsar" nos Céus. No papel da "sombra", ele usurpava o papel do seu pai, testava a maestria e extensão de seus poderes, e criava e reinava sobre tudo aquilo que existia abaixo dos céus, e isso quer dizer tudo mesmo – tudo que há de bom ou de ruim, de oportuno e convergente, bem como o seu oposto. E os relatos o associam com a imagem de um *trickster* e dotado de algum peculiar senso de bom humor. Ele não era exatamente o que podemos classificar de demônio em qualquer sentido abraâmico. Ainda assim, ele reinava sobre tudo aquilo que era material, de tendência pulsional e temporal; por sua vez "Deus" reinava sobre a alma, os sete céus, o atemporal, o etéreo e o imaterial, e era interessante observar que um não tinha poder sobre o território do outro. Talvez as contendas mais graves entre ambos fossem por conta de os humanos atribuírem a eles responsabilidades ou papéis estruturantes ou desestruturantes quando escolhiam o temporal em vez do atemporal. Ele não caiu sozinho na terra, muitos outros vieram com eles; e, nesse ponto, fossem como dragões ou anjos caídos, tanto nos Bálcãs quanto na Armênia, a lenda dos "vigias" que se apaixonaram pelas filhas do homem ou ainda pela beleza do mundo é a mesma – dizem que eles caíram em árvores, lagos, rios, cavernas, no alto das montanhas e nos poços de água. Alguns vieram a se tornar os ancestrais de algumas famílias e passavam de um descendente para outro, o que lembra o *Daemon* dos gregos em alguns aspectos, e permitiam que esse fosse um "eleito" ou dotado de "dons" especiais. O "Tsar" da terra tinha uma esposa que era a "Mãe das Florestas". Diziam que ela se dividia em dois aspectos e seu nome era Maria ou Mara (aspectos de Binah). Como temos um fundo judaico-cristão, não fica difícil pensarmos em uma face como "Eva" ou "Maria" e a outra negra como "Lilith" ou "Maria Madalena" – enfim, novas máscaras para deidades mais antigas da região. A grande avó, como também era conhecida, era a primeira mulher que morreu; foi enterrada na floresta e adentrou ao submundo, tornando-se rainha de um conjunto de ancestrais maternas que guiam seus descendentes, elegem e testam seus aprendizes pelo sangue antes de lhes ensinarem seus segredos. Creio que aqui encontramos as Rainhas Dragão de forma mais consistente e histórica. Uma dinastia espiritual, penso, mas que pode ser localizada regional e temporalmente em certos casos. Há lugares em que seus poderes ressoam com maior intensidade do que outros e espelham sua beleza certamente emanada por Vênus. O próprio Ristic conta que algumas dessas deidades que caíram nos rios lembravam muito a imagem das sereias, enquanto outras nas árvores ou outros lugares recordavam lampejos luminosos e faiscantes, o que certamente nos remete até mesmo a algumas aparições nas primeiras páginas do romance *Drácula*. Os bogomilos não tinham melindres, recalques ou entraves em reconhecer Satanael como o reflexo de Deus na Terra, a própria sombra ou reflexo sublime do Criador e de toda sua criação também na matéria. O que lhes permitia alcançar serenidade no espírito e uma vivência sensorial da sabedoria perene em toda parte. Assim, as palavras daquele amigo sobre as duas faces da mesma moeda ganham ainda mais expressão e beleza.

Um tanto quanto ontológicos em sua anarquia, os bogomilos não tinham uma hierarquia como a da Igreja; sua organização lembrava a estrutura tribal comum dos Bálcãs e principalmente dos eslavos. Cada comunidade elegia o seu "ancião" – função parecida com aquela que era ocupada pelo "Zupan" das antigas tribos. Nesse modelo tribal, quando muitas províncias se reuniam, elegiam um "Grand Zupan", uma figura como um arquiduque, por exemplo. E, quando se agregavam em uma quantidade ainda maior de comunidades, vinham a eleger um Tsar. Com os bogomilos não foi muito diferente: ao elegerem seu "Tsar", ele seria como um "perfeito" ou como se integrasse aos 12 apóstolos. A ele se referiam como "Sal da Terra". Também elegiam mulheres para esse mesmo posto, as quais eram chamadas de "Tsarina" ou "Lírios dos Campos", e seu Tsar era a Luz do Mundo. Dessa forma, os bogomilos foram uma heresia gnóstica que se misturou de forma indelével ao *éthos* dos Bálcãs e, por fim, influenciaram até mesmo a bruxaria regional de lá. O deus "Veles" era claramente reconhecido como o "Tsar" da terra em seu imaginário; as cortes dos seus adoradores representavam o papel da "Tsarina" e tinham seus "reis e rainhas bruxos" ou "perfeitos". O grande dragão vermelho bíblico e o do livro de Enoch eram os mesmos, e este era o próprio Veles em águas abissais nas raízes da árvore do mundo – e seus devotos eram aqueles que portavam o Sangue do Dragão, ativado e mediado pelos ancestrais guiados pela "Tsarina" da terra, nos seus dois aspectos citados.

Nada existe isolado no mundo, o culto dos bogomilos espelhava ou refletia visões muito mais antigas daquelas bandas. Enquanto no Zoroastrismo mais conhecido há o culto de Ahura Mazda, o bem e os princípios da luz e criadores do mundo e da vida, temos seu acusador e desafiador na figura de Angra Mainyu, que representa a polaridade oposta – mas ambos são forças gêmeas ou faces da mesma moeda, como já dizia um grande amigo. Eu postularia então um terceiro aspecto que seria a totalidade e a matéria da tal moeda; talvez por conta da minha carreira como tarólogo, isso seja influência de uma carta que mostra a Roda da Fortuna, de um tarô de temática egípcia com Horus e Seth a brigarem nas quinas da roda, e um deus ancestral com cara de carneiro mais à frente representando o que anima a tudo, incluindo os dois. São os humanos que perdem a perspectiva do eixo, de mediarem seus atos e da atemporalidade. Entre os maniqueístas, temos o mito dos dois reinos, o da luz e o da escuridão, a disputarem seus domínios, e de sua mistura vêm o mundo e a humanidade, com a evidenciação de que a escuridão ou a polaridade desafiadora não é derrotada por meio da punição, e sim da gentileza. Nos mistérios órficos e também nos mistérios de Dionísio, temos a deidade que é filha do céu e das profundezas da terra, que morre devorada por deuses ancestrais e vem a nascer novamente – representando o espírito como a raiz que rege a matéria. Quem busca pela grandeza do pensamento e do desenvolvimento de um bom caráter por um bem coletivo é testado e abençoado por tais potências para desenvolver com transparência aquilo que sente que deve ser feito. Quem busca apenas satisfação imediata, superficialidade, presunção e age baseado no temporal, apenas empilha castelos de cartas que desmoronam; assim vem a ser com quem prefere a ilusão de se ver como a parte ou excluído ou, além de todo e qualquer bom senso, acaba sendo tombado pelas próprias consequências dos atos e daquilo que atrai para si – a tal da *hybris*. As duas vias são opções e escolhas que fazemos no eterno presente da vida, que apenas pede para ser vivida – cultivando empatia, gentileza, autenticidade e reciprocidade.

Entre os ancestrais dos eslavos, o jogo de polaridades era conduzido pelos embates antagonistas entre os deuses Perún (que regia sobre o trovão e nas montanhas elevadas com um cajado ou lança que representava o raio ou o domínio e capacidade de fixação) e Veles. Para este contexto, Veles ou Volos era retratado muitas vezes como um dragão ou serpente e, ainda, regente de todos os animais com chifres; residia próximo dos rios subterrâneos. Lobos e ursos que representavam o limiar do mundo civilizado, a descida ao submundo xamânico, os ritos de passagem e a alteridade, assim como o estado alterado de consciência, também eram regidos por esse senhor da escuridão. O que invariavelmente nos remete a ritos baseados em processo extático, como Berserkers, Ulfheadjars e outros mais que nomeiam diversos "tipos de vampiros" e inspiram e influenciam a imagem do vampiro contemporâneo. Ainda falando sobre Veles, certas noites ele andava trajado de negro sobre a terra, montando um búfalo escuro como a noite e acompanhado por lobos que eram as almas dos ancestrais de algumas regiões. Interessantemente, o rei Vladimir I de Kiev (que também reinava na cidade de Novgorod, o mesmo envolvido com a polêmica questão da palavra "Uppyr" em seu Livro dos Salmos) tem mais uma história curiosa associada ao contexto que desvelamos nestas páginas. Ele colocou a imagem de Veles na encruzilhada da praça do mercado popular de sua cidade, enquanto Perún e os outros deuses moravam no templo que ficava no alto das colinas perto de seu palácio – sobre isso não mais falarei, pois é um mistério de rara beleza e vem coroar um fundamento muito relevante do próprio Círculo Strigoi, mas observo que ter Veles nas encruzilhadas já é interessante e se torna mais peculiar justamente se posicionado na encruzilhada da praça do mercado. Sobre os lobos, considero interessante e pertinente a profunda relação entre esses animais e os seres humanos tanto na Germânia como no Leste Europeu. Havendo até mesmo relatos e representações no Leste Europeu e nos Bálcãs de Lykokentauros, seres meio homem e meio lobo, diferentemente de seus primos mitológicos gregos que eram meio homem e meio cavalo. Representações como essas surgem nas antigas culturas como maneira de informar a perfeita sincronia, soma de atributos e veneração a alguns homens e mulheres que podiam viver em comunhão com esses animais – o que acabava sempre sendo expresso na forma de mitos que explicassem a existência desses ritos em cavernas ou no interior das florestas aos não iniciados. Ao longo do Leste Europeu, podemos perceber claramente que não apenas do saber extático das ervas, da agricultura e das pedras viviam esses antigos cultos da fertilidade. O contato com a imprevisibilidade e a rápida adaptação a condições adversas no viver junto aos animais eram caracteres predominantes na sobrevivência. Nos séculos XVI e XVII, os inquisidores acolheram relatos na região da Livônia sobre pessoas que ainda acreditavam em alguns mitos diluídos e descaracterizados relacionáveis aos antigos ritos de fertilidade da terra. Então, ouviram falar de lobisomens livônios que se afirmavam como cães de Deus e outras variações destinadas a caçar feiticeiros e bruxas e expulsá-los de suas terras. Vemos o uso do lobo e mesmo do homem-lobo como uma carranca, algo assustador para intimidar os inimigos de alguma forma – apesar da discrepância aos olhos dos cultos, para o povão essa era uma imagem de um guardião que inspirava sentido e direção. Se voltarmos para o período entre 1397 e 1408, dentro de uma visão bastante romanceada, por que não usar um símbolo como o dragão que gerasse medo e terror a favor de uma causa política de defender a Europa contra uma invasão estrangeira e de uma fé muçulmana? Independentemente de valores ou simbolismos místicos, dragões à frente de estandartes militares e em brasões de alguns reinos nunca foram novidade no continente europeu e, menos ainda, entre os antigos povos já citados neste capítulo. Vide o exemplo dos dácios da Romênia. Eles, aliás, já usavam em seu estandarte a cabeça do lobo e o corpo da serpente – isso sem entrarmos nos aspectos de seus cultos de fertilidade, segundo os quais tanto as vertentes de combate e de guerra como as que combatiam em outros planos tinham profunda conexão com os lobos, sendo posteriormente associados aos mitos dos Vrykloacas. Berserkers não eram Vrykloacas, nem vice-versa é válido. Entretanto, ambos compartilhavam de elementos comuns, como o estado de êxtase e a representação da fusão humana com a de um animal presente nos elementos xamânicos europeus. O que não seria o dragão senão a junção máxima e o totem mais elevado de um oculto poder que se levanta para ser dirigido contra aquilo que o ameaça? Ou como potente montaria para alçar reinos mais elevados ou ainda roer estruturas para que tombem e o novo possa vir daí... Os embates entre Perún e Veles se davam nas tempestades. Perún era o trovão e os ventos, e Veles, as nuvens de tempestade imaginadas como dragões em muitas localidades eslavas. Os confrontos se findavam em chuvas que devolviam a fertilidade para a terra. Tal história retratava as mudanças das estações. A cosmovisão eslava mostrava ambos em pontos opostos de uma mesma árvore do mundo cujos galhos tocavam os céus e as raízes, as profundezas. Creio que leitores e leitoras mais habilidosos uma vez mais encontraram aqui a imagem do cavaleiro confrontando o dragão – e desse embate conquistado pela habilidade, o nascimento do "Sangue", ou vida. Recursos gráficos e habilidosos permitem simplificar toda essa imagem por uma cruz de São Jorge sobre o dragão ou algumas outras pequenas variações.

O que nos leva ao final do ano 1408, quando Sigismund se casa com Barbara von Cilli (ou Celj), filha de seu aliado Herman II, o que viria a cristalizar e fundamentar de uma vez por todas a aliança política e militar de ambos. E nesse momento temos a fundação da Ordem do Dragão propriamente dita, ao menos de forma mais historicamente comprovada e pertinente. Os principais aliados e amigos do imperador Sigismund foram Stibor de Stiboricz e certamente os exércitos de Garai e de Stibor, que lhe salvaram de diversas enrascadas. A vanguarda da primeira formação da Ordem do Dragão contava com um número que oscila de 22 a 24 fundadores – mas certamente um deles era a dama Barbara von Cilli –, todos nobres barões, sacerdotes e líderes dos reinos mais próximos e das famílias mais poderosas e aliadas. Todos jurados ao dragão submetido pela cruz de São

Jorge ao rei e à rainha. Entre eles, teremos Stefan Lazarevici da Sérvia (falamos dele alguns parágrafos atrás); Nicolae de Gara, príncipe húngaro; Stibor de Stibericz, príncipe da Transylvania (senhor de diversas fortalezas ao longo do rio e diplomata habilidoso); e Pipo de Ozora, líder de Severin, os quais foram alguns dos que mais se destacaram a serviço do imperador nessa época da Ordem. Dentre conquistas notáveis teremos as exportações comerciais entre os reinos e seus regentes, a abolição de impostos por importação, regularização de pesos e medidas nas transações comerciais dos países integrantes. Também existiam as embaixadas e escritórios, bem como fóruns da própria Ordem para os membros em cada locação que visitassem – certamente havia toda uma formalidade e uma ritualística própria dos integrantes entre si e para com os locais dos encontros. Tudo isso se estrutura ou se alinha por descendência, criatividade ou inspiração; é tentador imaginar tais encontros e seus lugares sagrados – bem como a simbologia envolvida. Certamente haveria profunda inspiração nos ritos monásticos, ao menos naquilo que poderia aparecer aos membros dos graus mais novos e menos compromissados. Talvez lembrasse as primeiras Lojas Maçônicas que foram amparadas por algumas ordens monásticas. Claro que o imaginário evocado pelos termos "dragão" e "vampiro" em um livro deste contexto certamente nos leva a especular se algo dos antigos ritos baseados em processo extático e na chamada caçada selvagem também se fazia presente. E não seria de mau tom pensarmos que eram tempos de guerra contra um inimigo poderoso; sendo assim, jornadas do espírito, criação de novos armamentos, de produtos químicos, de códigos e criptografias, estudos de condições astrológicas apropriadas não seriam de tudo inconcebíveis. A utilização de tais feitos como forma de intimidar e inspirar medo no coração do inimigo também era uma arma comum desse momento. Tribunais secretos espalhados nos recônditos mais distantes para vigiar e punir quem se desviasse do caminho são apenas especulações pautadas em outros agrupamentos existentes naquele período.

Outros integrantes atribuídos à primeira formação da Ordem foram: Stephanus despoth, dominus Rasciae, item Hermannus comes Cily et Zagoriae; comes Fredericus, filius eiusdem; Joannes filius Henrici de Thamassy et Jacobus Laczk de Zantho, vaiuodae Transyluani; Joannes de Maroth Machouiensis; Pipo de Ozora Zewreniensis, bani; Nicolaus de Zeech, magister tauernicorum regalium; comes Karolus de Corbauia, supremus thesaurarius regius; Symon filius condam Konye bani de Zecheen, janitorum; comes Joannes de Corbauia, dapiferorum; Joannes filius Georgii de Alsaan, pincernarum; Petrus Cheh de Lewa, aganzonum regalium magistri; Nicolaus de Chak, alias vaiuoda Transyluanus; Paulus Byssenus, alter Paulus de Peth, pridem Dalmatiae, Croatiae et totius Sclauoniae, regnorum bani; Michael, filius Salamonis de Nadasd, comes siculorum regalium; Petrus de Peren, alias siculorum nunc vero maramorossensis comes; Emericus de eadem Pern, secretarius cancellarius regius et Joannes filius condam domini Nicolai de Gara palatini. Dispor todos os brasões destes nobres em círculo e observar as associações intuitivas evocadas pelos símbolos ali desenhados revela-se uma interessante vivência para os mais aptos. Segundo o artigo "From the Order of the Dragon to Dracula", de Constantin Rezachevici, veremos que este primeiro núcleo formaria o Grau Superior da Ordem depois de algumas décadas – sendo o seu símbolo o mais conhecido: o dragão enforcado na própria cauda com a cruz de São Jorge sobre ele, inclusive este mesmo *signum draconis* adornará os brasões de diversas famílias da região entre os séculos XV e XVII que estiveram ligadas a esta primeira e às formações posteriores. Mas, curiosamente, não adornará o brasão de Vlad III, ou Vlad Tepes se você preferir, nem dos seus descendentes.*

Foram aceitos aliados na Ordem do Dragão que não precisaram fazer o juramento de eterna lealdade a Sigismund e Barbara, entre eles teremos: Vladislav Jagiello, rei da Polônia; Vitautas (Witold), duque da Lituânia; rei Henry V da Inglaterra; membros de diversas famílias italianas, tais como Carrara e Della Scala; e os líderes de Veneza, Pádua e Verona. Durante a regência do seu fundador, foi a mais famosa e prestigiada Ordem de Cavalaria da Hungria. Também foi a inspiração da Ordem espanhola de Calatrava. Ainda segundo Rezachevici, no ano 1418 o *signum draconis* recebeu alguns desenvolvimentos posteriores até 1431 na sua forma; uma das versões incluiu nos braços da cruz os dizeres *"O quam misericors est Deus"* (vertical) e *"Justus et paciens"* (horizontal), e tais variações provavelmente designavam graus hierárquicos da Ordem do Dragão. Por volta de 1432, podemos ver retratos dos integrantes com o novo *signum draconis*. Outras variações incluíam a cruz da Hungria. Houve ainda um que tinha apenas o próprio dragão mordendo a cauda – talvez pertencente aos membros da geração posterior e não iniciados no Grau interno. Mas é um fato que havia diversas famílias de sangue nobre da Hungria e arredores, tais como Bathory, Bocskai, Bethlen, Szathmáry e Rákóczi. Os Bathory são mais conhecidos por conta da jovem Erzebeeth, ou Elizabeth, mulher de grande poder político, cultura erudita e envolvida com ocultismo, hermetismo e bruxaria regional. A história a conhece por seus banhos com o sangue de virgens sacrificadas e a crueldade hedonista associada à sua imagem. No entanto, os Bathory foram uma dinastia poderosa e bastante próspera, cujo brasão carregava a marca dos lobos – e alguns especulam se ali havia o encontro entre o dragão totêmico e os lobos dos antigos moradores das montanhas. Já a dinastia Rákóczi inicialmente é menos popular entre os fãs brasileiros de prosa vampírica (embora leitores de romances importados de P. N. Elrond já antevejam

---

*N.E.: Ver *blog* Cosmovisão Vampyrica em <www.redevamp.com>.

o que irei dizer), no entanto, seu mais famoso membro era o alquimista e espião político Giorge Rákóczi, mais conhecido como conde de Saint German (não confundir com o segundo conde que foi Claude Louis Robert). Gyorgi, dotado do sangue dos implacáveis guerreiros magyares e de esmerada educação política, também foi um gênio na música e afiado na escrita de cartas e de um extenso diário, mas que não escreveu nenhum livro que tenha se tornado público. Dessa forma, obras como *A Santíssima Trinosofia* foram elaboradas por seus discípulos. Ele foi aparentado de Szofia Bathory (conhecida por reafirmar a fé ortodoxa e perseguir protestantes em seu território) e de Erzebeeth ou Elizabeth Bathory – que não foi a vampira sanguinária matadora de virgens tão popularizada por seus inimigos políticos, principalmente os protestantes. Dizem que Gyorgi sofreu de hemadritose (suor de sangue) e que em suas últimas anotações a respeito de um poderoso sigilo indagou que a resposta estava no sangue. Mas agora deixemos este breve avanço de alguns séculos para retornarmos aos primeiros anos da Ordem do Dragão de Sigismund e Barbara.

Barbara von Cilli (ou Celj), a segunda esposa de Sigismund, é uma das personagens mais interessantes desse momento formativo da Ordem do Dragão. Tendo se casado com cerca de 14 ou 16 anos, era uma linda mulher de cabelos negros e enérgica em suas atitudes, ambiciosa e com um pequeno dedo para intrigas, tanto que se casou com um homem bem mais velho – e fundou uma Ordem que ao menos publicamente pretendia varrer todos os turco-otomanos do seu território. Atraída pelo ocultismo e a alquimia, as más línguas diziam que bebia sangue humano na comunhão – acusação comum para a nobreza da região. Enfim, viveu boa parte de sua vida na Hungria, Eslovênia e na cidadezinha de Krapina – bem como em Medverdgrad. Talvez a história mais aterrorizante que tenha presenciado foi quando seu irmão Frederic II foi acusado de matar a mulher Elizabeth de Francopan para fugir com Veronika de Desenice, filha de um nobre menor da croata. O poderoso Herman II, pai de Barbara e de Frederic, capturou seu filho e o aprisionou na torre do castelo, sem portas ou janelas, apenas com uma entrada para lhe passarem água e comida. A jovem Veronika foi acusada de bruxaria, mas não foi constatado o crime. O que a levou à ordália do afogamento e ter seu corpo emparedado nas muralhas de um castelo próximo. Quando Frederic foi libertado depois de quatro anos, faleceu logo. Seu filho Ulric II (do primeiro casamento) sucedeu o conde Herman II, mas foi o último Cilli, e a linhagem dessa dinastia encerrou-se com ele. Há quem diga que foi uma maldição do espírito de Veronika.

Uma mulher à frente do seu tempo, inicialmente em razão de seus biógrafos sempre mencionarem seu interesse e posicionamento político nos assuntos de Estado e também por conta da sua avidez e sabedoria nos campos associados ao oculto – que bem podiam versar sobre astrologia, hermetismo, como talvez pudessem explorar bruxaria e mesmo o vampirismo, até mesmo porque sua família vinha da Styria, uma terra bastante marcada pelos relatos de feitiçaria e de vampiros. O pai de Barbara é uma figura particularmente curiosa e *underground* no ocultismo. No livro *Pour la Roserouge et la Croix d'Or*, de J. P. Giudicelli, vemos um relato sobre o poderoso "corpo de glória" ou quem sabe "duplo-etéreo" (Nosferatu ou Dragão, em termos mais contemporâneos) de Herman. Se os filhos herdam os pecados dos pais, a história de Barbara fica ainda mais interessante. Até mesmo por conta do folclore e das crenças do Leste Europeu, e até quem sabe em razão da própria região na qual nasceu e cresceu – onde era apelidada de "Rainha Negra" –, seria uma "Rainha Dragão"? Algumas lendas surgidas depois de sua morte atestam que sim. Diziam que ela andava com um corvo e trajava-se sempre de negro em seus passeios. Quando furiosa, o corvo atacava impiedosamente seus oponentes. Há quem diga que isso seria uma alusão à casa Corvinus do rei Mathias, que tinha um corvo no brasão. Assim como outras mulheres de grande poder e expressão naquele tempo, foi acusada de promiscuidade e de jogar seus amantes do alto da torre de um castelo – o que aparentemente deve ter sido obra dos cronistas dos Hapsburg para desmoralizar sua pessoa posteriormente, assim como fizeram com Vlad Tepes e a família Bathory. Outra tortura atribuída à jovem Rainha Negra era aprisionar seus inimigos em pequenos espaços isolados com um javali para uma contenda até a morte. Talvez isso também fosse alusão ao javali de Ardene dos parentes do seu marido. Também foi acusada de pactuar com o Diabo (ou seria o Dragão), para salvar sua terra dos turcos, e depois ter se arrependido e tentado ludibriar o Diabo com uma oferta de 12 baldes de ouro, mas acabou dando errado e sua alma prosseguiu condenada. Contam que até hoje tal ouro permanece escondido e que ela se transformou, depois de morta, em uma pavorosa rainha-serpente (Dragão) e vive a guardar todo esse ouro no subterrâneo em alguma caverna ou passagem secreta. Sempre haverá histórias de alguém que conseguiu vencer tal Rainha Dragão – mas que ficou com medo de levar o ouro amaldiçoado. Há quem diga que tal esconderijo seja uma torre ao sul do reino, onde muitos aventureiros corajosos tentaram, mas sem sucesso. Não deixo de pensar em Melusigne, Lamia e muitas outras já previamente mencionadas neste texto – e mesmo na senhora da montanha, tão citada por Karl Kereny em Dionísio. Como não poderia deixar de ser, nos tempos de hoje a Rainha Negra é uma personagem popular com direito a apresentações locais e muitas surpresas para turistas – bem como inspiração para góticas e roqueiras na criação de seus visuais –, existindo muitas histórias que talvez a tenham associado com alguma fada ou deusa saturnina da região.

No livro *A Magia Sagrada de Abramelim*, vemos o seu autor, Abraham, um aprendiz do tal Abramelim, contar que existe uma poderosa magia capaz de reviver uma pessoa morta e que jamais deveria ser usada de maneira frívola. E que a mesma foi apenas utilizada duas vezes em toda sua vida: uma, para o duque da Saxônia e outra, por uma mulher que era amada pelo imperador Sigismund, o que leva a concluirmos que foi Barbara von Cilli. Muitos séculos depois, uma cópia manuscrita desse livro foi encontrada na Bibliotheque de l'Arsenal, em Paris. Dizem que era uma cópia de outro manuscrito mais antigo achado na Biblioteca Marciana de Veneza. Atribuem a autoria ao cabalista Eléazar Ben Judah de Worms, que teria vivido entre 1165 e 1230. Conforme mencionamos, o próprio Abraham confessa ter restaurado o semblante da vida em uma dama muito amada pelo imperador Sigismund. A proposição de que a dama era Barbara von Cilli foi de Robert Amberlain, na segunda metade do século XX – diziam que ela teria morrido em Graz, na Styria (sua terra natal), em 1451. O autor rapidamente cruza informações para associar Barbara Cilli à personagem Carmilla do romance de Sheridan Le Fanu, pelo fato de a princesa ter morrido na cidade de Gratz, na Estíria, onde o romance foi ambientado. Seu sepultamento teria ocorrido no castelo dos Herdödy, na cidade de Varazdin, no limite dos Cárpatos, na atual Iugoslávia. Claro que o castelo tem lendas de um cadáver enterrado lá no século XIII, o qual age como um morto-vivo e volta do além em períodos espaçados para captar energia dos vivos – o seu túmulo, assim como o de Barbara, não foi localizado. É bem provável que esta tenha sido a que inspirou a criação do romance *Carmilla,* de Sheridan Le Fanu – que em 2012 contou com um evento cujo nome homenageava o romance, organizado por mim e pela amada srta. Xendra em São Paulo. O autor Jean Paul Bourre, em sua obra *Le Culte du Vampire au Joud'hul*, apresenta um capítulo chamado "Le valee des Imortel" e descreve uma cerimônia necromântica que contou com a aparição de Barbara von Cilli como morta-viva. Deixando a polêmica de lado, as fontes concordam que ela nasceu por volta de 1390 e dizem que ela não morreu em Graz (como Robert Amberlain pensava!), e sim em Melnik, na Bohemia, no dia 11 de julho de 1451. Há quem creia que Amberlain se referia à "primeira morte" de Barbara – tal data coincide com a do livro de Abramelim. Ainda assim, a parte intrigante é que Barbara não teria morrido até 1451. Sabemos que o imperador morreu em 1437; isto implicaria que a cerimônia necromântica de Abraham tivesse acontecido antes daquele ano – supondo que as datas estejam corretas. E que tal livro não seja uma farsa de Mathers. Barbara teria vivido pelo menos mais uma década e meia (14 anos) depois de sua primeira morte. Muitas vezes uma iniciação é tomada como uma morte e renascimento – o que poderia ser uma hipótese, dados os enlaces da grande dama com o oculto e a magia.

Enfim, Abraham alegava ter devolvido a uma jovem o semblante da vida. Na obra italiana *Cercando Carmilla: la Leggenda della Donna Vampira*, temos um estudo extenso sobre a vida de Barbara, pelo autor Franco Pezzini. Na versão definitiva de Abramelim, chamada *Bucj Abrameli,* publicada em 2001 pela Edições Araki em Leipzig, o editor George Dhen comparou todas as versões dos manuscritos de Abramelim que podia encontrar e apresentou que provavelmente Sigismund e Abraham se conheceram, bem como que o segundo foi recompensado por serviços especiais prestados ao imperador. Curiosamente, a própria Barbara era chamada de "Crna Kralijica", "A Rainha Negra", em sua terra natal no condado dos Cilli, por conta de ter fama de alquimista e feiticeira – e principalmente por adorar vestir-se de preto –, uma bela mulher de negros cabelos e pele alva. "Era uma vez uma mulher de beleza encantadora, mas com o coração frio e cruel. Seu nome foi mencionado em um sussurro e suas obras têm causado arrepio, como dizem por lá."

O autor Peter Haining, no livro *The Dracula Centenary Book*, menciona que na região montanhosa da Styria viveu Barbara von Cilli, uma linda mulher amada por Sigismund da Hungria, que certa vez foi salva da morte aparentemente graças a um ritual secreto desempenhado pelo mago Abramelim, mas o resultado a condenou para sempre. Teria sido ela a inspiração para a história da vampira Carmilla, de Sheridan Le Fanu, publicada em 1872. Eu discordo desta alegação. Da minha parte, sinto que sua principal inspiração na elaboração da personagem foi a poesia "Christabel" de Samuel Taylor Coleridge. Personagens marcantes que venham a dominar toda uma obra literária como *Carmilla*, de Fanu, ou *Geraldine,* de Coleridge dispensam antecedentes históricos reais ou criados em cima de boatos e acusações de cronistas católicos e superstições locais. Esses elementos podem servir como *marketing* ou forma de instigar o leitor a apreciar uma nova obra ou mesmo um novo autor – o apelo de história real sempre foi marcante na imprensa e no meio literário desde que foi criado por Gutenberg. Em maior ou menor grau, tanto Geraldine de Coleridge quanto Carmila de Fanu eram mulheres vampiras que representavam os aspectos incontroláveis, inquantificáveis, amorais, voluptuosos e normalmente negligenciados nas obras menos picantes. Ambas eram personagens incapazes de ser contidos ou refreados pelo moralismo católico, pois representavam justamente aquilo que existia além dos seus limites, valores e idealizações. Era o terror ancestral do pagão e do selvagem, parte integrante da natureza mascarada e escondida do mundo estático e imutável daquele tempo. Quando expresso nas artes, era apenas para servir como elemento a ser controlado, destruído, e o encontro e sua destruição pelo poder da cruz não passam de anedota ou historieta moralizante. Porém, no caso dessas duas vampiras, em suas respectivas obras, essa mecânica falhou e tivemos algumas das maiores obras da literatura de temática vampírica de todos os tempos. Mesmo que o pobre Coleridge tenha se arrependido de criar sua Geraldine.

A vampira Geraldine de Christabel "representa a energia bárbara da matéria, a ondulante espiral de nascimento e morte. Qual a reação adequada a essa alucinação estática? Nenhuma. O personagem e até mesmo o autor estão cercados. A grandeza de Christabel vem de seu lúgubre pictorialismo pagão. É uma epifania do mal. A mãe natureza retorna para retomar o que perdeu. Christabel é um argumento cinematográfico daimônico, um roteiro para um retorno apocalíptico. Vejam a estrela: a vampira lésbica Geraldine é o ctônio redespertado de sua cova terrena. Longe de provar a fé cristã, abole o Cristianismo e devolve a psique a um mundo primitivo de malignas presenças-espírito. Geraldine é uma mascarada mãe natureza usando disfarce de beleza para ocultar sua crônica brutalidade. O poema, em sua bela inspiração original, apresenta uma Geraldine que jamais hesita, que não pode hesitar, que é implacável", conforme aponta Camile Paglia em sua obra *Personas Sexuais*.

É um personagem andrógino de poder esmagador. Seu olhar é fálico, penetra, prega. Sua altura é soberba. Olhar feminino ameaçador que significa a onipotência de uma natureza procriadora. Olhar tal qual o da górgona grega que silencia e transforma em pedra. As presas nos dentes e as serpentes nos cabelos eram apenas distrações. O foco principal estava no olhar que fascina – encanta, atrai, enfeitiça, do *fascinare* latino. Em grego era *baskainein*, "usar más palavras", envolvia falar e dizer as palavras junto ao olhar... Geraldine era uma vampira lésbica de intensa beleza e implacavelmente masculina que fascina, captura e possui sua vítima Christabel. Geraldine é uma máscara severa da mãe natureza a despertar uma jovem para a vida adulta, confrontando-a como uma esfinge ou estranguladora. Traz a visão e rouba a fala. É a própria morte da idealização e o momento avassalador da transição da inocência para a vida adulta. É o puro *id* primevo, um ritual completo de morte/renascimento em si. Simbolicamente, uma iniciação para a vida adulta e seus mistérios – distantes do moralismo ou do mundo artificial e mecanicista. Camile Paglia denomina os recursos literários utilizados para descrever Geraldine como "psicoiconismo: governa literalmente obras cuja inspiração básica é uma *persona* experimental, carismática, que aparece epifanicamente, em icônica frontalidade. Investe-se a figura de tanto poder psíquico que os outros personagens perdem energia ficcional e fundem-se no pano de fundo. *Sir Leoline*, por exemplo, é apenas um esboço, parte do cenário. O psicoiconismo assemelha-se ao método de gravar da arte mural egípcia, na qual a figura hierárquica central é três vezes maior que os inferiores mortais. O psicoiconismo é produzido pela obsessiva ritualização da personalidade do Ocidente. A escala de sua representação apresenta uma espantosa desproporção em relação à das personagens à sua volta, com as quais sua interação dramática é desajeitada e truncada. O psicoiconismo explica a desigualdade entre Rosalinda e seus admiradores em *Como Queiras*, e a exposição meio remendada do transexual Orlando de Virginia Woolf. As visões hermafroditas têm uma vida própria. São vampiros de seus próprios textos". Sob esses enfoques podemos enxergar os personagens Geraldine e Carmilla como majestosas projeções e criações de seus autores. Elas são personagens altivas e andróginas. Sustentam a refinada beleza feminina e um intenso espírito masculino, como veremos nas formas da Rainha Bruxa Narcisista da animação *Branca de Neve* da Disney, e também de Theda Bara e outras Vampes do cinema mudo. Mais recentemente, na Malévola interpretada por Angelina Jolie. Toda essa linhagem de personagens femininas vampíricas do cinema e das artes encontrará sua inspiração inicial no imaginário ocidental desenvolvido sobre a condessa Bathory. Por sua vez, a condessa e a própria Barbara Cilli seriam recriadas no imaginário quase como um arquétipo da "rainha-bruxa-vampira" totalmente excluída do universo moral do Catolicismo. Figuras femininas dotadas de inegável fascínio autoritátio e autossegurança sobrenatural. Espíritos da noite arcaica e do feminino deletério do imáginario ocidental cujo poder não tem fim porque não tem começo. É o deletério útero da caverna negra que nos espera ao morrer... Os cronistas e escritores católicos não tinham o hábito de relatar com imparcialidade ou distanciamento histórico. Não raro transformaram Barbara Cilli em uma messalina da Alemanha e, provavelmente, se inspiraram nas lendas exageradas sobre a Erzebeeth Bathory. Não deixando de ser divertido no século XX assistir no cinema a Ingrid Pitt, que interpretou a Carmilla, também representar a Erzebeeth Bathory. Nos tempos da Ordem do Dragão, os cronistas apontaram que Barbara foi alquimista, trapaceira e fazia uso de magia para assustar seus pobres servos. Isso são relatos de pessoas que não a apreciavam, tampouco mulheres que possuíam algum poder decisório.

No ano 1409, Barbara deu à luz a primogênita do casal, Elizabeth, que em 1422 se casaria com Albrecht de Habsburg, arquiduque da Áustria. Barbara teria três importantes netas – sendo que até hoje o seu sangue corre nas veias das principais dinastias monárquicas europeias. Barbara viveu muito e pôde assistir suas descendentes crescerem e tornarem-se lindas princesas como ela. Entre ficar com a imagem estereotipada católica e posteriormente dos reforços de associações dela ao sobrenatural do mesmo imaginário católico, prefiro enfocar um pouco melhor a mulher e sua história. Não acredito que um homem como Sigismund possa ter precisado de magia para semanticamente devolver a vitalidade a uma jovem pela qual se apaixonou. Para administrar todo seu império e ter sobrevivido tanto tempo, era preciso altivez, lábia e discernimento – atributos como estes não lhe deviam faltar. Resumir tudo a uma fonte hipotética e supostamente de origem charlatanesca ligada a um integrante da Golden Dawn é um desrespeito com a história de um homem e não de um personagem coadjuvante para justificar uma linhagem ininterrupta de magia inventada por terceiros.

Ainda no ano 1414, Barbara esteve presente na coroação de seu marido como sacro imperador romano-germânico, quando viajou para Constance para ser parte do conselho junto a diversos outros integrantes da nobreza. Ela foi acusada de adultério na obra de Aeneas Silvio Piccolomini – e o nome de seu amante era o do cavaleiro Johann von Wallenrode. Uma década depois, na cidade de Praga, um novo confronto familiar abalaria a vida de Barbara e seu imperador. Barbara sustentou posturas políticas bastante contrárias aos interesses católicos, mostrando-se favorável à heresia dos hussitas – uma posição divergente da do seu marido, responsável por exterminá-los quando assumiu o controle da Boêmia em 1419. A heresia dos hussitas defendia ideais interessantes, como privar os eclesiásticos de toda e qualquer propriedade e questionar a validade da Eucaristia, se o clérigo não tivesse uma vida pura e devotada. Tais ideias afrontavam severamente a Igreja Católica. Essa mesma heresia transcenderia os limites de movimento religioso e viria a se tornar a expressão do nascente nacionalismo boêmio dirigido contra o domínio alemão na Boêmia. No fim do mês de agosto de 1437, durante a cruzada contra a heresia dos hussitas, o imperador Sigismund adoeceu e o poder político de Barbara passou a ser temido pelo genro Albretch (da dinastia Hapsburg), arquiduque da Áustria e herdeiro do trono do Sacro Império Romano-Germânico por conta do seu casamento com Elizabeth de Luxembourg, filha de Barbara e Sigismund. Dessa forma, Albretch foi à captura de Barbara e a transferiu para Bratislava, na Eslováquia. Em retalhação a esse ato vergonhoso, e com a morte do marido em dezembro do mesmo ano, ela mudou de lado na guerra e passou a apoiar os hussitas, especialmente em suas aspirações pela independência. Tramou nos bastidores a ascensão política de George dos Podiebrad como o grande campeão dos hussitas, para se tornar o opositor de Albretch dos Hapsburg na corrida pelo trono. A queda de Albretch concretizou-se durante uma revolta na Transilvânia, que esmagou suas forças, posteriormente acompanhada por desprestígio político nas terras da Hungria e entre seus nobres. Ele veio a morrer em 17 de outubro de 1439. Sua viúva grávida, Elizabeth (filha de Barbara e Sigismund), recebeu intenso apoio político dos parentes ao assumir o poder (embora haja dúvidas se o filho era de Albretch); a criança nasceu saudável em 23 de fevereiro de 1440 e se chamou Ladislas Postumus. A vida não foi tão gentil para Barbara, que ainda teve outros desafios políticos para tentar desvencilhar a Polônia e Hungria das garras dos Hapsburg, mas não obteve sucesso. Ela viveu seus últimos dez anos exilada em Melnik, na Boêmia, sob a proteção de George de Podiebrad. Quando morreu, seu corpo foi levado de Melnik para Praga, onde foi enterrada com honras na capela de St. Vitus Dom, na fortaleza de St. Wenzel. Enquanto isso, seus inimigos germânicos denegriram sua imagem como uma vampira lésbica. Naquele tempo, a realeza europeia mal sabia escrever o próprio nome, mas Barbara escrevia e falava alemão, húngaro, esloveno, tcheco, latim e polonês. Ela viveu como viviam os renascentistas italianos, enfatizando sua liberdade pessoal; uma mulher emancipada e à frentre do seu tempo – imagem que aterrorizava seus conterrâneos e lhe rendeu a reputação de vampira lésbica. Seria ela a Rainha Dragão a guardar o lenho sagrado? Barbara viveu bastante e pôde ver suas netas Anne, Elisabeth e o neto Ladislas crescerem, e nos tempos atuais é uma das principais ancestrais das famílias da nobreza do continente europeu. O que me faz pensar que, se houve um casamento sagrado, um plano de antigas Rainhas Dragão ou ancestrais senhoras da floresta de perpetuar tal linhagem, no final das contas ele foi bem-sucedido nesse ponto.

Para mim, a imagem dela que fica é a de uma ilustração que a retrata cavalgando um cavalo branco, carregando um estandarte de estrela e vestindo um longo manto azulado – uma grande dama do dragão. Talvez uma "Rainha Dragão" venerada por aqueles e aquelas dotados pelos segredos de estranhas alquimias dos Cárpatos – sem dúvida uma Tsarina cujos lírios nos campos não teriam sido mais belos. Além dos nobres e magnatas que integraram a fase inicial da Ordem do Dragão, existem ainda tantos santos e mártires, ainda obscuros por serem descobertos no Ocidente, mas que habilitam um esoterismo vigoroso e sussurrado para os seus devotos monásticos, seus descendentes de sangue e ainda aqueles tocados pelo carisma sagrado – estão disponíveis para aqueles que têm a coragem de ouvir o chamado ancestral e chamar o vermelho de vermelho e o preto de preto. Espíritos totêmicos retratados em cada um dos brasões que compunham tão distinta Ordem e os associavam indistintamente às terras e ao sangue que regiam – alguns insistem no número de 24 integrantes iniciais, o que renderia um interessante círculo de brasões. Enfim, Rainhas Dragão, filhos de dragões, grandes batalhas contra heresias que afrontavam a Igreja Católica, confrontos épicos contra invasores turcos – tudo isso para disfarçarem agendas particulares e ocultas?

Os estatutos da Ordem do Dragão afirmavam que seus integrantes portavam o *signum draconis*, mas não o assinavam ou atribuíam um nome para esse emblema que portavam. Os estatutos foram redigidos em latim; no entanto, o pouco que temos sobre eles são apenas cópias feitas por volta de 1707, e, só no ano 1841, tais cópias desses documentos acabaram sendo publicadas. Os artigos descreviam a união dos prelados, barões e magnatas sob tal efígie, com a solene e pura intenção de esmagarem os atos perniciosos de um inimigo externo – o que poderia incluir heresias, ortodoxos, cismáticos, pagãos e, claro, turco-otomanos e todos que serviam a um antigo dragão (o Diabo, para fim de conversa; neste aspecto fica sugestiva a ideia do símbolo de um dragão recurvado e amarrado pelo próprio pescoço!). Basicamente, o inimigo estrangeiro na figura dos turco-otomanos era o alvo principal e suficiente para se obter um intenso grau de coesão interna na Ordem. E nesta primeira estância também visavam proteger a família real de Sigismund e seus descendentes – em troca os signatários podiam desfrutar de alianças militares, honrarias e escritórios. Certamente, a partir de 1410, quando Sigismund se torna imperador, as ofertas e vantagens se tornariam muito melhores e ainda mais dignas para todos os participantes. Uma Ordem poderosa dedicada a combater uma força invasora agradava ao Vaticano, e esse fato contribuiu na ascensão de Sigismund como imperador. Sua parceria com a Ordem Germânica dos Cavaleiros Teutônicos (*Ordo Domus Sanctæ Mariæ Theutonicorum Hierosolymitanorum*) foi outro importante adendo. Inclusive, tal união levaria à grandiosa e fatídica batalha de Grunwald, que envolveu a maior quantidade de cavaleiros católicos da época. A história não menciona os fatos "conspiratórios" do "Sangue de Dragão" e atribui à Ordem do Dragão a inspiração e influência da Ordem de São Jorge, fundada pelo rei carolíngio Robert de Anjou em 1318. Até por conta disso, a Ordem do Dragão adota São Jorge como seu padroeiro, embora talvez, e apenas talvez, a premissa desse simbolismo pudesse vir a contar com simbolismos mais sofisticados – ou que foram se constituindo em momentos posteriores de sua trajetória. Já li hipóteses sobre o uso da astronomia/astrologia e até mesmo da própria Cabala dentro da Ordem do Dragão. Segundo consta, Vlad III ou Tepes, que era filho do Vlad Drakul, fez uso de astrologia e de um cometa que singrou os céus como *marketing* para atacar ferozmente os turcos – mas ele não era membro da Ordem do Dragão, pelo menos não o histórico. De minha parte, não excluo a possibilidade de a astrologia, Cabala e afins terem sido utilizadas abertamente, pelo menos não nas primeiras décadas; porém, dada a proximidade da Renascença Italiana, prefiro optar por não reforçar ou insistir com veemência nessa hipótese. Afinal, os judeus não gozavam de uma vida muito segura em terras germânicas onde a tal Ordem do Dragão foi fundada. Acho um pouco difícil essa associação dos cabalistas judeus, pelo fato de seus conhecimentos serem secretos e integrados à perspectiva religiosa hebraica – e por terem a tradição de não revelar esse saber através dos séculos para quem não era judeu. Claro que no século XIX essa hipótese será utilizada por Mathers, um dos líderes da Golden Dawn, ao informar ter encontrado um livro de conhecimentos secretos de um tal Abraão, o Judeu, que serviu ao imperador Sigismund. Porém, é sabido que o que temos amplamente difundido no mundo contemporâneo como cabalístico em livrarias e afins tem origens nas versões e adaptações oriundas da Ordem de Mathers, podendo até mesmo ser uma livre interpretação bastante diferente da Cabala dos hebraicos – que sustentam a tradição de não revelarem seus estudos e saberes. Retrocedendo no tempo para o período entre 1387 e 1408, considero improvável cabalistas hebraicos terem lugar em uma corte assim – embora houvesse escolas de respeito, principalmente nos Bálcãs. Talvez os judeus pudessem ter alguma colaboração como banqueiros e financiadores, mas sempre há exceções como no caso de Abraão, o Judeu, e seu grimório de Abramelim. Outro ponto delicado ao tocarmos a questão da Ordem do Dragão, nas suas primeiras décadas de atividade na Alemanha, Itália e nos Bálcãs, é se ela utilizou ou não os serviços dos ciganos como espiões, seu conhecimento de território ou ainda como ferreiros. Talvez os regentes do Bálcãs tenham feito esse uso tático e militar dos ciganos. Embora para outros efeitos, se formos pensar na hipótese das dinastias das Rainhas Dragão e teorias da conspiração, perceberemos claramente que outro povo era responsável por esses serviços; que apenas se aproveitava do termo "cigano" no sentido de nômade – e não de qualquer ligação étnica propriamente dita de nenhum tipo.

Dizem que os integrantes da Ordem do Dragão vestiam mantos negros com linhas vermelhas (às vezes capas verdes) e a insígnia já comentada sobre tais mantos. A função pública do grupo era a de proteger os membros de sua família, defender a cruz, lutar contras os inimigos do Cristianismo – os turco-otomanos. Inicialmente sua principal área de atuação era a Alemanha e a Itália – talvez tenham alcançado Portugal, em razão dos enlaces e alianças políticas dos lusitanos, mas sobre isso apenas podemos especular. Depois dos eventos que levaram à queda de Constantinopla, a Ordem tornou-se mais ativa nas terras da Croácia, Bósnia, Bulgária, Sérvia e Romênia para deter as incursões turco-otomanas. A Ordem do Dragão é mais conhecida como fraternidade política do que iniciática, e não foi a primeira Ordem de cavalaria católica a se estabelecer na Transilvânia e nos seus arredores. Em 1211, a Transilvânia hospedou a Ordem dos Cavaleiros Teutônicos, após sua derrota no Oriente Médio. Sob o convite do rei André II da Hungria, a Ordem fundou a atual cidade de Brasov, na Romênia, até sua expulsão em 1225; de lá, eles seguiram para o norte da Polônia, onde foram mais prósperos, fundando um Estado independente. Tiveram sucesso até o ano 1410, quando o rei polaco Ladislau II derrotou e arrasou o poderio militar da Ordem. Alguns historiadores modernos acreditam que a Ordem do Dragão, na figura de seus representantes romenos, fez uso dessas fortalezas posteriormente contra os invasores turcos. Segundo Raymond McNally e Radu Florescu, em seu livro *Em Busca de Drácula e outros Vampiros*, a Ordem do Dragão foi fundada no ano 1387 nos moldes de uma fraternidade secreta militar e religiosa com o fim de proteger a

Igreja Católica contra as heresias, um de seus maiores problemas. Outro importante foco de combate da Ordem era a organização de uma cruzada contra o avanço turco nos Bálcãs, o que certamente parece lembrar a história de Milo Obílic. Outros artigos atribuem a fundação da Ordem do Dragão ao ano de 1408 e alegam que em seu estatuto também constava a importância de defender a família real de seu fundador, o imperador alemão Sigismund, nascido em 14 de fevereiro de 1368. Também levamos em consideração que esse livro é do final dos anos 1970, e nas últimas quatro décadas aconteceram muitas descobertas. Abordamos algumas das principais no atual volume que tem em mãos, mas não nos esquecemos de citar e homenagear esses grandes pesquisadores que fundamentaram o alicerce para podermos compreender historicamente tal Ordem e também Drácula.

Em 1431, quando a Ordem se encontrava em franca expansão, o próprio imperador reorganizou a hierarquia da Ordem divorciando-se do tradicionalismo das ordens de cavalaria e aspectos dinásticos que a associavam à casa de Luxemburgo, com o Sacro Império Romano--Germânico e a Coroa da Hungria – tornando-a uma irmandade de cruzados, parecida com a Ordem de Malta ou com "Os Hospitalários de São João", entre outras. Em fevereiro de 1431, o imperador Sigismund tomou pessoalmente o juramento de vassalagem do nobre Vlad II, aspirante ao trono romeno, que ficaria conhecido como Vlad Drakul – segundo o próprio estatuto da Ordem. Infelizmente, o símbolo que Vlad recebeu nesse ato solene foi perdido em algumas de suas diversas aventuras. Percebemos que os elementos da simbologia da Ordem do Dragão e do seu selo real de 1437, com a cruz dupla húngara em vez da cruz latina, permaneceram, lembrando bastante o da pintura de Paolo Uccello's. Também observamos que Vlad II transformou o dragão do selo no seu brasão pessoal – como uma composição heráldica original. A imagem representava metaforicamente o Salmo 90, anunciando a vitória da cristandade e de Vlad sobre todos os seus inimigos. Para um monarca do distante Leste Europeu, essa iniciação em uma Ordem católica rapidamente lhe subiu à cabeça e veio a se tornar seu símbolo, sendo incorporado ao seu brasão o Dragão, que significava a Ordem. Más línguas também consideram que é uma metáfora do domínio europeu branco sobre os muçulmanos e outras etnias. Claro que alguns leitores apreciadores dos mistérios nórdicos irão especular sobre a proximidade do termo *Draukrr* com Drakul, com Draco e até mesmo com Dragão – podemos instigar especulações interessantes e deveras sublimadas na história da cultura dominante sobre esses aspectos. O que não podemos esquecer é que estamos na cidade de Nuremberg, em um país germânico no momento da fundação e estabelecimento da Ordem do Dragão, que vivia sob os auspícios arquetípicos do incansável e nobre guerreiro germânico que não arreda pé de uma briga – não seria de admirar que por meio de um sincretismo diluído os mitos germânicos, e mesmo nórdicos ou de outras regiões, estivessem presentes na forma de santos e outras representações sob a ótica católica. Como as pessoas só se vinculam e normalmente só exaltam aquilo que lhes fornece mais sentido e pertencimento, este poderia ser um fator mais subjetivo que subiu à cabeça de Drácula-pai. Talvez a associação do dragão com Lúcifer ou o Diabo como um feroz acusador ou desafiador dos trâmites estabelecidos, ou quem desperta alguém da ilusão, estivesse presente – ou não –; talvez a proximidade dos chamados Vlachs (ritos eslavos influenciados pelos bogomilos), que adoravam uma deidade que era um dragão vermelho chamado Lúcifer, mais próximo da sua terra natal e da sua ancestralidade, também fosse outra opção válida – mas aqui me detenho no campo da especulação aceitável.

  Monarcas instituírem ordens de cavalaria reservadas para a proteção de seu patrimônio e de suas famílias era prática comum daquele tempo. Sigismund era filho do imperador Carlos IV e de Ana Selésia, tendo recebido excelente educação, responsabilidades administrativas e hereditárias desde os 10 anos de idade e, ainda, tendo sido prometido em casamento arranjado com Maria, filha de Luiz, o Grande, da Hungria aos 12 anos de idade. Foi nomeado pelo sogro como sucessor ao trono da Polônia, porém a nobreza local escolheu Ladislao, sobrinho de Casemiro, o Grande, para o cargo. Maria tornou-se rainha da Hungria com a idade de 10 anos, logo após a morte de seu pai, e casou-se com Sigismund no ano 1385, aos 14 anos. Essa breve união terminou de forma escandalosa, com acusações a Sigismund de haver sido o autor intelectual da morte de uma parente dela. Em 1386, Sigismund apoderou-se da Hungria, repeliu os poloneses e subjugou os nobres rebeldes, alguns feitos bastante impressionantes para alguém tão jovem. Maria morreu em maio de 1395 sob circunstâncias misteriosas em seu reino, no mesmo dia em que os valáquios triunfaram sobre os invasores turcos em Rovina. No ano seguinte, a boa estrela de Sigismund não conseguiu resistir à marcha contra os valáquios e os turcos; e, mesmo com a ajuda de aliados poderosos como a França e a Inglaterra, perdeu de forma trágica a batalha de Nicópolis em 1396 e escapou disfarçado como fugitivo em um navio do seu reino. Durante cerca de 18 meses, viveu escondido entre marinheiros e plebeus. Ao retornar à Hungria, foi aprisionado pela nobreza descontente na cidade de Ziklos e teve de arquitetar uma fuga junto aos seus aliados para a Boêmia.

  O relacionamento amoroso mais envolvente que Sigismund viria a conhecer seria com Barbara Cilli, nascida em 1390, que se casaria ao completar 18 anos com Sigismund, um simpático viúvo que já estava na casa dos 40 anos. O casamento com Barbara viria a reforçar e consolidar o controle de Sigismund sobre seus reinos em 1408. Muitos historiadores apontam esse mesmo ano como a data da fundação da Ordem do

Dragão e posicionam Barbara como um dos motivos de sua fundação. Os relatos indicam que era uma moça de grande formosura, genialidade e geniosidade. Como toda mulher com essas características, foi acusada de ser corrompida e de bruxaria, ou até mesmo de vampirismo mais tarde. Apenas em 1410, Sigismund reconquistaria o seu trono por intermédio da movimentação política do reino. A partir desse instante, ele se tornou o senhor único do império aos 42 anos de idade. No ano 1414, presidiu o conselho de Constança por meio do qual o herege João Huss foi condenado à fogueira no ano seguinte, mesmo possuindo um salvo-conduto do imperador. Em 1419, assumiu o controle da Boêmia no momento em que a insurreição da heresia dos hussistas estava no auge. Começou um verdadeiro programa de extermínio contra eles, mas seria derrotado no ano seguinte; isto deu início a um combate que duraria até 1434. Já no ano 1431, suas tropas experimentam derrotas tão severas, que Sigismund se viu obrigado a realizar concessões vantajosas aos rebeldes. A partir dessas concessões alguns desentendimentos aconteceram entre as facções internas dessa heresia – os quais permitiram seu esmagamento resultando na conquista absoluta da Boêmia. Após as inúmeras contendas com a heresia dos hussitas – episódio conhecido como Guerra da Boêmia – e tempos bastante turbulentos, seus últimos anos o obrigaram a uma rotina constante de viagens e de planejamento de batalhas e alianças políticas. Sigismund se viu inúmeras vezes obrigado a contar com paladinos e assistentes nos assuntos palacianos e de regência dos seus reinos, bem como da própria Ordem. Sem dúvida, o grande imperador enfrentou heresias como os bogomilos e os hussitas, que pregavam uma vida de retidão moral e a não dependência de sacerdotes sancionados por igrejas distantes. Sua morte veio a acontecer no dia 9 de dezembro em uma província germânica; seu desejo expresso era ser enterrado em Nagyvárad, na Hungria, próximo ao túmulo do grande rei e santo Ladislau I da Hungria, que em vida foi o ideal do monarca, do guerreiro e do cristão. Um nobre muito admirado por Sigismund. Do seu casamento com Barbara deixou como legado sua filha Elizabeth de Luxemburgo, que viria a se casar com o rei germânico Alberto II, nomeado sucessor de Sigismund. Como ele não teve nenhum filho, a casa Luxemburgo se encerrou com sua pessoa. Já a Ordem do Dragão, nesse momento, operava de forma independente e seu estatuto demandava a eleição de um novo líder. Creio que o desenrolar deste relato novamente retorne ao campo do lirismo e da prosa. Mas, ainda assim, uma boa história para embalar e inspirar o imaginário de todos. Talvez uma história proibida.

    Os eleitos dessa ocasião foram Albert von Habsburg e o cruzado húngaro Janos Hunyadi, que escolheram deixar de operar publicamente a Ordem e torná-la mais clandestina e secretista – dessa forma, teriam um alcance e uma área de ação muito mais eficazes. Por outro lado, os tons de cavalaria e nobreza se tornariam mais escassos, mas era aquilo que era preciso naquele momento. Então prosseguiram com sua missão de proteger a Igreja e auxiliar os pobres, os doentes e seus aliados em meio aos territórios conquistados pelos invasores no Leste Europeu. Desse ponto em diante, temos boatos e rumores de sua existência e atividades, o que confere à Ordem um interessante aspecto sombrio e oculto, provavelmente aproveitado por muitos dos seus integrantes – algo que pode surgir da escuridão para atacar subitamente seus inimigos. Também, a partir deste ponto, torna-se difícil clarificar ou narrar essa história de maneira mais fideligna. Ao longo do século XVI, eram mais conhecidos como um grupo de cruzados resolutos em sua oposição aos conquistadores turcos. O aspecto mais interessante desse momento é que agora a Ordem do Dragão é uma Ordem ecumênica e clandestina que recebe em suas fileiras católicos romanos, católicos ortodoxos, protestantes, judeus e muitos outros – o que certamente seria um prato cheio no imaginário dos séculos posteriores, principalmente para os temas associados à Cabala, vampirismo, licantropia e o ocultismo em geral. Por volta de 1580, a região da Transilvânia enfrentava bravamente a maior parte da invasão turco-otomana em seu território, uma nação com ampla mistura de povos de várias nacionalidades, idiomas e credos. Mas, graças aos príncipes transilvânicos da família Bathory, a Ordem ganhou traços de fraternidade capazes de oferecer uma sociedade balanceada nos campos da política e da religião, já que tinha como foco principal integrar todos os seus membros para varrer do seu território os invasores – o estandarte era o mesmo, mas a abrangência de seus ideais era muito mais vasta e o ecumenismo, uma bandeira extremamente válida. Além disso, nas décadas anteriores desse mesmo século, houve uma formativa aliança política com os povos russos, graças aos esforços do cardeal Andrew Bathory e seu sucessor na Ordem, o grande mestre Gabor Bethlen. Com isso diversos czares e grão-duques tornaram-se patronos das atividades da Ordem, como Ivan III Velichy, "o Grande", entre outros.

    O famoso rei Jan Sobieski da Polônia, responsável pelos planos que levaram à grande derrota dos turcos nos portões de Viena, foi um dos mestres da Ordem entre os anos 1657 e 1696. Mesma época em que a Transilvânia e a Hungria tombaram junto com muitos dragonistas perante a força massiva dos ataques dos invasores. Os sobreviventes da Ordem do Dragão evadiram ainda mais para o Leste depois desses momentos. Com a morte do rei Jan Sobieski, a liderança da Ordem passou para as mãos do príncipe Dmitri Cantemir, conhecido pela alcunha de "O Déspota da Moldávia". Extremamente valente na batalha contra os inimigos, conduziu os últimos cavaleiros leais da Ordem do Dragão durante as batalhas derradeiras contra os turcos e acabaram sendo derrotados e perdendo seus últimos territórios e Cantemir seus principados. Assim se encerrou uma batalha de quase três séculos. O príncipe morreria em 1723, e sem mais cavaleiros do círculo interno *a raison d'etre* da Ordem do Dragão findou-se, ficando a titularidade nas mãos do czar Pedro, o Grande – casado com uma feiticeira famosa –, que escolheu manter a Ordem do Dragão em suspenso desde então, o que torna interessante a questão, pois ela teria ficado mais próxima da cúria ortodoxa do que da romana, no final das contas. E isso poderia iniciar contextos e cenários interessantes, pois a Igreja ortodoxa tem forte influência e presença nas terras do Leste Europeu e no território russo – bem como diversas tradições monásticas guerreiras interessantíssimas e que os apreciadores do tema deveriam procurar conhecer mais. Escolhendo enveredar a saturnina trilha deste contexto da guarda de a Ordem descansar inativa nas mãos russas e ortodoxas – além de parecer mais fiável, em razão dos povos e regiões seculares ligadas a essa Igreja –, podemos explorar as seguintes possibilidades com melhor desenvolvimento. Entre o popularesco veremos alguns dos jogadores do RPG "Vampire The Requiem" jactarem algum conhecimento e até encenarem ou esboçarem alguma fantasia aceitável sobre o tema, baseados nos livros ficcionais e inventados, para embasar tal grupo no respectivo universo ficcional dos seus jogos – sendo um deles muito bem desenhado e um "prop" chamado "Rites of Dragon", que serve para modalidades de representação ao vivo (LARP). Nada muito diferente dos jogadores de "Vampire The Masquerade" com o tal do *Livro de Nod* que se enquadra no respectivo gênero.

Por meio das baladas *dark* da América do Norte, poderemos encontrar algum leitor ou leitora da obra *Bloodline of the Dragon*, do falecido autor Nicholas de la Veré, e chegar aos conteúdos publicados no seu controverso livro e endossados com fotos no *site* organizado pelo autor e seus estudantes. Lá, encontraremos imagens e o esboço de uma estrutura nomeada como "The Hungarian Court and Order", que na ocasião daquele livro alegava ser a Ordem do Dragão e herdeira de sua patente e do seu legado – que seria apoio ou apoiadora de suas reinvindicações hereditárias e familiares. Procurei verificar as imagens e os conteúdos disponibilizados pelo autor no *website*, junto a ordens regulares e ativas, bem como a alguns pesquisadores e autores a que tive acesso. As opiniões obtidas questionaram a provável ausência de patente e levantaram a hipótese de o grupo ser apenas uma recriação (ou até um reconstrutivismo). Também foi apontada a presença de mulheres, o que seria inviável para os modelos contemporâneos de uma Ordem de cavalaria; afinal, o pressuposto é trabalhar uma força solar e máscula de ação em tais agrupamentos. Exceções seriam abertas em casos como da santa Joana d'Arc ou até quem sabe de Barbara von Cilli – mas, ainda assim, seria algo raríssimo. Segundo foi informado, as patentes antigas que se mantêm ativas e válidas não possuem títulos femininos, tanto no Ocidente quanto no Oriente, o que colocaria tal agrupamento em uma situação delicada sob um olhar histórico. Também foi observado que o grupo apresentado poderia ser composto apenas por quem carregasse a hereditariedade das famílias que teriam integrado "A Ordem do Dragão", mas que atualmente seria mais um clube social do que uma Ordem iniciática propriamente dita, algo bastante comum no continente europeu e também na América do Norte. Não há nada de conclusivo para validar ou invalidar no campo espiritual a associação retratada na obra de Veré, até mesmo por conta de a questão da ativação, contato e utilização do chamado "Sangue do Dragão" ser bastante pragmática, no final das contas – o que funciona para um pode não funcionar para outro.

Sendo assim, tomo a questão do "Sangue do Dragão" como um amálgama dinástico espiritual cristalizado na carne por uma vida de sabedoria e de prática bio-psico-sócio-espiritual – em consonância e afinidade com um processo iniciático perene. Não sendo algo que o fato de se declarar ter comprove ou redima de um processo iniciático válido e um trabalho constante de instrução e prática. Tal visão me aproxima do viés de algumas ordens monásticas ortodoxas que delineiam a trilha "dragonista" na Transilvânia, a qual flui por três vias: sangue ou genealogia; investidura/ordenação e consagração; pneuma/carisma/dom espiritual – correspondendo aos princípios alquímicos do Sal, Mercúrio e Enxofre. O que resgata em alguns leitores e leitoras a questão das três trilhas presentes no caminho da Cosmovisão Vampyrica, até mesmo por conta de vínculos iniciais utilizados na Dinastia Sahjaza e herdados no Círculo Strigoi pela linhagem brasileira. No entanto, ao abordarmos o venerável, discreto e saturnino esoterismo da Transilvânia, temos de pontuar que as mesmas tradições monásticas de lá evitam vínculos ao explicitarem sua ligação com a Ordem do Dragão tanto no passado quanto nos tempos contemporâneos – e algumas delas inclusive proíbem divulgação de seus conteúdos, nomes e contatos –, tratando-se de agrupamentos pequenos que preferem se manter dessa forma. Claro que sempre teremos a questão romântica de se inventar ancestrais e símbolos para legitimar ou inspirar valores convergentes com uma linhagem de governantes ou direitos de um rei (ou dinastia) que poderão retornar um dia (ou noite quem sabe) – ao melhor estilo arturiano ou sebastiano. Claro que no caso dos Danesti uma brecha da casa Bessarab, assim como os Drakul, veremos que os primeiros alegam descenderem da tribo judaica (mítica por sinal) de Dan e, até mesmo, tinham uma serpente verde no brasão – mas aqui ficamos na eterna teoria da conspiração. O imaginário associado a esses temas é sempre régio e interessante; há quem diga que a Ordem do Dragão, entre os anos 1408 e 1410, por ter origens germânicas e um vasto capital simbólico (como observamos neste subcapítulo), poderia até mesmo ser uma "Ordem-irmã" ou até quem sabe a própria

Rosa-cruz do igualmente mítico Christian Rosenkreutz (também fundada, interessante alusão que pode ser tecida comparando-se cronologicamente os mitos presentes no livreto *Fama Fraternitas* nas regiões germânicas da mesma época). Mas tais possibilidades descansam no imaginário, embora adeptos da literatura fantástica pudessem construir boas fantasias sobre esse tema. Apenas escolhi mencionar esse elemento dada sua afinidade e origem comuns em nosso trabalho. Embora em diversas páginas deste livro tenha citado histórias prosaicas e incomuns ligadas à região dos Cárpatos e arredores, fui informado de que o trabalho contemporâneo e tradicional de algumas ordens de lá não utilizam a questão da menstruação propriamente expressa em suas práticas; há um apreço pelo hermetismo, uma versão própria de Yoga e estudo de uma Cabala específica e regional de evidente teor persa. Para todos os efeitos, não pretendo validar com isso a premissa de que a patente da Ordem do Dragão repouse atualmente na Rússia – pois, como eu disse, apenas quis contar uma boa história e não criar um documento histórico de qualquer gênero. Procurei evidenciar o que foram alegações históricas e aquilo que se integrou por meios pessoais e que de certa forma são fascinantes. Haverá validade nos aspectos prosaicos aqui apresentados? Certamente o tempo e uma próxima geração de pesquisadores poderão dizer. Eu apenas cumpri com o meu objetivo de contar uma boa história e trazer inspiração, refrescância e densidade ao tema proposto – quase inexistente no idioma português.

Talvez a Ordem do Dragão tenha voltado discretamente e seus membros leiam este texto. Por outro lado, aqueles que alegam terem herdado sua espiritualidade e prosseguido silenciosamente com seu desenvolvimento agora também têm acesso a este trabalho e espero que façam boas conexões. Assim como há aqueles que apenas a tentam recriar ou fazer uso de sua imagem, apenas para finalidades superficiais e desabonadoras. Enfim, neste momento muitos dos santos e mártires que integraram a tal Ordem ainda recebem orações e guiam seus devotos e o Sangue do Dragão – ou o "Sangue" permanece fluindo pela escuridão. Mitos não são mentiras, apenas versam de forma conotativa sobre ritos e padrões que permanecem, não falam do passado nem do futuro, e sim do presente contínuo – a força criadora que tudo permeia de vida, e além dela as forças opostas se digladiam por todo o ecossistema... "Enfim a resposta está aí para quem fizer a pergunta!"

Por esse caleidoscópio entre mitos, xamanismo e história dos Bálcãs, não admira que posteriormente, nas cidades convertidas ao Catolicismo, pudessem ser inventados mitos como vampiros e lobisomens baseados em distorções e descaracterizações dos elementos desses antigos ritos europeus que, por comodidade, foram trajados como os vampiros dos romances. Apenas arrisco fazer uma aposta suave que os chamados de vampíricos (sempre com base na utilização do termo explicado na segunda parte deste capítulo) pudessem ser uma referência aos ritos de fertilidade da terra fundamentados na violência jocosa e com presença predominante de um elemento feminino. E já os lobisomens poderiam ser uma referência aos cultos de violência e furor guerreiro com predominância masculina. No caso, esta é minha aposta e que me permite alguma direção e sentido a respeito deste assunto. Ainda assim, falamos de grupamentos baseados em processos com elementos comuns e convergentes – sempre ambíguos e distantes da dicotomia e de aspectos católicos. Para aprender e alcançar esses estados, o candidato precisava demonstrar características, predisposições naturais, modo de vida convergente e até mesmo ter nascido sob uma estrela (pélico, como vimos na primeira parte deste capítulo). Com esses elementos preenchidos satisfatoriamente, eram convidados por integrantes mais antigos desses agrupamentos e passavam por uma morte e um renascimento, uma iniciação – em que eram apresentados aos outros mundos.

Neles encontravam animais de poder, aliados, guardiões, deuses e deusas a quem pertenciam e de quem se tornariam devotos. Dentro desses grupamentos era comum a utilização de uma representação tipicamente indo-europeia das chamadas **árvores do mundo**. Um símbolo recorrente, em virtude da própria característica orgânica da árvore de viver entre os mundos: raízes no subsolo (submundo), tronco (momento presente, nosso mundo) e galhos (mundos altos e dos ventos). A simbologia de uma águia e de uma serpente, como já dissemos, oscilava em cada região; para alguns povos, a águia era uma força estruturante e a serpente, uma força desestruturante. Para outros povos, como os dos arredores da Lituânia, a serpente era estruturante, enquanto a águia era desestruturante. Pontuando também que os animais eram igualmente faces dos deuses e ancestrais antes da vinda dos Catolicismos. Encontrar religiosamente um animal durante uma caçada ou um passeio era encontrar uma deidade que representava valores próprios de cada grupamento local ou de cada culto de fertilidade da terra. Nos dias de hoje, podemos apenas especular sobre as reinterpretações e ressignificações desses símbolos do passado.

Retomando uma vez mais a questão dos lobos, considero interessante e pertinente a profunda relação entre esses animais e os seres humanos, tanto na Germânia quanto no Leste Europeu. Havendo até mesmo relatos e representações no Leste Europeu e nos Bálcãs de Lykokentauros, seres meio homem e meio lobo, diferentemente de seus primos mitológicos gregos que eram meio homem e meio cavalo. Representações como essas surgem nas antigas culturas como modos de informar a perfeita sincronia, soma de atributos e veneração a alguns homens e mulheres que podiam viver em comunhão com esses animais – o que acabava sempre sendo expresso na forma de mitos que explicassem a existência desses ritos em cavernas ou no interior das florestas aos não iniciados. Ao longo do Leste Europeu, podemos perceber claramente que não apenas do saber estático das ervas, da agricultura e das pedras viviam esses antigos cultos da fertilidade. O contato com a imprevisibilidade e a rápida adaptação a condições adversas no viver junto aos animais eram caracteres predominantes. Vira e mexe sempre retornamos à imagem do cavalo e do cavaleiro evocada no início deste capítulo.

Falamos de antigos cultos de fertilidade da terra, constantemente apontando sua ambiguidade; eram agrupamentos pequenos e locais preocupados sempre com o agir onde moravam e em assegurar a proteção e a fertilidade de suas regiões. Em nenhum momento esses grupamentos formaram ou pretenderam organizar "uniões internacionais", como chamaríamos hoje. Ao longo da leitura, você pode constatar também que eram grupamentos pequenos e de díficil acesso na maior parte dos casos. Seus conflitos muitas vezes se davam por questões fronteiriças e disputas étnicas ou entre territórios regionais, não existindo os personagens caricatos que seriam inventados pelo católicos. Não tinham disputas dicotômicas entre o diabólico e o angélico nem algo como bem *versus* mal. Em bom português, não havia guerras de vampiros nem de lobisomens como as retratadas na literatura, nos jogos de entretenimento e no cinema fantástico do século XX em diante.

Uma vez que toda iniciação marca um momento da vida de alguém, sua entrada numa cosmovisão, numa prática de magia terá resultados indeléveis para o restante de sua vida. Existe também o momento do falecimento dessa pessoa que vai ocorrer tanto em uma batalha como por causas naturais conhecidas ou desconhecidas. Vale dizer que, antes da invenção do microscópio, a maior parte das mortes que não ocorressem por acidentes ou violência física era atribuída a algum mal invisível. Lembramos que a Psicologia e as explicações às quais estamos acostumados nos séculos XX e XXI sobre perda, traumas de perda, processos de luto e afins, inexistiam. Dentro desses processos religiosos do passado europeu havia a necessidade de um funeral adequado e coerente que também marcasse a transição do recém-morto para sua ida ao local de descanso ou ao local de diluição, ou ainda na transformação em um ancestral e guardião de seus familiares. O recém-morto invariavelmente era banido, aplacado e afastado para acostumar-se à nova condição e seguir seu caminho de transformação. Esse costume é encontrado ao longo da história humana em diversas áreas geográficas até os dias de hoje. Não esquecendo que a sede insaciável dos mortos é um conceito latino e que encontra raízes antiquíssimas. A partir de meados do século XVI, o termo com que tachamos o vampiro passou a ser usado anacronicamente para designar tudo aquilo que fosse pagão e antagônico aos conteúdos católicos. Não admira que foram os próprios católicos que começaram esse processo e que, naturalmente, o utilizavam para justificar seus próprios discursos e exaltar seus valores castrantes sobre os de outras culturas.

A partir daquele instante, o termo transformava deusas, deuses, seres fantásticos das antigas religiões em servos de Satanás ou em um personagem caricato que ilustrava essa condição e que voltava, depois de morto, para sugar a força dos vivos. Esta abordagem pueril dos católicos encontrará frutos na produção cultural a partir do século XVII e, posteriormente, será ressignificada e utilizada para ilustrar discursos das prosaicas escolas de mistério europeias a partir do fim do século XIX.

***

Enfim, o Dragão e depois o Empalador. A palavra Drakul só virou sinônimo de Diabo após Vlad, o Empalador

Certamente, com o avanço dos dois Catolicismos, de forma mais acirrada na Europa Ocidental com os católicos de Roma e de modo mais brando na Europa Oriental dos católicos ortodoxos, aos poucos os antigos cultos de fertilidade enfraqueceram-se com sincretismos, proibições de cultos baseadas em didáticas de violência inquisitorial, destruição de locais de culto, impedimentos de manutenção de seus santuários e outras mecânicas castrantes – como a supressão dos direitos à vida e à propriedade dos integrantes desses cultos, os quais eram denominados semanticamente de mortos ou mortos-vivos e servos de um Diabo católico. Assistimos aqui ao que acontece quando um conteúdo pagão é apropriado, descaracterizado e ressignificado pejorativamente como desculpa para o extermínio de diversas culturas. Porém, alguns elementos sobreviveram de forma diluída por meio do sincretismo. Dentro deste, entre mitos e ritos pagãos com conteúdo católico, teremos momentos em que, a partir do século XVI, encontraremos variações em que essas antigas práticas já bastante diluídas e desprovidas de suas identidades, descaracterizadas dos seus contextos, eram sustentadas sob conteúdos católicos e dentro dos rótulos caricatos estabelecidos, como os dos lobisomens que se denominavam **Cães de Deus** nas regiões germânicas e que combatiam feiticeiros no além-mar. No Friul italiano encontramos os relatos dos Bernadanti (bons andarilhos) que enfrentavam os Malandanti (maus andarilhos), e os conflitos nos planos sutis assumem não mais elementos de busca de fertilidade e defesa territorial contra invasores; tudo vira representação de um conflito do bem contra o mal do Deus Católico contra seu Inimigo – sendo que os combatentes a partir desse ponto eram pessoas destinadas a essa triste sina, um destino negro para expiarem seus pecados e vida pregressa contrária aos valores católicos. Não raramente terminavam seus dias mortos pela Igreja ou pelo poder secular que temia a formação de novas heresias e o surgimento de revoltas populares contra os governos. A data de 8 de fevereiro de 1431 marca a entrada de Vlad, o pai de Vlad, o Empalador, para a Ordem do Dragão. Será que ele experimentou algumas das possibilidades iniciáticas especuladas aqui? Será que sua iniciação apenas foi resumida a um juramento solene e uma noite de vigília sustentando sua espada em algum mosteiro? Apenas sabemos que o encontro entre Vlad e Sigismund aconteceu na cidade de Nuremberg. Com ele foi iniciado o rei Ladislao da Polônia e o príncipe Lazarevic da Sérvia. A partir desse instante, Vlad também recebeu do próprio imperador a arriscada missão de conquistar o trono valáquio. Isso marcaria o começo de prolongadas contendas entre Vlad (pai) e alguns de seus parentes e famílias rivais, o que resultaria em uma longa trilha de crimes e de muito sangue. Vlad nasceu em meados de 1390 – na verdade sua data de nascimento é imprecisa. Era filho ilegítimo do príncipe Mírcea, regente da Wallachia, e acredita-se que sua mãe tenha sido a princesa Mara, da família Tomaj da Hungria. Especulam que ele passou a maior parte da sua vida entre monges católicos na corte do imperador Sigismund, uma forma de expressar e reforçar os vínculos de seu pai com Sigismund. Provavelmente cresceu em algumas regiões da Alemanha e da Hungria. No mesmo ano de sua investidura como cavaleiro, com cerca de 41 anos, viveu na cidade de Shigisoara como encarregado da proteção da fronteira Wallachia com a Transilvânia e assistiu ao nascimento de seu segundo filho que viria a ser conhecido como "Vlad, o Empalador". O amor do pai pelo pequeno filho o levou a escolhê-lo como seu sucessor. Assim, Vlad (pai), em poucos anos, passou a ser conhecido como Vlad, o Dragão (Drakul em romeno), por sua vinculação e juramentos prestados à Ordem do Dragão. Entre os anos 1436 e 1437, assegurou a conquista do trono wallachio, cumprindo as ordens recebidas diretamente do imperador Sigismund no ato de sua investidura como cavaleiro e ainda banindo seu meio-irmão do trono e do país. Político astucioso, Vlad Dracul ainda viria a ter mais filhos: Radu (posteriormente conhecido como o Belo) seu segundo filho; um terceiro filho que também recebeu o nome de Vlad (futuramente conhecido como o Monge ou Eupraxias, por juntar-se a uma ordem religiosa católica); e o primogênito chamado Mírcea (provável homenagem ao seu pai). Transferiu-se para Tirgoviste, a capital da Wallachia. Apesar de Tirgoviste ser considerada uma cidade de baixa altitude nas colinas, permitia fácil acesso tanto às montanhas quanto a Constantinopla. Essa mudança de capital indicava um crescente grau de confiança entre Vlad e seu povo. Infelizmente, no ano 1437, Vlad assistiria ao falecimento do imperador Sigismund e à eventual desarticulação e desestruturação tanto na Ordem do Dragão quanto no cenário político internacional. Porém, rapidamente, a situação viria a se agravar, pois a balança política da região tornava-se favorável ao ambicioso sultão turco Murad II. Sob sua liderança, os turcos haviam destruído os sérvios e os búlgaros e em breve iriam desferir um ataque final aos gregos. Vlad Dracul viria assim cometer sua primeira impostura assinando um tratado extremamente traiçoeiro com os turcos e que o colocaria contra os sucessores do seu tutor e protetor, o recém-falecido imperador Sigismund.

No ano 1438, Vlad Dracul e seu filho Mírcea acompanharam uma incursão transilvana do sultão Murad II, assassinando, pilhando e queimando cidades e propriedades de cidadãos transilvanos, como era tradição turca. Os habitantes da região acataram a decisão de Vlad, acreditando que, ao ter um representante de seu reino acompanhando os turcos, eles ficariam em melhor situação de negociação e apenas as propriedades seriam destruídas, suas vidas poupadas e não seriam escravizados. Com esse acordo, a vida de muitos católicos foi poupada e Vlad Dracul conseguiu salvar pelo menos a cidade de Serbes da total destruição. Esse tipo de incidente levou os turcos a questionarem a lealdade de Vlad Dracul. No ano 1442, Vlad Dracul e seus dois filhos, Vlad (o futuro Empalador) e Radu, após cruzarem o Danúbio, foram capturados e aprisionados em cadeias de ferro. Posteriormente foram transferidos para a cidade de Gallipoli e, confrontando seu acusador, Dracul renovou seus juramentos de fidelidade a Murad II; como prova disso, deixou seus filhos como reféns do sultão.

Inicialmente os filhos do Dragão são colocados em prisão domiciliar no palácio do sultão em Gallipoli e, posteriormente, por questões de segurança, são transferidos para Egrigroz, na Ásia Menor. Esse cárcere para os dois irmãos duraria até o ano 1448, enquanto Radu se envolveria com os turcos e até mesmo viria a se tornar o favorito dos jovens que prestavam serviços sexuais ao sultão. Seu irmão Vlad não se submeteria aos carcereiros, desenvolveria um profundo estado interior de nunca mais confiar em ninguém e um forte senso de vingança e retaliação pelo que havia sofrido. Ardiloso, imprevisível, versado no famigerado cinismo bizantino, aprendeu o idioma turco como um nativo e os prazeres da ala feminina do harém do sultão – visto que seu cárcere não era tão restritivo quanto pode se imaginar. Enquanto isso, Radu tornou-se conivente e subserviente aos turcos, sendo quase um amante de Mehemed II. Vlad apenas esperava seu momento. Nesse meio tempo, Vlad Dracul pai encontrara a morte, vítima de seus próprios jogos políticos, por ordem de João Huynadi, irritado com os flertes entre o Dragão e os turcos. No livro *Em Busca de Drácula e outros Vampiros*, de Radu Florescu e Raymond McNally, os autores afirmam: *"A política de Dracul a favor dos turcos era facilmente explicável, se não por outro motivo, para a salvar seus filhos de uma inevitável vingança e possível morte. O filho mais velho de Dracul, Mírcea, fora cegado com ferro em brasa e queimado vivo por seus inimigos políticos em Tirgoviste. Essa morte e as circunstâncias traiçoeiras que cercaram a morte de seu irmão revelaram ter deixado fortes marcas no jovem príncipe Drácula, logo após sua ascensão ao poder. O assassinato de Vlad Dracul pai teve lugar nos pântanos de Baltenir, próximos a um velho monastério que ainda existe ali. Houve, no entanto, alguma justificativa para a premeditação desse assassinato por Huynadi.*

Ao tempo de sua prisão... Dracul havia jurado que jamais tomaria armas contra os turcos, uma flagrante violação de seu juramento anterior como membro da Ordem do Dragão. Uma vez seguro na sua posição de príncipe, e não obstante o fato de seus filhos serem reféns dos turcos, Dracul reavaliou in extremis *seu juramento ao sacro imperador romano, e juntou-se na luta contra os turcos, sendo ele mesmo absolvido do seu juramento a favor dos turcos, pelo papa católico. Isso significava que podia participar das cruzadas dos Bálcãs organizadas por Huynadi contra o sultão Murad II. O príncipe sérvio Brankovic teve seus dois filhos cegados pelos turcos quando fora desleal com o sultão, e Dracul temeu o mesmo destino trágico para seus próprios filhos. Ele escreveu desconsolado aos chefes de Brasov no fim de 1443: 'Por favor entendam que permiti que meus filhos fossem massacrados em favor da paz cristã, de modo que eu e meu país pudéssemos continuar vassalos do Sacro Império Romano'... [E ainda que...] foi quase um milagre que os turcos não tenham decapitado Drácula e Radu. O irmão mais velho de Drácula, Mírcea, não Dracul, teve efetivamente o papel mais ativo no que foi descrito como 'a longa campanha' de 1443. Do ponto de vista Valáquio, essa campanha teve imenso sucesso. Ela permitiu a captura da cidadela de Giurgiu (construída a um alto custo para a Wallachia pelo avô de Drácula* [aquele mesmo que escravizou os ciganos da região], *e ameaçou o poder turco na Bulgária. (...) No entanto, a campanha de Huynadi em Varna em 1444... organizada em escala muito ambiciosa e que chegou até o Mar Negro, acabou em desastre. O jovem e inexperiente rei da polônia, Ladislao III, morreu na ocasião, tal como o núncio papal Juliano Cesarini. Huynadi conseguiu fugir e sobreviveu apenas porque os wallachios conheciam suficientemente o terreno para conduzi-los em segurança. Nas inevitáveis recriminações que se seguiriam, Dracul e Mírcea atribuiriam pessoalmente a Huynadi a responsabilidade pela magnitude da derrota. Um conselho de guerra reunido em algum lugar na Dobrogea julgou Huynadi responsável pelo fracasso cristão e, por maioria, embora em boa parte em razão da insistência de Mírcea, sentenciou-o à morte, mas os serviços prestados por Huynadi e sua grande reputação... pouparam-lhe a vida, e Vlad Dracul pai assegurou sua passagem a salvo para a Transilvânia. Todavia, a partir do momento em que os Huynadi contrariaram os Dráculas, particularmente Mírcea, surgiu um grande ódio entre eles. A sede de vingança que decorreu de tudo isso foi afinal aplacada com as mortes de Dracul (pai) e Mírcea. Depois de 1447, Huynadi pôs a coroa wallachia nas mãos confiáveis... de descendentes do tio-avô de Drácula"*. Como era de se esperar, Huynadi iniciou uma guerrra contra Drácula nos arredores de Tirgoviste, culminando com o assasinato de Vlad Dracul pai. Mírcea foi capturado, torturado e morto pelos boiardos (a elite dominante alemã da região). A morte do pai e de seu irmão tornou Vlad o sucessor ao trono muito jovem, com uma idade que devia girar entre 18 e 20 anos. A situação, no entanto, agravou-se com um movimento de uma facção dos turcos que tentou colocar Drácula no trono wallachio, enquanto o então governante Vladislav II e Huynadi combatiam ao sul do Danúbio. Esse estranho golpe de Estado deu certo por cerca de dois meses. *"Porém, o arredio Drácula, temeroso dos assassinos transilvanos de seu pai e igualmente relutante em voltar para seus captores turcos, escolheu fugir para Moldávia, o mais ao norte possível dos principados romenos governados pelo príncipe Bogdan e seu filho Estevão, primo de Drácula".*

Com esta escolha estratégica, Drácula e Estevão desenvolveram uma profunda e duradoura amizade, com promessas de suporte mútuo à força de armas, se preciso. Acredita-se que nesse período Drácula teve sua primeira esposa ou amante, uma cidadã da Transilvânia por quem ele se apaixonou logo após sua fuga dos turcos. Porém, os relatos dizem que ele não era feliz no casamento e no decorrer das noites andava disfarçado e buscava a companhia de outras mulheres mais humildes que se tornavam suas amantes por um curto espaço de tempo. Há quem diga que ele buscava outras mulheres por desconfiar das intenções de seus captores nesse período. Relatos dos camponeses romenos dizem que uma de suas amantes foi morta por ele mesmo acusada de infidelidade e seu destino foi mais cruel que o de Ana Bolena. Como bom devoto católico preocupado com a sobrevivência da alma, deu a ela um enterro católico honroso.

Outra característica interessante é que Drácula era profundamente católico e fazia questão de andar em sua corte acompanhado por padres e clérigos tanto ortodoxos como romanos. Era dado a longos momentos de reflexão, meditação e confinamento em diversos monastérios, como o de Tismana, no oeste da Wallachia. Homens como Drácula acreditavam que a construção de obras religiosas e ricas doações às igrejas contribuíam para a erradicação de seus pecados. Cada um dos filhos de Vlad Dracul foi responsável por não menos de 50 fundações monásticas e religiosas. O monastério era sempre uma boa forma e pretexto para interferir e controlar os assuntos das igrejas católicas e ortodoxas. Drácula tinha um contato e apreço especiais pelos monges franciscanos de Tirgoviste e para com o mosteiro Cisterciense de Carta, sendo comum a visita de seus integrantes ao seu castelo. Outra atividade de entretenimento de Drácula era a pesca de trutas nos lagos localizados nos surbúrbios de Tirgoviste, além, é claro, de piqueniques e orgias. Um dos locais favoritos era os arredores do mosteiro da Colina dos

Vinhedos, uma construção de inegável beleza e perfil puramente bizantino. Talvez nesse clima melancólico e agrário, esse pudesse ser o local de descanso de Vlad Dracul, pai de Drácula e do seu irmão Mírcea, entre outros parentes posteriores que carregaram o sangue do dragão.

Na sede do poder moldavo, em Suceava, os dois primos prosseguiram com sua educação eclesiástica sob a supervisão dos monges eruditos. O filho do Dragão permaneceu na Moldávia até o ano 1451, quando aconteceu o assassinato de Bogdan pelas mãos de seu rival Petru Aron.

Provavelmente por falta de opção, Drácula se dirige à Transilvânia e entrega-se ao destino nas mãos de Huynadi, responsável pela morte de seu pai. Especula-se que Drácula estivesse a par de que o atual príncipe da Wallachia estivesse cedendo à pressão da política e da didática de intimidação turca e se distanciando de seus protetores húngaros. Basicamente, e com o devido lastro, uma repetição da situação que o pai de Drácula havia enfrentado. Para os Huynadi era interessante ter um descendente ao trono sobressalente, como Drácula, ao seu lado no caso de o presente príncipe da Wallachia bandear para o lado dos turcos. Dessa forma, Drácula foi tutorado e treinado nas artes da guerra e da política por Huynadi, seu mais importante educador nas artes militares.

A educação tutoral teve lá suas vantagens pois, com aproximadamente 30 anos de idade, Drácula foi apresentado à corte dos Habsburgos da Hungria comandada por Ladislao V. Entre banquetes, bailes e atividades da corte, conheceu seu futuro rival político Matias, que era filho de seu tutor.

Durante o perído de 1451 a 1456 tomou parte pessoalmente em muitas campanhas de Hunyadi contra os invasores turcos, sendo extremamente bem-sucedido e ganhando moral das tropas e dos homens que estiveram a seu serviço. No ano 1456, candidatou-se ao trono wallachio, de onde havia fugido em 1448. Dessa vez, ele retornara para sua terra natal com o objetivo de destronar o príncipe da Wallachia que enfim havia cedido aos turcos. Seria um ano de grandes triunfos e até mesmo de orgulho para seu tutor Huynadi, mas este morreu derrotado pela peste na campanha de Belgrado.

Contam que, no período entre 1451 e 1456, Drácula residiu novamente na Transilvânia, não mais na casa de sua família em Sighisoara e sim na cidade de Sibiu, para ficar próximo da fronteira wallachia. Nessa cidade, ele foi informado por diversos fugitivos e refugiados sobre a queda de Constantinopla pelas mãos dos turcos. O pai de Drácula havia vivido um curto espaço de tempo na grande capital, como pajem, a serviço do imperador Constantino XI. Este imperador havia morrido como um herói defendendo as muralhas de sua cidade. Ainda segundo os refugiados, o novo sultão, Mehemed II, que Drácula havia conhecido bem de perto quando foi prisioneiro dos turcos, pretendia prosseguir com a invasão do continente europeu atacando pela Transilvânia e começando com a tomada da cidade onde ele residia. Sibiu era considerada uma cidade inexpugnável na Romênia.

O mês de junho de 1456, ano da coroação de Drácula como príncipe da Wallachia, foi marcado por um acontecimento celeste interessantíssimo: a passagem de um vistoso cometa registrado por astrônomos chineses e europeus. Tamanho era seu brilho, que alguns imaginavam que ele tinha duas caudas douradas e ocupava metade do céu, uma apontando para o Oriente e outra para o Ocidente, parecendo uma chama ondulante no céu noturno. Os supersticiosos viam nesse cometa um sinal de catástrofes naturais, pestes e invasões. Com a morte do tutor de Drácula em Belgrado, os boatos e maus agouros foram amplamente exagerados pela população. Os astrólogos da corte de Drácula e seus oraculistas, no entanto, interpretaram o cometa como sinal de vitória. O que é particularmente interessante, demonstrando a presença e a importância que oraculistas e astrólogos desfrutavam nesses tempos junto à corte de Drácula. Até mesmo uma moeda retratando tal acontecimento foi criada, com a Águia Wallachia de um lado e uma tosca estrela de seis pontas puxando raios ondulantes do outro. Nos séculos posteriores, esse cometa ficaria conhecido como Cometa Halley.

No entanto, para a visão de Drácula, ou pelo menos nas pesquisas de Radu Florescu e Raymond McNally, tínhamos uma situação social peculiar. Os habitantes da cidade de Sibiu eram em sua maioria estrangeiros que tentavam perpetuar seu monopólio do comércio com os diversos principados romenos. Eram saxões intrigueiros conscientes do autoritarismo de Drácula, bastante ansiosos por subverter a autoridade dele na Transilvânia e garantir asilo aos contestadores do trono wallachio. A mesma situação repetia-se na cidade de Brasov. Ainda falando em Sibiu, lá residia o meio-irmão de Drácula, conhecido como Vlad, o Monge, que se posicionava como seu rival político. Algumas decisões bastante imprevisíveis foram acertadas pelo Filho do Dragão, a partir do ano 1457 até o ano 1460, enquanto era príncipe da Wallachia.

A primeira medida incluiu ataques relâmpagos avassaladores em que tudo era pilhado e incinerado – incluindo fazendas e vilarejos. Apenas uma pequena parte da cidade de Sibiu resistiu graças às suas fortes muralhas. O propósito pode ter sido a captura do meio-irmão de Drácula e servir como lição para seus habitantes nunca mais darem abrigo, alimento ou proteção aos candidatos rivais. A região foi impiedosamente devastada pelo próprio Drácula com um contingente de mais de 20 mil homens. O número de vítimas somou mais de 10 mil, todas habitantes da região, as quais foram mortas, mutiladas e empaladas. A justificativa legada para a História é de que os cidadãos alemães de Sibiu estavam envolvidos em práticas de comércio desonestas às expensas dos mercadores wallachios. Há quem diga que a pilhagem e os prejuízos foram maiores do que as incursões turcas de 1438. Com isso, o terror estava instalado.

Uma segunda leva de ataques viria a ocorrer na cidade de Brasov. Esta tinha a duvidosa honra de haver testemunhado em suas colinas os famosos empalamentos ordenados por Drácula, que o tornariam conhecido como Vlad, o Empalador. Essa imagem serviria como seu cartão de visita. Os sobreviventes alemães, ao fugir da região, encontrariam no seu país as primeiras máquinas de impressão e lançariam diversos textos sobre o cruel Voivoida Dracula. Outras cidades daquela área também foram vítimas de seus ataques relâmpagos e de suas pilhagens.

Entre os anos 1458 e 1459, não era recomendado ser saxão ou alemão nas vizinhanças de Drácula, o qual decidiu aumentar as tarifas dos bens na Transilvânia a favor dos manufatureiros locais, em uma violação dos tratados anteriormente assinados por ele no início do seu segundo reinado. Os alemãos viram-se obrigados a voltar ao antigo costume de expor suas mercadorias apenas em determinadas cidades. Tal escolha fechou o comércio alemão em muitas cidades proveitosas, incluindo a estrada do Danúbio. A cidade de Brasov sofreu pesadamente com isso ao tentar ignorar essas medidas. Na primavera do ano 1460, finalmente Drácula teve sua vingança e matou o antigo príncipe wallachio que havia debandado para o lado dos turcos, sendo que apenas sete dos seus assessores conseguiram escapar. O foco dos ataques de Drácula eram os estrangeiros que habitavam suas terras. E as poucas estatísticas desses ataques até hoje são fornecidas por documentos alemães, e há uma forte especulação de que os números foram exagerados, o que exige serem avaliados com profunda cautela. O certo é que em agosto de 1460, ao tomar a cidade de Amlas, mais de 20 mil pessoas entre homens, mulheres e crianças encontraram a morte de forma hedionda pelo empalamento, na chamada noite de São Bartolomeu. Um número muito superior ao de Catarina de Médicis em Paris, no século seguinte. Depois do ano 1460, o ataque e a violência de Drácula contra os alemãos diminuíram e as más línguas dizem que o número deles havia sido pesadamente reduzido. Novos tratados comerciais foram criados e assinados juntamente com obrigações prévias ou a atenção de Drácula. Há quem diga que todos esses ataques faziam parte de uma ética de estadista e de um plano muito mais ambicioso – transformar-se em um mito que inspirasse medo e terror no coração do Império Turco e da horda de invasores que se aproximavam de suas terrras. A didática do terror não foi uma criação de Drácula, como o leitor bem sabe. Corpos empalados em estacas ao longo do caminho que o invasor passará, corpos decepados amarrados em árvores juntamente com as espadas dos inimigos e outras variações existem desde tempos ancestrais e nas mais diversas localizações geográficas da Terra. Até mesmo na Guerra de Canudos, no Brasil, os seguidores de Antônio Conselheiro faziam uso desse tipo de estratégia funcional para intimidar o soldados do Exército. Drácula levaria a fama, no final das contas, graças às publicações dos alemães e as lendas populares sobre sua sanguinolência. Com a morte do imperador Sigismund, em 1437, o líder da Ordem do Dragão, uma das principais Ordens de Cavalaria envolvidas no combate aos turcos; com a morte de Vlad Dracul, em 1444, e também com a morte de Huynadi, em 1456, as forças remanescentes da cristandade encontravam-se divididas em disputas sucessórias e ajustes de forças, o que contribuiu severamente para a conquista de Constantinopla pelos turcos, em 1453, três anos antes da segunda ascensão de Drácula ao trono da Wallachia. O fim da independência búlgaro-sérvia e a queda do Império Grego posicionam a Wallachia como a vanguarda da cruzada antiturca. A Moldávia encontrava-se nas mãos de Estevão, primo de Drácula, que logo se tornaria um herói da Europa católica depois de Huynadi. Lembra-se da promessa que um primo fez ao outro de apoio? Um ano após a ascensão de Drácula ao trono da Wallachia, ele cumpriu sua promessa e enviou um contingente de soldados wallachios para auxiliar Estevão na retomada da coroa de seus antepassados. Assim, Drácula ajudou o maior soldado, estadista e homem de grande cultura que a Renascença romena produziu, e que posteriormente viria a ser canonizado como Santo Estevão pelos ortodoxos em 1972.

Após a queda de Constantinopla, os poderes remanescentes da Europa Central e Oriental dedicaram-se a libertar as terras dos Bálcãs conquistadas pelos turcos. Em 1459, o papa Pio II já reunia os nobres no Concílio de Mântua para alertar os governantes incrédulos sobre os planos e ambições imperialistas do sultão Mehemed, que destruiria a Europa se continuassem. E assim pediu aos bons reis e príncipes a angariação de fundos para encarar a guerra que se formava no horizonte. Na Hungria, a disputa sucessória após a morte de Huynadi (1456) prosseguia ferozmente entre os Habsburgo e os parentes de Huynadi. Drácula permaneceu fiel durante essa disputa à família de seu antigo tutor. O Sacro Império Romano-Germânico estava mergulhado em assuntos internos e não se animou para responder à convocação do papa. No ano 1458, Matias, filho de Huynadi, que Drácula conheceu quando jovem, realizou manobra para tornar-se rei da Hungria. Drácula via com bons olhos essa manobra e esperava que ele apoiasse efetivamente a cruzada contra os turcos que o papa tentava organizar. Infelizmente, Matias decepcionou Drácula e o papa por não oferecer apoio efetivo para a cruzada, assim como muitos outros reinos e potentados europeus, que estavam mergulhados em querelas internas. O apoio ficou só nas palavras, encorajamento e incentivo. Um fato interessante narra que Drácula, quando soube do destino trágico de seu irmão Mírcea, em 1456, ordenou a exumação de seu cadáver. Ao ver que o corpo estava amarrado e de costas dentro do caixão, planejou uma severa vingança aos boiardos da região responsáveis pela morte, capturando-os durante os festejos da Páscoa e os colocando para trabalhar como escravos na construção de sua fortaleza nas montanhas. Os escravos foram alimentados o suficiente para continuarem vivos durante as penosas condições de trabalho. Até a década em que foi lançado o livro *Drácula e outros Vampiros,* existiam relatos sobre como o lugar era amaldiçoado. Interessante observar que na Romênia, até os dias de hoje, o morcego é associado à transmissão da hidrofobia (raiva) – não exatamente do vampirismo. As epidemias de raiva geraram histórias folclóricas curiosas nos séculos seguintes, que foram muito bem utilizadas para disseminar e instaurar o terror católico contra seus vampiros caricatos. Drácula acabou sendo o único governante que respondeu ao pedido de arrecadação e à conclamação papal, o que atraiu comentários sobre sua coragem de diversas cortes italianas e um vistoso reconhecimento do próprio papa Pio II. Naturalmente, as ações pregressas e cruéis, assim como as táticas de Drácula, eram conhecidas pelo papa e todos os reinos. Mas o fato de sua coragem e disposição de combater pelos católicos atraiu admiração e reconhecimento. Nesse momento, as relações de Drácula com os turcos encontravam-se acomodadas, pois ele cumpria suas obrigações de vassalagem, pagamento de tributos e uma ou outra visita ocasional a Constantinopla, mesmo mantendo votos com o papa e a Hungria. Em setembro de 1456, Drácula já manifestava indícios aos seus aliados de que poderia haver problema. Seus tributos foram pagos apenas até o ano 1459, quando seu interesse na perseguição aos boiardos e saxões se intensificou. De 1459 a 1461, os turcos foram deixados sem pagamento e decidiram fazer cobranças referentes às violações dos acordos. Dentre as exigências, os turcos queriam a entrega de 500 jovens para compor sua infantaria de elite. Não era uma novidade, dado o fato de que muitos invasores turcos foram estaqueados por adentrarem as terras de Drácula para raptar jovens – Vlad Tepes não aceitava esta condição. E muitas outras coisas ocorreram, o que foi complicando e azedando a relação Wallachia-Turquia. Um dos movimentos turcos foi o encorajamento de Radu, o Belo – irmão de Drácula que vivia em Constantinopla desde sua libertação em 1448 – para que se candidatasse ao trono da Wallachia. Antes do corte de relações entre o sultão e Drácula, por meio de seus servos, ele ainda ofereceu uma última chance para Vlad reconsiderar uma negociação pessoalmente em Constantinopla. Vlad recordava-se de como seu pai havia sido traído com uma proposta semelhante e escusou-se dizendo que se naquele momento houvesse algum afastamento dele de seu reino, inimigos políticos ficariam mais fortes. Essa recusa, para os turcos, evidenciou que Vlad estava sustentando relações e alianças diplomáticas com a Hungria e outros oponentes em potencial. As negociações finais desses tributos terminaram com a astúcia de Drácula ao capturar com seus soldados uma importante fortaleza turca nos arredores do Danúbio – houve chacina dos moradores e incêndio, marcando uma campanha que teve início às margens do rio e estendeu-se até o Mar Negro com a chegada do inverno. Toda essa campanha deu a Drácula a fama de agressor e marcou o começo efetivo das hostilidades entre ele e o sultão.

A campanha baseada em técnicas de guerrilha anfíbia reproduzia os feitos de Huynadi em pleno território búlgaro dominado pelos turcos, infligindo potentes baixas ao exército inimigo.

Drácula e seus soldados não perdiam a oportunidade de separar cabeças dos corpos e deixar mortos estaqueados por toda parte, como forma de apavorar o adversário. As disposições circulares dos empalados emprestavam ares de feitiçaria e de um horror pagão aos olhos dos turcos. As fortalezas que não foram tomadas por Drácula e seus soldados foram incineradas, e a quantidade de baixas infligidas aos turcos foi gigantesca. A bem-sucedida e ofensiva campanha do Danúbio deu para Drácula a reputação de cruzado e defensor da cristandade. Um novo foco de esperança e de liberdade foi aceso nas terras dominadas pelos turcos, como a Grécia, a Bulgária e a Sérvia, povos escravizados que voltaram a sonhar com a liberdade do julgo do invasor. Hinos de louvor eram cantados a Drácula em Gênova e Paris em gratidão à sua cruzada solitária.

O terror e o medo chegaram a Constantinopla naquele inverno. Alguns chefes turcos já cogitavam abandonar a Europa ocupada e seguir para a Ásia menor. Um simples plano de assassinato havia dado errado, o vasto poderio do sultão havia sido desafiado e, ainda, os povos escravizados voltavam a ter esperança de libertação e assistia-se ao surgimento de focos de resistência ao domínio turco. Foi um inverno penoso para os turcos, eclipsados pela sombra de um Dragão solitário.

Na primavera de 1462, Mehemed decidiu investir contra a Wallachia e tomá-la para si. Drácula era uma lenda, quase um mito, e terrivelmente perigoso para seu império recém-estabelecido. O sultão reuniu uma vistosa força invasora, tão grandiosa quanto a que havia tomado Constantinopla em 1453. O próprio sultão comandaria esse imenso poderio militar, deslocado através do Bósforo em barcos e barcaças. Uma segunda força se reuniria na Bulgária e invadiria a Wallachia a partir da fortaleza de Giurgiu, unindo-se ao contingente principal em Tirgoviste. Era algo realmente grandioso. Na Wallachia, Drácula possuía um contingente de apenas 30.900 homens. Como a independência do país estava ameaçada, essa força foi acrescida de crianças com mais de 12 anos e mulheres. Drácula também esperava contar com apoio húngaro de Matias.

Havia nesse processo elementos de feitiçaria, magia e ritualística de antigos cultos de fertilidade da terra, encontros e reavivações de mitos dácios, e muita coisa misturada em um caleidoscópio de terror e selvageria inimagináveis. Provavelmente, sim. Seria possível que nesse momento de guerrilha, antigos costumes dos povos que habitaram a Wallachia, Transilvânia e Moldávia fossem retomados ou relembrados pelo povo? Teríamos Strigois e Vrykloakas lutando contra invasores estrangeiros turcos? Teríamos Russalies em transe atuando como oráculos?

Quem sabe teríamos o próprio Drácula utilizando artefatos ou conhecimentos secretos de magia aprendidos diretamente com seu pai e que proviessem da Ordem do Dragão? Romanticamente todas essas possibilidades são facilmente evocáveis para um leitor imaginativo. Afinal, em uma selvagem guerrilha de sobrevivência como essa vale tudo. Haveria até, quem sabe, um reavivamento do espírito dácio e de antigos costumes de guerra e religiosos. Não temos como saber. As fontes informativas que temos hoje são míseras e escassas; muita coisa é baseada em folclore popular e na imaginação hollywoodiana do século XX. Da minha parte, penso que, quando um ou mais agrupamentos sociais convivem juntos, é natural que surjam espontaneamente ritos sociais, tradições e outros elementos que reforcem a sua moral coletiva e lhes provenham sentido para sustentar uma guerrilha armada contra um inimigo infinitamente mais poderoso.

Quando falamos em guerrilhas contra inimigos belicamente mais preparados e em maior número, o leitor do século XXI já está bem acostumado com relatos como o dos espartanos comandados por Leônidas nos desfiladeiros das Termópilas combatendo o exército persa com apenas 300 soldados. O leitor está mais ou menos familiarizado com os hunos e seu líder Átila, os quais com seu reino de guerreiros montados com potentes arcos e flechas fizeram conquistas relevantes no continente europeu. Não podemos esquecer das invasões mongóis e orientais dos khans no mesmo continente e de como povos em menor número resistiram e sobreviveram a tudo isso, com conhecimentos de guerrilha e principalmente do território onde eles e seus ancestrais viveram. Você também não precisa ir tão longe no tempo, vide a derrota norte-americana na guerra do Vietnã e posteriormente na invasão do Iraque, no governo Bush.

A utilização do terror e de didáticas intimidatórias apavorantes – como corpos empalados, cabeças em estacas e a guerra de boatos e lendas – não foi uma tática criada por Drácula. Ele foi muito criativo nessa arte pavorosa e pode até ser que nos empalamentos tenha utilizado disposições circulares de corpos para que todos eles pudessem ser vistos por múltiplos ângulos e em uma cenografia macabra que ressaltasse ainda mais o terror para quem estivesse chegando. Assim como os povos anteriores a Drácula e das regiões governadas por ele faziam o mesmo em um passado distante.

Se havia ou não uma fundamentação religiosa nesse processo, não temos como saber pela escassez de documentos. Arrisco apostar no uso de tais recursos como didática e cenografia intimidatória, aprendida em estudos militares com seus diversos tutores, e uma imaginação perversa e ardilosa. Fico com essa ideia baseado no que os estudos apontam sobre Drácula ser profundamante católico e envolvido nesse contexto religioso, principalmente no momento em que empreendeu uma cruzada solitária. O uso de camuflagem, como grossas peles de animais, rostos pintados de negro, paredes falsas com galhos de árvore, arqueiros ocultos nas árvores, eram algumas das táticas mais previsíveis – e que facilmente seriam associadas ao sobrenatural. Peles de ursos e lobos poderiam muito bem dar o ar de lobisomens ou ainda outras feras *mágickas*. Dependendo de como fossem utilizados, sinos de vento e outros recursos poderiam se tornar extremamente intimidadores. Enquanto Drácula conduzia sua gente para as montanhas ao norte de seu país onde era mais fácil resistir, encontramos no seu repertório criativo as seguintes táticas de guerrilha:

> – O exército de Drácula era composto em sua maioria por camponeses livres, com posse de terras nas montanhas e algumas regiões inacessíveis – extremamente devotos do Catolicismo sincretizado com antigas simpatias e costumes. Tanto que até os dias de hoje mantêm um cerimonial católico em uma gruta, repleta de simbolismo e religiosidade antigas. Algo no geral comum por toda Europa. Séculos depois de Drácula, esses camponeses permanecem nas mesmas regiões; nem o coletivismo comunista foi capaz de se instalar em suas terras.

> – A invenção da guerra bacteriológica. Ele convencia leprosos e doentes da peste a se disfarçarem e se misturar às tropas turcas, para assim contaminar os inimigos. Embora eu acredite que para defender a terra natal de uma invasão destruidora valha tudo. Esse tipo de boato recorda uma alteração daquela lenda das conspirações dos leprosos muito comum no século anterior a Drácula. Entretanto, relatos dos soldados turcos confirmam que a peste realmente dizimou potencialmente as tropas invasoras.

> – Envenenamento de poços e fontes de água, destruição de plantações, queima das colheitas, extermínio dos rebanhos e destruição dos abrigos que pudessem servir/fornecer recursos ao exército invasor. Despovoamento de regiões urbanas e afins.

> – Preenchimento do antigo território com armadilhas, construção de represas temporárias para secar rios e riachos e assim criar pântanos que dificultassem o avanço do invasor.

– Ataques relâmpagos a tropas afastadas do núcleo do exército e retorno para a floresta por trilhas desconhecidas e descobertas por meio do amplo conhecimento territorial dos guerreiros. Cavalarias com ferraduras invertidas colaboravam com esse fator para dissimular seus rastros.

– Mulheres e crianças foram levadas para uma região pantanosa quase inacessível e desconhecida durante o período da guerra.

– Em 17 de julho de 1462, para a defesa da capital Tirgoviste, Drácula comandou um formidável ataque noturno ao acampamento principal do sultão e por muito pouco não triunfou sobre o poderio do exército inimigo, quase tendo sucesso em executar o sultão Mehemed II. O ataque instaurou um grau de terror inigualável no exército inimigo. Esse ataque pesou sobre a elite do exército invasor, mas alguns dos melhores guerreiros de Drácula também pereceram. Entretanto, o dano moral e os danos às tropas invasoras foram altíssimos e consolidaram o imaginário aterrorizante de Drácula, chamado de "o Empalador" entre os turcos.

Um dado interessante é que o verão de 1462 foi um dos mais quentes e avassaladores de todos os tempos naquela região. Tamanho era o calor que as armaduras turcas fritavam por dentro e incapacitavam seus guerreiros. Mesmo com um exército desmoralizado, o sultão e seus guerreiros insistiram em prosseguir pela tortuosa trilha atrás de Drácula. A capital Tirgoviste foi encontrada abandonada e desprovida de recursos alimentares e de água potável. Alguns quilômetros mais ao norte, por meio de uma terra destruída e consumida, os turcos encontraram o espetáculo mais aterrador de todos, reservado e preparado para eles. Uma longa extensão de uma garganta, com cerca de um quilômetro e meio, forrada dos corpos empalados dos aliados turcos, soldados turcos, habitantes romenos mortos durante o confronto e aliados próximos do sultão. O horror foi tão grande que o próprio sultão admitiu que não poderia tomar a terra de um homem autor de tais atrocidades... O sultão partiu das terras de Drácula tão logo pôde, embarcando em uma frota ancorada perto do local.

Um triunfo do horror sobre o mundo civilizado seriam as palavras para concluir esse momento da guerra.

Após deixar a terra, o sultão escolheu uma nova estratégia baseada em gerar uma "guerra civil". Assim, nomeou o irmão de Drácula, Radu, o Belo, como comandante de seu contingente que lá permaneceu. Sua missão seria destruir Drácula e tomar o principado para os turcos. A estratégia não era mais tornar a Wallachia um domínio turco, e sim um domínio comandado por um herdeiro real sujeito ao Império Turco para ganhar a confiança da população. Os atos do governo de Drácula colocaram contra ele a elite econômica dos boiardos (os tais colonos alemães que passaram maus bocados em suas mãos). Essa elite rapidamente se aliou aos turcos, entendendo que eles eram mais poderosos do que as forças de guerrilha de Drácula. Assim, Radu, o Belo, herdeiro de Vlad Drakul, receberia o trono legitimamente.

Os relatos posteriores sobre o que aconteceria com Drácula originam-se de camponeses romenos. Drácula e uns poucos homens que sobreviveram foram para as montanhas do norte rumo à sua fortaleza, que havia sido construída sobre um antigo forte dos dácios. Os turcos os alcançaram com razoável sucesso a alguns dias de distância. Tão rapidamente quanto chegaram aos arredores, iniciaram o disparo de seus canhões contra a solitária fortaleza. Enquanto lá permaneciam, enviaram a localização para outras tropas comandadas por Radu. A derrota de Drácula era certa. Os relatos contam que era uma noite sem Lua a que antecedia o ataque... Um agente infiltrado entre os turcos disparou uma flecha em uma das janelas do castelo, denunciando o ataque iminente. Dizem que a própria esposa de Drácula encontrou a flecha. Os relatos dos conselheiros de Drácula são de que a própria princesa o informou sobre o conteúdo da mensagem, e lhe disse que preferia ter seu corpo devorado pelos peixes do Rio Arges a ser capturada pelos turcos...

"Sendo assim, rapidamente pôs-se a correr pelas escadas espiraladas até o ponto mais alto, onde talvez corujas e morcegos voassem na escuridão noturna... quem sabe, mirando seu olhar apavorado nos olhar deles tenha aberto os braços e corrido ao seu abraço..." Até hoje aquele trecho do Rio Arges é conhecido como Riul Doannei, rio da princesa. Alguns românticos, como eu, podem chamá-lo de "Rio das Lágrimas da Princesa". Este é o único relato que temos sobre a primeira esposa de Drácula.

Drácula conhecia os horrores da prisão turca, mas não pretendia se suicidar ou desistir de sua guerra. Assim, com a ajuda de seus fiéis guerreiros, traçou uma possível rota de fuga por meio dos inacessíveis e traiçoeiros Alpes Transilvânicos, recobertos de gelo mesmo no verão. Uma vez mais ele contou com a inestimável ajuda dos habitantes locais e a coragem de seus guerreiros. Na noite seguinte, passagens secretas, cavalos com ferraduras invertidas, trilhas desconhecidas pelos turcos e outros artifícios foram utilizados para a difícil fuga. Esta quase foi bem-sucedida, exceto porque, no seu decorrer, o filho de Drácula – com cerca de 10 anos – caiu da montaria do pai e perdeu-se no meio da confusão de tiros de canhão e perseguições de patrulhas turcas.

Os planos incluíam alcançar a Hungria e a fortaleza de Brasov, naquela época já governada pelo rei Matias da Hungria. A estratégia de fuga, no fim, teve êxito e os camponeses e soldados que participaram foram recompensados com vastas áreas de terras para eles e suas famílias, em caráter perpétuo; assim, não poderiam ser retirados por nenhum boiardo, rei ou eclesiático. Dizem que essa recompensa foi assinada sobre peles de lebres pelo próprio Drácula em uma rocha local chamada de "Mesa do Príncipe". Há quem diga que essas peles existem até hoje, porém nenhum historiador conseguiu vê-las. O filho de Drácula foi salvo e secretamente criado por camponeses locais até a maioridade, quando viria a conhecer o pai após o longo período de ausência. O encontro de Drácula e seu aliado Matias se daria algum tempo depois de aquele ter se instalado nos arredores de Brasov – e formar uma tropa mercenária. E assim aconteceram as primeiras reuniões com o rei Matias, que havia escrito ao papa com a promessa de auxiliar Drácula e dar combate aos turcos tão logo fosse possível. Pelo que indica a história, Drácula e Matias tiveram quase cinco semanas de reuniões infrutíferas na prefeitura da cidade. Após esse tempo, o rei concedeu a Drácula uma pequena força de ataque, prometendo uma ainda maior para breve. Assim, Drácula poderia iniciar o combate ao seu irmão "Radu, o Belo", o novo regente da Wallachia.

Infelizmente, tudo não passou de um ardil e, durante as movimentações iniciais, Drácula foi separado de seus guerreiros fiéis e rapidamente capturado pelo líder da pequena tropa concedida pelo rei Matias. Até o Natal de 1462, diversos julgamentos seriam realizados contra Drácula ao longo da Hungria para justificar sua prisão, apenas alguns meses após ele ter sido universalmente saudado como herói. Acredita-se que algumas das provas utilizadas nesses julgamentos tenham sido forjadas pelos turcos e boiardos para manchar a reputação de Drácula e instituir alianças que ele nunca havia formado. Após tanta difamação e humilhação, Drácula foi aprisionado sem mais poder contar com o auxílio do papa e de nobres de outros reinos. Assim, iniciou um período de aproximadamente 12 longos anos na prisão. Ao contrário do que se pensa, esse período foi bem documentado em cartas, incluindo até tentativas de reabilitação da imagem de Drácula. Mas a boataria e a imprensa marrom alemã irremediavelmente eram mais fortes e concentradas em atacá-lo, tachando-o de "matador de passarinhos e bebedor compulsivo de sangue".

Os saxões tiveram sua vingança no outono de 1462, quando colaboraram para a captura e aprisionamento de Drácula, chamando-o de inimigo da humanidade e arruinando sua reputação para a posteridade. O castelo de Brasov sobreviveu a inúmeros cercos e severas destruições desde sua construção pelos teutônicos, ainda no século XIII. Ele serviu de morada a alguns reis, entre os quais o próprio imperador Sigismund da Ordem do Dragão. Naquela época era habitado pelo rei Matias, filho de Huynadi (o antigo tutor de Drácula). Embora ainda hoje o local sirva de ponto turístico como sendo o castelo de Drácula, vale ressaltar que ele apenas foi um visitante.

As fontes russas indicam que Drácula foi mais um refém político do que propriamente um prisioneiro e vivia bem instalado no palácio de verão do rei Matias, tendo acesso a passeios públicos sob vigia dos soldados e mais algumas regalias. Outro fato interessante era o iminente segundo casamento de Drácula com uma nobre da Hungria mencionado em documentos anteriores à sua captura. Acredita-se que tal casamento foi baseado no fato de Drácula renunciar publicamente sua fé ortodoxa e aceitar a fé católica como sua nova religião, o que lhe causaria o profundo desprezo dos russos. Há fontes que indicam que o rei na verdade propôs o casamento com um membro de sua família ou a morte na prisão. Se ele casasse com ela, seria um "bom" candidato a príncipe da Wallachia e teria o apoio dos húngaros. Nenhuma fonte confirma exatamente quanto durou a prisão, mas é certo que não se corteja uma princesa atrás das grades. Da minha parte, com base em dados disponíveis, acredito que tenha havido um período de quatro anos de prisão, seguindo-se um novo casamento que gerou dois filhos.

Nessa nova vida, ele teria vivido em Budapeste com a nova esposa e os dois filhos. Um relato conta que um ladrão infeliz tentou invadir sua casa, foi pego e apunhalado até a morte por Drácula. Tendo salvado sua esposa e seus filhos, causou vistoso júbilo na corte e um sorriso aprobativo do rei Matias. Após algum tempo de casado, perdoado de seus pecados pelo Catolicismo romano e bem instalado, o rei considerou que a imagem de Drácula estava bem reabilitada e que poderia novamente liderar um exército católico de cruzados.

Tudo parecia conspirar para um novo sucesso, na primavera de 1473. "Radu, o Belo" seria derrotado por "Estevão, o Grande". O sucessor de Radu era Besarabi III, o qual viria a governar até novembro de 1475 – porém, era considerado não confiável pelos húngaros. Drácula como candidato a príncipe da Wallachia era de longe o mais hábil e capacitado estrategista das hostes católicas. Sendo assim, a história ironicamente se repete e ele é destacado para assumir o comando da província fronteiriça da Transilvânia, assim como João Huynadi, pai de Matias Corvinus, havia feito no passado.

O que se segue é uma história de triunfo e ascendente tragédia pouco romântica. Já em 1474, Drácula retornou aos campos de batalha com sua sede de sangue ao lado de um cruel déspota servo e relembrou aos turcos os seus tempos de glória. Logo, retomou os laços de amizade e conseguiu perdão por divergências passadas com seu primo "Estevão da Moldávia"; e, assim, formaram uma forte parceria que duraria até os fins de Drácula. No verão de 1475, uma aliança contra os turcos foi então assinada por Drácula, Matias Corvinus e Estevão, servindo como base da nova cruzada antiotomana patrocinada por um novo papa chamado Sixto IV. Drácula e sua nova família passaram o inverno de 1475/1476 na antiga cidade de Sibiu. Ainda em janeiro de 1476, Vlad recebeu formalmente o apoio húngaro à sua candidatura a príncipe da Wallachia. A indicação rendeu uma carta de Besarabi aos líderes de Sibiu, retirando seu apoio e guarda da cidade.

Assim o rei Matias entregou a um de seus homens de confiança, Estevão Bathory, integrante da prestigiosa família húngara que residia na Transilvânia, a missão de retomar o trono com o apoio de alguns boiardos. Em novembro de 1476, Estevão Bathory renomeou Drácula como príncipe da Wallachia. Nesse momento, Drácula era um líder consolidado na vizinha Transilvânia e, em pouco tempo, viu-se obrigado a reorganizar suas tropas e partir para sua antiga terra a fim de assumir o novo cargo. Mas, ciente dos riscos, não levou junto sua esposa e os filhos por temer represálias.

Infelizmente, as forças de Bathory permaneceram pouco tempo na Wallachia e sua partida prematura acabou deixando Drácula em um ninho de víboras, pois lá ainda era considerado um criminoso de guerra pelos boiardos e apoiadores de Besarabi. Os únicos aliados de confiança eram um pequeno contingente de soldados moldavos e 200 guerreiros.

Em pouco tempo aconteceu uma nova batalha contra os turcos, iniciada com um poderoso ataque dos homens de Drácula – sem misericódia e tomados de fúria selvagem contra os invasores turcos. Entusiasmados, ou quem sabe procurando um melhor ponto de observação, Drácula e um pequeno contingente escalaram uma colina. Nela foram emboscados e atacados por um contingente desconhecido. Há que diga que foram turcos, ou besabarianos, ou ainda boiardos procurando vingança. O certo é que eles devem ter enfrentado a pior luta de suas vidas, pois, mesmo ferido por muitas lanças, o filho do Dragão resistiu bravamente, transformando os corpos dos inimigos em fatias de carne para os abutres e regando a mata verdejante com o sangue do inimigo turco. Ele e seu fiel séquito resistiram ao inimigo valentemente, até por fim tombarem com honra e sangue em suas espadas. De acordo com a história, Drácula foi decapitado e sua cabeça enviada para seus odiosos inimigos em Constantinopla, que a penduraram em praça pública para assinalar sua vitória sobre o "Dragão Empalador", que ainda assombrava as noites daquela terra. A notícia da morte de Drácula chegou à Europa Oriental, com grave pesar, apenas em fevereiro de 1477, um mês após sua morte.

Seria muito fácil e cômodo reduzir Vlad, o Empalador, e mesmo seu pai, a uma figura mística que evocava poderes *mágickos* negros. E quem sabe não fossem eles mesmos iniciados nos mistérios dos Bersekers ou no seu equivalente eslavo chamado Vrykloakas, como as pessoas fazem ao longo do tempo inspiradas pelo personagem do romance de Bram Stoker. Porém, a história coletada ao longo de documentação é continuamente mais instigante e surpreendente. Embora tecnicamente seu poderio estivesse localizado na Wallachia, ele possuía territórios como Amla e Fagaras – seu nome sempre esteve muito ligado à Transilvânia. Mesmo com seu castelo localizado do lado wallachio da fronteira, era vizinho dos Alpes da Transilvânia. Mas, se Drácula havia se tornado um terror para os germânicos, para o povo da Wallachia era um grande estadista nacional.

Para os turcos, era um inimigo cruel e, para os russos, um traidor da fé por ter abandonado a Igreja Ortodoxa. As moedas cunhadas no domínio de Vlad levavam de um lado o Estandarte do Dragão e do outro, o símbolo da Águia da Valáquia. Particularmente um simbolismo fortíssimo, ao meu ver, essa esfera que de um lado contém uma águia e de outro uma serpente/dragão. Um resumo de tantas mitologias e processos iniciáticos de inúmeros povos. Neste caso utilizado para expressar a vinculação de Vlad, o Empalador, que utilizava o Drakul como forma de se afirmar filho do Dragão, ou melhor, filho de Vlad da Ordem do Dragão. E esta foi a história deles até onde conhecemos; dizem que ele morreu e foi enterrado no mosteiro de Snagov, sempre assolado por violentas tempestades. Dizem que seu túmulo estava vazio quando foi encontrado. Outras fontes contam que o túmulo verdadeiro ainda continha um esqueleto e ficava próximo, dentro da mesma igreja. Será que ele volta ou está por aí como um regente saturnino oculto?

Vitorianismos, Flaneurs e olhando o Drácula do romance e o da cultura pop

Penso que o leitor se recorda do filme do Copolla de 1992, *Drácula de Bram Stoker*, e do momento em que Gary Oldman (interpretando o conde Drácula) crava a espada na cruz e sai sangue artificial de todo lado no templo. E, logo em seguida, renega o Cristianismo e "torna-se filho do Demônio". Essa cena intensa é a que acaba por apresentar o personagem conde Drácula para as novas gerações nos primeiros minutos do filme. Uma imagem forte e influente até hoje – que desperta em muitas pessoas um senso de rebeldia. Podemos ser rebeldes, mas com estilo e personalidades próprias, como ouvi de um amigo. Porém, esse Drácula do Gary Oldman já era bem diferente do personagem original do livro de Stoker. O Drácula de Gary Oldman revolta-se pela amada que se suicidou, que não será recebida no paraíso cristão da outra vida. Abandona o Deus pelo qual tanto tinha matado infiéis, embora o filme dê um tom de que Drácula abandona toda cristandade nesse momento. E, durante o filme, as únicas diferenças palpáveis entre os cristãos romanos e os ortodoxos são apenas as vestes. A produção cinematográfica de 1992 também não corresponde exatamente ao que foi narrado nas pesquisas históricas de Raymond McNally e Radu Florescu sobre o Vlad (filho), que precisou fugir do castelo no meio da noite por não ter mais como se defender de um contingente de invasores muçulmanos que vinham rumo a seu castelo, liderados por seu irmão Radu que se havia bandeado para os muçulmanos.

Sua esposa se suicida, como na versão cinematográfica, pulando no abismo, mas não vítima de uma carta falsificada pelos árabes e sim mais por medo e causas psicológicas do que por amor. E o filme também não conta que Vlad (filho) fugiu com um pequeno contingente de homens fiéis pela noite a fim de buscar ajuda de seu antigo aliado católico da Hungria. E chegando lá, após as negociações iniciais, acaba sendo preso e acusado injustamente por traição e união com os muçulmanos (aí sim houve uma carta falsificada).

Ficou pouco mais de dez anos confinado na prisão real, que ainda, segundo os relatos dos estudos do livro *Em Busca de Drácula e outros Vampiros*, pode não ter sido tão subterrânea e desumana como retratada no filme romeno *Príncipe das Trevas*, de 2000. Inclusive, esse Drácula passou mais tempo preso do que reinando.

Seu corpo foi sepultado na ilha do Mosteiro de Snagov, cercado de mistérios e dos muitos acidentes naturais espalhados pela região. No século XX, seu túmulo teria sido aberto e, dizem, encontrado somente com ossos de animais. A história acabaria aqui e deixaria muita gente feliz. Só que alguns anos depois, ao escavarem dentro do mosteiro, próximo ao suposto túmulo, foi encontrado um corpo que, pelas descrições dos arqueólogos, era o de Vlad (filho). Particularmente, prefiro a visão desse "Drácula" do filme de Copolla, mas vale ressaltar que ele já traz influências evidentes da revolução sexual do final dos anos 1960, cujos elementos simbólicos fascinam as subculturas Gótica, Vampyrica, Metal e outras. Enxergá-lo, ali na obra de Copolla, é notar como o *zeitgeist* de uma época influi na percepção e na abordagem estética reinterpretada de um passado não tão distante. O romance *Drácula* foi publicado há cerca de 110 anos. Os cabelos compridos de Gary Oldman estão mais para uma beleza andrógina do que para um guerreiro machista. Outros Dráculas no cinema eram tão másculos e sexualizados quanto seus caçadores, e nem de perto passavam o clima de ambiguidade atingido por Gary Oldman. Alguns retratavam um homem impiedoso que vinha dos "mortos" para se alimentar do sangue dos vivos e que morria estacado (penetrado no coração) ou incinerado. Era um duelo de brutalidades e selvageria entre Drácula e Van Hellsing. Ao longo da década de 1990 e do novo século, essa tradição infelizmente foi retomada no cinema.

Esse Drácula excessivamente másculo, como em *Drácula 2000, Drácula 3000, Blade* e outros, é uma fórmula segura de garotos (independentemente da idade) se afirmarem igualmente másculos e se sentirem seguros de sua masculinidade por gostar de vampiros. Ele é aterrorizante, poderoso, tem todas as mulheres como escravas e é insaciável. Ao mesmo tempo, esse Drácula menor é incapaz de se mostrar como é, age de forma superficial, não consegue sustentar vínculos ou qualquer experiência emocional mais densa. Esses Dráculas acabam por se tornar apenas uma metáfora vulgar do indivíduo masculino não individuado e da representação tosca do papel masculino para a massa indelével atrás de violência gratuita. Poderia ser Drácula ou Bruce Willis, daria na mesma o resultado. Ainda assim é algo seguro e dentro do que uma pessoa conformista espera encontrar na temática vampírica – homens másculos, mulheres atraentes e nuas e violência de *videogame*. Substituir o vampiro masculinizado por uma mulher andrógina e de comportamento masculinizado usando um colante de couro e vinil é uma variante dessa abordagem. Já o Drácula de Gary Oldman é fluido; ora é velho e decadente, ora é juvenil. É monstruoso e maquia-se de belo. É indefinível e ao mesmo tempo consegue se desenhar novamente. É um Drácula visceral e, por vezes, netuniano – capaz de administrar o fluxo e o refluxo de sua personalidade e aparência semilíquida, fluídica e, às vezes, escamosa e assustadora como se fosse um pântano ambulante, ou a encarnação da própria carta da Lua dos baralhos de Tarô. Lembram-se de quando seu navio chega a Londres e durante a tempestade o lobo escapa do zoológico, as moças correm, beijam-se e dançam no labirinto do jardim? A visão é turva e ensandecida, quase embriagada, e o próprio Drácula torna-se peludo e bestial, depois humanoide e, por fim, volta a ser apenas um par de olhos. Caramba! A carga de símbolos presentes nessa cena abre brechas e conexões fantásticas para ser interpretada por muito tempo. Algo como a chegada de um Deus Orgânico como Dionísio, que trazia o selvagem e a liberdade a uma época encouraçada e travada socialmente, na qual mulheres eram apenas enfeites e máquinas de gerar filhos. Isso sem falar no navio que o carrega através do oceano chamado "Deméter". Ao contrário do que se pensa, Deméter, a deusa da Terra dos gregos e dos romanos, tinha uma face negra associada à vinda das pragas e das fúrias... Seria uma analogia à própria Deméter trazendo o terror e a praga do Orgânico para o mundo industrializado? Gary Oldman é um Drácula sexualizado no filme – ele sente, em uma época na qual os homens não podiam sentir, pois o sentir era atributo permitido apenas ao feminino – e até mesmo andrógino em certos momentos depois de abandonar o Deus católico, a Igreja e o cognoscível. Em vida era cerceado pelas couraças comportamentais e viris. Aliás, é interessante que ele só usa uma armadura escamada e vermelha enquanto é vivo e no começo do filme. O restante do tempo ele veste longos e fluidos mantos e camisolões de seda, ou ainda ternos finos e elitizados junto à sua amada Mirna. O Drácula do filme de Copolla é forasteiro, inseguro e incerto quando próximo da mulher amada. Por vezes até mesmo débil e pueril. É viril e ao mesmo tempo se mantém sutil com a mulher amada, sempre tateando com suavidade sua proximidade. Ele vira névoa e se precipita sobre os lençóis da amada, vem como lobo ou besta e possui a desejada, repousa próximo à sua *terra mater*, vira monstro saturnino andrógino e, na sombra, após gozar, desfaz-se em ratazanas e morcegos novamente, ilustrando como o desejo e o sexo eram um tabu gritante naqueles tempos. As maiores perversões do filme são protagonizadas por seus valentes e másculos caçadores, todos modelos do ideal masculino (um *cowboy* da América, um médico bem-sucedido, um jovem advogado e outros personagens). Drácula em muitos momentos é o monstro no qual todos os personagens masculinos projetam suas mazelas e fraquezas em confronto com o desconhecido ou com a própria feminilidade. No século XIX, vampiro era sinônimo de "sombra" dos valores sociais e politicamente corretos de sua Época Vitoriana; eram valores brutos dos dois lados.

Para a historiadora Regina Abreu, antes do século XVIII, a morte era vista como um acontecimento coletivo, destino de todos os homens. Somente a partir daquele século, passou-se a entendê-la como uma manifestação individual e a se preocupar com a morte do outro. Essa preocupação foi tomando proporções tão grandes que, na segunda metade do século XVIII e por boa parte do século XIX (advento do positivismo), aconteceu o que a autora chama de "culto aos mortos". Esse processo se dava por meio da preservação dos cadáveres em suas casas e da prática de visitar cemitérios e túmulos cada vez mais ornamentados. Os rituais de evocação, por sua vez, aconteciam a partir das "histórias de vida". Relembrar o morto seria relatar sobre seus feitos, alegrias, angústias, conquistas, lutas. Esses relatos apresentam uma dupla função: mostrar a perenidade do morto e atualizar a relação simbólica entre vivos e mortos. Toda a questão de rememoração dos mortos está inserida no contexto das discussões sobre a construção de uma memória coletiva e de uma identidade compartilhada. Michel Pollack, historiador francês contemporâneo, vê a construção dessa memória como um ato político. Para ele, os historiadores do século XIX e início do século XX realizavam um verdadeiro "enquadramento da memória" para formar uma História nacional. No entanto, se a memória é construída, toda a documentação referente a ela também o é. E, analisando relatos e fontes orais, Pollack deu destaque ao que ele denominou "memórias subterrâneas", que resgatam a memória das minorias como opositora e prova da ilegitimidade e opressão da memória nacional. Quando falamos dos séculos anteriores, nos referimos também a seus costumes e ao espírito de cada época, em que não existia adolescência, cultura jovem ou mesmo liberdade feminina – como temos hoje. Não havendo bons olhos e com muita repressão sobre esses temas, era natural que nas artes aparecessem vias de expressão para todos aqueles que se sentiam reprimidos pelo bravo novo mundo mecânico que se estabelecia. Havia um machismo masculino e feminino por toda parte e a peste emocional era palpável. Muitas vezes, esses vampiros e vampiras representavam uma espécie de emanação ou projeção do desejo dos demais personagens masculinos dos romances que integravam. O final do século

XIX foi uma época de repressão em que o desejo sexual era tratado como animalizado, brutal e bestial. E os bons homens não podiam saciá-lo com suas castas noivas ou esposas, e sim nos bordéis ou em outros ambientes "estrangeiros" à cultura dominante. E, após consumarem o desejo, retornavam para seus lares, mulheres e igrejas para condenar quem realizava tal prática. (Hoje em dia temos aparentemente maior liberdade, porém esse resquício de hipocrisia permanece.) Ouso insinuar que os vampiros da produção cultural desse período não projetavam reflexo, pelo fato de serem as sombras de seus pudicos caçadores. O vampiro era na realidade o(s) próprio(s) caçador(es), visto que toda vez que o caçador o procurava com uso de um espelho apenas encontrava a si. "'... Este homem me pertence', podemos entender a frase como que invertida, a ser lida 'no espelho' também: não é Harker que pertence a Drácula, mas sim Drácula que pertence a Harker, que dele faz parte", como diria o jornalista Marcelo Coelho em seu maravilhoso ensaio "Versões do Vampiro". No mesmo ensaio o jornalista acrescenta: "Não é de se estranhar que ao longo do século XX, na medida em que o sexo vai deixando de ser tabu, Drácula se torna mais e mais atraente e simpático, cabendo a seus adversários o papel de vilões perversos no drama: puritanos deslocados, torturadores explícitos, os caça-vampiros; assumirão o papel de inimigos do sexo romântico e dos agora lícitos frenesis da carne exposta". Ainda falando do final do século XIX, mais precisamente 1892, é interessante salientar a publicação do periódico *The Flying Roll nº5*, da famosa Ordem do Amanhecer Dourado (Golden Dawn). Este abordava com detalhes o fenômeno que se tornaria conhecido como "Vampiro Astral" e que, por sua vez, influenciaria a imaginação de diversos autores durante o século XX e encontraria ressonância até mesmo nos alicerces de uma protossubcultura Vampyrica no final da década de 1970. O que acontece é que neste ponto o personagem, que surgiu de um termo para designar não conversos ao Catolicismo, já havia sido transformado em um personagem extranatural – símbolo de demoníaco para o monoteísmo –, e sistemas de magia ou sistemas religiosos se apropriavam dele como forma de ilustrar seus próprios discursos.

Outros escritos do século XIX, baseados no personagem caricato instituído pelo Catolicismo, incluiriam o editor francês da revista *La Spiritualiste*, Z. T. Pierart, afirmando que os chamados vampiros astrais eram o duplo etérico de pessoas mortas que voltavam de seus túmulos para absorver energia prânica dos vivos ou de fontes como o Sol e a Lua. Provavelmente, neste ponto as religiões espiritualistas posteriores encontrariam um antecedente histórico para associar o vampiro do mito aos seus oponentes chamados espíritos obsessores – ou mais popularmente "encostos", como já são conhecidos no século XXI. A provável fonte em evidência na época para essas ideias estava nas obras de origem duvidosa de C. G Leland, como *Magia Cigana*.

A estrutura que influenciaria as futuras histórias de vampiros na ficção científica e no cinema surge no conto "The Flowering of Strange Orchid", de H. G. Wells, e "The Vampire", de Rudyard Kipling. A poesia de Kipling iniciava com "Fool was there..." e era inspirada em uma tela de Phillipe Burne Jones, na qual uma altiva e decidida mulher se firmava de pé sobre o corpo de um homem deitado e esgotado. No final do século XIX, tempo em que sexo no casamento era só para fins reprodutivos entre os britânicos, uma mulher sobre um homem seria algo incômodo para a sociedade – permitido apenas nos bordéis e com vadias. Provavelmente, essa questão encontraria "eco" entre os movimentos ocultistas monoteístas daquele tempo e seria associada àquela visão monoteísta da Lilith, uma diaba lasciva que havia sido a primeira mulher do Adão e o abandonara por gostar de ficar por cima durante o ato sexual, e depois disso foi ter com o Diabo. Nesses tempos ainda temos o uso anacrônico do termo "vampírico", e veremos muitas confusões no emaranhado que esses ocultistas farão com suas invenções de linhagens *magickas* ininterruptas, obras inventadas, orientalismos e "vampíricos". "The Vampire" tornou-se uma inspiração para a criação do vampiro como personagem estereotipado no palco e na tela. Por sua vez, temos ainda a publicação do livro de vampiros mais republicado de todos os tempos nos países anglo-saxões: *Vampire and Vampirism*, de Wright Dudley, cujo conteúdo ajuda a formar o cenário folclórico estereotipado dos vampiros para as artes em geral. No fim do século XIX, mais precisamente em 1894, tivemos a publicação do romance *Drácula,* de Bram Stoker, que podemos considerar o ponto alto da literatura sobre vampiros. O personagem Drácula, como o leitor bem sabe, foi inspirado nas figuras de um cruel déspota romeno chamado Vlad Tepes e seu filho. Porém, esse não foi o único romance inspirado pela história da taciturna Ordo Drakul ou Societati Draconestharum. Atualmente os pesquisadores dizem que Sheridan Le Fanu também encontrou inspiração entre uma das mulheres que integrou essa Ordem para o seu romance vampírico chamado *Carmilla*.

Se a temática do vampiresco em folhetins durante o século XVIII e XIX não tivesse sido tão intensa como foi, poderíamos abrir espaço para divagações variadas. Porém, o vampiresco era uma presença marcante do período e era natural que ele acabasse sendo abraçado dentro dessa forma caricaturesca como metáfora para as escolas esotéricas utilizarem seu simbolismo católico como forma de justificar seus discursos e até mesmo como *marketing* pessoal. Neste ponto, refiro-me ao ex-integrante da Golden Dawn, Aleister Crowley, e seu **Beijo da Serpente**, uma mordida no pulso das mulheres a quem ele era apresentado. É interessante e por vezes divertido observar que superficialmente dois dos mais importantes romances associados ao Vampiro tivessem personagens com ligações quase diretas com a Ordem do Dragão, apesar de os próprios autores sequer imaginarem os tais vínculos e as profundezas deles. Se bem que o **Grimório de Abramelim** pode ser uma farsa forjada no próprio século XIX apenas para ilustrar ou inventar uma ancestralidade para a Ordem da Aurora Dourada, a qual já enfrentava problemas sérios de popularidade. Provavelmente a mais influente associação feita nas artes e para o inconsciente coletivo do Vampiro com o mito do Dragão que teremos até hoje se deu pela criação do romance *Drácula*. Drakul era uma palavra que designava Dragão em seu idioma natal, porém, após o governo tirânico de Vlad Tepes e seu filho, a palavra passou a ser associada a "demônio". Entretanto, todo esse conteúdo só viria a se popularizar próximo ao final do século XX por meio da indústria do entretenimento. Essa imagem "demonizada" do vampiresco ao longo do século XX significaria também o terror das pessoas ao estrangeiro, ao totalitarismo inglês, à homossexualidade, à castração interior, ao diletante e uma infinidade de máscaras delegadas ao grotesco e ao antinatural. O reflexo de tudo aquilo que a sociedade dominante comete e tenta mentir compulsivamente que não o faz.

No início do século XX, tivemos um livreto de H. S. Olscot, integrante da Sociedade Teosófica, que detalhava encontros com vampiros astrais dentro dos moldes caricaturescos já estabelecidos na realidade-espelho. Outra publicação interessante do começo do século passado é o conto "O estranho caso de Charles Dexter Ward", de H. P. Lovecraft, no qual um ancestral tenta se apoderar da identidade de seu descendente.

Dentro do pitoresco ocultismo britânico teremos Aleister Crowley, principalmente em razão do importante papel desenvolvido por ele no restabelecimento da Magia Draconiana e seus pontos de vista arrojados sobre magia e uma variedade de assuntos iniciáticos.

A vida e a obra de Aleister Crowley são deveras ricas e admiráveis. Tentar resumi-las em poucas palavras é uma injustiça. Além de encontros com os caricaturescos vampiros astrais (como relatado em *Vampiros; Rituais de Sangue*, de Marcos Torrigo), devemos a ele a "ressurreição" da corrente oriental chamada Magia Draconiana. Para a pesquisadora norte-americana Michelle Bellanger, Crowley foi um dos primeiros humanos que publicamente adotou um "arquétipo do vampiro" no cotidiano.

E essa talvez seja sua melhor colaboração ao gênero, depois de suas prosas e poesias – sua carreira televisiva posterior como médium, assim como outras publicações, foram desastrosas para com sua imagem e abordagens –, delegando a responsabilidade pelo compartilhamento da informação fidedigna a quem desejasse trabalhar pelo contexto de forma transparente, com entrega e devoção ao perpétuo mistério que é trazer o desconhecido para a realidade e a carne.

2
Através da Vastidão sob um Longo Véu Negro
A Subcultura Vampyrica

Para falarmos de Subcultura Vampyrica, devemos sempre começar pela intimidade e especificidades. Aquelas conversas que ressoam na mente da gente, algumas vezes fugazes, durante um evento; conversas durante um gole ou outro de vinho em uma praça ou escadaria do velho centro urbano; aquele trecho de uma música que promulga um sentido *mágicko* e revelador... Sabe, coisas como confidências de pequenas descobertas pessoais, dividir uma opinião sobre uma pessoa ou um assunto histórico, comentar sobre como uma banda e não outra causa um *frisson* diferente em você, sobre algo que você leu sobre vampiros, algum filme ou desenho, belos trajes, sobre seus sonhos, conteúdo emocional, valores pessoais, sobre um relacionamento, um perfume e outros pequenos símbolos e escolhas que fazem você ser você e não outra pessoa. Ao contrário do que pode parecer, um vampyrico ou vampyrica é alguém que consegue se importar e, assim, relacionar-se com aquilo que oferece conforto, significado, expressão, interiorização e principalmente sentido – escolhendo protagonizar sua vida –, próximo a essa pequena mas expressiva subcultura que vem se formando desde a década de 1970. O Vampyrico é algo não acomodativo e sempre em transformação com a capacidade de iniciar e não apenas depender e esperar. Não é lá muito científico – nem pretende ser –, afinal o objetivo é falar sobre os conteúdos da cena Vampyrica que surgem naturalmente em suas diversas manifestações tanto na Europa quanto nas Américas e no Oriente. Em uma opinião pessoal e intransferível, sinto que Subculturas se formam ao longo do tempo quando pessoas começam a compartilhar e dividir seus conteúdos e repertórios sobre determinado tema, mesmo sem se conhecerem pessoalmente, por meios como fanzines, *sites*, listas e pessoalmente. Aos poucos, e de forma inesperada e não planejada, começam a encontrar convergências, significados, geram uma produção cultural que as conecta com outras pessoas parecidas em outras cidades ou países – com as devidas ressalvas e especificidades. E, principalmente, que se baseiam em sustentabilidade de um contexto, manutenção (resgate e atualização) da coerência do contexto e permanência ao longo do tempo. Isto ocorre gerando uma estética particular, padrões de identidade, diferentes graus de vinculação. Diversas vertentes sempre dentro de um contexto bastante orgânico e mais ou menos flexível. No caso da Subcultura Vampyrica, temos muitos desses valores alternativos aos da chamada cultura dominante – ou numericamente superior.

Sempre haverá pessoas que tentarão generalizar ou banalizar este tema apenas manifestando seus gostos e ausência de capacidade formativa de opinião – evocando ideias como "para mim é tudo gótico que gosta de vampiro e quer beber sangue" (mesmo com essas práticas extintas) ou, ainda, disseminando preconceitos contra opções religiosas alternativas às dominantes, homofobia em diferentes níveis. Acabam por cair quase sempre em um discursinho superficial de intolerância, desrespeito – e o abominável ato de sempre precisar eleger agentes ou terceiros para culpar daquilo que carregam em si. Entre os anos 2003 e 2008, era frequente na cena pontuar que tal padrão de comportamento fosse exclusivo de jovens integrantes ou ex-integrantes de movimentos evangélicos radicalistas. Nos anos posteriores, observamos pontualmente que tal comportamento nada tinha a ver com escolha religiosa de qualquer tipo. Superficialidade, desinformação e mascarar como Deus, deuses ou demais deidades os próprios recalques e melindres; atribuir as consequências e a própria responsabilidade aos tais consiste em um lamentável padrão humano. O inverso desta situação recai nas pessoas que, ao viver e presenciar tal "ditirambo", decidem que uma realidade não ordinária é apenas uma "história da carochinha", e posteriormente escolhem imitar personagens *dark* da cultura pop e encenar ou incorrer na falta de pudor ou na presunção de alegarem ter conhecimento ou investiduras – que não são obtidas apenas ao falar que as possuem –, incorrendo em variadas transgressões para não ser desmascaradas ou cair em si de que o mundo é um pouco mais complexo do que julga nossa vã filosofia. Uma característica presente entre os "Vamps" é o pensamento fantástico, o imaginário e a simpatia para com aquilo que o mundo comum associa com magia, feitiçaria, ocultismo, bruxaria e paganismo. Há um tom equilibrado entre o imaginário e a prática, ou mesmo uma relação íntima com o que é nomeado como pensar pré-moderno. Também há a questão da superficialidade e do aprofundamento no aprendizado e apreciação destes temas, um respeito por sua perenidade ou tradição. Tais paradigmas distanciam de uma postura "ateísta rasa" e também afastam o *éthos* do nosso meio sociocultural do infame materialismo histórico-dialético de Marx e Engels. Como temos uma abertura e aceitação ao livre-pensar, à criatividade, ao imaginário e a enlaces significativos com o pensar pré-moderno, somos o que os tais nomeiam como alienados ou lunáticos. Da nossa perspectiva, os descompensados são eles. Como diz a sabedoria popular, mantemos nossa cabeça aberta mas não o suficiente para nosso cérebro escapar dela. Como disse anteriormente, temos uma influência indelével do orientalismo e do Budismo Tibetano, ao mesmo tempo que também reconhecemos muitos agnósticos pelas falas e discursos nos eventos e fóruns eletrônicos. Creio que o próximo tema que entrará em voga é a questão do Transumanismo e Pós-humanismo nas terras brasileiras – tema que já é frequente na América do Norte. Persiste em nosso meio um tom de "coexistência" bastante significativo, havendo espaço para sufismo, astrologia, tarôs, questões políticas relevantes do país onde vivemos, cultura pop e bandas alternativas – de certa forma mapeiam, despertam, instigam, aproximam ou nos afastam do incessante fluxo do "Sangue" ou da "Indestrutível Força da Vida", em seus caminhos através do vasto manto negro da noite e do mistério. O que notamos em virtude da vivência e pelo avançar do tempo é o honesto repúdio dos integrantes à superficialidade e aos radicalismos na abordagem de qualquer assunto ou conteúdo estético. Ao mesmo tempo, é um lugar onde você pode ver alguém usando um crucifixo prateado, ao lado de alguém trajado como coadjuvante das Brumas de Avalon em alguma versão *dark* e mesmo adoráveis *personas* andróginas. Como há uma evidenciação ao alternativo e um clima de clandestinidade aceitável, os integrantes com mais ou menos visual não suportam presenciar em seus encontros comportamentos preconceituosos ou pouco respeitosos que confrontam durante o cotidiano através dos percursos entre o trabalho, a faculdade e coisas assim – a não ser apenas se for para fazer piadas internas sobre o tema. Sim, Vampyros e Vampyras riem com seus dentes pontiagudos e línguas flamígeras e afiadas.

    Dentre inúmeras possibilidades de interpretação de como a imagem do vampiro é cristalizada na Subcultura Vamp, a mais acessível e facilmente digerível para quem toma contato com tudo isso pela primeira vez é o arquétipo. Claro que se você conviver e adentrar à cena descobrirá outras formas de se entender melhor aquilo que somos e fazemos. Na moderna Subcultura Vampyrica, o mito do Vampiro é o que podemos chamar de arquétipo, uma forma imaterial à qual os fenômenos e vivências tendem a se moldar. Para Jung, discípulo de Freud, o termo refere-se aos modelos inatos que servem de matriz para o desenvolvimento da psique. Os arquétipos são utilizados indiscriminadamente hoje em dia para explicar teorias desde as de *marketing* de relacionamento até a mitologia comparativa. Os arquétipos criam imagens ou visões que correspondem a alguns aspectos da situação consciente. Jung deduz que as "imagens primordiais", outro nome para arquétipos, originam-se de uma constante repetição de uma mesma experiência, durante muitas gerações. Por favor, não transformem nem utilizem mais arquétipos como sinônimo de "egrégoras" no seu cotidiano, até mesmo porque acessar uma egrégora não significa integrá-la em termos de espiritualidade. Arquétipos funcionam como centros autônomos que tendem a produzir, em cada geração, a repetição e a elaboração dessas mesmas experiências. Eles se encontram isolados uns dos outros, embora possam se interpenetrar e se misturar. Como expressa Nise de Silveira em um ensaio internético sobre Jung: "Incansavelmente ele repete que arquétipos são possibilidades herdadas para representar imagens similares, são formas instintivas de imaginar. São matrizes arcaicas onde configurações análogas ou semelhantes tomam forma. Jung compara o arquétipo ao sistema axial dos cristais que determina a estrutura cristalina na solução saturada sem possuir, contudo, existência própria".

    No imaginário monoteísta hebraico-cristão (infelizmente alvo de descaso e da superficialidade de muitos que alegam integrá-lo em variadas denominações), as ideias da sociedade dominante são o equivalente às palavras de "Deus", mesmo quando rasas, despóticas, superficiais e inorgânicas. Nada tem discurso, existem dogmas e nada pode ser questionado, um desagradável exclusivismo – com excessos burocráticos visíveis e desgastantes. Nas sociedades politeístas ou panteístas do passado – ou seja, entre os povos da Ásia, Oceania, Europa, Américas e África –, cada povo se conectava com seus deuses à sua imagem e semelhança e, por consequência, tinha os deuses que escolhia ter, e o sagrado era o próprio cenário natural à sua volta, um espelho de suas deidades em suas vidas. Isso possibilitava uma diversidade muito maior e evitava a dicotomia e toda aquela historieta de só um Deus bom e seu oponente malvado dos urbanoides. Vale dizer que até mesmo o deus monoteísta tinha uma esposa divina chamada Ashérah, conforme a arqueologia já comprovou em Israel – mas isso fica para outra noite. Logo, na cultura dominante monoteísta tudo aquilo que não tem espaço, que é estrangeiro, não tem utilidade prática, não é facilmente digerível e não parece a imitação de outra coisa, ou que ainda seja inconformista, não pertence a seu "Deus", e sim ao seu adversário – Satã, o coisa ruim, o Diabo. Enfim, quantidade não é sinônimo de qualidade ou de aprofundamento e densidade na apreciação de um conteúdo – sem esquecermos que a unamidade é burra. E fica complicado uma criatura que diz que seu criador é feito à sua imagem e semelhança e apenas o utiliza como "máscara" das suas própria mazelas. Note que ao dizer isto faço uma crítica com um objetivo de que pessoas despertem sua consciência, saiam de suas zonas de conforto ou estagnações variadas, parem de culpar terceiros ou dizer que seus males estão sempre em outros, ou ainda deixarem tudo para resolver em um futuro idealizado que nunca chega. Não é segredo que lidero e represento o Círculo Strigoi, uma Sociedade de Cosmovisão Vampyrica e, afinal, penso em "Deus" como uma força em movimento ou muito próxima da noção hindu do Atman ou do "Bom-Deus" do vodu haitiano. Ainda falando em "Deus", no seriado *True Blood* há uma senhora, morta na primeira temporada, a qual é avó da personagem Sookie Stackhouse, que diz assim: "Até os vampiros estão nos planos de Deus".

Nesse caso, arquétipo do vampiro (em uma abordagem livre) é relacionado à busca pelo autoconhecimento por meio da compreensão do seu Eu-Feral, da Sede, do Espírito da Caçada e de que não está à parte da natureza – morto para o mundo talvez, mas figurativamente morto apenas para o ideário da sociedade comum ou cultura dominante. No entanto, encontra-se bastante vivo perante seus próprios valores e buscando por aquilo que lhe desperta vitalidade e o leva à vivência da atemporalidade e por extensão da unicidade: "O Sangue" é uma metáfora para a indestrutível força da vida, seja como Prana, Zoé, Önd, Axé e tantos outros nomes. Tal jornada o leva a abandonar ideias, valores, estéticas e discursos da cultura dominante; torna-se "amaldiçoado", "abençoado" ou alguém que carrega uma lição para si ou para terceiros. O que virá disso é uma negociação entre os envolvidos; como um anfíbio na esfera social, passa a viver entre dois mundos, no folclore do mundo dos vivos e escuridão no mundo dos mortos – ou em tudo aquilo que é associado pelo vulgo ao inconsciente, ao imaginário e a outras expressões pré-modernas.

Na Subcultura Vampyrica contemporânea, seus integrantes vivem uma trilha de balanço entre o *Dayside Life* (Lado Diurno) e o *Nightside Life* (Lado Noturno). Claro que as pessoas que apreciam o fashionismo lidarão com estes temas de forma mais filosófica, e as da cosmovisão de modo que envolva o despertar e uma espiritualidade vampyrica muito própria. Desconhecemos qual vertente veio primeiro, mas ambas integram e formam a totalidade deste contexto. Ao longo deste livro focalizo um viés em que predominam a pontualidade histórica e certo lirismo naquilo que relato – que considero fundamental para apresentar como uma visão inicial para quem ainda está desvelando e descobrindo nosso Universo. A Subcultura Vampyrica surge na década de 1970 olhando para um mundo "bipolarizado", "apolíneo", "inorgânico" e "solar" como uma busca de recuperação ou aquisição de identidade, estética, discurso e autoconhecimento pessoal. Facilmente sua busca por uma expressão que reconheça o apelo orgânico e o dionisíaco a coloca em ligação com as propostas dos chamados neopagãos daquele tempo – a natureza é o espelho celeste e da realidade não ordinária, bem como da imaginação e do pré-moderno. Aquilo que é alternativo ou revolucionário é associado pela pessoa mediana ao "mal", à "escuridão" e ao "Demônio" pelos mais exacerbados. Talvez quem fizesse esse tipo de leitura sobre os Vampyros e Vampyras, se olhasse para sua própria sombra, veria que a tal escuridão é apenas falta de conhecimento e de integração consigo. Por fim, perceberia que o antinatural ou quem comete as verdadeiras perversões e maldades na verdade é si mesmo e não alguém com roupas estranhas negras a certa distância – nem a pessoa estilosa mais próxima. Tudo aquilo que é associado ao autoconhecimento, ao alternativo ou mesmo ao estrangeiro é "demonizado" no senso comum, seja em casa, no trabalho ou no ambiente social de todas as épocas. Tudo aquilo que é associado à magia, a satã e ao chamado mal pelo Catolicismo e outras religiões solares é chamado de "O Mal". Uma forma simples de inspirar medo por razões temporais e políticas nos povos do passado e da atualidade, e assim manter operante a ideia de que a descoberta interior e ao mesmo tempo psicológica permanece como um tipo de pecado, reforçando por séculos o irracionalismo humano, reprimindo seus impulsos biológicos e primários. Reconhecemos tudo isso; de certa forma vivermos nossas próprias escolhas nos coloca à margem da construção socialmente aceita justamente por aquilo que pensamos, falamos e expressamos em nossas atitudes, visuais, posturas e discursos – somos poucos, mas atingimos longe –, assim como todas estéticas *avant-garde* que persistem ainda hoje ou que influenciam nosso *éthos* Vampyrico. Não somos, tampouco fomos vítimas ou minoria de qualquer tipo que demande alguma infame "cota" de qualquer tipo. Não somos só uma "fase" ou febre midiática de qualquer tipo... estamos aí, que lidem com isso.

No contexto atual, o vampiro (herdado dos artistas a partir do século XVII) é um excelente arquétipo dos muitos que a sociedade tende a utilizar para designar aqueles seres noturnos, sua sexualidade reprimida, o comportamento dionisíaco, os cabelos ao vento simbolizando que, assim como aqueles que voam na noite, todas as inspirações e ideias são indomáveis, a face lunar, a vaidade, o lado Ying e tudo aquilo que não encontra lugar no mundo capitalista e apolíneo desta desumana sociedade de consumo. Com a leitura desta introdução já deve ter ficado claro ao leitor que a Subcultura Vampyrica é composta por pessoas reais, maiores de idade assim como ele, e tem se estruturado ao longo de práticas sociais e intrapessoais, o que envolve respeito mútuo, civilidade, conhecimento, identidade, abordagem de símbolos e muita troca de informação. Existe um código de ética e bom senso que será apresentado no transcorrer deste capítulo chamado "The Black Veil", o qual orienta as ações de seus integrantes. Embora esse código surgido nos Estados Unidos tenha sido plagiado por seus coautores que até hoje disputam sua autoria e incontáveis versões, sabemos que ele foi copiado da carta de compromisso de uma dinastia anterior chamada Sahjaza que permanece ativa até os dias de hoje naquele país, no restante da América do Norte e América do Sul.

Existe também uma grande sensibilidade entre o trato dos integrantes e uma estética que procura ressaltar a independência e o livre-pensar. A relação entre Vampyros e Vampyras é igualmente baseada em princípios de Segurança, Consensualidade e Sanidade como em outras cenas alternativas – tais como a do BDS&M. No decorrer deste livro usamos o termo Subcultura no sentido de uma cultura paralela à cultura oficial, que não a combate, mas também não a aceita. Uma Subcultura busca construir um universo que faça sentido para seus membros, com Música, Pintura, Literatura, Roupas, Eventos, Festas, Lojas, Trabalho, Relações Humanas, Comportamento, Ritualística, etc. Ou, como diria o autor Paul Hodkinson, "uma subcultura (...) indica um agrupamento relativamente independente dentro de uma sociedade dependente". Uma cultura não é algo separado do cotidiano e do modo de vida – como superficialmente muitas pessoas tentam fazer parecer. Assim como uma cultura também não é algo que possa ser comprado ou adquirido do mesmo jeito que degustamos comida, divertimento, um automóvel ou um belo churrasco, entre outras possibilidades. Quando olhamos as sociedades do passado – erroneamente chamadas primitivas –, percebemos que suas esferas (setores) sociais eram integradas; então gregos, celtas, nórdicos e tupis não "tinham" uma cultura, e sim "viviam" a Cultura. Dentro dessa perspectiva, a economia era um meio de estabilizar e viabilizar a cidade ou tribo, as artes, o esporte, a guerra e muito mais. Tudo era interligado estética e simbolicamente – e por isso produzia SENTIDO. Nossa "cultura" atual é capaz de prover ou de produzir sentido e significado? Ao que tudo indica, "não". Levo em consideração as pessoas que não vivem sem Prozac, Viagra ou dietéticos. Incluo aí os alarmantes índices de superficialidade e suas consequências, tais como falta de compromisso entre as pessoas, fachadas egoicas, necessidades de coisificação e objetificação de terceiros, ausência de cuidados e políticas ambientais dignas e afins. Se pudermos expandir o número dos diversos tipos de desajustados, dada a taxa de procura de muletas de ego sociais ou espirituais, ficará bem difícil responder sim a tal pergunta. Penso que o ser humano sente falta dessa "integração" das chamadas culturas do passado tratadas subjetivamente como primitivas e supersticiosas – tais conteúdos apenas saíram dos *spots* midiáticos ou do senso comum. Mas também vivemos em uma época estranha na qual até explicarmos que ao dizer tradicionalismo estamos nos referindo a atributos da chamada Sabedoria ou Filosofia Perene, e não a entretenimento, elitismos vazios e comportamentos sociais estagnados de qualquer tipo, ainda levará tempo. Acrescente a essa equação que não há linha divisória entre cultura e espiritualidade – e ainda que espiritualidade não é sinônimo de religião nem de dogma ou fatores associados a qualquer expressão de conservadorismo social ou político.

Quando temos o que chamamos de Subcultura, independentemente de sua temática, temos um modelo de Cultura de moldes "primitivos", mais completo e integrado. Ao olhar bem para uma estrutura como a da Subcultura Vampyrica, vemos claramente que seus integrantes vivenciam uma integração mais orgânica, saudável e capaz de pensar sobre si e suas temáticas – do que no modelo que a cultura dominante considera como avançado pelo fato de fraturar em muitas esferas e setores as áreas de conhecimento –, uma superespecialização que logo mais nos devolverá a um pensamento medievalesco ou nos aproximará de uma cultura de colmeia. Há valores e abordagens semelhantes na subcultura Gótica/Darkwave e na Subcultura Vampyrica. Em ambas existe um contexto de "fuga e crítica" à sociedade Industrial-Positivista. Ambas as subculturas adotaram vários elementos estéticos considerados "antigos" de grupos considerados *underground*, ou "decadentes", ou "pervertidos", ou "artísticos" no passado. Como a estética de teatro, cinema expressionista ou *noir*, circo, *vaudeville*, vampírica e tantas outras. Uma subcultura não se resume apenas a temas e elementos característicos, mas a abordagem desses temas é a forma de apropriação e diálogo constante com esses elementos e múltiplos níveis que asseguram sua continuidade. Outro ponto importante a ser citado é que, em uma Subcultura de posturas alternativas às da cultura dominante, se torna ilógico e irracional integrá-la para repetir os comportamentos e atos desta última. Do mesmo modo que não há uma nescessidade geral de todos os seus integrantes exibirem um mesmo nível de vinculação, ou seja, publicando livros ou participando de fóruns específicos; ninguém deveria ser menos do que ninguém em uma Subcultura. Visto que esta característica de república das aparências é um aspecto da cultura dominante e não de uma cena alternativa. Claro que é necessário tons de respeito entre quem chegou antes e desenvolveu mais atividades que trouxeram resultado e desenvolvimento factual para a referida cena. Há a necessidade de existência de um comércio que substancie a infraestrutura de uma Subcultura com preços adequados para a geração de publicações próprias, *workshops*, salões de estética especializados em sua identidade visual, cursos, álbuns de bandas, eventos, *happy hours*, *designers* de moda e acessórios, festivais, etc.

As primeiras evidências que resistiram ao tempo do que viria a ser conhecido como cena Vampyrica passaram a se organizar nos Estados Unidos em meados dos anos 1970, nas proximidades de uma fazenda em Washington, e vieram a ser conhecidas nas décadas posteriores como "Coven Sahjaza", a qual reunia neopagãos, e formou as bases da vertente da Cosmovisão Vampyrica. Na década de 1990, o Coven Sahjaza evoluiu para se tornar a primeira dinastia Vampyrica mundial, tornando-se conhecida como House Sahjaza ou mais recentemente (2012) como Temple Sahjaza. Outro fator determinante é a mudança de paradigma da lenda do vampírico a partir da revolução feminina e sexual ao término dos anos 1960. No momento em que a sexualidade feminina e a masculina começam a abordar uma via mais natural, muito da produção cultural relacionada ao vampírico, dos poemas aos romances, questionava e utilizava o mito do vampiro como forma de debater a sexualidade restrita por tabus e comportamentos estagnados. Vamos ter muita coisa acontecendo de forma *underground*, incluindo a emergência de uma nova visão sobre o personagem vampírico em fanzines e redes de distribuição de cartas. O ponto alto acaba sendo a publicação do romance *Entrevista com o Vampiro*, de Anne Rice, apresentando e sintetizando um pensamento presente do período: um vampirismo humanizado, sensibilizado, destinado a viver a eternidade consigo e com aquilo que lhe substancia, confere-lhe vitalidade, permanência e o saborear da atemporalidade naquilo que realiza e conquista. E que inevitavelmente levaria as pessoas a expressarem modos de vida vampíricos variados na obtenção de seu autoconhecimento e ao se encontrarem em festas e eventos, ou para um bom vinho e ouvir um som – viriam a formar uma protossubcultura Vampyrica.

Antes de avançarmos mais sobre a década de 1970, é interessante observar a presença do arquétipo do vampiro a partir da década de 1950, uma vez que no capítulo anterior abordamos todas as principais épocas do mito e do arquétipo mencionados, desde o século X e, às vezes, até bem antes disso tudo:

As primeiras décadas do século XX: escolhi reunir e sintetizar alguns elementos importantes deste extenso período cultural, no qual Drácula aterrorizava nos palcos e nos primeiros filmes – e as duas maiores guerras mundiais aconteceram. Isso sem falar na gripe espanhola que surgiu entre elas e matou mais gente do que a Primeira Grande Guerra. Especificamente, irei me restringir à temática e produção cultural relacionáveis ao vampírico deste, já que as apropriações descaracterizadas e estereotipadas do tema realizadas pelas religiões espiritualistas e pela própria teosofia e o orientalismo na Europa já foram descritas ao final do capítulo anterior. Também, manterei uma dose planejada de gentileza para inúmeros fãs de Bela Lugosi interpretando o Conde Drácula que se matricularam em cursos de hipnostismo para trazer algum poder para suas vidas. Assim como manterei meu humor contido nos tratos que envolvem pensar que só depois do surgimento do cinema roupas de nobres vitorianos vestidas pelos antagonistas dos primeiros filmes de terror estranhamente se tornaram moda entre um sem-número de entidades e deidades associadas ao incontrolável e às coisas do mundo. O começo do século XX foi uma época exarcebadamente patriarcal e o futuro da mulher de bom grado era casar-se, gerar filhos e cuidar da casa. Qualquer mulher além deste paradigma era considerada meretriz ou indigna de confiança e credibilidade entre o "populacho", em termos de Brasil. Ouviam-se muitos tipos de insinuações, tais como a da mulher que não usasse o cabelo dividido em dois, ou que tivesse as sobrancelhas vincadas (quase formando uma sobrancelha só) era considerada meretriz, ou de mulheres que destruíam homens, e por aí o bonde seguia nos seus trilhos sob as novas luzes elétricas dos centros urbanos. Para as mulheres inexistia a opção de mudança ou de sustentamento de um modo de vida mais suave, que não fosse viver com a herança, um bom casamento ou sendo amante de alguém. A única opção era a prostituição nas ruas ou em casas de tolerância. Quando temos épocas de costumes e comportamentos encouraçados, temos intolerância, vemos poucos anjos em toda parte e o triplo de demônios. Afinal de contas, em tempos assim tudo é dicotomizado e bipolarizado em termos do bem e do mal. A ambiguidade, o aprofundamento e o simples conhecer um pouco mais são heresias assumidas e punidas com a expulsão e certamente a inferiorização social. Em outras palavras, traumas, tragédias, violência, intolerância, preconceito e outros radicalismos. Isso tudo, porém, gera um movimento compensatório, normalmente radical (igualmente violento) e que inicialmente faz um contraponto ao opositor com os mesmos ideários e um enfoque que privilegie o grupo que revoluciona. Alguns grupos, como veremos, transcendem o conjunto a que estavam submetidos e percebem que não precisam se comportar ou sustentar o polo opositor. Assim, abrem-se caminhos aprofundando seus valores, os quais aos poucos vão se libertando dos ranços a que estiveram submetidos. Mas, até este momento, as artes, a cultura e o "populacho" irão criar suas interpretações "moralizantes" e denunciatórias. Todavia, sempre sobra algo que nos ajuda a olhar para esses períodos e compreender melhor com as informações que temos hoje. Neste caso temos excessos dos dois lados. Só que com o tempo, pesquisa e aprofundamento, podemos dissolver os esterótipos criados pela cultura dominante e, gota a gota, vamos presenciando o surgimento de algo mais natural – que foi criminalmente recoberto e afogado por litros e litros de medo de mudança, intolerância, falta de interesse e terror de que a própria natureza revele que moldes e modelos rígidos são apenas cascões temporários e artificiais fadados à extinção. Alguns, úteis, objetivos e necessários; enquanto outros caem em mais ou menos tempo, assim como tudo aquilo que não é natural e mecânico. Pouco antes de Drácula e sua turma vampírica ganharem as telas cinematográficas, veremos o surgimento da figura da Vamp, muito diferente das mulheres consideradas corretas e aceitáveis pela sociedade da época, aquelas de olhar desfocado e reservado. A imagem da mulher Vamp era aquela com olhar decidido, aquele olhar de taxímetro que dizia "livre". Rapidamente era taxada de "vadia" e de "prostituta". Esta era a que despertava nos homens desejos primitivos (leia sexuais) e estes, meio bitolados, acabavam sufocando-se e se autodestruindo (de paixão). Decididamente, o tipo de olhar da "vamp" demonstrava uma mulher que se apropriava de seu lado masculino e que cometia a heresia de inverter os papéis sociais. A vamp era a mulher que transformava o macho em objeto sexual. Para leitores do final do século XX e do começo do século XXI, isso pode parecer corriqueiro; hoje em dia há uma tolerância um pouco maior para o olhar e o querer entre ambos os sexos – sim, os óculos escuros servem para isso acontecer de forma dissimulada. Só que, lá no início do século XX, tal fato era de um horror sobrenatural. Para a rígida cultura dominante, era nada mais, nada menos do que uma obra do "Diabo". Era a meretriz, a vadia, a bruxa e a vampira – aquela que se sentia livre de todos os ditames e tabus de seu tempo. Contam que aqui no Brasil a famosa travesti e mestra de capoeira conhecida como Madame Satã apenas ganhou tal apelido porque saiu trajada de mulher-vampira, e o populacho, ao ver as asas de morcego do traje e não estar familiarizado com o vampiro – ou talvez porque os biógrafos e jornalistas o considerassem um mito estrangeiro –, associou-a com Satã ou o Diabo para não ferir seus próprios egos. Curioso que o morcego bebedor de sangue é abundante na América do Sul e Central, tendo até sido reconhecido como importante deidade em tempos pré-colombianos e pelos indígenas de algumas tribos. A questão da liberdade do olhar feminino sobre o masculino, e mesmo sua exploração estética, é ainda muito recente – coisa do fim do século XX. Certamente professoras e professores de artes e de fotografia hão de concordar comigo que até hoje muitas alunas precisam ser estimuladas e incentivadas culturalmente para desenvolver esse olhar e exploração temática em seus trabalhos – ao menos antes da popularização da fotografia digital. Este, ainda nos dias de hoje, para as mulheres, é um caminho de estranhezas e bastante longe do lugar-comum. Os resultados são fantásticos expondo o masculino sem os seus recursos, acessórios, posturas e poses típicas de poder. Expõem a temida vulnerabilidade, desconforto e sensibilidade do masculino na cultura dominante. Só que estes elementos subjetivos do masculino já podiam ser localizados ao longo das poesias e obras literárias vampíricas dos três séculos anteriores – sempre expostos de forma subjetiva.

O termo "Vamp" como sedutora sexual vem dos Bálcãs – e do vampírico idealizado do século XVII em diante. O inglês vai se apropriar da versão do termo francês, pouco glamourosa e relacionada à atividade de fazer sapatos, e mais precisamente àquela parte que vai à frente do calçado, em francês *avant*. Seja com o uso militarizado, *avant,* ou com o uso posterior para designar elementos artísticos como *avant garde* ou Vanguarda. Como verbo, "Vamp" vem a significar "recuperar" ou "consertar" algo velho, remendando-o com uma peça nova. Um processo criativo, interpretativo e que rapidamente seria utilizado também no jazz e na *vaudeville* teatral. No jazz temos o acompanhamento "Vamping", cheio de improvisação e insuflando excitação. Vamp também era o nome do personagem do filme *A Fool Was There*, interpretado pela atriz Theda Bara. Seu nome era um trocadilho com "Arab Death" (morte árabe) e tratava-se de uma criação de *marketing* dos estúdios Fox do começo do século XX. Estes eram os tempos do cinema mudo e com muitas nuanças do expressionismo alemão. Sua história era baseada na peça teatral de Porter Emerson Brown e retratava um triângulo amoroso entre um marido, sua esposa e uma vampira interpretada por Theda Bara. O filme *A Fool Was There* ilustrava o típico conteúdo moralizante do homem que se apaixona pela "Vamp", perde sua força de vontade por abandonar a esposa pela tentadora, e assim é destruído. No desenrolar da trama, temos a abnegada esposa que tenta salvar o marido que se torna irremediavelmente alcoólatra e incapaz de abandonar a Vamp. O filme tornou-se um marco importante na história da Fox Films, e Theda Bara retornaria ao papel de Vamp em outras produções. Os leitores mais ou menos acostumados às obras literárias percebem que "Fool was there" eram os versos iniciais de um poema intitulado "The Vampire", de autoria de Rudyard Kipling, e era inspirado em uma tela de Phillipe Burne Jones, na qual uma altiva e decidida mulher se firmava de pé sobre o corpo do homem deitado e esgotado.

Tanto a imagem criada por Phillipe Burne Jones quanto a poesia de Rudyard Kipling não faziam referência direta ao personagem vampírico clássico – podendo ser mais interpretadas como o encontro com uma pessoa de intenções duvidosas e que acabaria por iludir alguém que se envolveu tolamente com essa personagem. Naturalmente a mistificação encontraria "eco" entre os movimentos ocultistas monoteístas daquele tempo e seria associada àquela visão monoteísta da Lilith, uma diaba lasciva que havia sido a primeira mulher do Adão, abandonando-o depois por gostar de ficar por cima durante o ato sexual. Depois disso foi ter com o Diabo, mais liberal. Nesses tempos ainda temos o uso anacrônico do termo "vampírico", como o leitor já conferiu no capítulo anterior, e vemos muitas confusões no emaranhado que esses ocultistas farão com suas invenções de linhagens *mágickas* ininterruptas, obras inventadas, orientalismos e "vampíricos". O nome real de Theda Bara era Theodosia Goodman, nascida em Cincinnati, nos Estados Unidos, e que com a Fox inventou uma poderosa imagem pública que a confundia com os personagens que interpretava. Piteira, vestidos cuidadosamente modelados, pele alva, cabelos negros, unhas negras em forma de garra, fingia não falar inglês e andava sempre com seu guarda-costas africano em uma limusine branca. Os estúdios Fox sorrateiramente soltavam na imprensa notas inventadas sobre seu passado como sendo filha de um exótico casal, que ela havia sido amamentada com veneno de cobra e que tinha fugido de sua terra, em razão de os homens se matarem por ela. Segundo Gordon Melton, no *Livro dos Vampiros*, toda campanha para firmar a marca Theda Bara era inspirada nas lendas católicas relacionadas a uma certa condessa que viveu na Hungria chamada Erzebeeth Bathory, conhecida por uma intensa sexualidade e pelas acusações de banhar-se no sangue de mulheres virgens de sua terra. A **Condessa do Sangue,** "carinhosamente" apelidada em alguns documentos, era uma mulher que ocupou certo destaque financeiro e político no começo do século XVI naquele país e proximidades. Verdades ou mentiras sobre ela foram escritas das mais variadas formas. Porém, ao olharmos ou falarmos dela hoje em dia, somos potencialmente influenciados em vê-la como uma vampira, em função de uma vasta campanha que relacionou e fortaleceu este ponto de vista, principalmente ao longo do século XX. Porém, os produtores da Fox não foram os "inventores" dessa associação entre a condessa e os vampiros. Ainda em 1720, durante as histerias sociais de invasão de vampiros, um belo relato ficcional foi publicado tendo Erzebeeth Bathory como personagem principal. Este rapidamente foi espalhado pelo Leste Europeu e outros países narrando histórias de terror que envolviam a condessa e afirmavam que ela era uma vampira perigosa. Algo não muito diferente do que foi feito com Drácula quando foi inventada a impressão algum tempo antes. O grande público "amava" esses tipos de relatos.

Mas, ao falar da condessa, devo lembrar que em outro livro publicado em 1865 por Sabine Baring Goulde, intitulado *O Livro dos Lobisomens* (*Book of Werewolves*), a autora não poupou esforços em retratá-la como uma vampira que drenava o sangue de belas jovens depois de jogos eróticos para manter-se eternamente jovem. Pelo menos para a autora e o outro folhetim, a condessa realmente acreditava nessa possibilidade.

Se delinearmos uma sequência de produções cinematográficas relacionadas a vampiras, iremos encontrar um esterótipo desenvolvido sobre Erzeebeth Bathory e as lendas acumuladas a seu respeito ao longo do tempo. Em um rastreamento sutil, veremos que Theda Bara era colocada e apresentada em algumas mídias de sua época relacionada a Erzeebeth. Seu filme que imortalizou o papel da "Vamp" foi o clássico *A Fool Was There*, de 1915. Adiante veremos que mais obras cinematográficas trarão vampiras erotizadas, mais ou menos relacionáveis entre si – e também a imagem que aos poucos trouxe *glamour* à condessa húngara durante todo o século XX. Outras atrizes conduziram a chama negra das "vamp" ao longo desse século, entre elas Nita Naldi que atuou ao lado de Rodolfo Valentino no filme *Blood and Sand*, de 1922, e chegando até a musa Greta Garbo no filme *Flesh and the Devil*, de 1927. Este último viria a humanizar a imagem dos personagens classificáveis como "Vamps".

De todos os filmes, *Flesh and the Devil* é especialmente interessante, pois nele vem uma explicação para as massas extremamente ilustrativa: "Existem mulheres especialmente criadas pelo Diabo para fisgarem o homem para ele. Se de início não o conseguem intelectualmente, conseguem-no mediante sedução pela carne". Com esta breve explanação inicial vem a afirmação e o estabelecimento do feminino incompreendido e extremamente selvagem, amoral, carnal e destrutivo que irá assombrar a sociedade. O cinema tratou de se apropriar da imagem vampírica, inicialmente influenciado pela peça de teatro de 1925 *Drácula,* com Bela Lugosi. A adaptação cinematográfica oficial tardou para acontecer e desenvolveu uma estética própria para o vampiro e para o próprio Drácula que perdurou longamente. Não vou entrar em detalhes dos múltiplos processos judiciais movidos pela viúva do autor de *Drácula* que foram responsáveis pela destruição pelo fogo de muitas das adaptações originais e versões do romance de Stoker e me concentrarei nas vampiras do cinema. A produção de 1932 chamada *Vampyr,* do expressionista Carl Theodor Dreyer, apresentava uma vampira ancestral em seu filme mudo. Ela atacava a filha mais velha do proprietário de um solar. Um forasteiro reconhece a sombra malévola da vampira e lidera os esforços para destruí-la. O filme foi realizado sempre entre o crepúsculo e o amanhecer, o que lhe confere tons de cinza e um sombreado memoráveis. Outra cena de destaque é quando o protagonista sonha com seu funeral e a vampira aparece na janelinha de seu caixão – algo para lá de mórbido. O clima de inquietação e perturbação é persistente e dificilmente abandona tão cedo a quem o assiste. Outro filme relevante dessa mesma década é o *Dracula's Daughter* (1936), o qual vem a ser a primeira sequência do "Drácula" de Bela Lugosi. A condessa Mayra Zaleska interpretada por Gloria Holden busca uma cura para sua condição vampírica, embora nem por isso deixasse de matar algumas pessoas que cruzassem seu caminho, dada sua incontrolável sede de sangue. Uma metáfora instigante para a condição da mulher que descobria sua sexualidade e estava condenada pela sociedade que a rodeava. Sua história invariavelmente termina em tragédia: é morta para tentar proteger seu amado (ex--aluno de Van Helsing) de uma criada enciumada.

A década de 1950: além do *Macarthismo* norte-americano, Elvis Presley, *rock'n'roll*, pós-guerra e o perigo de se utilizar veludo vermelho, a década de 1950 ainda reservou muitos fatos interessantes em relação à condição humana e à temática vampírica. A década foi marcada pelos que vivenciaram e sobreviveram aos horrores da Segunda Guerra Mundial. Sem falar que muitos que dariam os primeiros passos para a existência de uma Subcultura Vampyrica nasceram no decorrer desse período. Essas vivências marcaram as artes e a cultura de forma indelével. Na década de 1950, os Estados Unidos venderam para o mundo o "American Way of Life". Os nazistas totalitaristas, grandes inimigos de um mundo livre, haviam sido exterminados. De forma grosseira podemos dizer que havia uma grande tentativa de varrer para debaixo do tapete do inconsciente todos os horrores passados nas duas grandes guerras. O mundo foi bipolarizado: Capitalismo *versus* Socialismo. Rapidamente os socialistas vermelhos tornaram-se os "estrangeiros", "os alienígenas" e de maneira apropriada associados esteticamente ao imaginário dos vampiros no Ocidente. Na Universidade de New Orleans de 1942, é publicado um inesperado estudo universitário sobre aumento dos casos de licantropia e vampirismo como doença psicológica. Em 1953, o romance *Drácula,* de Bram Stoker, foi adaptado pela primeira vez para os quadrinhos na revista de terror *Eerie* número 8. Uma vampira, com alguns elementos da "Vamp", encarnará seu total esplendor graças à atriz finlandesa Maila Nurmi com seu personagem "Vampira" de 1954. Em seu programa televisivo "Vampira" apresentava esquetes de humor negro entre um filme de terror e outro na costa oeste norte-americana. Um de seus coadjuvantes era um ainda desconhecido ator chamado James Dean, que algum tempo depois seria imortalizado como o eterno rebelde sem causa, nos filmes que retratavam a "juventude perdida" do pós-guerra norte-americano. Existe uma história de bastidores, extremamente mal-intencionada, que conta que Maila e James Dean findaram sua amizade de forma brusca. E algum tempo depois ela participou de uma sessão de fotos promocionais sobre um túmulo e enviou uma cópia dessa foto para ele. No verso ela teria escrito: "Quisera que você estivesse aqui"! E após dois dias James Dean faleceu. As revistas em quadrinhos também retratavam inúmeros personagens vampiros em suas páginas. Percebia-se uma espécie de denúncia de que havia algo de errado no reinado artificialíssimo norte-americano?

A imagem teatral e dramática da "Vamp" e da "Vampira" do cinema e da cultura será a base para a imagem humanizada da *Femme Fatale* do cinema – onde o elemento místico da "Vamp" e da "Vampira" torna-se subjetivizado, dando espaço para uma maldade psicológica, como veremos em filmes como *Crepúsculo dos Deuses* (1950) com a belíssima Norman Desmon e Willian Holden; *O Que Terá Acontecido a Baby Jane?*, de Robert Aldrich (1962); *Maldade na Alma* (1965), de Robert Aldrich; *Alguém Morreu no meu Lugar* (1964), de Paul Henreid; *Almas Mortas* (1964), de William Castle; e a versão original do francês, *Les Diaboliques* (1955), de Henri George-Clouzot.

Embora não constitua uma *femme fatale* clássica, o filme de Elias Kazam, *Vidas Amargas* (*East of Eden*), de 1954, traz uma história bastante interessante, que se passa na época da Primeira Guerra Mundial, em Monterey, na Califórnia, e mostra a luta do jovem Cal Trask com seu irmão Aaron (o filho favorito) pelo afeto do pai. Para ganhar o amor de seu pai e ajudar a fazenda ameaçada de falir, Cal faz um empréstimo com Kate, sua mãe prostituta, que abandonara a família quando os filhos eram pequenos e montara um bordel. Trata-se de uma releitura da história bíblica de Caim e Abel. E as leitoras mais Vampyricas podem reconhecer na figura feminina da mãe uma interessante interpretação para Lilith. O filme não vale a pena só por James Dean (sim, aquele jovem assistente da Vampira Maila Nurmi). Uma resposta encouraçada foi disparada pelo governo norte-americano ainda em 1954. Um código que bania os vampiros das histórias em quadrinhos foi elaborado. E a liberdade de muitos intelectuais, produtores de cinema e artistas de posturas libertárias começou a ser tolhida. Toda ditadura tenta forçosamente varrer para debaixo do tapete seus oponentes. E o mito do vampiro é uma das melhores máscaras para artistas expressarem seus discursos estéticos, seja usando-o como alienígena ou como misteriosa epidemia (vide os filmes de zumbi das duas últimas décadas que surgem de vírus misteriosos). O vampiro era a máscara perfeita para retratar o "estrangeiro", "o desajustado", "aquilo de costumes não naturais", "o insidioso" que em razão de sua excessiva naturalidade era o modelo do "antinatural" de qualquer forma de opressão. Em 1958, o mundo assistiu atônito ao retorno de Drácula aos cinemas, desta vez interpretado por Christopher Lee. Ele agora aparecia bebendo sangue e dotado de um furor sexual que antecedia em quase uma década a vindoura revolução sexual. Diferente, portanto, de seu caricato ancestral interpretado por Bela Lugosi, que nunca foi visto ingerindo sangue... E nesse momento já encontrava sua carreira em declínio participando ao lado de Maila Nurmi do famigerado filme *Plan 9 from outer Space*. O final da década de 1950 e o início da década de 1960 teriam um desenrolar de fatos interessantes, além dos movimentos feministas em franca ascensão e cuja visibilidade incomodava a cultura dominante do mundo machista-masculino. Em 1954, uma lei norte-americana bania todos os vampiros das histórias em quadrinhos de terror; o pavor da ameaça comunista espreitava por toda parte e muitos personagens da ficção vampírica eram utilizados como metáfora do medo de uma invasão. "Eles e Elas" surgiam na calada da noite, seduziam, dominavam e se reproduziam de forma não natural. No Oriente, mais precisamente na Malásia, a atriz Maria Menado teria sua fama interpretando uma mulher que se tornava vampírica por beber o veneno de uma cobra que tentou matar seu marido. Essa "vampira", anacronicamente falando, ainda seria personagem de mais outros filmes e sequências que narram suas aventuras e tragédias.

A década de 1960 se inicia anunciando a tempestade sobre os costumes do *American Way of Life* que se aproxima. Nessa década os negros iniciaram a briga por seus direitos, mulheres conquistaram seu direito de voto e o mundo foi confrontado com os horrores da chamada guerra do Vietnã transmitida pela televisão. Outro importante fator que podemos citar é que os jovens de todas as idades aprenderam que, ao se unir em torno de uma cultura de ideias comuns, poderiam alterar o mundo de acordo com sua vontade. Na década de 1960 assistimos também ao evento ímpar do começo da criação de uma cultura jovem, inexistente no mundo até esse momento. Valores culturais intoleráveis e já insustentáveis são confrontados e colocados abaixo. Basta lembrar de Woodstock e das revoluções de Paris do final da década. Diversos países produziam filmes de vampiros e adaptações do romance *Drácula* nessa década. O cineasta italiano Mario Bava apresentava Bárbara Steele como uma vampira no filme posteriormente lançado em video como *Black Sunday* de 1960 (também conhecido como *The Mask of Satan* ou *La Maschera del Demonio*). Steele era a princesa Ada, uma feiticeira do século XVII morta sob tortura com uma máscara forrada de alfinetes, que ressuscitava e aterrorizava toda uma comunidade. Outra vampira de destaque da época é Annet Stroyberg, que viria a interpretar a célebre "Carmilla" no longa metragem *Et Mourir de Plaisir* (lançado nos Estados Unidos como *Blood and Roses*). Trata-se de uma versão da história de Carmilla, na qual seduz sua prima Georgia e, ao final, ela morre empalada no mourão de uma cerca. O filme foi dirigido por Roger Vadim, mesmo diretor de *Barbarella*. Na área vampírica, vimos a fundação de grupos como Count Dracula Society, em Los Angeles, pelo bibliotecário inglês Donald Reed em 1962. Um grupo dedicado ao estudo sério dos filmes de horror e do ultrarromantismo britânico. O grupo se reunia para a exibição de filmes de terror e a celebração do "Ann Radclife Award". Além disso, desde essa década publicavam dois periódicos sobre arte e literatura obscuras. Alguns especialistas à época arriscavam previsões de que por volta do ano 2020 a ciência seria capaz de conseguir o controle químico sobre o envelhecimento – era o começo dos movimentos imortalistas. Um desses estudos foi patrocinado pela Rand Corporation. Acreditava-se que, com o auxílio de produtos químicos, tratamentos variados e até mesmo da estética, esse feito seria realizável. Também na década de 1960 assistimos à criação da The Count Dracula Fan Club, fundada pela dra. Jeanne Youngson. O fascínio pelo personagem do romance de Bram Stoker na adolescência e uma encantadora visita à Romênia foram os gatilhos iniciais desse bem-sucedido grupo, que inclusive chegou a possuir duas sedes, uma em Nova York e outra em Londres. No ano 1965, o célebre filme *Planeta dos Vampiros*, também de Mario Bava, contou com um charme especial: a participação de uma atriz brasileira chamada Norma Bengell, que alguns anos depois faria a primeira cena de nu frontal da história do cinema brasileiro. Até o momento é a referência mais antiga e de provável influência sobre produção cultural vampírica relacionada ao Brasil no cinema. O elenco é encabeçado por Barry Andrews, que interpreta Mark Markary, o capitão da espaçonave Argus. Vale ressaltar ainda que, quando interpretou a astronauta Sanya, a atriz carioca tinha apenas 30 anos e estava no auge de sua beleza. Se o elenco não esbanjava talento, também não chegava a comprometer. Aliás, toda a limitação técnica e de orçamento, fato característico do chamado cinema B, foi superada pelo empenho da equipe de Bava, que aproveitou diversos cenários que eram sobras de épicos italianos rodados nos míticos estúdios Cinecittà de Roma, local onde foram filmados *Ben Hur* (1958), *Quo Vadis* (1949) e *A Doce Vida* (1960), de Fellini, entre outros grandes clássicos.

Outro dos milhares de pontos importantes a serem levantados sobre o final dos anos 1960 é o surgimento da pílula anticoncepcional e da libertação feminina, e por assim dizer do radicalismo que culmina com o feminismo. Depois de séculos de repressão, essa revolta explodiu de diversas formas, uma delas negando os modelos clássicos do feminino. Tempos de se queimarem sutiãs em praça pública e até mesmo de mulheres que negavam a feminilidade vestindo-se como homens. Época de excessos e de movimentos compensatórios cuja profundidade e repercussões fogem do escopo deste livro.

Um momento divertido e extremamente lúdico para a imprensa é quando Anton la Vey mistura diversos elementos de livros de autoajuda, ufologia, notas de capa de livro, invenções de linhagens místicas, arqueologia prosaica e mitos da literatura ficcional de H. P. Lovecraft em um caricato culto monoteísta à imagem do primeiro filho rebelde do Deus judaico-cristão. O sensacionalismo criado pela imprensa e por seus seguidores serviria de pano de fundo para muita manchetes interessantíssimas – isso sem falar na gama de distorções e erros de interpretação que ocasionariam futuramente. De um lado havia a crise dos mísseis soviéticos em Cuba e nos Estados Unidos; Martin Luther King seria assassinado após conseguir acabar com as leis do *Apartheid* que imperavam no sul do país. Movimento *hippie* abrindo mão de sua identidade civil em prol de uma vida livre de governos; *covens* e tradições wiccanianas achando seu espaço no mundo; os crimes horrendos da família Manson; governos de esquerda sendo eleitos na América Latina; *beatnicks*, movimentos de elite cultural contra governos militares... Era um arrojado novo mundo se desenhando. No auge da revolução sexual ainda acontece a publicação do estudo psicológico de Philipe Garden e Ken Mann intitulado: "Vampirism: a Sexual Study", na cidade de San Diego, Califórnia. Na televisão, desde 1964, programas como *The Munsters* e *Família Addams* evocavam vampiros simpáticos e acessíveis ao grande público, imortalizando os personagens Mortícia e Gomez Addams, Lilly Munster, Vovô, entre outros.

A Imortalidade também poderia ser obtida em um belo e gélido caixão vítreo, segundo o pesquisador Robert C. W. Ettinger: "A maioria de nós, que ora respiramos, tem boa chance de vida física depois da morte (...) a imortalidade (no sentido de vida indefinidamente prolongada) é tecnicamente exequível, não só para nossos descendentes, mas também para nós mesmos". Robert era o principal entusiasta da criogenia. Para ele, bastava que os corpos fossem congelados até que futuramente a ciência tivesse um modo de curá-los das causas que os haviam matado. Assim, criaram-se as sociedades criogênicas, e umas poucas almas aventureiras investiram seu dinheiro e suas vidas. Infelizmente os processos de congelamento danificavam demais os tecidos, o que impossibilitaria um feliz renascimento. Os quadrinhos brasileiros também viriam a ter sua primeira vampira. Ela veio a existir pela inspiração de Eugenio Colonesse nas páginas de uma revista de terror. Suas histórias pertencem ao gênero horror, que estava em voga durante a década de 1960. A principal marca das histórias de Mirza era sua sensualidade, ousada em comparação com os padrões de sua época. Mirela Zamanova era a sétima filha de um nobre polonês cuja linhagem foi amaldiçoada. Durante um incidente no qual quase foi estuprada pelo namorado da irmã, a maldição de sua família a transformara em uma vampira. Após a transformação, adotou o nome de Mirza e passou a vagar pelas grandes metrópoles do mundo, onde constantemente esbarrava com outros seres sobrenaturais, tanto hostis quanto amigáveis. Quando lhe convinha, passava-se por modelo profissional, sempre auxiliada por seu criado corcunda Brooks. Esse lançamento se deu dois anos antes da criação e primeira edição em quadrinhos da personagem norte-americana Vampirella pela Harris Comics, uma vampira alienígena que veio para a Terra enfrentar um antigo proscrito de seu planeta chamado Drakullon. Seus quadrinhos são publicados até hoje. Outra vampira a surgir nos quadrinhos brasileiros foi Michelle – criação do desenhista Emir Ribeiro. Sua história começa em um lugarejo da França quando a jovem que estava próxima de se casar foi mordida pelo Conde Drácula. Porém, a moça tinha um problema mental que a tornava uma pessoa de dupla personalidade, e a doença a acompanhou mesmo após sua morte. Vez por outra, ela é má e sanguinária, e em seguida pode ficar doce, angelical e totalmente humana. Caçada pelo ex-noivo e perfurada no coração por uma faca de prata, Michelle ainda conseguiu se esconder no porão de um navio que fazia parte de uma esquadra francesa que invadiria o Brasil. Michelle reviveu no Maranhão e aterrorizou a população. Mas teria pela frente um inimigo à altura: o médico Francisco Palmeira.

 Aliás, a ficção científica e as sanguinolentas vampiras tiveram outros encontros na década de 1960. Um deles acontece no filme *Queen of Blood*, no qual a atriz Florence Marly interpreta a bela vampira recolhida em Marte que assassina toda a tripulação da pobre nave terráquea. Em 1961, teremos Beth Porter em *The Naked Witch*; Joan Stapleton em *The Devil Mistress* (1966); Rosana Ortiz em *Draculita* (1969); e Gina Romand em *La Venganza de las Mujeres Vampiro* (1969). Em 1967, uma novela norte-americana intitulada *Dark Shadows* trouxe os vampiros para o horário nobre da televisão por meio do anti-herói romântico Barnabas Collins. Este, por sua vez, definiu os parâmetros da próxima geração de vampiros sedutores. Diferentemente de seus antecessores normalmente retratados de forma mais grotesca, Barnabas Collins era uma pessoa atormentada e deveras sedutora. Sua influência foi tão intensa que afetou dos integrantes de uma protossubcultura vampírica aos grupos fetichistas, e também de forma geral as culturas norte-americana e europeia. O personagem Drácula de Bram Stoker ganha uma série de televisão na rede BBC inglesa, na qual é interpretado por Denholm Elliot. A imagem de Drácula ainda nessa década era a do personagem da obra de Bram Stoker e as pessoas pensavam tratar-se de alguma biografia de um príncipe romeno. Não havia estudos aprofundados históricos ou acadêmicos que diferenciassem substancialmente o personagem de Stoker do Voivoida Romeno histórico. E ainda, em 1969, foi realizado o primeiro filme gay a utilizar a imagem dos vampiros, chamado *Does Dracula Really Suck*?. Na música todas essas revoluções são retratadas na produção de bandas como Velvet Underground, The Doors, Mc's 5, que logo se tornariam os *stooges* que começariam a expor o que havia sido varrido para debaixo do tapete e que as pessoas "civilizadas" ou "socialmente hipócritas" preferiam fazer de conta que não enxergavam. Na Europa, vimos o estabelecimento do Kraut Rock, assim denominado pelo experimentalismo que trouxe ao rock alemão no período de 1969 a 1977. Tivemos ali rock, psicodelia, minimalismo, protoindustrial, música eletrônica experimentalista e muito mais. Essas sementes aqui plantadas resultaram em frutos nas tendências posteriores do pós-punk e new wave, no EBM (Eletronic Body Music) e no synth – vertentes musicais que viriam a ser muito apreciadas nos eventos Vampyricos e Góticos das décadas posteriores.

É problemático estudar um tema como o vampírico apenas dentro do que é publicado ou como obra sobre vampiros. No ano 1966, Carlos Ginzburg, historiador e antropólogo italiano, publicou pela primeira vez seu livro *I Benandanti: Stregoneria i Culti Agrari tra Cinquecento e Seicento*. Neste trabalho ele tira do idealizado e do lugar-comum o tema da feitiçaria, conduzindo os leitores por uma longa viagem constituída em documentos históricos. O foco do trabalho é sobre um culto de fertilidade ambíguo do Friul italiano, que em estado de êxtase combate para trazer colheitas e rebanhos fartos, e as dificuldades da Igreja entre os séculos XV e XVI em lidar com eles e sufocar suas práticas. No capítulo anterior o leitor leu sobre os Strigóis romenos e outros desses antigos cultos de fertilidade e a relação do termo com Stregone ou Strigoni. Embora o livro não tenha sido muito conhecido, deixou subsídios que frutificariam nas décadas seguintes. No ano 1968, o autor Robert W. Prehoda, nas páginas do livro *A Juventude Prolongada*, discutiu a história e as tendências modernas da pesquisa sobre o envelhecimento, e solicitou a promulgação do prolongamento da juventude como uma meta oficial nacional. Outras manifestações relevantes foram de Gerald Feinberg nas páginas de *O Projeto Prometeu* e também de Alan Harrington no livro *O Imortalista*. De forma parecida, ambos os pesquisadores propunham a criação de um programa nacional nos moldes das viagens à Lua para vencer a morte. Alan Harrington foi ainda mais longe declarando a Morte como uma criminosa; em suas próprias palavras: "A morte é uma imposição à raça humana, e não é mais aceitável (...) mobilizem os cientistas, gastem o dinheiro, deem caça à morte como a um bandido". Porém, ainda não foi nesta geração que a tal bandida chamada "Morte" foi julgada, condenada e sentenciada. "Em eras estranhas, até a morte pode morrer!" Quem sabe em um futuro estas palavras se tornem proféticas. No ano 1969, um estudo sobre o futuro da Medicina, patrocinado pelos especialistas Smith, Kline e French, indica 1993 como o ano no qual se conseguiria o controle do envelhecimento e um significativo prolongamento da expectativa de vida. O ano chegou e passou, mas o tal controle não foi encontrado.

A década de 1970 trouxe condições políticas ainda mais instáveis ao mundo todo; a ameaça da guerra nuclear e os constantes golpes militares contra governos de esquerda eleitos na década anterior causaram furor na América Latina. E novamente os vampiros encontraram outras vias para sua existência. O desalento e o pessimismo da década anterior diante dos avanços científicos desencadearam no mercado uma onda de livros destinados ao tema da imortalidade. O mercado editorial foi saturado com uma avalanche de livros sobre a morte e perspectivas para vencê-la, tanto de maneira filosófica como fisicamente. Talvez o contato intensificado com o Oriente fosse um dos gatilhos dessa obsessão midiática e editorial para com a morte. Aos poucos, a morte foi deixando de ser um tabu e progressivamente conversas francas foram desenvolvidas sobre o tema. Em diversas faculdades surgiram até mesmo "cursos sobre a morte". O mercado editorial despejava periodicamente uma grande cota de estudos e artigos com análises históricas e psicológicas sobre a morte e as atitudes suscitadas por ela. Esses livros eram igualmente acompanhados das tradicionais "palavras maduras" sobre a inevitabilidade de nossa condição mortal. Porém, outros títulos apregoavam as tentativas no sentido da possibilidade de uma vida imortal na carne. Algumas pessoas começavam a esboçar o que e como seria alguém que se intitulasse "vampiro vivo".

Em 1970, encontraríamos os ancestrais do que viria a ser conhecido como integrantes da Subcultura Vampyrica 20 anos depois. Esses vampiros eram pessoas que se comunicavam por meio de cartas e fanzines, narrando em contos e poesias românticas e sexualizadas suas experiências ou vontades. Essas redes de correspondência começaram de forma tímida e explodiriam na década seguinte mesmo sem Internet!!!. No começo dos anos 1970, o grupo norte-americano The Count Dracula Fan Club passou a erigir divisões especializadas como a "The Count Dracula Fan Club Research Library" com mais de 25 mil volumes sobre Drácula, Vampirismo, Bram Stoker e outras séries de terror e ficção da época. O grupo contava com o apoio e suporte do prestigiado "Bram Stoker Memorial Collection of Rare Books". Na música, o experimentalismo e o pionerismo prosseguiram. E encontraríamos na década de 1970 o glam-rock que existiu de 1970 a 1975. Mas sua influência pode ser notada em bandas até hoje. O estilo caracteriza-se por uma temática hedonista-decadentista, androginia, um rock básico ou recheado de experimentalismo, muitas vezes considerado protopunk, mas também havia lugar para muito lirismo, folk, cabaret e poesia. Alguns exemplos incluem T-Rex, Nova York Dolls, Iggy Pop & Stooges, David Bowie, Lou Reed, Roxy Music, Sweet, Slade, Gary Glitter. O glam-rock influenciou diretamente o pós-punk e o gótico, tanto na musicalidade como em sua temática e abordagem, sendo que muitas das primeiras bandas góticas, como Bauhaus e Specimen, pareciam e soavam muito como bandas glam.

Dentro deste clima de glam-rock encontramos a "The Blue Oyster Cult", considerada uma das bandas com o maior número de letras relacionadas à temática de vampiros. Um de seus *hits* mais conhecidos é a popular "Dont Fear (The Reaper)" regravada na primeira década deste século pela banda finlandesa HIM. A letra evoca uma balada lenta e melancólica sobre finais de ciclos naturais:

All our times have come
Here but now they're gone
Seasons don't fear the reaper
Nor do the wind, the sun or the rain
We can be like they are
Come on baby... don't fear the reaper
Baby take my hand... don't fear the reaper
We'll be able to fly... don't fear the reaper
Baby I'm your man...
Valentine is done
Here but now they're gone
Romeo and Juliet
Are together in eternity... Romeo and Juliet
40,000 men and women everyday... Like Romeo and Juliet
40,000 men and women everyday... Redefine happiness
Another 40,000 coming everyday... We can be like they are
Come on baby... don't fear the reaper
Baby take my hand... don't fear the reaper
We'll be able to fly... don't fear the reaper
Baby I'm your man...
Love of two is one
Here but now they're gone
Came the last night of sadness
And it was clear she couldn't go on
Then the door was open and the wind appeared
The candles blew then disappeared
The curtains flew then he appeared... saying don't be afraid
Come on baby... and she had no fear
And she ran to him... then they started to fly
They looked backward and said goodbye... she had become like they are
She had taken his hand... she had become like they are
Come on baby... don't fear the reaper

Uma das situações vampíricas que despertaram bastante sensacionalismo nos jornais e na mídia daquela década aconteceu em um simpático cemitério de Londres. O caso do "Vampiro de Highgate" consistia no que parecia ser um vampiro real que assombrava e vitimizava pessoas no tal cemitério e seus arredores. Independentemente dos relatos fantásticos produzidos na mídia da época, o fenômeno tornou popular os britânicos Sean Manchester e David Farrant. Sean Manchester era o excêntrico líder de um grupo chamado "Vampire Research Society", fundado no começo da década, que investigava fenômenos vampíricos na

Inglaterra. Nas décadas posteriores ele ainda se tornaria "primaz da Igreja do Santo Graal e ainda seria nomeado bispo primaz da Igreja Católica Celta". Nos tempos do Vampiro de Highgate, ele combateu a inusitada criatura com estacas, alho e água benta (!!!). Até hoje Sean é uma espécie de promulgador de preconceitos e crenças distorcidas sobre Subcultura Vampyrica. Nos dias de hoje o cemitério ainda é uma divertida armadilha turística por conta dessas histórias. Pouco se fala sobre David Farrant, visto que ele era o que a imprensa rotulou de um caçador de vampiros amador, que invadia Highgates para trespassar estacas e decapitar corpos mortos dentro de um cemitério – um verdadeiro absurdo. Após os eventos do Vampiro de Highgates, ele foi preso, sentenciado e dizem que se converteu ao satanismo. "Embora tenha confessado que tudo que ocorreu relacionado a vampiros naquele cemitério era uma mentira." Outra personalidade digna de nota desse período é o parapsicólogo norte-americano Stephen Kaplan. Ele foi o fundador do Vampire Research Center, em 1972. Gozava de alguma popularidade no meio da parapsicologia graças à denúncia do embuste no caso Amityville, nos Estados Unidos. Você que lê o livro como bom fã de filmes de terror deve lembrar da série "Terror em Amityville", o que torna desnecessário falar mais desse assunto. Durante a década de 1970 até o começo dos anos 1980, Stephen realizou uma extensa pesquisa de campo na busca de vampiros reais. Nessas aventuras entrevistou muitos deles pessoalmente em várias partes do mundo. O que ele encontrou foram pessoas que realmente ingeriam sangue diariamente por necessidade, outras que adotavam hábitos vampirescos, como dormir em caixões ou apenas sair de suas casas à noite, e outras ainda que tinham prazer em jogos de fetiche com sangue. Além dos estudos ficcionais, devemos citar grupos que estudavam o vampirismo sob um ponto de vista esotérico e, por vezes, holístico, que é uma espécie de referência bastante interligada na atual Subcultura Vampyrica Contemporânea. A temática mística que envolvia a lenda do vampiro durante a década de 1970, e presente nos grupos que faziam alguma referência, era a da utilização constante do personagem caricaturizado tanto pelos supostos pesquisadores monoteístas, quanto pelos românticos que utilizavam esse mesmo *background* a partir do século XVII. Há certa constância na utilização do termo vampírico para designar mortos que agiam como obsessores dos vivos, mulheres fatais, distorções de práticas religiosas hindus reinterpretadas e ressignificadas pelos britânicos e outros europeus, pessoas praticantes de didáticas de violência e perseguição (chamadas de vampiros psíquicos, vampiros astrais, vampiros energéticos e outros). Os filmes da Hammer e de outras produtoras sobre Drácula exploravam excessivamente a temática de seitas satânicas caricaturizadas e outros elementos exagerados da cultura dominante. O que invariavelmente conferia uma relação monoteística, artificial e bastante entediante sobre o personagem cultural vampírico. Na sequência, o imaginário das pessoas bombardeadas por todo esse repertório era o de achar que o vampírico era apenas uma ótica mais encouraçada de machismo e de relacionamentos de dominação sexual. A produção cinematográfica foi realmente abusiva e saturante nessa questão ao longo dos anos 1970, 1960 e 1950.

Não admira que, dentro de tais perspectivas caricatas, certos agrupamentos inventem dogmas oriundos do trabalho de Anton LaVey na década de 1970, para assim criar uma Order of Vampyre derivada de um Templo de Seth – um deus do vento quente do deserto egípcio (seca), representado por um tamanduá ou algum animal extinto. Porém, o que a História e a Arqueologia demonstram é que ele era um deus avesso a dogmas, sistemas e outras tentativas de engessar práticas relacionadas a si, sem falar na escassez de relatos sobre cultos. (Vale reforçar que esse agrupamento nunca teve relação ou vínculo algum com a Subcultura Vampyrica ou com a identidade e temáticas presentes da cena; e que pessoas da cena Vampyrica e simpatizantes sempre manifestam um sensível desprezo aos conteúdos, dogmas e identidade dessa "Order", dada a incompatibilidade de valores culturais e o uso caricato do termo vampírico.) Uma manifestação cultural mais genuína da década de 1970 é apresentada na obra *Liber Null*, de Peter Carroll, publicada em 1978, por meio da qual o autor procura oferecer uma forma mais livre e aberta de se trabalhar com Magia (K) – com um enfoque que encontra tradução em diversos elementos da psicologia moderna. Originalmente, o livro é considerado um manual de instrução para o grupo "Illuminates of Thanateros" (IOT) e seu conteúdo criativo busca estimular a imaginação de seus leitores. A proposta de extinguir o teatral e o artificial do monoteísmo presente na obra encontra ressonância com as ideias de Austin Spare do final do século XIX. Sempre com um viés questionador, opinativo, contracultural e *underground*, o livro de Peter Carroll encontra vistosa ressonância com muitos Vampyricos desde sua publicação. Entrementes, a proposta de magia orgânica, sem dogmas e sem artificialismos, por assim dizer, já era algo interno e pertinente da identidade cultural da cena Vampyrica, relacionada ao neopagão na cena desde 1974/1975 – algo pouco divulgado ou revelado. Tanto que nas décadas posteriores, alguns autores preferem apontar *Liber Null* a explicar alguns conceitos pagãos de raiz da cosmovisão da cena. Durante a década de 1970, a imagem de Christopher Lee encarnava perfeitamente o manto de Drácula, com sua performance sexualizada e agora popular por todo o planeta. Vemos também o afrouxamento do código das histórias em quadrinhos promulgado em 1954 e o surgimento do primeiro personagem vampírico nos quadrinhos, *Morbius: o Vampiro Vivo*. Ao contrário de seu parceiro Blade, o caçador de vampiros, Morbius nunca deixou a linha de personagens menores da editora Marvel. Outro personagem norte-americano da televisão daquele país era o caçador do sobrenatural do seriado *The Night Stalker*, interpretado por Davis McGavin. Ainda no ano 1972, iniciou-se um período de releituras e aprofundamento histórico sobre Vlad Tepes, o déspota romeno que serviu parcialmente de inspiração para o personagem Drácula do romance de Bram Stoker. Há uma mudança de paradigma com a publicação do livro *In Search of Dracula*, fruto da pesquisa de Raymond T. McNally e Radu Florescu, no qual de forma histórica e rica em detalhes é apresentado Vlad, o Empalador, o Drácula histórico, ao mundo dos fãs do vampiro contemporâneo. Quase na sequência, viu-se o lançamento do livro *A Dream of Dracula*, de Leonard Wolf, que complementa e enriquece o trabalho de McNally e de Florescu ao chamar atenção para a lenda do vampiro. Aproveitando a onda desses dois lançamentos, o autor Donald Glut realizou uma primeira tentativa de juntar todas as histórias a figuras históricas relacionadas ao vampirismo em seu *True Vampires of History*.

Uma característica presente na década de 1970 é o surgimento de muitos grupos que pesquisavam a ampla produção cultural vampírica em diversas mídias. Enquanto isso, outro segmento começou a se desvincular do personagem caricato e passou a se interessar pela pesquisa acadêmica sobre as lendas em diversas abordagens culturais. Vinculado a essas duas correntes principais, encontraremos um sem-número de pessoas pela Europa e Estados Unidos que estavam cansadas das abordagens caricatas e superficiais do vampírico no cinema e nas letras, sempre relacionado ao artificialismo, à castradora cultura dominante e aos ranços do monoteísmo. Elas se comunicavam por cartas, redes de cartas e fanzines – especulando sobre elementos pessoais de seu modo de vida vampírico. Nas proximidades de Londres, em 1973, os amigos Bernard Davies e Bruce Wightman, inspirados pelos brasões dos Volvodes Transilvânicos, fundaram a The Dracula Society, originalmente destinada à realização de excursões para a Romênia, à visita aos lugares habitados por Vlad Tepes e às passagens do romance de Bram Stoker. Com o tempo, o grupo passou a organizar palestras, leilões, exibições de filmes e encontros para os fãs do conde. Montavam um roteiro de passeios pela Londres assombrada e vampírica inspirado nos contos do ultrarromantismo, além de manter um arquivo com curiosidades, como a capa usada por Christopher Lee no filme *Drácula*. Alguns pesquisadores científicos, como o britânico Dean Juniper, enxergam com bons olhos a possibilidade de a ciência alcançar a imortalidade. O jornalista Osborn Segerberg, na obra *Fator Imortalidade*, pondera sobre muitas evidências científicas, demonstra chances bastante positivas para alcançarmos a imortalidade. O ano 1974 foi particularmente interessante em razão da publicação do livro *Werewolf and Vampire in Romania*, que apresenta as lendas romenas dos Strigois e suas múltiplas variações de nomes e de casos. O autor Harry Senn aproximou do público daquela década a ideia inicialmente superficial como um tipo de ser sobrenatural ou feiticeiro, o qual haveria de ser considerado vampírico nos séculos posteriores. Ainda em 1974, a romancista Nancy Garden publicou *Vampires*, trazendo os vampiros com peso para a literatura juvenil. Um livro sobre demônios e divindades ciganas chamado *Gypsy Demons e Divinities: the Magical and Supernatural Pratices of Gypsies*, de E. B. Trigg, foi lançado em Londres, despertando interesse para as relações entre os povos ciganos e os mitos vampíricos no Leste Europeu. A obra de Raymond T. McNally e Radu Florescu, *In Search of Dracula,* foi transformada em um rico documentário por uma equipe de produção da Suécia. O filme contou ainda com a narração e a participação de Christopher Lee no papel de Vlad Tepes (histórico). Em outra produção chamada *The Dracula Tape*, o autor Fred Saberhagen propõe que se veja Drácula mais como herói do que como vilão. Aconteceu também a criação do primeiro fanzine exclusivamente dedicado à série *Dark Shadows*, intitulado *The World of Dark Shadows*, e novamente o culto dos fãs ao vampiro Barnabas Collins é revivido. No ano 1976, a Romênia realizou comemorações dos cinco séculos da morte de Drácula, e o emergente interesse turístico e cultural viria a transformá-lo em um herói nacional iniciando um processo de restauração e conservação de pontos históricos creditados à sua *persona* histórica. Ele se consolidou também como um rei messiânico, aquele por quem outros líderes e o povo camponês rezam pela sua volta... A década de 1970 viria a ser marcada pelas diversas versões cinematográficas de *Carmilla*, incluindo sua melhor intérprete de todos os tempos, Ingrid Pitt. Outras intérpretes da sedutora vampira foram Katia Wyeth, Lina Romay e Alexandra Bastedo. O ponto alto ao meu ver na condução dessas ideias foi a produção do primeiro filme a abordar diretamente a musa inspiradora de tantas vampiras: Erzebeeth Bathory, vivida pela própria Ingrid Pitt. Quase simultaneamente surgiu o belga *Daughters of Dracula*, estrelado por Dephine Seygig no papel de uma Erzebeeth Bathory viva em plena década da produção do filme, que seduz um jovem casal. Curiosamente o vilão do filme é o marido que se revela um sádico – e a inocente esposa viria a ocupar o lugar de Erzeebeth como vampira ao final do filme. Outras produções menores trarão Erzebeeth Bathory como anti-heroína ou vilã; algumas de suas intépretes foram Lucia Bose, em *Legend of Blood Castle* (1972); Patty Shepard, *Curse of Devil* (1973); e Paloma Picasso em *Imortal Tales* (1974). De volta ao Brasil, tivemos mais uma vampira no filme *A Deusa de Mármore: a Escrava do Diabo*, dirigido e protagonizado por Angela Maldonado, chamada pela imprensa de uma "Zé do Caixão de saias". O enredo narra a mística história de uma mulher com 2.000 anos de idade que conserva a juventude extraindo a vida de homens durante o ato sexual. Meio atrapalhada com as múltiplas funções, Maldonado pediu a Mojica uma mãozinha para acabar sua mistura de pornochanchada com terror. O único elogio que a obra recebeu foram seus créditos de abertura desenhados de forma arrojada por Akira Yrayama, artista que também faz uma ponta no filme. É sabido que no começo da década de 1970 o personagem chamado de Nosferatu (aquele mesmo de 1922) fez uma participação em um curta de "terror" de Ivan Cardoso.

Outros filmes que tiveram algum destaque ao longo dos anos 1970 com vampiras foram: *Vampyros Lesbos die Erbin de Dracula* (1970); *The Legendary Curse of Lemora* (1973); *Leonor* (1975); *Mary, Mary, Bloody Mary* (1975); *Lady Dracula* (1977); e *Nocturna, Grandaughter of Dracula* (1979). Uma notória consideração a ser feita é que até esse momento os filmes com vampiras eram produzidos e dirigidos por homens. Um filme de vampiros interessante e dirigido por uma mulher foi o *Velvet Vampire* (1971), dirigido por Stephanie Rothman e produzido pela New World Pictures de Roger Corman. A história se passa nos anos 1970 e consiste em uma vampira que mora no deserto e seduz suas vítimas para levá-las para sua morada. O evento definitivo que firmaria os pontos de vista sobre o vampiro dando os primeiros passos para uma eventual Subcultura se deu com o livro *Entrevista com o Vampiro*, de uma então desconhecida autora chamada Anne Rice, por meio do qual o vampiro é apresentado ao grande público como uma criatura diferente de tudo que havia sido feito até aquele momento. O vampiro se tornava pela primeira vez e com toda a carga imaginada um personagem aprofundado, denso psicologicamente e, por vezes, capaz de ser mais humano que um ser humano. Essa nova ótica disparada por Anne Rice viria a mudar e influenciar tudo aquilo que ocorreu depois sobre o arquétipo do vampiro. Aos poucos, o livro chegou a um grande número de leitores que vivenciavam um estilo de vida vampírico. Esses eram os leitores e produtores de fanzines, periódicos e livros com os quais exploravam de forma estética e existencialista seu estilo vampírico. Esse fenômeno de identificação e até mesmo projeção com os personagens de Anne Rice também se repetia no continente europeu. Podemos situar que o início do processo que formaria uma Subcultura Vampyrica deu seus primeiros passos visíveis entre os anos 1975 e 1976. Vamos chamar esse período de uma protossubcultura Vampyrica, para facilitar. O ano 1976 ainda presenciou outros livros que influenciaram a formação dessa Subcultura Vampyrica, embora naquela época o termo correto ainda fosse "apreciadores da cultura vampírica". Livros como *Memoirs of a Astral Vampire*, de Christine Brady, publicado na Califórnia, reavivaram o interesse dos recém-chegados sobre a temática do vampiro astral. Stephen Kaplan, fundador da Vampire Research Society, publicou seu primeiro livro, *In Pursuit of Premature Gods and Contemporary Vampires*, em Long Island, Nova York. Nesse primeiro livro ele aborda a vampirologia como vertente da parapsicologia (o que apenas agrega o termo vampirologia a um conteúdo desprezível) e crê que os relatos foclóricos vampíricos possam conter uma realidade objetiva. Após obter uma assinatura telefônica para a sede da Vampire Research Society, ele começou a coletar entrevistas e iniciou uma árdua pesquisa de campo na busca por vampiros reais. Porém, dos muitos questionários enviados por Stephen, somente um pequeno número permitiu que ele afirmasse que existiam vampiros verdadeiros em alguns países. Com base em suas estatísticas, ele acreditava que haveria 850 vampiros reais no mundo todo. Seus estudos sobre vampiros foram interrompidos em razão da má fama de seu livro *Vampires Are* e de seus compromissos com *State Nova York University*. Kaplan foi bastante famoso graças às entrevistas de rádio, televisão e uma extensa entrevista na revista *Playboy* em 1977. Por volta de 1976, os pesquisadores começaram a pensar que, se a imortalidade não fosse possível, pelo menos a longevidade de séculos seria uma meta científica viável por meio da bioquímica, da genética e da biônica (criação de órgãos artificiais). Os livros mais relevantes foram: *Não Morrer Mais*, escrito por Joel Kurtzman e Philip Gordon, e *Prolongevidade*, do escritor científico Albert Rosenfeld. Por volta de 1977, o erudito Martim V. Riccardo fundou o Vampire Research Institute, que oferecia um toque de erudição e academicismo ao vampirismo. Martim era um entusiasta do tema e, após uma palestra de Leonard Wolf, autor do livro *A Dream of Dracula*, decidiu especializar-se e fazer palestras sobre o assunto nos Estados Unidos. Ao contrário dos anteriores, esse foi o primeiro grupo de estudiosos e entusiastas sobre vampiros que tinha "Vampires" em seu nome de fundação. Até esse momento, os grupos públicos se restringiam a fãs clubes de Drácula ou de seriados específicos. O objetivo do grupo consistia em um fórum aberto para os integrantes trocarem informações e notícias sobre vampiros folclóricos e cinematográficos. Ainda naquele mesmo ano, o grupo publicou um jornal completo sobre temática vampírica que durou até 1979. Grupos posteriores, como o Vampire Information Exchange, tiveram suas bases iniciais no Vampire Studies Society. Ainda hoje, o Vampire Studies realiza encontros na região de Chicago. Naquele mesmo ano, Thomas Schellenberger fundou a Dracula and Company, originalmente um grupo internacional de apreciadores do vampirismo na poesia e na ficção. Com o passar do tempo, Thomas tornou-se uma referência midiática sobre o mito de Drácula e participou de diversos programas televisivos e convenções palestrando sobre suas descobertas de 1974, durante suas viagens pela Romênia. Em uma das muitas entrevistas do pesquisador Stephen Kaplan, provavelmente dada em outubro de 1978, um interessado ouvinte chamado Eric Held teve a oportunidade de ser apresentado por Stephen a uma jovem chamada

Dorothy Nixon. Da amizade e da correspondência de Eric e Dorothy viria a surgir o *Vampire Information Exchange*, até hoje um dos mais ativos *newsletter* e fórum vampírico que alcançavam os Estados Unidos de costa a costa. Vale contar que ainda não existia Internet nessa época – eram páginas e mais páginas de correspondências escritas a mão e enviadas pelo correio. Para organizar a correspondência e o fluxo de informações, Dorothy e Eric publicaram um zine e este posteriormente se transformou em um jornal impresso, ativo até os dias de hoje.

Outra versão de Drácula, mais sedutora e menos sexualizada, foi encenada na Broadway, servindo como trampolim para o ator Frank Langella participar no ano seguinte de uma nova refilmagem de *Drácula* em 1979. Na década de 1980 essa versão de Frank Langella iria inspirar uma novela brasileira sobre Drácula na extinta rede de televisão Tupi. O ano 1979 musicalmente foi marcado pelo surgimento do que viria a se caracterizar como Subcultura Gótica, alguns poucos anos depois. Tivemos a gravação de "Bela Lugosi's Dead" pela banda inglesa Bauhaus, canção que se tornou um dos primeiros e mais influentes *hits* do grupo.

Como os vampiros ainda não desenvolviam eventos noturnos próprios, tornaram-se uma das inúmeras vertentes que frequentavam os clubes e eventos da Subcultura Gótica no começo da década de 1980, assim como embriões do que viria a ser a cena GLBT, BDS&M, os fãs da música eletrônica, os fãs da música alternativa e tantas outras. Podemos dizer que inicialmente a Subcultura Vampyrica nasceu e aprendeu a se estruturar dentro das noções e identidade da Subcultura Gótica e, com o tempo, desenvolveu uma cena de clubes e eventos própria.

Década de 1980: a chegada da década desses anos trouxe subjetivamente para o cinema o marco definitivo do processo de refinamento do vampiro iniciado nos fanzines e posteriormente na obra de Anne Rice. Na adaptação da obra de Withley Striebler, *Fome de Viver* (*The Hunger* – 1983), além de Bauhaus cantando "Bela Lugosi's Dead", logo na abertura, temos atuações impecáveis de David Bowie e de Katherine Deneuve como vampiros emocionalmente fragilizados e vulneráveis tentando conviver com a eternidade. Outro ponto interessante é que pela primeira vez é usado o Ankh, o qual viria a se tornar símbolo das Subculturas Vampyrica e Gótica.

Uma vampira interpretada por Katherine Deneuve dispensa detalhes... enquanto góticos ainda hoje discutem e negam entre si o que talvez poderia vir a ser gótico e que aquilo que eles apreciam culturalmente pertence a milhares de outros movimentos estéticos, apenas rotulados, por comodidade, de gótico – para pensarem que assim será algo novo ou à parte de tudo e de posse de quem o nomeou assim. A cena Vamp pode reconhecer o que lhe cabe e não precisa fazer de conta que na questão das artes está à parte do mundo; as coisas continuam tendo seu merecido lugar em suas respectivas áreas de pertencimento estéticos e culturais, apenas transitando por temas apreciados por Vamps. Outra vampira que marcou a década de 1980 foi a carente e metafísica vampira Crystal do clássico *The Lost Boys* (1986). Outras atrizes interpretaram diversas vampiras: Lauren Hutton, em *Procura-se Rapaz Virgem* (1985); Grace Jones como uma vampira afro-americana dona do clube noturno After Dark, em *Vamp* (1986); Gabrielle Lazure, em *La Belle Captive* (1983); Matilda May, em *Life Force* (1985); a erótica Sylvia Kristel, em *Dracula's Widow* (1988); e Julia Carmen, em *Hora do Espanto 2* (1988).

Um ponto interessante é que a década de 1980 teve mais diretoras e produtoras de filmes vampíricos. Entre elas, Katt Shea Ruben em *Dance of Damned* (1988) pela Concorde Pictures de Roger Corman. A história aborda uma mulher forte quen se vê obrigada durante uma noite a descrever a luz do dia para um vampiro mal-humorado. Com o amanhecer, o vampiro se dá mal e a mulher escapa. Katrryn Bigelow dirigiu o filme *Near Dark*, contemporâneo e que passa bem longe de um visual gótico. Nele, um grupo de vampiros viaja pelo país em uma van e acaba se envolvendo com um garoto de fazenda que deseja ser um deles. O final épico envolve o confronto do bando de vampiros com o garoto e a família dele.

No Brasil, vimos a filmagem de uma novela com o nome de *Drácula: uma História de Amor,* no ano 1980, na extinta rede de televisão Tupi. A novela prosseguiu em outro canal com o nome de *Um Homem Muito Especial,* na rede Bandeirantes. A novela trazia o ator Rubens de Falco no papel de um Drácula que deixa seu castelo para encontrar com seu filho humano, interpretado pelo ator Carlos Alberto Ricceli, e acaba se apaixonando pela noiva dele, a sensual Bruna Lombardi. A novela continha cenas de nudez, sexo e violência, algo não comum para o horário televisivo e o padrão de novelas daquela época. Ao contrário do que as pessoas costumam pensar, a década de 1980 teve uma interessante produção cultural sobre a temática vampírica aqui no Brasil que englobou filmes curtos amadores e profissionais, quadrinhos de vampiros e algumas peças teatrais, entre as quais uma foi adaptação de *Drácula* com o astro Raul Cortez no papel do conde em 1986. No endereço eletrônico <www.redevampyrica.com/cronologia> mantenho um amplo e aprofundado registro da produção cultural de temática vampírica no Brasil de todas as décadas do século XX.

Na Alemanha, em 1984, uma mulher chamada Lucinda formou um grupo denominado Loyalist of the Vampire Realm, Internacional Vampire Association, com o objetivo de preservar e recriar todas as obras de arte com estilo vampírico. O grupo foi muito influente na organização e estruturação da subcultura vampírica alemã por meio de sua organizada rede de correspondentes. Além da abordagem estética, o grupo mantinha uma sociedade paralela que estudava os encontros entre humanos e o sobrenatural. O ano 1985 é citado pelo folclorista Norine Dresser como o momento em que já era possível localizar mais facilmente grupos fechados de pessoas que viviam no seu cotidiano oficialmente como vampyros e vampyras de hoje. Segundo trechos dos livros *Piercing the Darkness*, de Katherine Ramsland, *Psychic Vampire Codex*, de Michelle Bellanger, e publicações antigas da Ordo Strigoi Vii, nesse mesmo ano as cenas vampíricas e góticas começaram a se tornar distintas em cidades como Los Angeles e Nova York. Uma publicação seríssima chamada *The Vampire Journal* começou a ser editada em 1985 pelo conhecido pesquisador Thomas Schellenberger em parceria com Sharida Rizzuto na cidade americana de Nova Orleans, quando esta começava a atrair a atenção de todos os apreciadores dos livros de Anne Rice. Considera-se também que nesse mesmo ano já havia se estruturado uma definição mais clara sobre caracteres e identidade da Subcutura Gótica. Nesse mesmo período, foi publicada a segunda parte das *Crônicas Vampirescas,* de Anne Rice. Este segundo livro transforma o Vampiro Lestat em uma espécie de novo modelo do vampirismo e rapidamente alcança a lista dos *best-sellers*. Na cidade de Chicago, uma desconhecida autora publicou um infame e controverso livreto chamado *How to Become a Vampire in Six Easy Lessons*. O pesquisador Sean Manchester publicou suas memórias e detalhes sobre o caso *The Highgate Vampire: the Infernal World of the Undead Unearthed at London's Highgate Cemetery and Environs*, descrevendo seu encontro com uma suposta entidade astral vampírica. Tornar-se-ia também mais fácil encontrar livros com referências ao uso anacrônico do termo vampírico para deidades das religiões não católicas em outros países, como *Vampirism in Philipnes: a Brief Description and Survey!*, de Hartford E. Jones. Na Inglaterra aconteceu a fundação da The Vampyre Society pelo jornalista Allen J. Gittens, uma rede de correspondência criada após a publicação bem-sucedida de uma matéria sobre vampiros e o rock em um fanzine britânico. O grupo inicialmente era composto por 12 pessoas e o nome foi inspirado no romance de John Polidori. Porém, após o rompimento de Gittens com Carole Bohanan, passam a existir duas The Vampyre Society rivais na Inglaterra. A Vampire Society que permaneceu com Gittens evitava a todo custo sua associação ao sobrenatural ou à Subcultura Vampyrica e também não promovia reuniões de nenhuma natureza. Em sua trajetória criou o jornal *For the Blood is the Life*. Enquanto isso, a Vampyre Society, comandada por Carole Bohanan, tornou-se um dos principais polos vampíricos da Inglaterra e estruturou divisões por todo o país. O grupo criou um jornal de boa qualidade chamado *The Velvet Vampyre* versado e variado, contendo resenhas de livros, cinema, música, lendas e muito mais. Os anos 1987 e 1988 foram marcados pela criação do prêmio "Bram Stoker Awards" pela Horrors Writers of America, e por uma verdadeira *overdose* na publicação de fanzines e periódicos dedicados ao vampirismo por todos os Estados Unidos. Essa superprodução envolvia material sobre vampiros folclóricos, contos, poesias, cinematografia e vampiros-vivos. Esses mesmos anos ainda viram a editora da Universidade de Yale publicar *Vampires, Burial and Death: Folklore and Reality*, de Paul Barber. E ainda foi lançado o interessante estudo "The Weeding of the Dead: Ritual Poetics and Culture in Transylvanian", de Gail Kligman.

Ainda na Califórnia, um grupo de performances composto por poetas vampíricos atuava em cafés, clubes e igrejas por volta de 1989. Seu nome era The Theatre of the Vampires e entre seus integrantes estava Joe Fatal, que na década de 1990 seria conhecido por sua sólida carreira musical à frente da banda Deep Enynde na cena deathrock norte-americana. No sul da Califórnia, um grupo de escritores e atores criou a chamada Secret Order of the Undead, destinada a elaborar peças teatrais e produções literárias e estéticas sobre cultura vampírica e, quem sabe, Vampyrica. Seus números eram encenados nas noites de sexta-feira de Lua Cheia. Em sua exploração estética, revitalizaram-se muitos personagens associados ao vampirismo em todas as chamadas idades negras da humanidade. Infelizmente o grupo se extinguiu no começo da década de 1990.

Em 1989, o grupo conhecido como Temple of Vampire tornou-se famoso por ensinar métodos de vampirismo astral e psíquico aos interessados pelo correio. O mesmo grupo também clamava ser uma igreja reconhecida pelo governo norte-americano – mas até aí naquele país há um requisito para que qualquer religião ou instituição do gênero tenha aval do governo, logo igrejas de ETs, de seguidores de Elvis e outras esquisitices também devem ser reconhecidas pelo governo. Ele era composto por mais uma leva de dissidentes jovens da Igreja de Satã, de Anton LaVey. Basicamente o conteúdo do culto era dogmático e utilizava-se de didáticas de violência, alienação social, entre outras. A longa tradição de propagação de ideias distorcidas e inventadas em livros e Internet contendo como foco atos de desrespeito, não elaboração de vínculos sociais saudáveis, posicionamentos a favor da defesa da incapacidade de se estabelecer relacionamentos afetivos saudáveis (internos ou externos da Subcultura) e franca agressão, parasitismo e política de choque contra terceiros prossegue até hoje em alguns autores como Michael W. Ford (uma das abordagens Vamps e Luciferianas mais risíveis de todos os tempos). Eles não são os únicos culpados. Afinal, pessoas compram livros e adotam suas posturas imaturas como forma de agredir terceiros, justificando assim sua imaturidade, falta de caráter e severos problemas emocionais – padrões que nunca tiveram e não têm nada a ver com Subcultura Vampyrica. Pode ser cômodo e prático dizer que se tem um modo de vida "Vampyrico" ou "vampírico" como desculpa para justificar sua ausência de ética, e maturidade, falta de conforto com as próprias escolhas de vida, constante idealização de si e repulsa pelo jeito como vem a ser, e ausência de conhecimento e de vivência nesta subcultura para tratar terceiros como "predados", "rebanho", "baterias", "vítimas", "coisas", "objetos", etc. Como você pode dizer que aprecia a si ou a uma terceira pessoa se você tem repulsa de si. Claro, há pessoas e pessoas no mundo e "afim atrai afim", e encontramos em abundância aquilo que cultivamos, somatizamos ou reforçamos em nosso jeitão e no jeito como vemos o mundo e as pessoas. Há formas muito mais interessantes e práticas de lidar consigo do que pautar a vida em insegurança e sede desenfreada de poder para esquecer-se de si – e encenar qualquer outro personagem. Se prestarmos bastante atenção a esse processos de preconceito e mesmo de didáticas da violência desses contextos que nada sabem de prático sobre Vamps e não passam de uma ficção mal elaborada, veremos que eles não são nem um pouco diferentes daquilo que é sustentado na cultura dominante e que escolhemos ser alternativos. Quem escolhe um modo de vida Vampyrico, decide ser alternativo aos padrões sociais dominantes, principalmente por conta da superficialidade presente nos mesmos e suas consequências diretas justamente pela falta de pertencimento, sentido e outros elementos incapazes de lhe proverem direcionamento e fundamentação para poder desvelar e se manter na sua própria trilha do poente. Mas isto será algo mais bem elaborado na década seguinte e se tornará mais acessível.

Década de 1990: a entrada dos anos 1990 foi marcada pelo que se considera o estabelecimento estruturado de pequenas publicações periódicas dedicadas ao vampirismo em todas as expressões e qualidades disponíveis a um meio cultural. Algumas são importantes pela primazia e pela ousadia de se investir e publicar um conteúdo diferenciado – mesmo nem sempre tendo esse conteúdo devidamente fundamentado ou fidedigno. Valem por terem sido feitas e ao valor afetivo que a menção desses títulos provoca em todos. O ano 1991 foi marcado pelo lançamento da revista *Shadow Dance*, dedicada à cena cultural vampírica, de autoria de Michelle Bellanger – quando ainda era poetisa e escritora de prosa e contos vampíricos. Rosemary Guiley publicou *Vampire Among Us*, em Nova York. Na Inglaterra vimos a fundação da chamada The Vampire Guild of Dorset, criada pelo entusiasta Phil M. White, ávido colecionador de *memorabilia* e artigos relacionados ao vampirismo. O grupo buscava congregar pessoas interessadas nesse aspecto do vampirismo real e realizou uma grande pesquisa folclórica na sua região. O grupo até hoje publica o jornal *Crimsom*, destinado a oferecer informações sobre o folclore e personagens obscuros. Ainda na Inglaterra, outro grupo, chamado A Whitby Dracula Society, era responsável pela publicação do jornal *The Demeter*, e em 1995 ainda criou o evento sazonal chamado Vamps and Tramps, que viria a ser o braço direito da The Vampire Guild na elaboração do evento Dracula Centenial, em 1997. O caso do Vampiro de Highgate voltou mais à tona com o livro de David Farrant, *Beyond the Highgate Vampire*, em Londres, e a republicação de *The Highgate Vampire: the Infernal World of the Undead Unearthed at Londons Highgate Cemetery and Environs*, de Sean Manchester. De volta aos Estados Unidos, a autora Carol Page publicou o intrigante *Bloodlust: Conversations with Real Vampires*, e o já clássico e defasado *Vampire and Vampirism*, de Wright Dudley, foi relançado como *History of Vampires*. Nessa mesma década, o The Count Dracula Fan Club inaugurou o Dracula Museum, com uma rica coleção de artefatos e antiguidades sobre Drácula e outros vampiros. A vasta coleção cataloga os aspectos folclóricos, literários e cinematográficos do mito do vampiro de todos os tempos. Um dos destaques é a reunião de materiais e objetos pertencentes a Bram Stoker e Drácula. Outro, é o original da carta em que Lord Byron negava a autoria do poema "The Vampyre". No ano 1993, o clube somava mais de 5 mil associados em todo o mundo e mais de 13 subdivisões especializadas em vampirismo nas artes e no folclore. A estrutura ainda incluía uma divisão na Irlanda com exclusividade na distribuição da editora Dracula Press, lojas de *memorabilias* e a publicação de diversos livros, periódicos e até mesmo fanzines variados. Embora a organização crescesse significativamente a ponto de possuir um museu dedicado a Drácula e conseguir desenvolver vastas bibliotecas e ricos acervos de pesquisas, ela não conseguia atrair ou dedicar tempo às pessoas que encaravam o vampiro como algo real.

A indústria do entretenimento estava de olho nessa ampla gama de publicações destinadas a apreciadores e vampiros-vivos e a eventual febre e proporção que estava tomando. Logo, era de se imaginar que a qualquer instante exploraria de forma lúdica essa temática. Isso aconteceu em 1991 com o lançamento do jogo de *role playing game Vampire: the Masquerade*. Este era amplamente inspirado em Anne Rice e em caracteres da Subcultura Gótica, tornando-se rapidamente uma febre entre as pessoas em geral. Os primeiros anos da década de 1990 marcaram a consagração da autora Anne Rice como diva absoluta das letras vampíricas. A primeira biografia de Anne Rice, intitulada *Prism in the Night,* e *The Vampire Companion,* de Katherine Ramnsland, esgotaram rapidamente duas grandes tiragens de livros. Porém, o Brasil e em geral a América do Sul perderam a oportunidade de conhecer outra escritora chamada Popy Z. Brite. Autora do romance *Lost Souls,* ela retrata uma cena vampyrica extremamente fiel em sua conceituação, utilizando-se de elementos ficcionais para ressaltar os aspectos fantasiosos. O seu primeiro livro foi inclusive elogiado pelo vocalista Jyrky 69, da banda finlandesa The 69 Eyes, chamada de Vampiros de Helsinki. Outra obra, muito criticada pela forma como foi escrita, porém capaz de despertar o interesse de algumas pessoas e formar até alguns grupos sérios de estudos e pesquisa no Vampyrismo real foi a famigerada *Vampires Among Us,* de Rosemary Ellen Guiley. Muitos Vampyros e Vampyras que encontrei citaram esse livro em tom jocoso pelo modo como foi escrito. Porém, com o passar dos anos ele despertou alguns casos interessantes, como veremos no transcorrer deste capítulo.

A revista *Onyx: The Literary Vampire Magazine* desenvolvia extensamente a arte das resenhas de livros e filmes, e a publicação de contos e poesias inéditas sobre Vampirismo em todas as formas estéticas e românticas. Outra publicação de primeira linha foi a *Bloodlines: The Vampire Magazine,* cujo editor Danis the Dark sustentava já em 1993 a arrojada postura de escrever um zine profissional, que era quase uma revista exclusivamente dedicada ao vampirismo e Vampyros reais. Esse foi um dos primeiros periódicos que aproveitou muito bem as redes BBC em 1993 para criar uma equipe de colaboradores de todo o continente norte-americano. A versão impressa durou até o ano 1995.

Vampiros que não mudavam de forma não eram capazes de voar, invulneráveis à cruz e à água benta, com imagens no espelho e também sem sentidos aguçados. Esta era a proposta de um grupo chamado Midnight to Midnight, um círculo de escritores criado por Karen E. Dove (chamada de "A Suma Sacerdotisa"). Um vampiro humanizado era a principal vertente dos personagens desse universo. Os trabalhos do escritor de ficção científica P. N. Elrond ganharam a graça de muitos entusiastas da emergente Subcultura Vampyrica tornando-o um dos muitos autores com livros de cabeceira. Sua trilogia intitulada *The Vampire Files* narra a aventura de um Jack Flemming transformado em vampiro e que posteriormente se torna um detetive. O fã-clube de leitores administrava uma extensa lista de correspondências e tornou-se uma das principais e mais substanciosas correntes de cartas vampíricas da época. Os escritos ficcionais de Michelle Bellanger, uma ativista da Subcultura Vampyrica que começou seus trabalhos no ramo editorial e, em 1992, ganhou seu primeiro prêmio, o Joseph T. Cotter Memory Poetry Award, pela obra *The Haunted,* foram talvez o seu ponto mais alto. Michelle trabalhou e estruturou a Internacional Society of Vampires (que acabaria virando a House Kheperu e cuja abrangência não foi além das capitais do Canadá e do México). Seus trabalhos artísticos foram mais interessantes do que sua carreira como espiritualista reeditando livros de Reiki e metendo o termo vampiro neles – ou ainda na sua lamentável e súbita transformação em médium de programa televisivo. Outra contribuição que arrasou a apreciação de sua obra foi o fato de copiar e colar textos de *sites* de Internet de pessoas e grupos duvidosos, nomeando-os como vampiros reais em suas próprias palavras. Tanto como cantora, modelo e escritora de ficção, o trunfo de Michelle Bellanger foram suas bem escolhidas prosas e poesias pelas menções aos temas ocultos, a literatura byroniana e a psicologia jungiana – um lugar-comum na época –, mas com um bom tempero da parte da autora. Nas suas prosas, os vampiros viviam à margem da sociedade esperando se juntar novamente a ela. Personagens como "A Fera", de *A Bela e a Fera*, *O Fantasma da Ópera* e até mesmo o lirismo do arcanjo caído foram explorados em sua produção literária. Podemos notar que todos esses temas preencheram o imaginário *dark* e fantasioso da segunda metade daquela década e ela aproveitou bem o momento comercial no segmento literário. Referente à sua carreira na cena Vamp com a chamada House Kheperu, vejo sua contribuição principalmente na Internet e na geração de eventos e encontros para os integrantes norte-americanos. Infelizmente, seus artigos junto à temática Vamp sempre pecaram pelo tom volúvel, a não linearidade e constante alternância de postura sobre um mesmo tema que apenas expressava sua relação superficial com a questão abordada – ou que talvez apenas copiasse ideias de terceiros e as misturasse indistintamente. Houve momentos em que a autora infelizmente endossou práticas que não possuíam nenhuma forma de segurança e com riscos de contaminação por doenças sem cura, como os "Blood Sports", e também a dependência psicológica ou simplesmente parasitismo psíquico em suas publicações não ficcionais.

Enquanto acontecia a febre midiática do jogo de RPG *Vampire: the Masquerade*, a sua versão ao vivo chamada Live Action permitia que os personagens fossem interpretados como em um teatro de improviso. Algumas pessoas como Gregger & Sunshine (do grupo conhecido como Strangeblades) aproximaram-se dos conceitos e identidades da Subcultura Vampyrica desde o visual, a postura e a espiritualidade como forma de expressar valores estéticos na cidade de Nova Jersey.

Este é o momento apropriado para falarmos de uma nova classe de profissionais especializados que surge na Subcultura Vampyrica, os chamados Fangsmiths (Forjadores de Presas). Este é o nome dado a esses artistas que forjam presas teatrais na cena vampyrica e que foram considerados um fator de união e estruturamento da mesma cena durante os anos 1990. Os primeiros Fangsmiths conhecidos foram Tsarvak de Seattle e

Greggor da Strangeblades, eles também os primeiros indivíduos a ostentarem publicamente seus belos pares de presas e venderem o serviço a todos aqueles que estivessem interessados no *underground* norte-americano. Tal arte chegaria ao Brasil apenas na década seguinte, quando eu e Wo'Há'Li fundamos a Fangz Culture para oferecer tais serviços a uma gama seleta de clientes de forma personalizada e ultrarrealista. No ano 1991, foi lançado o fanzine *Vampire Junction*, uma publicação de luxo editada por Candy Cosner voltada à promoção da arte, poesia, publicações vampíricas e livros destinados ao gênero. O pesquisador J. Gordon Melton atribui a Candy a criação de um dos primeiros e mais relevantes *sites* sobre o assunto, chamado *Vampire Conjunction*. Outras publicações relevantes eram feitas pelo Dynamite Fan Club, com fanzines trimestrais, e o simpático Good Guys Wear Fangs, destinado aos vampiros "bonzinhos" da literatura e dos filmes. (Eram bem poucos naquela época.) Acompanhando essa vistosa explosão cultural vampírica, foi lançado um novo seriado de vampiros inspirado na temática de Anne Rice e no clima *dark*/gótico chamado *Forever Knight* (no Brasil exibido como *Maldição Eterna*), no qual um simpático vampiro chamado Nick Knight trabalhava disfarçado como investigador de polícia e no decorrer da série tentava ajudar humanos indefesos contra os seres da noite e outros humanos ensandecidos. Provavelmente foi um dos melhores seriados televisivos do gênero. O grande evento cinematográfico de 1992 foi o lançamento da esperada megaprodução *Dracula de Bram Stoker*, dirigida por Francis Ford Coppolla, que pela primeira vez apresentou um Drácula do ponto de vista romântico e no papel de um verdadeiro anti-herói. A interpretação de Gary Oldman no papel principal e um elenco com Wynonna Rider, Keanu Reaves e Anthony Hopkins, no papel de Van Helsing, acabaram por definir uma releitura ao clássico que permanece como referência até as noites de hoje. Segundo a imprensa, a interpretação de Gary Oldman foi tão intensa, que ele precisou ser internado por alguns meses para se recuperar do personagem! No ano 1992, um grupo de atores dirigidos por Tony Sockol criou um "teatro dos vampiros" em Nova York. Suas peças exploravam questões metafísicas da condição vampírica, como a imortalidade ilimitada e a existência de um ou mais deuses. No mesmo ano, a publicação *The Vampire Journal*, de Thomas Schellenberger, foi transcendida por sua nova criação chamada *Realm of Vampire*, publicada duas vezes por ano com quase cem páginas. Os assuntos versavam sobre literatura, cinema, poesias, arqueologia e muito mais. A publicação inclusive chegou a patrocinar eventos especiais e reuniões sobre a temática vampírica em Nova Orleans, ajudando nos anos seguintes a consolidá-la como capital do vampirismo. Um dos filhotes desta publicação foi o *Vampire Directory* – especializado em fornecer endereços de estilistas, parafernálias, editoras e acessórios voltados para apreciadores e

Vampyros – organizado por Sharida Rizzuto, sócia de Thomas no *Realm of Vampires*. Outra publicação amadora que aos poucos se profissionalizou foi o zine *Gothica,* que, apesar de o nome se referir a outra Subcultura, abordava o universo vampírico de uma perspectiva similar à de Anne Rice. Outro agrupamento interessante de pesquisas foi o The Vampirism Research Institute, fundado em 1992 por Liriel MacMahon (socióloga e musicista). Inspiradas pelo livro *Vampires Among Us*, de Rosemary Guinley, e por parcerias com o Count Dracula Fan Club e o Vampire Information Exchange, foram realizadas várias pesquisas entre os apreciadores do vampirismo sobre suas crenças na existência do mesmo e opiniões pessoais. O resultado dessas pesquisas foi mostrado em 1993 no livro *Dysfunctional Vampire: a Theory from Personal History*. Liriel também foi a responsável pela publicação do renomado *Journal of Modern Vampyrism*. Outras publicações de livros relevantes desse período incluíram estudos psiquiátricos sérios como *Vampires, Werewolves and Demons: 20th Century Report in Psychiatric Literature* e, também, publicações amadoras como *Daemon Contamination in Balkan Vampire Lore,* de autores desconhecidos de Nova York. No mesmo período, a imprensa intensificou seu assédio sobre os emergentes "Vampyros vivos", como é o caso de Lady DarkRose, que se tornou figura pública ao expor seu estilo de vida vampírico na mídia jornalística da Flórida. A cidade de Nova York começou a centralizar as atividades dessa cena vampyrica por meio dos trabalhos de Steven Lessing, na VAL (Vampiric Access Lines), fornecendo informações e recursos variados para vampiros. A editora Dracula Press lançou os livros *Vampire as a Revenant* e *Do Vampire Exist?*. Nesse segundo livro, que contou com a participação de Jeanne Keyes Youngson (fundadora do The Count Dracula Fan Club), foi revelada uma extensa pesquisa realizada entre as centenas de membros do grupo sobre a existência de vampiros, como no folclore. Ainda um novo estudo universitário foi publicado, *Bloodsucking Witchcraft: an Epistemological Study of Anthrophomorfic Supernaturalism in Rural Tlaxcala*, pela editora da Universidade do Arizona.

Os personagens de Anne Rice foram aprofundados no livro *The Vampire Companion: the Guide to Vampire Chronicles*, de Katherine Ramnsland, e despertaram ainda mais a atenção de todos os aficionados no vampirismo. Nesse período, a modalidade chamada Live Action do jogo de RPG *Vampire: the Masquerade* tornou-se verdadeira febre nos Estados Unidos, e os jogos ambientados em clubes góticos despertaram a atenção de integrantes da emergente Subcultura Vampyrica. Assistindo a distância, eles procuravam no transcorrer dessas encenações alguém com similaridades de ideias e atitudes. Grupos como o Cheekly Devil Vampire Research, de L. E. Elliot, e o Club Vampyre, de Riyn Grey, procuravam manter os seus associados informados com fanzines e possibilitando uma rede de interação entre seus leitores apreciadores do que era considerado um mito ou um arquétipo sombrio como o vampírico. O Club Vampyre, apesar de utilizar a grafia com "Y", não era um grupo Vampyrico e teve muitas influências do livro *Vampire Among Us*. Porém, em seu período de atividade editou e sustentou a revista *Fresh Blood*, que orientava sobre diversas vertentes do chamado fenômeno vampírico pela mídia em 1993.

Além das constantes manifestações culturais no emergente *underground* Vampyrico, assistimos no transcorrer da década de 1990 à consolidação de fã-clubes de séries televisivas das décadas anteriores. Fãs de séries como *Dark Shadows*, *Família Addams* e *The Munsters* organizavam convenções de fãs em diversos estados. Assim, atraíam e abriam as portas para fãs e interessados na Subcultura Vampyrica que se constituía.

Durante o período que se estendeu de 1992 a 1997, aconteceram na cidade de Nova York performances do grupo conhecido como La Commedia del Sangue: the Vampyr Theatre, com peças e esquetes muitas vezes dirigidos por Tony Sokkoll. A proposta conceitual do grupo era a de um "teatro de vampiros para vampyros", no qual o público interagia com os atores. Tamanha foi a repercussão que a imprensa vivia a cercar o grupo em toda parte e tentava-se transformá-los em referência midiática. O grupo teve cinco anos de duração e até hoje Tony Sokkoll e seu elenco são lembrados como os pioneiros culturais na Subcultura Vampyrica. Entre os anos 1993 e 1994, os fanzines Vampyricos procuravam alcançar um alto grau de profissionalismo e começavam a se transformar em revistas e mobilizar um grande número de colaboradores. Alguns desses eram o *Nefarious*, especializado em contos e literatura; *Nightlore*, especializado em vampiros folclóricos; *NOX – Journal of the Night,* que também destacava aspectos culturais e musicais predominantemente Vampíricos e Vampyricos. Outras publicações de primeira linha foram *The Dark Rose Journal* e o chamado *The Journal of Dark*. Outro fator interessante foi o estabelecimento da Transylvanian Press, uma das principais editoras de livros limitados voltados à cena vampírica e à Subcultura Vampyrica da época. Entre suas inúmeras conquistas consta a republicação de uma versão reduzida de *Drácula* de 1904 com grifos do próprio Bram Stoker.

Finalmente, em 1994, Steven Lessing estabeleceu de forma adequada e próspera a chamada Vampire Access Line para reunir e unir os Vampiros de Nova York e adjacências. A doutora Katherine Ramsland, especialista em Anne Rice, publicou *The Anne Rice Trivia Book*, seu livro de trívias sobre o universo de Anne Rice, e também *The Witches Companion: a Guide to the Anne Rice's Life of the Mayfair Witches*. Os forjadores de presas (Fangsmiths) Father Sebastian V e Dnash fundaram o Sabretooth, o primeiro estabelecimento comercial nova-iorquino do gênero. Posteriormente, essa loja se tornaria a principal agregadora da chamada comunidade Sanguinarium. Conhecidos como a segunda geração de Fangsmiths, ambos iniciaram seus "clãs" de clientes e rapidamente os "Fangs" obtiveram grande popularidade junto à Subcultura Vampyrica e à Subcultura Gótica. Na mesma década, os apreciadores do vampírico de todo o mundo assistiram ao lançamento do *Livro dos Vampiros, a Enciclopédia dos Mortos-Vivos,* compilado pelo dr. J. Gordon Melton, que acabou por se tornar uma fonte de referência sobre vampiros na cultura de massa, folclore e afins; e elevou o estudo dessa temática cultural a uma proposta mais madura e menos difusa, por meio do elemento da produção cultural e seus resultados, algo comum e acessível a todos. Após muita polêmica, processos e agitação cultural, aconteceu o lançamento da versão cinematográfica do romance *Interview with the Vampire*, de Anne Rice. Nele, os vampiros vivem dilemas emocionais, confrontam sua imortalidade e constatam que terão de viver cada instante dela sozinhos. O filme apresenta Tom Cruise no papel do vampiro Lestat, Brad Pitt como Louis e Antonio Banderas como um infiel Armand. Pode-se dizer que a imagem do vampiro-vivo, ou melhor, do arquétipo "Vampyrico", é consolidada entre as massas por intermédio dessa superprodução.

Uma das mais interessantes cidades norte-americanas para a Subcultura Vampyrica na década de 1990 foi Nova Orleans. Pátria-mãe dos vampiros dos romances de Anne Rice, lar do famoso estúdio de Trent Reznor (do Nine Inch Nails), construído em uma funerária, e da blasfema "casa do choque", atração baseada no terror grotesco de propriedade de Phil Anselmo (Pantera) e outros bangers. O folclore da cidade é cercado de histórias de vodu, fantasmas, senhores de escravos cruéis como madame Lalaurie Delhine, a rainha do vodu Marie Laveau, o homem do machado, vampiros. Foi a sede do (hoje) legendário (e às vezes polêmico) "Menoch Ball", mais conhecido como "Anne Ricce Coven Ball", frequentado por vampiros, Vampyros e góticos de todos os continentes – bem como por fãs e *cosplayers* dos personagens de seus livros, que durante os anos 1990 constaram que sua musa literária deixava de ser uma figura local e tornava-se uma personalidade mundial no gênero literário vamp com todas as bênçãos e maldições que isso acarreta. Ainda em Nova York, vemos a consolidação dos eventos destinados à Subcultura Vampyrica como conhecemos hoje. Eles eram originalmente organizados pela VAL (Vampiric Access Lines) e atraíam um expressivo número de pessoas. No final de janeiro de 1995, aconteceu o primeiro "Vampyre Ball" no Bank Nightclub. As atrações da noite foram os músicos Voltaire, Hideous Empire e o Dj Ian Ford. Esse evento foi marcado pelo encontro dos antigos vampiros pré-cena vampyrica e o estabelecimento de novos *covens*, que futuramente se tornariam as chamadas "Houses" da Subcultura Vampyrica. A segunda edição do "Vampyre Ball", um nome frequente em eventos do gênero que pode ser traduzido como "Baile Vampiro", foi em St. Marks Place, Coney Island, tendo como atração o primeiro show do Cruxshadows em Nova York. Atualmente, The Cruxshadows é uma das mais importantes bandas do *Darkwave* e *Eletrogoth* mundial e teve seu começo na Subcultura Vampyrica. A relação Subcultura Vampyrica/ Eventos Vampyricos/Produção Cultural Vampyrica foi uma das principais alavancadoras dessa cena específica, e a partir da interação social vimos a ascensão de uma cena. Alguns dos eventos baseavam-se em música gótica e industrial exclusivamente e atraíam um público de mais de 1.500 pessoas em clubes refinados de Nova York, como o Limelight. Porém, não há dúvidas de que uma cena ou Subcultura são movidas principalmente por pessoas determinadas e às vezes loucas. Uma delas é Father Sebastiaan V, nome que evocava controvérsia na cidade de Nova York dos anos 1990 e também na França dos anos 2000. Father Sebastiaan, ou Aaron Hoykas, seu nome diurno, iniciou sua vinculação com a Subcultura Vampyrica em 1993 como um dedicado simpatizante oferecendo serviços de *fangsmither* nos jogos de RPG de Jersey e posteriormente em eventos vamps locais.

Por volta de 1996, Sebastiaan organizou seu primeiro "The Vampyre Ball" e foi bem-sucedido no projeto, atraindo integrantes de toda parte da cena. Segundo suas próprias publicações, seus eventos foram famosos por tirarem os vamps locais do circuito *underground* da cidade – seus detratores apontam que suas realizações mais importantes não foram totalmente dele e, em geral, que ele se aproveitou da boa vontade de terceiros e deletou seus nomes dos créditos. Sebaastian foi um bom "marqueteiro" e soube valorizar aquilo que estruturou comercialmente, embora suas relações pessoais e profissionais nunca tenham sido das melhores. Ele conseguiu estar à frente de projetos como *The Vampyre Almanac*, uma revista de luxo que teve edições anuais bem elaboradas e articuladas para a cena Vamp norte-americana e europeia, assim como organizou as diversas fases dos chamados *V Books* e posteriormente os *Sanguinomicons* – obras que foram razoavelmente bem até mais ou menos 2007/2008. Organizou uma duradoura marca de criação de "Fangs" (próteses de dentes vamps cinematográficos removíveis) e certamente foi um dos mais famosos entusiastas responsáveis pelo estabelecimento da comunidade Sanguinarium em Nova York e cercanias, bem como fez um intenso trabalho internético para a divulgação de suas ideias e produtos. Esse período foi bem retratado em suas publicações mais antigas e dispensa menções nesta obra – sobre o período em que colaborei junto ao grupo e obtive evidenciação e alguma notoriedade internacional pelo meu trabalho local, eu comentarei no tópico referente à primeira década do século XXI.

No final de 1995, aconteceu a publicação de um relevante estudo psicológico chamado *Vampires, Dracula and Incest*, de Daniel Larpin, em

San Francisco. Em 1996, algumas editoras publicaram livros que influenciariam bastante a Subcultura Vampyrica norte-americana. Alguns deles são: *Dhampyr: Child of Blood*, de Viola Johnston; *Something in the Blood*, de Jeff Guins; e o péssimo *Vampires: the Occult Truth*, de Konstantinos – até hoje considerado um dos piores livros sobre Subcultura Vampyrica e vampirismo de todos os tempos. Aqui no Brasil ele estaria no mesmo nível do *Manual Prático do Vampirismo,* de Paulo Coelho e Nelson Liano Jr., que infelizmente deram golpe no simpático ocultista e maratonista Toninho Buda, obrigando-o a escrever tal obra em uma semana e sem lhe oferecer os devidos créditos – conforme o próprio Paulo Coelho confessaria em sua biografia *O Mago*.

O ano 1996 foi conturbado para a Subcultura Vampyrica, pois no seu decorrer oficialmente se assumiu o termo Vampyro com "Y" (ele já era usado antes) e houve também uma verdadeira apoteose midiática. Segundo parceiros norte-americanos, programas de TV e de Rádio exageraram nas doses de sensacionalismo e informação fragmentada sobre o assunto e apenas confundiram as pessoas sem conseguir explicar nada de relevante sobre o que veio a se estruturar como a Cena Vampyrica que temos hoje. A escolha da mudança da letra significava o resgate da grafia inglesa antiga com a letra "y" para diferenciar quem vivesse a cena em termos fashionistas ou de cosmovisão de personagens da ficção e do folclore. Na questão espiritual, há explanações diversas e capazes de satisfazer os mais variados apetites. Conta-se que a renomada Vampyra Feiticeira Goddess Rosemary transformou o lendário Coven Sahjaza na House Sahjaza, que viria a ser a primeira de todas as "Houses" que comporiam o movimento Sanguinarium. De longe ela é uma das personalidades mais atraentes, reservadas e sábias da Subcultura Vampyrica mundial, principalmente nos caminhos da Cosmovisão – nos quais teve um importante papel ainda nos anos 1970 e manteve-se ativa e marcante até os dias de hoje. Tive o privilégio de ter sido escolhido e recebido nessa dinastia por ela e o conselho dos antigos na década seguinte. E ainda sou feliz por ela se referir à minha pessoa como "bem-amado filho espiritual de sua progênie dinástica" e por tudo que aprendo e que pude agregar ao me alinhar com essa dinastia. Muito dos conteúdos que correm fragmentados pela cena e que alguns *sites* dispersos mencionam ou se referem como o que aprenderam com "antigos" dessa trilha, em geral, são referências a conteúdos desenvolvidos por Rosemary e seu círculo interno. Havendo até casos de violação de *copyrights* de terceiros sobre suas obras, em que textos, jargões e conceitos foram utilizados sem a devida permissão ou sabedoria necessária, sendo o mais famoso o próprio *The Black Veil*, copiado de um código interno de bom senso e discrição de uma antiga formação da Sahjaza nos anos 1980 – quando o grupo ainda utilizava outro nome –, e seus plagiadores até hoje brigam e disputam sobre quais foram os autores.

No mês de setembro de 1996, ainda em Nova York, aconteceu a inauguração do "MOTHER Night Club", um dos mais importantes clubes e que viria a sediar o evento "Long Black Veil", o qual se tornaria um modelo na estruturação de eventos vampyricos, onde inclusive seria organizado e compilado o código de ética e bom senso chamado *The Black Veil* para assegurar a civilidade e bons costumes entre seus frequentadores. A boa fundamentação desse código residia diretamente na reformulação do antigo código equivalente da Dinastia Sahjaza, como já foi comentado anteriormente – até hoje os dois responsáveis pelo plágio vivem a criar novas versões do código de tempos em tempos e disputam com evidente rivalidade sua primazia e originalidade sem mencionarem os criadores dele. Entre a segunda metade da década de 1990 e a primeira metade da década inicial do século XXI, tais informações permaneceram veladas e restritas aos moradores e integrantes antigos dos agrupamentos citados. No ano 2005 houve uma versão bastante funcional do *The Black Veil* com cinco pilares onde "antigos" dos diversos continentes foram convidados a tornar-se signatários, cuja funcionalidade e clareza argumentativa são válidas sob diversos sentidos. Inclusive fui um desses signatários e, na ocasião, não houve objeções de qualquer tipo. As disputas autorais do que veio posteriormente a esse fato e algumas ainda anteriores só foram expostas entre 2012 e 2013 – quase uma década e meia depois do ocorrido. Desconheço o desfecho, mas deixo aqui o retrato dos fatos.

Aqui no Brasil, no meio da década de 1990, acompanhamos de forma ainda mais fragmentada toda essa efervescência cultural Vamp e vimos o estabelecimento de um visual mais vampirizado na Subcultura Gótica. Também assistimos ao surgimento das "gangues" de vampiros psíquicos nas casas góticas, pessoas que apenas ouviam falar do assunto e vagavam de um canto para outro olhando feio e de boca aberta. Outras práticas mais bizarras tomavam lugar em separado do público. Nas redes BBS, aficionados do vampiro cinematográfico e do chamado "vampirismo real" – que rendia muitas piadas com a procedência do termo – debatiam por horas sobre questões que mesclavam a ficção e ideias oriundas de matérias da extinta revista *Planeta* e de coleções como *Ciências Proibidas*. Eram também os anos da expansão e popularização do RPG *Vampiro: a Máscara* e de muitos conteúdos oriundos dos filmes *Drácula de Bram Stoker*, *Entrevista com o Vampiro*, a novela *Vamp* e afins. Muitos colecionadores viviam nos antigos "sebos" à cata de materiais para suas coleções, e quem tinha acesso a conteúdos internacionais como revistas e correspondentes de cartas buscava saber mais sobre tudo que acontecia por lá. Nesse aspecto fui bem-sucedido e vivi uma época pré-Internet bastante interessante, em que aprendíamos a dar valor ao pouco que era obtido com muito esforço no circuito *underground* de São Paulo. Mas, particularmente, não troco por nada a popularização da Internet a cabo dos primeiros anos do século XXI.

Nos Estados Unidos, um ponto desagradável do ano 1996 foi o desaparecimento da repórter Susan Walsh, que preparava uma matéria sobre Subcultura Vampyrica detonando um barril de pólvora midiática sobre essa Subcultura nos Estados Unidos. A temática sobre vampiros reais é explorada ao extremo em *talks shows* e programas de TV, especulando esse caso e outras especificidades da Subcultura Vampyrica. Segundo o livro *Piercing the Darkness*, de Katherine Ramnsland, publicado posteriormente, a causa do desaparecimento de Susan foi seu envolvimento em uma matéria anterior com a indústria do sexo ilegal e o crime organizado em Nova York. Não possuiria vínculo algum com a Subcultura Vampyrica. Após esse caso, iniciou-se uma série de procedimentos para demonstrar que a Subcultura não era composta por marginais e pessoas desequilibradas psicologicamente. Claro que o ocorrido, até hoje, rende programas televisivos sensacionalistas e inspira inúmeros episódios de seriados policiais famosos a procurarem *serial killers* que se envolvem com adolescentes desequilibrados e milionários em nossa cena. Claro que se na vida real houvesse tantos *serial killers* vampirescos e tanto adolescente tosco quanto os roteiristas desses seriados inventam, nossa cena já teria se extinguido nos anos 1970. Existem pessoas que alegam ser vampíricas e cometem crimes hediondos? A resposta é sim, existem e em todos os continentes e épocas. Elas frequentam nossa cena? Até onde podemos observar nos casos horríveis que explodiram na imprensa de mortes associadas a vampiros ou pessoas que se diziam vampíricas – a resposta é NÃO! Basta observar os relatos jornalísticos e veremos que NÃO se trata de integrantes ou simpatizantes do nosso "meio cultural"; são pessoas com problemas psicológicos variados ou ainda tendências criminais claras que nada têm a ver com aquilo que apreciamos ou compartilhamos na Subcultura Vamp, tanto na vertente fashionista quanto na da "Cosmovisão". Claro que o sensacionalismo da mídia nesses casos de crimes, aliado ao preconceito pela temática alternativa do nosso meio cultural e evidente superficialidade do restante do mundo sobre os conteúdos presentes em nossa Subcultura Vamp, bem como a sede de se eleger bodes expiatórios para se culpar terceiros por ingerências e responsabilidades próprias, são pontos a serem considerados. Sem nos afastarmos da questão dos crimes associados a humanos desequilibrados que se diziam vampiros e, ainda, sem deixarmos de lado as abordagens exageradas dos seriados policiais, posso dizer com propriedade e rico capital simbólico que gostar de Vampiros, Vampiras e coisas consideradas "sombrias", lúgubres ou ficcionais, não define o caráter ou a índole de ninguém. Um assassino não mata pessoas por conta de uma cultura alternativa, seja ela fashionista ou de cosmovisão, nem um bandido de qualquer tipo. Se uma obra ficcional, um *videogame*, um jogo de RPG, uma banda ou uma forma alternativa de ver e sentir o mundo – seja ela fashionista ou de cosmovisão – tivessem o poder de reescrever o caráter, a índole e a personalidade de alguém e transformar o indivíduo em algo que já não carregasse no próprio mapa-de-realidade ou na sua criação, não precisaríamos de mais nada na Psicologia, Psiquiatria e diversas outras áreas acadêmicas de conhecimento. Claro que algumas ingerências de pais ou responsáveis na criação de seus filhos e protegidos contam; sabe o tal do faça o que digo e não o que faço? Pois é, são os exemplos práticos que contam na criação infantil; problemas psicológicos e psiquiátricos não diagnosticados ou negligenciados pelo paciente ou pelos responsáveis são fatos reais que também contam na avaliação desses casos – não, o fulano não era um assassino, mas gostava de bater na esposa e quando criança matava bichinhos aleatoriamente. Ou mesmo outros fatores conspiracionais alheios à nossa cena, como localidade de moradia, envolvimentos criminais e afins. No entanto, no caso da repórter norte-americana, ela foi morta por investigar o submundo ilegal do pornô nova-iorquino e por dívidas pessoais, como apontam reportagens e publicações da época. No entanto, a busca por bodes expiatórios ou algo fácil de botar a culpa, como um *videogame* ou um vampiro, é sempre mais sedutor e prático. Claro que afirmar tudo isso me coloca como uma oposição de supostas psicólogas televisivas e apresentadoras de programas da tarde sem o menor gabarito cultural, que apenas vivem de conseguir algum ibope para seus programas e vender produtos dispensáveis para quem se sacia com tais conteúdos...

Algumas publicações da segunda metade de 1996 incluíram: *Liquid Dreams of Vampires*, de Martim V. Ricardo, o que nos aproximou bastante da questão da face lunar do impuro na cultura ocidental e nos aspectos transicionais e ambíguos explorados no *éthos* Vampyrico; *Something in the Blood: the Underground World of Today's Vampire*", de Jeff Guinn e Andy Grieser; *Spiritual Vampires*, um estudo psicológico de Marty Raphael; e também *Unholy Hungers: Encountering the Psychic Vampire in Ourselves e Others*, de Barbara Hort. O ano 1997 iniciou de forma digital com a inauguração dos grandes portais internéticos dedicados à Subcultura Vampyrica e também ao vampirismo. Entre eles, o estabelecimento dos *sites* da Sanguinarium, Vampire-Church, Sphinxcats e Vrydolack. Em Nova York ocorreu a fundação da Court of Gotham, com reuniões todo primeiro domingo do mês no Korova Milk Bar. Outra organização importante formalizada foi a Clan Sabretooth, que contava com Father Sebastiaan e Father Vincent, inspirados nos trabalhos anteriores de Goddess Rosemary da House Sahjaza. Outra grande conquista desse grupo foi a forja e a criação dos modelos do "Coven Ankh", "Legacy Ankh" ou do "Sabretooth Ankh", um Ankh que representaria o conhecimento do Black Veil e a união da Subcultura Vampyrica com um símbolo em comum para todos vampyros, vampyras e simpatizantes. Suas inspirações são atribuídas aos Ankhs espadados de antigos integrantes da cena nos anos 1980, e o ourives responsável por modelar e cristalizar esse importante símbolo da nossa cena foi Lord D'Drenam. Os relatos contam que a primeira peça foi presenteada em julho de 1997 ao pesquisador Raymond T. McNally durante o evento Dracula Centenial – falamos bastante sobre a importância histórica desse pesquisador e de seu parceiro Radu Florescu quanto ao que sabemos hoje a respeito de Vlad Tepes, o chamado Drácula histórico do capítulo anterior. Já no Halloween, aconteceu o lançamento aberto dessa peça na loja da Sabretooth e, posteriormente, para os leitores das publicações ligadas à Sanguinarium e de quem respeitava o Black Veil ou frequentava o evento Long Black Veil.

O ano 1997 foi por excelência o "Ano do Centenário da Publicação de Drácula", quando houve um grande *revival* do personagem na indústria cultural e em muitos eventos ao redor do mundo.

Talvez o mais importante tenha ocorrido em Los Angeles. O nome era 100th Anniversary of Dracula Conference internamente à cena. Durante a realização desse evento, além do encontro maciço de fãs do vampirismo e integrantes da Subcultura Vampyrica, diversos *happenings* agitaram a ocasião e lá ocorreu a apresentação do Legacy Ankh (Sabretooth Ankh) a toda a comunidade vampyrica por Darenzia, Lucyana e Father Sebastiaan V. Também, a Vampyre Society de Carole Bohanam terminou suas atividades bastante fragmentada em razão de inúmeras correntes internas e o cancelamento do The Velvet Vampyre. Alguns grupos regionais, como o London Vampyre Society, sobreviveram. Algumas publicações também desempenharam papel importante na integração da Subcultura Vampyrica, sendo que uma delas aconteceu na Inglaterra e seu nome era *The Hex Files, The Goth Bible*, do jornalista Mick Mercer. Esse foi o primeiro guia mundial de endereços de bandas, serviços, zines, lojas e muito mais para todos os continentes da Subcultura Gótica, e ainda incluía capítulos exclusivamente dedicados à subcultura *dark* pagã, Subcultura Vampyrica e os fetichistas. De volta a Nova York, começaram os preparativos para o lançamento da *Vampyre Almanac* – uma revista anual de primeira linha e muito bem editada por Katherine Ramnsland e Father Sebastiaan V, que especificava tudo que se relacionava ao vampirismo e Vampyrismo. Essa viria a se tornar a mais importante publicação da Subcultura Vampyrica do continente naquele momento. Inclusive esse contato mais íntimo de Katherine com o Vampyrismo a levaria ao lançamento do conceituado livro *Piercing the Darkness*, um dos primeiros estudos relevantes sobre a Subcultura Vampyrica norte-americana – lançado antes da *Vampyre*

Almanac. Nos arredores de Chicago, a pesquisadora Jeanne Keyes Youngson, do prestigiado Count Dracula Fan Clube, publicou *Private Files of a Vampirologit: Cases, Histories and Letters*, no qual aborda questões pertinentes à existência de vampiros folclóricos e seus relatos. Enquanto isso, os Vampyros londrinos aguentaram a publicação do malfadado livro *The Vampire Hunter Handbook*, de Sean Manchester (aquele mesmo do caso Vampiro de Highgate). Entre diversos estudos universitários e relevantes desse ano temos a publicação do *Are You in Love with a Vampire?*: *Healing the Relationship Drain Game*, de Helaine Z. Harris, sobre relacionamentos amorosos instáveis e desequilibrados que em geral consomem totalmente um dos parceiros. E na televisão norte-americana aconteceu o lançamento da série *Buffy: a Caça-Vampiros*, que até hoje tem uma das maiores bases de fãs da história e bastante ativos em todo o mundo. O ano 1998 foi abençoado com o lançamento do mais importante estudo realizado sobre a Subcultura Vampyrica: *Piercing the Darkness, Undercover with Vampires in Today America*, fruto da longa pesquisa da dra. Katherine Ramsland pela cena vampírica de todo o continente norte-americano. A obra é repleta de entrevistas, relatos, descrições detalhadas de suas vivência entre Vampyros e Vampyras dos Estados Unidos. A Subcultura Vampyrica começou a se estruturar e organizar na Flórida, por meio dos esforços do grupo Court of Lightning Bay. Aconteceu também naquele ano a publicação da primeira edição do *Vampyre Almanac*, edição 1998-9. Esta vendeu mais de 10 mil exemplares só pela Internet. Em sua estreia, ela apresentou uma primeira versão do código de ética e bom senso para a Subcultura Vampyrica *Black Veil*. O Anne Ricce Coven Ball existiu como evento anual de Halloween na cidade de Nova Orleans até aproximadamente 1997. Era organizado pelo fã-clube de Anne Rice, e a própria autora realizava entradas triunfais em caixões e outras surpresas para os fãs. Infelizmente o evento nem sempre contou com uma participação direta da autora. Nos anos seguintes, segundo consta, houve alguns hiatos nas edições que foram preenchidos por eventos inspirados ou semelhantes. Nos dias de hoje, o período do Halloween em Nova Orleans é marcado por diversos eventos Vamps locais e alguns de âmbito internacional, como o Endless Night, da Clan Sabretoth e DP Sanguinarium. Cerca de uma década e meia depois, com advento de séries como *The Originals*, um *spin-off* da bem-sucedida *The Vampire Diaries*, da milionária *True Blood* da HBO e da terceira temporada de *American Horror Story,* todas ambientadas nas cercanias de Nova Orleans, não hesito em apontar a cidade como a nova capital "Vamp" mundial!

Ainda em 1998, tivemos a criação e o lançamento do "Sanguinarium Ankh", também criado pelo artífice Lord D'Drenam na cidade de Nova York. Nesse espaço de tempo, então, temos os modelos do Ankh Vampyrico como o Sabretooth Ankh, que já foi conhecido como Legacy Ankh, o Sanguinarium Ankh e também um que viria a ser conhecido como Strigoi Vii Ankh. Embora dotados de diferentes formas, todos buscavam expressar a unidade dos Vampyros de todos os continentes e o conhecimento do Black Veil. O ano 1999 assistiu ao desenvolvimento de muitas atividades ainda em Nova York, como o festival Endless Night no legendário Mother Night Club. Michelle Bellanger se envolveu publicamente nos trabalhos do grupo conhecido como The Synod. A House Kheperu estabeleceu seu *site* na Internet e juntou-se formalmente à comunidade vampírica sob os auspícios da Sanguinarium. Tudo parecia fluir bem e até era possível acreditar que a vinda do novo milênio seria marcada por um clima mais ameno e de união. Aconteceu também a criação e o lançamento da *Bloodlines* como uma *network* alternativa à Sanguinarium e de natureza menos hierárquica. A série de TV *Buffy: a Caça-Vampiros* explodiu como um sucesso de audiência e levou os vampiros fictícios em peso para a televisão aberta!

Década de 2000: é chegado o ano 2000, último do século XX. Em Nova York vimos que rapidamente foi oficializado o que seria conhecido como a segunda geração das Households e Ordos Vampyricas nos Estados Unidos e, em alguns lugares da Europa, outros grupos se organizavam. Inicialmente em Nova York, o Clan Sabretooth anunciou sua dissolução formal – embora se reuniria sob nova formação antes do final da nova década. *The Black Veil*, aquele código de ética e bom senso Vamp, passou por longa revisão de conteúdo e termos, passando a ser conhecido também como *Vampyre Codex* na publicação do *Vampyre Almanac* daquele ano. O festival Endless Night em Nova Orleans foi um sucesso e Michelle Bellanger, bem-sucedida ao realizar um expressivo encontro aberto de diversas houses e grupos vamps norte-americanos. No México, aconteceu o surgimento de Vicutus e sua house Sekhemu; e, no continente sul-americano, tivemos o que apontamos como o início formal da Subcultura Vamp com foco no Brasil.

Falamos bastante do exterior até o momento e quase não demos atenção à estruturação da Subcultura Vampyrica na América do Sul. O Brasil teve um longo histórico de excessiva exposição a informações fragmentadas e imprecisas sobre Subcultura Vampyrica e seus costumes. Publicações esotéricas retratavam apenas o vampiro psíquico (ou melhor, psicóticos que pensavam ser vampiros para a gente) e casos de estupros energéticos. A suma das informações distorcidas se deu com a publicação do livro *Manual Prático do Vampirismo*, cujo autor, hoje um imortal da Academia de Letras e *best-seller* mundial, sentiu que o próprio livro era tão ruim que ordenou seu recolhimento. E, bem, até aquele momento, essa havia sido a publicação brasileira mais acessível sobre um conteúdo

Vamp mais realista. Na parte da literatura fantástica, tivemos obras bem-sucedidas na década de 1990, como *Os Noturnos*, de Flávia Muniz, que se tornou literatura escolar e talvez, até o surgimento do *best-seller Vamp*, de André Vianco, tenha sido a ficção vampiresca mais reeditada do Brasil. Ainda no período tivemos o romance vampiresco *Principia Discordia*, do ocultista e *Rpgista* Marcelo del Debbio, bastante popular à época, que fazia uma síntese interessante de histórias dos tabloides ingleses e da ficção, com teor repleto de detalhes ocultistas da vivência do autor na Inglaterra na ocasião da criação do livro.

Em seus aspectos mágicos ou iniciáticos, o vampirismo aqui no Brasil também era associado à chamada magia negra, e assim como em Nova Orleans encontramos divindades e entidades nos panteões afro-brasileiros que desempenhavam papéis semelhantes aos dos vampiros folclóricos.

Talvez o mais popular desses seja o chamado "Exu-Morcego", cujas histórias variam desde um feiticeiro europeu falecido até uma deidade ancestral sul-americana, ou mesmo fontes do velho mundo e às vezes apresentadas como "nunca nascidas", ligadas também à temática vampírica desde tempos imemoriais. Com o auxílio da literatura, sabemos que ele, ou "eles", se faz presente na Umbanda e também na Quimbanda. Sua descrição varia de um cavalheiro europeu a um morcego-vampiro de grandes proporções em seu aspecto selvagem. Existe pouco material publicado sobre esse Exu, o que inspira que se trate de uma deidade poderosa e reverenciada por aqueles que lhe prestam culto e lhe atribuem conquistas, curas e maldições nas áreas da loucura, do suicídio e das almas. Alguns relatos lhe emprestam tons saturninos que até mesmo o aproximam de um justiceiro, como algumas deidades "murciélagas" são interpretadas por outros povos. Há quem diga que tal deidade tenha inspirado o próprio Bram Stoker ao criar o enredo e o personagem Drácula. Enfim, este é um livro sobre Subcultura Vampyrica, não compete a mim discutir sobre a função específica, a história ou denominações do que pertence ao mistério de "Exu" e à chamada "Linha da Esquerda" dos panteões afro-brasileiros.

Nos aspectos sociais brasileiros, a imagem do vampiro foi bastante associada à de políticos e empresários corruptos, que posteriormente passaram a ser chamados de "sanguessugas". Nada mais ofensivo e degradante poderia ser dito sobre um arquétipo tão vasto. Naturalmente piadinhas sobre o que "uma vampira chupa" e afins também são outros dos aspectos apregoados pelo rígido machismo disfarçado, rigidez de caráter e ausência de discurso típicos da cultura dominante das terras brasileiras. Em virtude de a natureza da Subcultura Vampyrica incentivar um visual mais refinado, androginia estética e em alguns casos a incorporação de maquiagens, lentes especiais, tinturas de cabelos e afins, seus integrantes sofrem preconceito de camadas ultraconservadoras da cultura dominante. Preconceito semelhante ao enfrentado pelos integrantes da Subcultura Gótica. Outro problema substancial enfrentado pelos primeiros Vampyros e Vampyras no Brasil dessa época, e até mesmo para a geração de uma Subcultura Vampyrica local, era a excessiva divulgação e desorientação promulgada pelos entusiastas do jogo de RPG *Vampiro: a Máscara*, que desconheciam a temática da Subcultura Vamp existente há mais de 30 anos e confundiam as "bolas". Muitos dos seus jogadores passeavam pela Subcultura Gótica alegando serem vampiros e prenunciando que o conteúdo desse jogo de RPG existia na vida real. Infelizmente, eles não observavam que a introdução do seu livro de regras apresentava o mesmo conteúdo como obra de ficção e jogo de entretenimento ou mesmo uma forma lúdica de vivência e aprendizado. Com o passar da primeira década do século XXI, acabamos assistindo ao final da sua fama e seu conjunto criativo se tornando apenas mais uma das múltiplas camadas que formam o imaginário Vamp mundial. A esta altura não preciso mais demonstrar aqui as diferenças gritantes entre um mero jogo de representação e uma Subcultura Real.

Na mídia aberta brasileira durante a década de 1990, assistimos à veiculação de programas sensacionalistas como o do norte-americano Geraldo Rivera, o qual apresentou alguns adolescentes que alegavam beber sangue, bom como outros exageros. Informações fragmentadas fazem pessoas vestirem personagens e outros delírios. Na cena gótica, víamos todo tipo de vampiro psíquico olhando feio e andando de boca aberta nos clubes. Algo muito distante e até irreconhecível na Subcultura Vampyrica viria a se desenvolver por intermédio do Brasil. Conceitos como reciclagem energética ou afins foram as primeiras informações compartilhadas sobre a Cosmovisão Vampyrica, no final de 2003, e era algo ainda pouco usual e que despertava muito interesse. O vampiro também teve boa participação em programas humorísticos como *Bento Carneiro*, de Chico Anísio. Novelas juvenis como *Vamp* na década de 1990 e sua sucessora *Beijo do Vampiro*, no começo do século XXI, apresentavam vampiros canastrões, cujas personalidades poderiam lembrar o irônico livro *Vampiro de Curitiba* ou pornochanchadas cinematográficas como *As Sete Vampiras* e o legendário *Um Sonho de Vampiros*, os quais décadas atrás apresentavam o tema de forma irônica no antigo cinema brasileiro. Houve também breves e marcantes interpretações sérias do vampiresco, como a adaptação teatral de *Drácula* encenada pelo famoso ator Raul Cortez. Podemos voltar mais no tempo e recordar a criação do personagem dos quadrinhos Mirza, a Mulher Vampiro, de Eugênio Colonesse, alguns anos antes da criação da musa norte-americana Vampirella. Participantes (ou que pelo menos alegavam fazer parte) de grupos como a Church of Satan, O.T.O e Temple of Vampire espalhavam pela Internet rituais de como virar vampiro e outras esquisitices ainda mais assustadoras pela excessiva superficialidade.

Entre os perfis mais aterradores que encontramos estavam os de pessoas que alegavam ser vampiros da Internet, marcavam encontros ou proferiam ameaças físicas a outras pessoas. Em sua maioria eram perfis forjados que nunca passavam de elementos terrivelmente perturbados ou que desejavam apenas pregar trotes e brincadeiras de mau gosto nas outras pessoas. Tínhamos uma perfeita "salada vamp" de todos os tipos e não era de admirar que o grupo que teve maior crescimento foi o de fãs e admiradores do gênero – e naquele núcleo surgiriam os primeiros escritores deste novo século, em um grupo chamado Tinta Rubra, que na época contava comigo, Giulia Moon (atualmente a criadora da personagem Kaori e uma das melhores escritoras do gênero vamp no Brasil com livros como *A Dama Morcega* e *Vampiros no Espelho*), a doutora Martha Argel (*O Vampiro de Cada Um*; *Relações Vampíricas*; *O Vampiro da Mata Atlântica*; e a recomendada pesquisa *O Vampiro antes de Drácula*), o colecionador Adriano Siqueira (do livro *Adorável Noite*), a pesquisadora Shirlei Massapus (até hoje compartilhando incansavelmente artigos e pesquisas densas sobre o tema Vamp e participante da coletânea Voivode) e incontáveis outros confrades das letras vermelhas que surgiram naquele momento.

Ao longo do que viria a ser a cena Vamp local, encontravam-se pessoas que já sentiam uma identificação com o arquétipo do Vampyro ou Vampyra e enxergavam todo o semblante negativo dominante naquele momento. Alguns poucos ousaram ir além de todas as dificuldades (Internet banda larga era raridade naquela época) ao tentar contactar o exterior e novas fontes para obter mais respostas e um conteúdo mais consistente. Para pessoas assim, o que estava sendo mostrado como vampirismo real até aquele momento aqui no Brasil era por demais metafórico, irreal e até mesmo vulgar. Entre o final de 1999 e o começo de 2000, o Brasil viu o surgimento dos primeiros *sites* destinados à Subcultura Gótica, os quais por vezes revelavam alguma coisa sobre Subcultura Vampyrica (sem utilizar o termo Vampyrico), como o *Carcasse* (oriundo da lista de discussão Sépiazine), o primeiro *Maosoleum*, *Mundo Vampyr*, *Adorável Noite* e *Vampiros Brasil*. O *Mundo Vampyr* rapidamente elaborou uma lista eletrônica de escritores de contos vampíricos chamada *Tinta Rubra*, que gerou ótimos frutos para as artes e a literatura inspiradas nos mitos vampíricos. O termo Vampyro e os conceitos iniciais sobre a chamada Subcultura Vampyrica, e mesmo o Vampyrismo, começaram a ser elucidados apenas ao final de 2003 no portal *The MaoZoleuM*. E só em janeiro de 2007 tivemos a estreia do *Vampyrismo.org*, específico sobre subcultura Vampyrica e produção cultural de temática vampírica.

Alguns nomes relevantes dos primeiros anos do século XXI aqui no Brasil que desenvolveram um trabalho inicial e indispensável jamais deveriam ser esquecidos; alguns produzem seus conteúdos até hoje e outros atualmente são apenas apreciadores, mas suas obras e presenças foram marcantes – e tento estabelecer aqui este registro para fins pictóricos. Não podemos nos esquecer de Deus Noite (autor do *site Mundo Vampyr*), Adriano Siqueira (*Adorável Noite*), Martha Argel (autora dos romances *O Vampiro de cada Um* e *Relações Vampíricas*), Giulia Moon (de *Luar de Vampiros*, *Vampiros no Espelho* e *A Dama Morcega*), André Vianco (dos *best-sellers O Sete*, *A Saga do Vampiro Rei*, *Caso Laura* e *Senhor da Chuva*), Marcos Torrigo (pesquisador e autor do célebre *Vampiros: Rituais de Sangue* e *Vampiros*), Denise MG (autora do *site Vampiros Brasil*), Shirlley Massasput (escritora e pesquisadora do vampirismo e mitos relacionados), Liz Vamp (cineasta e criadora do "Dia dos Vampiros" que em 2012 celebrou sua primeira década de existência), Flávia Muniz (autora do livro juvenil *Os Noturnos*), Marcelo del Debbio (de *Principi Discordia* e *Vampiros Mitológicos*), Frather Hayat (pela coragem de apresentar a missa da fênix da OTO em um programa televisivo) e Cid Vale Ferreira (um dos criadores do *site Carcasse* e autor do livro *Voivode*). Ao longo da década tivemos outros nomes que iriam somar e acrescentar muito ao gênero em termos literários, como Kizzi Isatis, Alexandre Heredia, Lewd Sistinas, Gianpaolo Celli e Ademir Pascale. Ao longo da "Cronologia Vamp" publicada no portal www.redevamp.com, os leitores mais aptos poderão encontrar uma relação expressiva de nomes que merecem relevância e notoriedade.

No começo deste século alguns grupos brasileiros tentaram, via Internet, dedicar-se ao estudo de um vampirismo-vivo ou mesmo a uma Protocosmovisão Vampyrica que se assemelhasse ao que ocorria em outros países. Assistimos, assim, a uma tentativa de criação da House Quinotaur de um segmento sul-americano, o desenvolvimento da Comunidade Awake, na Região Sul, e do Grupo de Estudos Rosae Rubrae, no Rio de Janeiro, voltados para vampiros, assim como as controversas listas da Yahoogroups Sanguinarium-Brasil e Predadores de Sangue que se extinguiram rapidamente. A Sanguinarium-Brasil visava reproduzir uma cena semelhante à de Nova York, mas não prosseguiu em sua proposta por falta de compromisso da maior parte dos integrantes. A Predadores de Sangue é lembrada hoje como um fórum mal-humorado no qual quem conhecia um pouco mais sobre Vamps "trolava" iniciantes ou pessoas que se viam ávidas a pagar de vampiros cinematográficos. Destas, a Comunidade Awake parece ter sido a única sobrevivente e que teve uma duração verificável – apesar de apresentar um conteúdo bastante desatualizado e baseado na dependência psíquica. Após a breve explanação sobre o que chamo do período "Protovampyrico" no Brasil, podemos intercalar informações do desenvolvimento da Subcultura Vampyrica no exterior e no país. De volta ao ano 2001, vimos o artífice e ourives moldador dos Ankhs Vampyricos,

Lord D'Drenam, tornar-se o regente da Corte Vampyrica de Gotham em Nova York. Segundo algumas fontes pessoais, muito da formalização da etiqueta da Subcultura Vampyrica foi estabelecido neste momento. Costumes como ao se cumprimentar em um ritual, beijar o pulso dos outros participantes e o famoso *drink* chamado Bloodbath foram alguns desses modismos. Em setembro de 2013, o Bloodbath foi servido no Brasil pela primeira vez gratuitamente no evento Fangxtasy the Authentic Vampyric and Gothic Night, organizado por mim e srta. Xendra Sahjaza no Poison Bar e Balada.

A cidade de Nova Jersey forma a Court of Iron Garden sob a regência de Lord Vamp. Na cidade de Ontário, no Canadá, aconteceu a primeira Kinvention North, considerada o primeiro encontro formal entre a Subcultura Vampyrica e a exótica Subcultura "OtherKin", que, assim como surgiu, veio prontamente a desaparecer em poucos anos – o final dos "Otherkin" e suas variações foram a falta de unidade, do fornecimento de informações mais consistentes e daquilo que grupos externos nomearam como falta de fundamentação apropriada dos "OtherKin", tanto no movimento cultural quanto no teor esotérico. Ainda observando o começo do século XXI na América do Norte, as violações de *copyrights* já citadas, a falta de fundamentação apropriada e consistente nos aspectos da Cosmovisão para quem buscava espiritualidade, o desconhecimento da história e identidade da cena levaram a situações limítrofes e egoicas, tal como o surgimento de uma Madame X e sua House of Dreaming, relevante para organizar algumas festas, mas péssima na condução de pesquisas ou produção de artigos consistentes, tanto no aspecto da Cosmovisão quanto do fashionismo, e sempre envolta em escândalos sociais que forçaram a fuga da cidade de Nova Jersey de sua criadora algumas vezes durante a década. Bastava se cadastrar no *site* que rapidamente se era adicionado a *chats* e posteriormente bate-papos com vídeo para se aprender a como sugar energia vital de alguém pelo monitor – e ler alegres estripulias de seres que apenas detinham suas legiões de demônios alguímicos e espírito predador somente atrás de um monitor de computador. Aqui mesmo no Brasil, seis seguidores desse grupo foram colocados para correr publicamente em uma estação de metrô antes de um evento gótico por um casal que apenas foi tirar satisfação da falta de bom senso e ausência de etiqueta para com outros membros locais. Uma das garotas chorava copiosamente e não conseguia falar, e o líder deles não tinha qualquer sustentação ou o suposto vigor setiano que alardeava nas redes sociais.

Retornando à região de Nova York, onde há bastante informação disponível sobre o desenvolvimento da cena Vamp, tivemos o estabelecimento da Court of Lazarus, no mês de fevereiro de 2002, um grupo que permaneceu ativo, gerando bons eventos e encontros memoráveis durante toda a década passada e que se estendeu à atual. No ano 2013, foram inclusive responsáveis por trazer Goddess Rosemary do seu retiro para uma nova aparição e celebração pública, depois de tantos anos em que ela se dedicou apenas à sua própria dinastia – sendo que atualmente ela mora em uma bela fazenda e santuário a alguns estados de distância. Ainda em 2002, na época do Endless Night, no final do ano tivemos diversos encontros entre Sanguinarium, Vampire Church, Bloodlines e numerosos grupos independentes. Claro que, em março de 2002, surgiu uma nova versão do *The Black Veil*; alguns nomes que cuidavam dessas revisões e até mesmo a geração de novas versões foram Sebastiaan, Michelle Bellanger e Lady Melanie. Nessa época houve o encontro chamado covica em meados do mês de março, reunindo integrantes destacados do fashionismo e da cosmovisão vampyrica, e lá se estabeleceu que o código seria dividido em 13 partes e traduzido para vários idiomas, tornando-se símbolo de uma cena glamorosa e da considerável produtividade cultural Vampyrica pelo mundo. Para outros, as constantes novas versões eram uma disputa de egos inflamados querendo criar novas modas. E, para os mais antigos, uma violação de *copyright* alheio realizada por "novatos" com menos de uma década de vivência na cena, mas que dominavam ferramentas internéticas e de *self--publishing* pelas quais aqueles não se interessavam ou não se importavam. Ao final de 2002, o *Black Veil*, nos Estados Unidos, é aceito como um conjunto filosófico de bom senso, tradições e de ética para a cena, e NUNCA como uma forma de regras para dominar, ditar ou governar a mesma cena e seus integrantes. A aceitação desse código sempre foi voluntária entre pessoas maduras. Alguns leitores que conhecem a cena BDS&M notarão que há certa proximidade entre o *Black Veil* e seus costumes. Também vale dizer que a liberdade de cada um termina onde começa a do outro. Se a respectiva liberdade individual é invadida, existem procedimentos judiciais óbvios dentro da Constituição e leis em qualquer país cujo Estado seja laico. Por que um conjunto de éticas, tradições, civilidade, etiqueta e extremo bom senso? Simplesmente, quando inexiste algo assim passa a valer a lei do mais forte, e isso leva a uma ditadura e outras formas de violência que geralmente não estruturam nada, a não ser a formação de guetos, ataques a minorias e excluídos. Comportamentos que nada têm a ver com o *éthos* Vampyrico. O ano 2002 na América do Norte também contou com algumas recomendadas publicações como *The Science of Vampires,* de Katherine Ramsland, que revisitaram o tema vampírico. Outra publicação interessante foi o livro *Psychic Vampires: Protection From Energy Predators & Parasites*, de Joe H. Slate, que demonstra técnicas de defesa contra vampiros psíquicos – esse tipo de livro tornou-se uma espécie de febre literária e contou com diversas publicações do gênero, que inclusive chegaram ao Brasil na metade da mesma década.

Em 2002, no Brasil, a atriz, cineasta e escritora Liz Marins, que interpretava a personagem Liz Vamp, filha do ícone do terror cinematográfico Zé do Caixão ou o cineasta José Mojica Marins, promoveu a primeira campanha do "Dia dos Vampiros" com o objetivo de combater o preconceito, promover a diversidade cultural e incentivar a doação de sangue. A personagem causava um furor com sua aparição em importantes programas televisivos e publicações variadas, e a campanha que se utiliza da ficção para combater importantes problemas sociais foi muito bem recebida pela população em geral. A campanha contou com cartilha própria, distribuição de revista em quadrinhos do personagem e, no ano 2003, tornou-se projeto de lei e data oficial da cidade de São Paulo – sendo a primeira cidade do mundo a ter uma data dedicada aos vampiros. Já comentei que a campanha celebrou sua primeira década de atividade no ano 2012 e permanece sempre atraindo um público que já colabora e a cada ano arregimenta novos participantes – reunindo expressivos cortejos de fãs trajados a caráter no vão livre do Masp e se espalhando para cidades do interior, outras capitais brasileiras e até mesmo no Distrito Federal, onde é coordenada pela Dj, vocalista e promotora de eventos Kell Kill, do programa *Lasciva Nociva* e produtora do evento anual The Black Blood Vampyric Party. O Dia dos Vampiros também chegou aos Estados Unidos na cidade de Nova York, no Canadá, em Toronto, e na Europa, em cidades como Berlim na Alemanha e também na capital da Eslovênia, onde inclusive contou com o apoio e participação do ator Christopher Lee que interpretou Drácula no cinema durante os anos 1970. No Brasil, o Dia dos Vampiros conta com apoio dos principais escritores, músicos, Djs e integrantes da cena alternativa. A data possui notoriedade midiática e cobertura de grandes publicações locais, além do apoio de diversas editoras que doam livros para sorteios, sendo uma expeiência indelével participar de tal campanha. Quem tiver sede de informação deve visitar <www.diadosvampiros.org>.

O ano 2003 foi apelidado nos Estados Unidos como o "Ano do Renascimento", quando assistimos à criação da OSV ou Ordo Strigoi Vii, apresentada como uma renovação do Sanguinarium em suas obras. O grupo era liderado pelo The Synod e tinha como foco integrar os membros mais antigos da Sanguinarium e permitir que os neófitos assim tivessem uma formação para se tornarem "Magisters".

Eram habilitados nas práticas da Cosmovisão Vampyrica, com sua espiritualidade e seu esoterismo. A proposta era nobre, assim como tudo aquilo que surge com um intento de refinar e oferecer sustentação a um contexto bastante alternativo e em desenvolvimento. A imagem transmitida pelo mundo todo era que ali seria um lugar onde lideranças e diversos legados estariam agindo em conjunto pela manutenção e desenvolvimento da Cosmovisão Vamp. Nomes e agrupamentos já citados, novos e antigos, estariam agregados para o bem comum e com a possibilidade de uma representatividade maior perante outros contextos esotéricos e pagãos. Movimento bastante comum em ordens iniciáticas e grupos neopagãos naquele momento. Mas o que aconteceria com essa bela "torre de babel" nos anos seguintes era um tombo longo e contínuo – diversas versões de seus fóruns eletrônicos e *sites* foram criadas, mas em geral tudo desaparecia do ar em poucos meses. Aquilo que havia sido construído em debates era reapropriado nas publicações oficiais sem creditar os respectivos criadores, e tudo isso acabava ficando na surdina como muitos de nós viríamos a descobrir com o passar dos anos. A recém-criada "Ordo" apenas estava preocupada com a universalidade e transmissão das suas criações e somente mencionava de forma *en passant* conteúdos de outros grupos com algumas décadas de existência e cunho pagão ou xamânico – reinterpretado sob visões muito superficiais tomadas de livretos de Chaos Magick. Note que Chaos Magick abordava com densidade e observando seus principais autores, e mesmo suas inspirações distantemente influenciadas por Austin Osman Spare, são interessantes, mas na forma rasa conforme conduzida pelo The Synod, que muitos alegavam ser um grupo de um – e este um era Sebastiaan –, não colaborou para a formação de algo mais estruturado. Mas tal observação seria apenas percebida melhor alguns anos depois. A lição principal que viríamos a tirar disso tudo como coletivo era de que a Ordo Strigoi Vii apenas representava a Ordo Strigoi Vii e seu regente como uma realidade paralela à da Subcultura Vampyrica, tanto na vertente fashionista quanto na dos inúmeros grupos mais ou menos fundamentados alinhados na chamada Cosmovisão Vampyrica.

Ainda assim, a máxima dos segredos ocultos em plena vista, típica dos ilusionistas, estava ali para todos verem. O termo "Strigoi" era usado desde os anos 1970 para designar quem apreciava a Cosmovisão Vampyrica em nossa cena. Não raramente lemos em suas obras parágrafos como:

"Ordo Strigoi Vii", organizada por um grupo chamado "The Synod", composta por integrantes antigos da Sanguinarium nos Estados Unidos. O principal foco é a geração de "Magisters", vampyros habilitados e treinados na Magia Vampyrica e nos aspectos esotéricos da Subcultura Vampyrica. "The Synod" atua como um grupo de assuntos internos da Ordo Strigoi Vii, responsável pela divulgação e preservação dos rituais, costumes e segredos da mesma. É composto em sua maioria por escolares e pesquisadores ocupados em coletar conhecimento e manter o funcionamento de fontes de informação seguras sobre a Ordo Strigoi Vii. (...). Palavras dessa natureza apenas desvelavam a cada um de nós que éramos românticos e idealistas demais em nossas percepções, atributos típicos da nossa cena, e que também a vida é feita de aprendizados que

temos de passar e devemos dispor de alguma gratidão, pois nos ensinam a nos desenvolver melhor.

Em 2003 aconteceu o lançamento do primeiro livro de Vampyros para Vampyros, intitulado *V: the Vampyre Codex*, no qual são detalhados ensinamentos externos da Ordo Strigoi Vii; na verdade, uma coletânea incompleta de ideias, práticas de grupos diversos e outras ouvidas de orelhada nos tempos em que Sebastiaan foi aprendiz da Sahjaza, mas sem alcançar graus apropriados nos quais poderia compreender melhor tais conteúdos. Ainda assim, foi a primeira vez que tais conteúdos puderam circular por toda a cena com facilidade de acesso à informação, rapidamente atingindo grande número de leitores da Subcultura Vampyrica e também de pessoas fora dela. O lançamento de *V: the Vampyre Codex* acabou por eclipsar outros livros, como *Energy Vampires: a Practical Guide for Psychic Self-protection*, de Dorothy Harbour. Naquele momento, *V: the Vampyre Codex* foi algo fascinante e um marco relevante para a cena como um todo, atraindo a atenção de muitos de nós em diversos continentes – tudo parecia promissor, como disse anteriormente.

Particularmente, entre os anos 2004 a 2008, contribuí com artigos pessoais e ilustrações para suas publicações impressas e internéticas e troca de informações, traduções de alguns textos deles para o português no *site* <www.vampyrismo.org>, quando este iniciou suas atividades em 2007. E uma participação expressiva nos fóruns eletrônicos com o chamado Synod, o conselho que capitaneava a nomeada OSV ou Ordo Strigoi Vii, onde na época Sebastiaan apresentava como a evolução da Sanguinarium em suas obras. Aproximei-me deles por apreciar sua visão política e até mesmo por indicação de alguns correspondentes que participavam de grupos relacionados. Na OSV, desaprovava-se o parasitismo de qualquer tipo, informava-se que não havia segurança ou necessidade alguma de se beber sangue alheio para uma trilha Vamp, fosse ela fashionista ou de cosmovisão, e podia-se verificar ali uma importância para com o trabalho do Dragão Interior/Eu-Feral/*Daemons* e afins. Outro ponto interessante em comum era que o Vampyrismo em sua vertente de Cosmovisão era uma trilha ou espiritualidade autêntica capaz de manter sua própria individuação, e que a natureza (ou o Dragão Maior) se importava com o coração para desvelar seus mistérios, e não com o dogma ou doutrina usados para alcançá-lo por meio do trabalho com o dragão interior ou menor – tal nuança discursiva era uma influência que eles herdaram da Dinastia Sahjaza, uma sociedade bastante silenciosa, seletiva e extremamente restrita à época. Anos depois, soube que Sebastiaan trilhou os caminhos por um curto espaço de tempo mas nunca alcançou postos ou conteúdos mais elevados e restritos aos quais posteriormente eu tive acesso e aprendizado ao me tornar integrante da Dinastia Sahjaza. Em relação ao Synod e OSV, eu discordava publicamente de alguns pontos da doutrina e de práticas de espiritualidade do grupo; sempre mantive minhas opiniões às claras, com fundamentação e demonstração de resultados observáveis no que dizia. Quando escolhi (ou fui escolhido) pela Dinastia Sahjaza, senti-me bastante envolvido e percebi que ali era realmente onde eu tinha de estar. Então cuidei de desenvolver minha trilha junto a eles e me afastei da OSV em definitivo, sem ressentimento de qualquer tipo. Até 2009 havia menções às minhas colaborações em seus livros – foi uma boa escola, mas o meu caminho residia em outro lugar.

No ano 2004, escolhi formalmente trabalhar pela formação e desenvolvimento da Subcultura Vamp no Brasil, com a criação de eventos e publicações digitais em prol desse contexto, tanto no viés fashionista quanto no da cosmovisão. Inicialmente, escolhi começar a jornada pelo fashionismo, para apresentar a cena e o contexto ao grande público, o que levou, em 2004, à criação de um "Teatro dos Vampiros" e a reunir alguns colaboradores e aprender a trabalhar em equipe. Algo justo para um ávido consumidor da obra de Anne Rice quando ela chegou ao Brasil na década anterior. E também uma homenagem a Tony Sokkoll e seu Vampire Theatre de Nova York dos anos 1990, bem como incontáveis outros grupos teatrais alternativos na América do Norte e na Europa e mesmo a músicos do gothic rock ao metal, que já se utilizavam esse nome para suas bandas – e até mesmo do saudoso vocalista Renato Russo do Legião Urbana, que tem uma música com esse nome –, e tantos outros que também prestaram suas homenagens a Anne Rice e ao Vampiro Lestat. Foi uma experiência interessante para mim, mas se encerrou em maio de 2008, quando escolhi seguir por outras vias mais amplas e convergentes para o desenvolvimento da Subcultura Vamp em solo brasileiro. Nos Estados Unidos, naquele ano, o canal norte-americano Sci Fi criou um vínculo com a Subcultura Vampyrica estreando o exótico apresentador Don Henrie no reality show "Mad Mad House". Ainda haveria por lá mais uma edição do evento anual Endless Night bastante expressiva, segundo os participantes e frequentadores da festa. No Brasil houve uma atração inicial e sensível de alguns jornalistas pelo início das atividades Vamps no Brasil e algumas participações interessantes na mídia para apresentar o contexto. O Dia dos Vampiros também começava a ganhar força e expressividade junto ao público e a se preparar para seus primeiros recordes de doadores em uma mesma data, fato que se repetiria nos anos seguintes.

Já o ano 2005, nos Estados Unidos, é marcado pelo desligamento da House Kheperu da Sanguinarium. Outros grupos acompanhariam tal partida alegando diferenças inconciliáveis. Uma nova versão do *Black Veil*, aquela só com cinco pilares, contou com diversos signatários ao redor do mundo – incluindo o meu nome representando a América do Sul. Naturalmente haverá versões posteriores, mas na ocasião essa aparentava ser a definitiva e, na minha opinião, foi a mais direta e funcional que já havia visto. A tradução já completou oitos anos e se encontra publicada até hoje no <www.vampyrismo.org>; ela marcou o primeiro contato da cena brasileira e em idioma português com esse conteúdo, ficando como o código de ética e bom senso que modela nossa cena fiel ao contexto da Subcultura Vampyrica nos vieses fashionistas e de Cosmovisão e a todo o seu amplo e irrestrito *éthos*, e não a qualquer agrupamento específico. As ideias ali presentes trazem segurança, prosperidade, bom senso, pudor e resguardo, bem como alguma humildade no sentido de cada um ser informado de que sua liberdade termina onde começa a do outro e que há a questão da alteridade presente no Vampyrismo. A atenção ao código é observada em nossos eventos de todos os gêneros, no solo sagrado Strigoi e na conduta pessoal e pública de cada membro da cena, principalmente daqueles que escolhem também carregar um Ankh do Luar Negro ou expressar seus vínculos com o Círculo Strigoi. Compartilho a seguir os cinco pilares – como uma referência cultural ou histórica a esta altura dos fatos:

1 – Segredo e Discrição! – O Segredo assegura, protege e nos une em nossos pactos. Nosso mistério é apenas nosso, e quem quer que o decida explorar deve fazê-lo a partir de sua própria iniciativa e ação. Os ilusionistas brincam com nossas mentes em seus shows com truques à própria vista, assim nós vampyros também o fazemos. Honramos a escolha de um que prefere manter em segredo sua vida noturna daqueles que conhecem apenas sua vida diurna. E nunca compartilhamos essas informações sem a permissão explícita da pessoa. Não partilhamos nossos segredos iniciáticos e como realizá-los com a mídia aberta, não os partilhamos com os não iniciados nem com aqueles que não sejam da Subcultura Vampyrica! Isto é uma violação destes pactos. Se você for falar, fale apenas por você, ou com o consentimento do grupo ao qual você faz parte e nunca em nome de toda a Subcultura Vampyrica.

2 – Honre a lei mundana! – Haja de acordo com as leis da sociedade mundana em que você vive [país, estado, cidade, etc.], mesmo que você discorde da mesma!!! A nossa segurança de explorarmos nosso lado noturno (*Nightside*) depende em grande parte dela; se porventura discordarmos de suas leis, devemos ter maturidade e nos tornar socialmente responsáveis o suficiente para mudá-las de forma democrática e pública – por intermédio de um advogado ou dos nossos representantes políticos e movimentos populares.

3 – A metáfora do Sangue! – "Sangue é apenas uma metáfora para algo mais sutil chamado de força vital (Prana)." Essa metáfora também simboliza os elos entre Vampyros e Vampyras. Ser um vampyro é muito mais do que a mitologia hollywoodiana mostrou e não necessita do consumo de sangue físico para satisfazer a fome espiritual. Há outras formas de comunhão que são muito mais eficientes e atualmente bem desenvolvidas. Esse pacto torna claro o óbvio: não consumimos sangue humano ou animal em virtude das sérias complicações judiciais e de saúde (afinal ainda vivemos no mesmo mundo onde existem hepatite, Aids, sífilis, etc.). Um Vampyro ou Vampyra não nescessita de alimentação sanguínea.

4 – Responsabilidade! – Nós devemos honrar a necessidade de estabelecermos objetivos materiais e racionais. Antes de nos lançarmos rumo à exploração de nosso *Nightside*, devemos ter um bem estruturado *Dayside*. Não é permitida a participação de menores de 18 anos em atividades iniciáticas da Subcultura Vampyrica. Presumimos que aqueles que irão conhecer nossos mistérios tenham alcançado a maioridade judicial.

5 – Civilidade! – Este item se aplica ao tratamento de assuntos individuais. Se você tem problema com outro Vampyro ou Vampyra, resolva-o em particular, privativamente e com toda civilidade possível. Honrar e manter os códigos da etiqueta demonstra maior refinamento e melhor apresentação social dentro dos *Sanctums* e para os mundanos. Vampyros e Vampyras sugerem, pedem, conversam, negociam, mas nunca ordenam ou comandam a vontade de alguém – não dependemos de relações de poder para atingirmos aquilo que buscamos. Aliás, em vez de gritar ou fazer drama, é sempre melhor aprimorarmos os próprios argumentos.

Uma observação que deve ser feita sobre o código de ética e de bom senso *Black Veil* é você poder falar sobre Subcultura Vampyrica em livros específicos ou em *sites*, comunidades e *blogs* da Internet para orientar ou fornecer informações sobre o que é e o que não é pertinente ao contexto. Esclarecer dúvidas e boatarias infundadas sobre Subcultura Vampyrica, Cosmovisão, fashionismo e mesmo sobre a ampla produção cultural do gênero e, principalmente, demonstrar que ela é composta por pessoas reais e que a assumem como escolha de vida é muito diferente de você revelar seus ritos iniciáticos e como realizá-los. Mesmo neste último caso falar sobre algo não significa transmitir aquele "algo" ou ensinar como obter o referido fundamento. Para quem escuta, mais parece uma longa descrição decorativa ou uma estranha receita foragida de algo tão incompreensível quanto *Finnegans Wake* ou *Ulysses* de Joyce. Estes segredos são protegidos do vulgo e mesmo quando expostos não são passíveis de reprodução por não despertos; e mesmos esses têm uma trajetória de aprendizado, germinação e ordálias para conquistar tais expressões e dons – como em qualquer outro sendeiro de cunho iniciático na face da Terra. Pense assim, o fato de você gostar de um guitarrista não significa que você saberá tocar como ele, se não escolher se tornar um guitarrista primeiro. E, mesmo que você venha a se tornar um grande guitarrista, nunca será o guitarrista de quem é fã. Um exemplo místico é o célebre personagem egípcio cinocéfalo, que acompanhava o deus Thot. O cinocéfalo era um macaco que imitava os gestos e sons do deus, porém era apenas um imitador e suas imitações não faziam coisa alguma acontecer. Claro que o ego humano em seus excessos ou ausências leva a transgressões e a pessoas que, ao ouvirem algo de orelhada ou terem lido uma publicação do gênero, creem obter tais bênçãos, maldições ou lições... Mas vamos apenas clarificar que há uma sutil diferença entre aqueles que as conquistam e os que apenas falam a respeito. Se porventura desejar mais informação, visite o *site* oficial do Círculo Strigoi em <www.vampyrismo.org/circulostrigoi>.

Na minha opinião, o fato mais relevante de 2005 na América do Norte foi quando os grupos e produtores de eventos da Subcultura Vampyrica organizaram uma série de campanhas de doação de fundos e bens materiais para as vítimas do furacão Katrina em Nova Orleans. Naquele ano, também, os Vampyros e Vampyras de Nova York comemoraram a inauguração do clube Black Abbey. Em decorrência dos danos causados pelo Katrina, o Endless Night foi realizado na cidade de Nova York. A autora Raven Kaldera publicou o livro *The Ethical Psychic Vampire*, o qual foi inclusive elogiado pela escritora Michelle Bellanger. Em dezembro daquele ano, aconteceu o lançamento do *Vampyre Almanac,* edição 2006, depois de um breve hiato em sua publicação. Algumas publicações, como a própria *Vampyre Almanac* e o livro *Vampyres: When The Reality Is More Strange Than The Myth*, de Laurent Corao (2006, Bélgica, França, Alemanha e Japão), atribuem a entrada oficial do Brasil e da América do Sul na cena vampyrica internacional a essa época. A transição do ano de 2005 para 2006 foi acompanhada de transformações radicais para a cena brasileira.

Em março de 2006, iniciei as atividades públicas do Círculo Strigoi primeiramente apresentado como "Officina Vampyrica" e formalmente anunciado durante uma palestra em um dos tradicionais encontros sociais pagãos do Parque Trianon, em São Paulo, na época um ponto de encontro de diversos movimentos do gênero. O Círculo Strigoi, ou Officina Vampyrica, foi o nome público que utilizei no começo e visava à apresentação de seus fundamentos densamente conectados aos atributos da Cosmovisão Vampyrica e à formação de um núcleo ou círculo interno cuja associação era conquistada por mérito, lealdade, intenso estudo de temas ligados ao contexto, desde mitologia comparativa, *dreamwalking*, projeção astral, runas, astrologia, tarô, Cabala e artes *mágickas* e ordálias comprobatórias da compreensão e conquista desses elementos e a passagem por degraus e cargos de responsabilidade para com o Círculo e seus integrantes, até a conquista e investidura de Magister – e a escolha de sua permanência ou partida para formar um novo círculo descendente do nosso. O processo leva em média cinco a seis rodas do ano. Tudo isso apresentado por meio de cursos livres, treinamentos e *workshops*, bem como pela elaboração de conteúdos multimídia. Sua metodologia desde o começo contém intenso tom xamânico, compreensão do processo extático, do espelho celeste e atributos que o sintonizam com o paganismo, ou ainda o neopaganismo. Certamente uma visita ao *site* oficial do grupo será mais esclarecedora e enriquecedora para sua busca: <www.vampyrismo.org/circulostrigoi>. O Círculo Strigoi, desde o seu começo nas atividades públicas, realizou seus encontros em conceituados espaços terapêuticos e holísticos de São Paulo, tendo participado ativamente de importantes conferências, congressos e eventos pagãos brasileiros. É respeitosamente conhecido pela vanguarda e por suas ações estimulantes e inspiradoras ao longo do tempo. O ano 2006 foi marcante, bastante intenso e fundamental para tudo aquilo que estava sendo elaborado. O portal de neopaganismo *Tribos de Gaia,* conhecido por reunir diversas vozes de variadas tradições de espiritualidade da Terra, passou a publicar uma coluna mensal com meus artigos. Também fui indicado como editor assistente do *Vampyre Almanac*. Vi o meu trabalho ganhar renome e ser publicado em livros em que constavam os nomes de Father Sebastiaan V, *sir* Victor Magnus, Father Vincent, Goddess Rosemary da legendária House Sahjaza, entre muitos outros. Por outro lado, 2006 teve a campanha de doação de sangue "Dia dos Vampiros", boicotada e suspensa graças à ação mesquinha de grupos religiosos conservadores, muito mais preocupados com preconceitos e atavismos morais do que em salvar vidas aqui em São Paulo no hospital público onde era realizada. O que trouxe grande pesar para a emergente Subcultura Vampyrica e também a todos os simpatizantes da campanha. Mas ninguém se rendeu, pois a campanha continuou e, no mesmo local, ano após ano! Enfim, havia artigos publicados em diversos *sites*, uma aceitação razoável da imprensa local, os primeiros eventos para Vamps, um Noir Haven, um Solo Sagrado Strigoi ainda reservado e não tornado público; afinal, o que lá estava destinado era guardado apenas para aqueles e aquelas que se desenvolvessem apropriadamente – e isto levaria vários anos para ser conquistado. Os primeiros integrantes a conquistarem as merecidas ordálias surgiriam só a partir de 2012 e ainda estávamos em 2006, iniciando nossas primeiras atividades do Officina Vampyrica, na Zona Norte de São Paulo, próximo ao metrô Santana, no Espaço Sabedoria Mística.

O ano 2007 não tardou a chegar para todos Vampyros e Vampyras ao redor do mundo. No Brasil, ainda em janeiro, estreei o *site* <www.Vampyrismo.org>, por meio do qual pela primeira vez era reunido todo o conteúdo digital já produzido, muitos artigos novos e outras multimídias. Considerado o pioneiro, o oferecimento de serviços, produção de artefatos, criação de trajes rituais, bem como a criação do "Ankh do Luar Negro" para a cena Vampyrica brasileira e lusitana foram alguns dos seus méritos iniciais. Celebramos a primeira *Sanguine Mass*, nos moldes das publicações internacionais com as quais eu colaborava, e também o primeiro Rito de Bast – mais conhecido como Strighezzo de Bast atualmente. Também foi o ano do célebre *workshop* sobre Lilith ministrado na CWED, de Claudiney Prieto. Esse foi o ano que marcou as primeiras participações em congressos e encontros pagãos e holísticos no Brasil; era emocionante palestrar em sala de conferência com bem mais de 80 ouvintes ávidos e curiosos em saber mais sobre Vampyros e Vampyras. O Círculo Strigoi passou a operar na conhecida Universidade Holística Casa de Bruxa, em Santo André, e ao final de ano no espaço que ficou conhecido como o "Templo de Afrodísia", até 2013, recebendo diversas turmas e formando integrantes que até hoje se mantêm em atividade junto ao núcleo interno do Círculo Strigoi. Foi também o ano inicial em que a Vila dos Ingleses, em Paranapiacaba, se tornou ponto de encontro de Vamps de todo o Brasil durante os festejos do Encontro de Bruxas e Magos de Paranapiacaba. Foi um ano em que a teoria se transformou em prática e novos caminhos e soluções inesperadas brotaram de todos os lados; novas fontes de pesquisa, novos parceiros, como o célebre e histórico Instituto Imagick cujos fundadores, Arsênio e Zelinda, assistiram na primeira fila à palestra introdutória sobre a cena Vampyrica apresentada em Paranapiacaba e, anos mais tarde, agregariam alguns dos artigos em seu vasto portal internético.

Além das conquistas do nosso círculo, o ano teve muitas atrações interessantes no Brasil para o lado fashionista: uma delas foi a montagem da peça *A Educação Sentimental do Vampiro,* de Felipe Hirsch, ambientada nas prosas do curitibano Dalton Trevisan, no teatro do Sesc. No Rio de Janeiro, a peça *Vampiria de Tacos* foi reencenada em nova versão. A história trata da última família de vampiros, que se vê obrigada a trabalhar como atração turística do seu próprio castelo – assim, questionando valores humanos pesados. Na cena Vampyrica local, foi o ano em que a bailarina Lilith Melanie fundou seu grupo Dracula's Bride, dedicado a pesquisar, desenvolver e explorar a estética vamp, o fashionismo e o ritualismo da Cosmovisão Vampyrica. O grupo viria a se apresentar pela primeira vez apenas em fevereiro de 2010 no Strighezzo de Bast do Círculo Strigoi.

Na teledramaturgia brasileira, tínhamos vampiros geneticamente alterados na TV Record em uma novela chamada *Caminhos do Coração*. E os personagens do livro *Os Sete, best-seller* de André Vianco, foram encenados pela primeira vez nas Noites do Terror do extinto parque de diversões Playcenter. No exterior, mais especificamente nos Estados Unidos, houve o lançamento da OSV, que explorava os mistérios do *Nightside*.

Se os anos 2006 e 2007 foram formativos indispensáveis e formativos para a cena Vamp brasileira e sul-americana, o ano seguinte foi de ordálias, aquele momento em que tudo parecia arrastado e interminavelmente uma dura lição a ser aprendida por todos nós. Tempos de mudança e de movimento eram chegados; era preciso aprender a se equilibrar para avançar. O ano começou bem para os fashionistas com a publicação da coletânea *Amor Vampiro*, com os autores mais apreciados da cena brasileira: André Vianco, Giulia Moon, Martha Argel, J. Modesto, Nelson Magrini, Regina Drumond e Adriano Siqueira. O *release* da obra anunciava o que aconteceria se o amor dominasse um ser maléfico que perambula pelas sombras buscando saciar seu desejo. Esses autores, ícones da literatura fantástica nacional, reuniram-se para responder à questão e desvendar o "Amor Vampiro". Uma das personalidades mais ativas da Internet quando o assunto era Vampiros foi a escritora Denise MG no começo do século XXI. Porém, foi apenas em 2008 que teve seu primeiro livro lançado, o qual levava o nome do seu famoso *site*: *Vampirus Brasil*. A obra contou com a participação de inúmeros autores, sendo um dos mais conhecidos o Lewd, do prestigiado *Sistinas: os Vampiros Eróticos*, que é um *site* e também um livro de contos eróticos vampirescos.

Também presenciamos o lançamento de *O Vampiro antes de Drácula*, de Martha Argel e Humberto Moura, indispensável para quem aprecia o genêro literário antes da grande criação de Bram Stoker. Outro momento gratificante foi o relançamento da obra *Enciclopédia dos Vampiros*, de Gordon Melton, em uma versão reduzida e atualizada, que garantiu o acesso ao conteúdo a diversos recém-chegados à cena, e é uma obra basal e importante para quem aprecia a temática Vamp. Nas artes sequenciais, tivemos o anúncio da animação *Where's the Vampire?*, desenvolvida por Roger Betiol, uma refinada e divertida história de vampiros com as vozes de Sarah "Lucy Pine" (*Evil Dead 1&2*) e David Naughton (*Um Lobisomen Americano em Londres*); a cineasta Liz Vamp também filmou as primeiras cenas do seu longa-metragem *Liz Vamp: A Origem*. Este é o filme que narra a origem da personagem Liz Vamp, que é uma vampira e filha de um dos personagens ícones do terror brasileiro: Zé do Caixão. O filme narra a origem do personagem, como é o seu mundo vampírico, e promete ser uma produção que há de agradar a todos os apreciadores do gênero vampírico que há muitos anos sonham com um filme brasileiro aprofundado e sério sobre essa temática. Na televisão tínhamos mais vampiros geneticamente alterados na novela *Os Mutantes* (sequência de *Caminhos do Coração*) e em uma simpática campanha da Fiat, na qual pediam pizzas sem alho. Foi um ano bastante rico de lançamentos do gênero – que são apropriadamente relatados na "Cronologia Vamp" do *site* <www.redevamp.com>.

O ano 2009 deixou um gosto de olho do furação após os eventos do ano anterior – mal começara e já havia uma torcida para que logo se encerrasse. Alguns integrantes o retratavam metaforicamente como um ano de sobreviventes. Parecia a primeira página de uma história ainda em branco e uma angústia do que deveria ser escrito ou realizado. Em razão de problemas burocráticos, nosso principal *site*, o <www.vampyrismo.org>, ficou fora do ar por quase todo aquele ano, o que levou alguns projetos paralelos como o Vox Vampyrica e a própria Rede Vamp a ganharem domínios próprios e iniciarem suas trajetórias de forma mais organizada e profissional. O próprio Vox Vampyrica ganhou uma versão gravada no estúdio 80's produzida pelo músico Dennis 80's – um modelo que foi imitado por iniciativas semelhantes nos Estados Unidos, que até mesmo utilizaram a palavra "Vox" em uma possível homenagem ao que já era realizado por aqui desde 2006 de forma caseira. Tudo aquilo que começa devagar não significa que fluirá aquém daquilo que esperamos, isso ensina a paciência como uma virtude e a prudência em cada passo; assim como o arcano do Eremita do Tarô, uma lição importante daquele ano foi aprender que aquilo que reluz atrai interesses de todos os tipos e é preciso doses corrosivas de autenticidade para afastar as pessoas oportunistas daquilo que amamos – e preservarmos o desenvolvimento de um projeto. Escolher se tal fato é uma maldição ou lição disciplinar severa vai de cada Vampyro e Vampyra.

Uma das primeiras boas notícias nos lançamentos daquele ano foi *Vampiros: Origens, Lendas e Mistérios*, pela Editora Ação, a nova obra do pesquisador Marcos Torrigo, que ampliava e desenvolvia diversas passagens de seu antigo livro *Vampiros: Rituais de Sangue* com bastante propriedade e refinado verniz. Nas bancas circulou uma revista de tiragem única bastante completa sobre Vampiros, de nome homônimo, que inclusive citou longamente a Subcultura Vampyrica e o meu trabalho em suas páginas. O Dia dos Vampiros de 2009 contou com a segunda edição do Cortejo Vampírico no vão livre do Masp, em São Paulo, e no mesmo dia houve o lançamento da coletânea *Território V*, organizada por Kizzi Isatis – que foi um pouco criticada na cena local pelo excessivo tom *Rpgístico* de muitos dos seus contos, crítica também aplicada ao seu livro *Clube dos Imortais* (de alguns anos atrás), e pela aparente ausência de nomes da própria cena entre os participantes de *Território V*. Outro ponto que levantou certo desgosto consistiu no fato de o livro ter sido propositadamente lançado na mesma ocasião do Dia dos Vampiros e nas proximidades de onde aconteceu sua comemoração, e nenhum dos autores convidados da coletânea sequer ter comparecido ou expressado algum apoio à campanha que já existia desde 2001. Ascensões meteóricas são pautadas em presunção e em geral despencam no horizonte, bem antes do que almejam – e veríamos algumas consequências dessas condutas alguns meses depois. Outros bons lançamentos daquele ano foram *O Vampiro da Mata Atlântica,* de Martha Argel, e *Sete Velas e uma Sombra*, do carioca Senhor Arcano – que dedica seu tempo à literatura fantástica e produção independente de suas obras, nas quais sempre há a presença de personagens vampíricos *underground*. Outra interessante coletânea de prosa fantástica foi *Draculea: o Livro Secreto dos Vampiros*, organizada com bastante profissionalismo pelo prudente e criterioso Ademir Pascale. Foi um ano marcado pelos "15 minutos televisivos de fama" para muitos integrantes da cena Vamp com trabalhos consistentes – e também para aqueles ávidos em pegar carona na cauda do cometa –, graças à febre midiática dos livros e ao primeiro filme da saga *Crepúsculo*. Programas e matérias interessantes ofereceram generoso espaço e algum resguardo para falarmos sobre Subcultura Vamp na grande mídia junto a apresentadores como Arthur Veríssimo e alguns ícones do jornalismo nacional. Era uma questão de escolher com algum bom senso onde veicular a própria imagem. Graças ao meu *savoir-faire* escapei de um desses shows de horrores televisivos no horário nobre em uma grande emissora, onde um conhecido colecionador da cena se prestou ao papel de "caçador de vampiros reais" com direito à estaca e tudo mais, confrontando outro escritor que aceitou o convite. No mesmo palco havia ainda uma bancada de críticos e outra que reunia alguns defensores para os dois – apesar da presença abrasadora e sempre elegante de Liz Vamp, o lado dos defensores não se saiu tão bem assim, até mesmo por ali haver uma ou outra pessoa que sequer dominava a temática Vamp, fosse na ficção ou no viés da Subcultura. Ainda assim, o bom humor e alguma autoironia típica de velhos colegas – o tal de respeito de cavalaria, típico da cena Vamp – preservaram os bons laços de amizade dos participantes. Veio então a *Roda dos Vampiros*, no Sesc Ipiranga, também em São Paulo, que apresentava um bom panorama de novos autores e alguns já clássicos da nossa cena – e rendeu bons momentos para todos os participantes. Nessa ocasião, Giulia Moon fez uma leitura tão marcante de um trecho de sua obra, que ela já se anunciava como o grande destaque literário daquele ano: *Kaori, Perfume de Vampira*, pela Giz Editora. Foi o primeiro romance da escritora, em que o personagem é uma vampira oriental com histórias ambientadas no Japão feudal e nos tempos de hoje, a qual havia surgido nas páginas da coletânea *Amor Vampiro* e na década seguinte se consolidaria e integraria o *hall* das vampiras da ficção mais conhecidas do Brasil. Infelizmente, logo depois da festa de lançamento, durante os festejos do aniversário da Liz Marins (intérprete da Liz Vamp) em um clube na Rua Frei Caneca, em

São Paulo, ela foi violentamente agredida por seguranças ao tentar defender seu amigo, o escritor Kizzi Ysatis, após uma confusão na hora da saída no momento do pagamento das comandas de consumação. A história chegou à mídia aberta e principais jornais, rendendo um evidente boicote e repúdio à casa noturna onde ocorreu tal violência, que, apesar da abertura de boletins de ocorrências e bastante alarde nas redes sociais, desvelou ainda outras pessoas que foram vítimas de agressões similares no mesmo estabelecimento – tais situações criminosas acabaram prescrevendo e infelizmente tudo ficou por isso mesmo.

Tudo acontece ao mesmo tempo. Distante do meio literário, uma interessante peça teatral com temática vampiresca era encenada no Museu da Imagem e do Som, em Campinas, interior do estado de São Paulo. *A Suplicante de Évora*, conforme nos contou a leitora do portal *Rede Vamp* Priscila Salomão, "era uma bela performance teatral baseada no poema 'As Metamorfoses do Vampiro'", de Charles Baudelaire, e organizada pela dramaturga paulistana Débora Valery como um belo espetáculo envolvendo um mosaico poético de autores latinos, franceses, portugueses e sua própria produção literária, além da projeção e interação com o curta *O Retorno à Razão*, de Man Ray, ao som unicamente de um baixo elétrico. Ainda na área performática, na capital paulista pudemos assistir a uma das maiores homenagens que um escritor de ficção brasileiro poderia ter recebido em vida. O evento Noites do Terror do Playcenter foi totalmente ambientado de maneira cenográfica na chamada saga do "Vampiro-Rei", criada pelo *best-seller* André Vianco. Por toda parte assistíamos a performances circenses, teatrais e passeávamos pelos cenários dos seus livros, interagindo com personagens muito bem caracterizados. Quando visitei o evento, tive a oportunidade de conversar e passear com o próprio escritor e ver o brilho de seu olhar apresentando cada uma das atrações, e ele se mostrava bastante emocionado. Posteriormente, Vianco lançaria o episódio piloto de uma série televisiva ambientada em seu criativo e explosivo universo ficcional vampírico.

O ano 2009 avançava impetuosamente. Enquanto isso, na vertente da Cosmovisão Vampyrica, o "Círculo Strigoi", ainda publicamente conhecido como Officina Vampyrica, reorganizava sua estrutura e didática para as novas turmas, focalizando em palestras sobre temas específicos daquele momento, realizando diversas conferências *on-line*, encontros abertos à comunidade que versavam sobre temas introdutórios e de interesse Vampyrico – e até mesmo tecendo análises francas sobre a febre *Crepúsculo* em importantes espaços e canais da mídia. Nas proximidades do Strighezzo dos Idos (novembro), revolucionamos uma vez mais e iniciamos o ciclo aberto "Introdução ao Vampyrismo", que oferecia a possibilidade de conhecer, vivenciar e ser apresentado ao repertório da Cosmovisão Vampyrica em uma órbita mais branda e acessível. "Aqueles que eram da Noite e do Sangue" rapidamente se enturmaram e foram guiados até nós pelos bons ventos noturnos. Também, pudemos oferecer alguma instrução e vivências que auxiliaram muitos outros a encontrarem seus caminhos e sendas, sempre com muita transparência, boas trocas informativas e integridade em todas nossas relações. Foi um ano de reconhecimento e bastante afirmativo que se encerrou com uma palestra no auditório da Livraria Cultura ao lado do jornalista Sérgio Pereira Couto (autor do bem-sucedido *Sociedades Secretas*). Outro momento relevante daquele final de ano foi a participação no Encontro Fontes da Ficção, na livraria Martins Fontes, onde junto a muitos escritores e leitores apresentei o argumento de que a saga *Crepúsculo* era apenas a "bola da vez" que recebia todos os *spots* da mídia, mas que isso não significava esvaziamento, queda ou o final do gênero vampiresco. Ao mesmo tempo, uma infinidade de livros e produções culturais vampirescas mantinha-se fiel ao *éthos* romântico, feral e aventuresco, tão apreciado no gênero em diversas plataformas ao redor do mundo. Para minha alegria, este argumento vingou e a febre *Crepúsculo* como veio se dissiparia nos anos posteriores – trazendo mais investimento e atenção para o gênero que logo voltava a expressar seu teor adulto e mais profundo. Nada de vampiro que brilha à luz do dia e escolhe passar a eternidade em uma escola de segundo grau. E a lição aprendida ao término de 2009 é que o despertar ou o processo iniciático apenas afloram e desenvolvem aquilo que a pessoa já carrega em si – os de bom caráter se aprimoram e os oportunistas e mal-intencionados, presentes apenas para se promover, são desmascarados e banidos do convívio das nossas celebrações, encontros e eventos. Depois de aprendida tal lição, tornamo-nos mais vigilantes e preparados para aquilo que virá por intermédio do desconhecido.

Veio então o ano astrológico regido por Afrodite, para os gregos, ou Vênus, para os romanos e latinos. Estávamos em 2010, renovados e, como cena tanto na vertente fashionista quanto na Cosmovisão, tateávamos os limiares do novo universo que se descortinava para a cena e para cada um de nós. Recuperamos o domínio Vampyrismo.org e retornamos às atividades com a versão mais completa e atualmente disponível na Internet. Deixamos a alcunha de Officina Vampyrica para assumir publicamente o nome "Círculo Strigoi" e trazer à tona muitos dos conteúdos desenvolvidos diligentemente ao longo dos anos anteriores para o benefício de todos encontradores e integrantes da cena Vampyrica hábeis no idioma português. Já podíamos assumir publicamente nosso duradouro vínculo com a Dinastia Sahjaza, e os tempos de colaboração na "Ordo Strigoi Vii" já eram parte de um passado distante, depois de tantos acontecimentos. Na celebração de fevereiro do tradicional "Strighezzo de Bast", assistimos à primeira apresentação formal da bailarina Lilith Melanie e seu grupo Dracula's Brides, que mesclava a temática vamp à estética tribal, *fusion* e também ao *bellydance* – dependendo da apresentação.

Foi emocionante assistirmos aos primeiros resultados de um trabalho cujos preparativos e a pesquisa haviam se iniciado em 2007. Naquele momento, no Círculo Strigoi era comum dizermos: somos um Círculo de Vampyras, Vampyros e simpatizantes com sua própria trilha fundamentada e estabelecida na prática constante e coerente com o ecossistema local e as especificidades da cultura latina – alinhavado ao manancial vermelho de informações herdadas pelos nossos enlaces familiares com a Dinastia Sahjaza. No mês de junho completei cinco anos de envolvimento formal, aprendizado, parceria e irmandade com a Dinastia Sahjaza – um processo que se intensificou bastante na minha vida pessoal entre os anos 2007 e 2010 –, e conquistei minha investidura de "Elder" e também de patriarca da linhagem "Sahjaza Brazil", sendo o primeiro brasileiro a portar esse título sob a aprovação de Goddess Rosemary Matriarca Fundadora e o Alto Conselho da Dinastia. O próprio "Círculo Strigoi" por extensão tornou-se ainda mais íntegro e agora unindo em um trabalho pessoas que desenvolvi desde a década de 1990, com o legado da primeira dinastia do gênero ativa desde os anos 1970 na América do Norte. Também foi o ano em que encontrei o amor junto à vampyra que vocês conhecem nos dias de hoje como srta. Xendra, uma promissora neófita do Círculo Strigoi neste momento e que atualmente sustenta o posto de primeira sacerdotisa do Círculo Interno, auxiliando muitos neófitos e neófitas – estas foram suas primeiras noites de ordália e aprendizado.

No meio literário tivemos o lançamento da coletânea *Meu Amor é um Vampiro*, pela Draco, onde participei da animada palestra de lançamento, que reuniu autores mais jovens e recém-chegados ao contexto "Vamp" e uma agradável participação de um dos contos de Giulia Moon. Foi uma das primeiras grandes ocasiões e encontros daquele ano de velhos amigos das letras. A Bienal do Livro, em São Paulo, contou com a participação digital de Dace Stoker, bisneto de Bram Stoker, e diversos autores de literatura vampiresca brasileira autografando suas obras. Outro bom lançamento foi a coletânea *Draculea: o Retorno dos Vampiros*, novamente pelas prudentes e habilidosas mãos de Ademir Pascale. Fui convidado a prefaciar o livro e relutantemente a incluir um dos meus contos – particularmente gostei mais do prefácio que escrevi do que do conto, pois pude registrar uma história bem concisa da produção cultural vampiresca durante a primeira década do século XXI, e acho importante manter esta história e principais personagens sempre claros e acessíveis para todos. Uma das ferramentas que utilizo com tal intento é o portal *Rede Vamp* em <www.redevamp.com> que, a partir de 2010, passou a contar com diversos colaboradores regulares e procurou manter um padrão de atualização diária sempre escolhida a dedo sobre a ampla e emblemática produção do gênero no Brasil e exterior. Durante alguns meses, passamos por intensa reconstrução do seu formato para melhorar ainda mais nossos serviços para a cena brasileira.

O Dia dos Vampiros de 2010 contou com um dos maiores números de participantes do cortejo vampiresco de todos os tempos, reunidos sob o vão livre do Masp. Na ocasião, um grupo teatral de crianças de uma escola pública paulistana executou uma belíssima coreografia, todos trajados a caráter Vamp – o que emocionou os participantes e a criadora da campanha, Liz Vamp. Outro momento marcante foi ter sido convidado para atuar como um vampiro em uma performance dirigida por Liz Vamp e contracenar com os atores Rubens Mello e Andrea Klaar na Biblioteca Municipal Viriato Corrêa, também em São Paulo. A mesma performance seria repetida no mês de outubro na prestigiada Casa das Rosas, na Avenida Paulista, durante os festejos de Halloween daquele mesmo ano – e ainda contaria com a participação e apresentação do personagem Zé do Caixão, o grande ícone do terror e do fantástico no Brasil. Na cidade de Brasília tivemos encenações vampirescas de uma trupe de atores e góticos, devidamente caracterizados, que ganharam amplo destaque na Internet e na mídia local por suas encenações no chamado Landscape Pub. Em Belo Horizonte foi encenada a interessantíssima peça *O Mistério dos Vampiros*, interpretada pelo grupo mineiro En Cena. A trama gira em torno de uma nobre família de vampiros que vem para o Brasil tentar fugir da crise mundial. Porém, ao chegar ao país, são assaltados e acabam tendo de ir se abrigar em um barraco abandonado e muito antigo. Ao chegar a casa, descobrem que não estão a sós e acabam tendo de conviver com mendigos esfomeados. O tom de crítica social é sempre presente no gênero teatral com vampiros no Brasil. Uma interessante produção que passou a circular na Internet foi *Lâmia, a Revolta dos Vampiros*, de Rubens Mello – segundo o release: "... para companheira de Adão Deus criou Lillith, uma mulher que se negava a ser inferior ao homem. Por causa de sua escolha foi expulsa do Paraíso e algum tempo depois conheceu Caim, filho de sua substituta no leito e amaldiçoado por praticar fratricídio. Da união dos dois seres malditos nasceu Lâmia, a Rainha dos Vampiros e flagelo da Humanidade". Com essa temática, Rubens Mello nos apresenta um de seus primeiros trabalhos para o cinema de horror. A história narra a revolta dos vampiros contra os humanos após a morte (?) de sua criadora e o retorno da mesma sob a tutela de um grupo de feiticeiros que cuida para que sua presença equilibre a convivência de ambas as espécies. Diferentemente de *Tatúrula: Sinfonia do Medo*, *Lâmia* é cru e *underground*, com aquela levada que só os saudosos filmes *trash* conseguiam transmitir. Gravado nas segundas-feiras em Mairiporã (SP) e algumas horas antes das apresentações dos atores no "Castelo dos Horrores" do Playcenter, foi praticamente argumentado na hora. Esses filmes foram exibidos no telão do evento Carmilla: a Noite Vamp, em 2012, junto com uma pequena homenagem ao ator e diretor Rubens Mello.

O ano também marcou meu retorno à carreira de Dj e promotor de eventos destinados à cena Vamp, Goth e Alternativa que deixei meio largada desde 2008 por razões pessoais. Agora discotecava regularmente no evento Black Cat do Hotel Cambridge, do amigo Paulo Med, e reencontrava muitas pessoas queridas de anos anteriores e também formava uma nova geração de fãs dos meus trabalhos. Era fascinante, pois eu tinha naquele momento um público que me conhecia da mídia, das conferências e do meio pagão, que desconhecia por completo meu trabalho como Dj e produtor de eventos. E era bastante recompensador ver o encontro desses dois mundos em estranha alquimia. O *podcast Vox Vampyrica* encarnava agora como um programa de web-rádio semanal, sempre às quartas-feiras, das 21horas à meia-noite, tornando-se o primeiro programa do gênero e o mais duradouro, que apenas trocava de estações até encontrar seu lar na emissora Acidic Infektion. O primeiro evento dedicado à temática Vamp foi o Sarau do Black Cat acontecido no Boca Club – um novo modelo de festa, uma nova região, e os Vamps deixavam bairros afastados ou regiões complicadas de São Paulo para viver suas festas na Rua Augusta, no *revival* do Centro velho da capital, nas casas de rock da Rua 13 de Maio e, nos anos seguintes, migrariam para a Vila Madalena. A festa foi lotada e contou com noite de autógrafos do célebre André Vianco e do pesquisador Marcos Torrigo, além de uma videoexposição sobre suas pesquisas de campo dentro da temática vampírica na América Pré-Colombiana – até mesmo o *flyer* eletrônico era especial, trazendo uma imagem de Goddess Rosemary durante uma de suas encenações teatrais na década anterior em Nova York.

O evento atraiu bastante público da cena e produtores culturais, escritores, cineastas alternativos, organizadores de festivais de cinema fantástico e artistas variados. A segunda edição de caráter mais intimista homenageou a obra de Giulia Moon e ocorreu também no Boca Club. A terceira edição foi realizada já no Hotel Cambridge e contou com a exibição dos curtas-metragens de Liz Vamp – o sarau foi descontinuado após o encerramento do Projeto Black Cat, que se tornou Carbono Alternativo. No final do ano, entre os meses de novembro e dezembro, realizamos em São Paulo as primeiras edições do evento submundo, criado por mim e os Djs Lucius e Maryan e com a sempre presente assistência da srta. Xendra Sahjaza, no bairro da Bela Vista. O local do evento era um cenário macabro por natureza, com um mezanino que se mantinha suspenso sobre uma pista decorada com longos véus que simulavam cortinas ao vento dentro de uma casa assombrada. Além disso, contávamos com um núcleo de performances e atrações teatrais variadas. O evento também contava com atrações que estimulavam a criatividade e a sensorialidade do público. O evento encerrou atividades em janeiro do ano seguinte, por conta de reformas e fechamento da casa. Mas serviu como uma boa experiência na confecção das novas criações – que retornariam apenas em 2012, quando encontramos o Poison Bar, uma casa noturna com infraestrutura capaz de ambientar nossos projetos e uma localidade mais privilegiada. E assim se encerrou o ano 2010, estabelecendo a permanência e continuidade da cena Vamp no Brasil.

    O ano 2011 despontou no horizonte com o lançamento do Encontro do Tarô dos Vampiros, organizado por mim e pela srta. Xendra, com a proposta inicial de estudar a criação do *The Vampires Tarot of Eternal Night,* de Bárbara Moore e ilustrado por David Corsi da italiana LoScarabeo.* Inicialmente, o encontro era como um piquenique de temática "Vamp" no Parque Trianon e no ano seguinte no Parque do Ibirapurea, onde amigos se reuniam para falar de "Vamps" e temas afins, bem como aprender e estudar mais sobre Tarô. Era também um ponto de troca de livros, bate-papo e convivência entre os leitores e leitoras dos *sites* e ouvintes do *Vox Vampyrica*. Com o tempo, o evento e o próprio Tarô dos Vampiros ganharam um *blog* oficial publicado no portal *Rede Vamp* com os conteúdos transmídia desenvolvidos pelos participantes e um registro das atividades – bem como cartas de inspiração escritas por mim e pelo tarólogo Leo Serpens, frequentador do evento. No seu terceiro ano de atividades (2013), o evento passou a ter como sede a loja Fake No More, de Christian Hossoi, no terceiro andar da Galeria do Rock, e a trazer convidados especiais para falarem sobre Tarôs, como Roberto Caldera e Marcelo del Debbio, e em dezembro de 2013 foi realizada uma videoconferência com a própria Barbara Moore. Outro ponto interessante do Encontro do Tarô dos Vampiros é o seu trabalho social, que mensalmente arrecada ração de cão e de gato para doar aos abrigos de animais abandonados da cidade de São Paulo – uma forma de reunir Vamps, apreciadores de Tarô e assim transformar sua paixão e afinidade por esses universos em uma força motriz de transformação de consciências e modificar por meio da ficção e do imaginário a vida de muitas pessoas. A questão da iniciativa social aliada à ficção e ao gênero Vamp encontra eco e influência nas propostas do Dia dos Vampiros, de Liz Vamp, e em projetos de abrigo de animais abandonados, como o Temple of Cats na década de 1990, mantindos pela própria Dinastia Sahjaza em Nova York. **Mais informações sobre o Encontro do Tarô dos Vampiros estão disponíveis em** <www.redevampyrica.com/tarodosvampiros>.

    Outro projeto interessante foi a estreia do passeio cultural São Paulo Maldita em junho de 2011. Segundo o próprio *site* oficial: "São Paulo Maldita: Desvendando Halo Antares é um passeio cultural criado e desenvolvido

---

*N.E.: Publicado no Brasil pela Madras Editora, sob o título *Tarô dos Vampiros – O Oráculo da Noite Eterna.*

por Lord A:. & os integrantes do Círculo Strigoi. A ideia nasceu em meados do começo desta década durante caminhadas noturnas e diurnas através do Centro velho de São Paulo e pesquisas de campo e bibliográficas sobre sua arquitetura, história, 'causos', lendas urbanas, santos populares, assombrações e afins". Nossa cidade tem uma arquitetura imaginária e um repertório pagão fascinante e que se rivaliza com o de Paris, Nova York, Londres, Amsterdam e muitas outras. Temos bruxas que foram queimadas pela inquisição no século XVIII em ruas de São Bento; aparições de heróis e profetas homéricos em frente de templos jesuítas; cemitérios esquecidos hoje recobertos de prédios; construções de sociedades secretas; lares de poetas e artistas marginais e malditos... *Há muita história para ser resgatada e transformada em obras de arte imaginativas...* Outro ponto atraente dos roteiros do São Paulo Maldita é o resgate dos círculos de contação de histórias, hábito quase perdido nos dias de hoje. Cada história de cada ponto que visitamos é pesquisada nos arquivos das bibliotecas e universidades paulistanas e temperada pela imaginação de nossos participantes e condutores – quase como um sarau a céu aberto e móvel... nenhuma edição é igual à anterior. A pergunta recorrente sobre o subtítulo "Desvendando Halo Antares" é uma referência velada à Subcultura Vampyrica. Cada grande cidade mundial que desenvolve uma cena Vamp bem elaborada e com atividades regulares é nomeada de "Halo", que significa radiância ou emanação. Temos assim Halo Gotham, a cidade de Nova York, Halo Lutetia, a cidade de Paris; e muitas outras.

São Paulo foi nomeada por nós em 2004 e reconhecida globalmente – em publicações da cena – desde então como "Antares", uma referência à constelação que sobrevoa de forma marcante nossa cidade em tempos frios e também uma homenagem à célebre obra *Incidente em Antares,* de Érico Veríssimo – na qual os mortos voltam à vida e questionam os vivos. Atualmente, a condução do passeio é compartilhada com Sahjaza do Círculo Strigoi. Às vezes, temos convidados especiais que compartilham conosco a condução do passeio e de suas atividades. É uma atividade gratuita e dedicada à comunidade Vamp, Goth & simpatizantes. **Mais informações sobre o São Paulo Maldita e outras iniciativas estão disponíveis em** <www.redevampyrica.com/saopaulomaldita>.

Vampiros no carnaval brasileiro não são exatamente uma novidade ou algo realmente incomum. Ainda assim, quando uma vampira conhecida como Liz Vamp acompanha seu pai, o Zé do Caixão, temos um acontecimento importante. Um dos carros da Unidos da Tijuca homenageou o cineasta José Mojica Marins e todo o gênero fantástico em 2011 – e ele subiu no carro acompanhado pela diva Liz Vamp, que vestia um elegante figurino da loja paulista Black Rose da Galeria do Rock. Ademais, no segundo semestre tive a oportunidade de ambientar musicalmente uma bela e inesquecível performance deles no Sesc Santo André, contando histórias de arrepiar inspiradas em antigos programas de rádio de contos extraordinários. Falando de vampiros e de carnaval, existem até mesmo biógrafos do célebre personagem das ruas cariocas conhecido como Madame Satã, que recebeu tal alcunha ao vestir uma fantasia de vampira que, em razão da presença de asas de morcego, a população pensou se tratar de um demônio ou diaba e não exatamente de uma vampira. Nos programas humorísticos o comediante Chico Anísio encenava o prosaico e divertido Bento Carneiro, vampiro brasileiro. Ainda na área do bom humor e dos quadrinhos foi lançado o personagem Alfredo, o Vampiro, pelo desenhista carioca Emerson Lopes. É um jovem vampiro que sempre está envolvido em arriscadas e divertidas tentativas de cortejar o sexo oposto.

No ano 2011 tivemos o lançamento do primeiro livro de contos do colecionador Adriano Siqueira, sob o título *Adorável Noite*, pela Editora Estronho de Belo Horizonte e prefaciado por Liz Vamp. O livro oscila entre altos e baixos durante narrativas variadas destinadas ao público adolescente que aprecia o gênero. O tom paternalista do escritor que beira o de um "contador de causos" do interior paulista e outras vezes um simpático *geek* é bastante divertido, e algumas passagens recordam as clássicas histórias de terror dos quadrinhos, como "Contos da Cripta", levando muitas pessoas a perdoarem sua atuação televisiva como um caçador desajeitado de alguns anos atrás. A vampira Kaori de Giulia Moon teve seu segundo romance publicado sob o título de *Kaori 2: Coração de Vampira,* pela Giz Editorial, e consolidou o personagem e a sua base de fãs, chamando bastante atenção para o tom aprofundado e sensorial da narrativa, bem como a ampla presença de elementos do folclore japonês – e a paixão da autora pelo músico Gackt que tem suas canções citadas no transcorrer dessa obra. Houve naquele ano mais uma edição do evento Fantasticon na Biblioteca Viriato Corrêa, onde as novidades estavam na equipe de recepção com os piratas *steampunks* Vahmp e Andy Aradia e uma expressiva reunião de autores e leitores. O ponto negativo do evento foi um mural dedicado ao gênero vampiresco, extremamente mal organizado e bastante divorciado quanto à realidade e à consistência da produção cultural Vamp em território nacional que data desde os anos 1960. O grande momento do ano 2011 para o autor André Vianco veio com o lançamento de seu primeiro livro pela editora Rocco, *O Caso Laura*, e no final do ano com o episódio piloto do seriado *O Turno da Noite*, adaptação televisiva da série de livros homônimos com produção detalhada e instigante reunindo sua própria empresa, a Cria Mundos, e as produtoras M3 e 7 Visual Solutions, levando seu universo vampiresco a um novo estágio de desenvolvimento. A estreia aconteceu em dezembro no Cine Olido em duas sessões lotadas – e o público foi presenteado com pequenas garrafas de vinho adornadas com a logotipia de *O Turno da Noite*. Se eu tivesse de escolher o evento mais significativo para os amantes da prosa vampiresca, sem dúvida diria que foi o lançamento desse episódio de *O Turno da Noite* – pela primeira vez, as letras e uma das histórias mais populares e bem vendidas nacionalmente viraram imagens em movimento e a promessa de algo muito especial para os anos vindouros. Torço para que a HBO se interesse pelo projeto e faça seu lançamento com uma excelente produção, tal como a de *True Blood* ou mais recentemente de *O Negócio* ou *Prófugos*. Outra conquista relevante para os Vamps e a Arte Fantástica foi a primeira temporada do programa de web-TV *"Universo Fantástico"*, um *talk show* bastante elaborado apresentado por Liz Vamp na Click TV, capaz de reunir a nata da produção cultural do gênero durante todas as suas edições – infelizmente o programa não teve continuidade no ano seguinte por conta de alterações na grade de programação. Mas no portal *Rede Vamp* mantemos um arquivo das principais edições graças às facilidades da Internet contemporânea.

Na questão dos eventos vamps, em 2011 teve a estreia da campanha Dia dos Vampiros, na Eslovênia, durante o festival de cinema Grossman Films and Wine Festival que contou com a participação de Liz Vamp e o apoio do ator *sir* Christopher Lee, famoso por interpretar Drácula nos anos 1970, e muitos outros vilões como Saruman no *Senhor dos Anéis,* e o Conde Dokku, nos episódios de *Star Wars* mais recentes. A própria Liz declarou na ocasião ao portal *Rede Vamp*: "O sonho de que aconteça com esta data o mesmo que aconteceu com o Halloween no Brasil, que é comemorado de outubro a novembro aqui, já começa a se tornar realidade, sendo celebrado em outras cidades brasileiras desde 26 de julho, e eu espero que o dia possa se estender por todo o mês de agosto com as ações sociais e culturais aliadas à muita diversão". Graças à web-rádio *Acidic Infektion* e ao dedicado trabalho do Dj Ives Morgen, o Dia dos Vampiros também começou a ser celebrado no metauniverso do SecondLife no Club Acidic Infektion, atraindo a participação de Vamps do mundo virtual de diversos continentes. No Brasil, 2011 foi marcado pela nova edição da Vampyric BlackBlood Party em Brasília, produzida pela Dj e apresentadora Kell Kill e a escritora e entusiasta Vampy Lu; o evento teve como atração principal a banda 5 Generais, a primeira banda de gothic rock a gravar um disco na cena brasileira do começo dos anos 1980, e belas apresentações dos artistas locais. Foi uma oportunidade única de assistir à consolidação da Subcultura Vamp do cerrado brasileiro, com pessoas bem informadas, exposição fotográfica de Lu Montezuma com imagens vampíricas de tirar o fôlego e belas performances de danças orientais. Foi um dos eventos mais bacanas de que participei em toda minha carreira de Dj com um público que jamais esquecerei. Se você tiver a oportunidade, conheça a cena Vamp de Brasília e seus arredores. A teatralidade presente na estética vamp também se expressou em Mogi das Cruzes, próximo a São Paulo, com um grupo de teatro local encenando textos do universo de Anne Rice. Outro evento cultural do ano 2011 do qual participamos (no caso eu e Xendra) como curadores foi a sexta edição do festival de cinema CineFantasy – que vem se tornando referência e tendo participação internacional dentro do segmento organizado por Vivi Amaral. Fomos os responsáveis pela seleção dos curtas de animação com teor *dark* da tradicional sessão "Dark Little Tales" realizada na Biblioteca Viriato Corrêa. Foi uma experiência e tanto assistir a muitos desenhos com vampiros, fantasmas e outros seres sobrenaturais adoráveis – tivemos público em peso, e antes da mostra apresentamos uma sucinta palestra sobre desenhos *dark*, sua história e importância como obras de arte e não como mera diversão exótica de algum "nicho cultural". Dois anos mais tarde, por volta de novembro de 2013, me vi utilizando diversos conteúdos dessa palestra em uma aula experimental para alunos de sexto ano de uma escola municipal da cidade de Campos do Jordão – onde encenei um vampiro antigo a convite da diretora local e compartilhei dicas de redação, história e elementos que constituem o gênero fantástico da produção cultural.

Enquanto isso, trabalhávamos as questões da Cosmovisão Vampyrica com bastante afinco e regularidade no Templo de Afrodísia em São Paulo. No começo do ano estreamos o novo *site* oficial do Círculo Strigoi, um dos mais completos que estruturamos e no ar até os dias de hoje. O Strighezzo de Bast trouxe diversas novidades. Em maio iniciamos mais uma turma de neófitos, além de reunirmos antigos integrantes que nos visitavam periodicamente. Contamos com a visita de autores e pesquisadores em nossas reuniões, como Marcos Torrigo. Outra visita marcante foi a da historiadora Andrezza Ferreira e de seu marido durante as celebrações do Círculo Strigoi. Nossos encontros também contaram com a visita de cantores, artistas e de Liz Vamp, que foi presenteada com um pingente do "Ankh do Luar Negro". Outro bom momento foi a abertura do trabalho rúnico e da ancestralidade nórdica que vinha sendo veladamente desenvolvido há anos sob as influências dos escritos de Johannes Bureus e muitos outros mestres. Muitos dos resultados desses ritos floresceriam posteriormente e foram agregados, depois de embasados historicamente e pela tradição, neste livro. Se 2011 foi um ano que pôde ser considerado bastante extrovertido, no ano seguinte procuramos focalizar na manutenção daquilo que vínhamos desenvolvendo e nos preparar para estabelecermos um evento próprio, além de alguns aspectos estruturais e necessários para o prosseguimento das atividades fashionistas e de Cosmovisão da Cena Vampyrica local.

Cercados de boatos sobre o fim do mundo e um promissor apocalipse – ou uma revelação de que o reino é agora e no presente, a Terra flutua no céu (ou no espaço sideral), como diria Joseph Campbell –, adentramos sem trégua o novo ano, que marcava o fim de todas as profecias. Era preciso *timing* e um senso estratégico de organização para todos os eventos e projetos sob nossa guarda ou colaboração dentro da Subcultura Vampyrica, entre eles a geração de conteúdos e notícias para o portal *Rede Vamp*, que já registrava seus primeiros picos de audiência. A essa altura havia as atividades mensais do Círculo Strigoi dos neófitos e dos graduados no círculo interno; o Encontro do Tarô dos Vampiros no Parque do Ibirapuera e seus ritos de Lua Nova; as edições nos meses frios do Passeio Cultural São Paulo Maldita; a divulgação do Encontro Vampyrico de Paranapiacaba, e o início do rito Amor, Honra, Caráter e Fogo Estelar durante os festejos do Encontro de Bruxas e Magos de Paranapiacaba, que agora era ponto de encontro de Vamps de todo o Brasil; a abertura do Solo Sagrado Strigoi ao Círculo Interno e a investidura de Halo Amantkir; a colaboração no Dia dos Vampiros e a participação no evento internacional Tarot Masters. Também planejávamos um evento fashionista ou uma balada chamada Fangxtasy que viria a ser o novo Noir Haven paulistano. A primeira lição do ano foi que éramos eternamente responsáveis por tudo aquilo que permitimos acontecer em nossos projetos sem espaço para qualquer hipocrisia; e essa observação e vivência tornaram-se um padrão na escolha dos parceiros e colaboradores de nossas atividades – era preciso nos dissociarmos daqueles que não atingissem ou prezassem por tais virtudes para conquistarmos a autonomia pessoal e coletiva da cena Vampyrica no Brasil. Logo surgiu a célebre frase: "O preço da liberdade é construirmos o próprio universo" – por extensão, o Fangxtasy: The Authentic Vampyric and Gothic Night.

Esse evento estreou na cena paulista no dia 9 de julho de 2012, um feriado consagrado a uma célebre revolução de nossa cidade – reforçando ainda mais a magia e as expectativas despertadas em campanhas de bom gosto que efetivamos nas redes sociais para apresentar este novo conceito de evento alternativo. Ao elaborarmos o Fangxtasy, eu e Xendra buscávamos tanto por uma casa noturna que pudesse hospedar e emoldurar com primor diversas questões como hospitalidade, infraestrutura comprovável, preços acessíveis e bebidas de qualidade, telão para a exibição de transmídia e videoexposições sobre a temática Vamp, bem como uma administração honesta que se importasse com os valores que nos eram relevantes – e encontramos tudo isso junto ao Dj Demoh e sua casa Poison Bar & Balada. O nome "Fangxtasy" é uma brincadeira com o termo que designa o gênero ficcional Vamp no exterior; uma junção de "Fangs" (presas ou dentes caninos alongados) com "Fantasy" (Fantasia ou Fantástico). Para nós, Fangxtasy é algo como um "Êxtase Vamp"! Originalmente o evento seria batizado como "Fangtastic", mas sofremos certa influência de um famoso bar do seriado vamp ambientado na Lousiania intitulado *True Blood* – bem como o sucesso do studio FangzCulture de Fangsmith. Claro, também queríamos trabalhar a questão da teatralidade e a bela expressão de danças exóticas e orientais a cada edição – algumas performances criadas pela srta. Xendra Sahjaza, como a da Rainha dos Condenados, nos obrigaram a desenvolver diversas técnicas de modelagem e escultura para criarmos um visual compatível da mãe de todos os vampiros do universo de Anne Rice. Levamos bastante a sério a questão de que o preço da liberdade era criarmos o próprio universo neste quesito. No momento em que este texto foi escrito (maio de 2014), já podíamos dizer que fomos bem-sucedidos nessa proposta e nos encontramos no segundo ano de atividades deste evento tematizado em diversas referências culturais da vastidão contida na temática Vamp de todas as épocas e reinos – principalmente no gênero fantástico, *or maybe* "FangTastic"! Temos um público fiel que veste a ideia de cada edição do evento e sempre traz novos amigos e amigas que rapidamente se enturmam, ou que são leitores e leitoras do portal *Rede Vamp* e ouvintes do VoxVampyrica, apaixonados pela temática Vamp em diversos universos ficcionais. Também encontro o público de diversas criações anteriores – mas que agora cresceu tanto nas idades quanto nas carreiras profissionais e tem sede de frequentar eventos em casas à altura de suas condições de vida com infraestrutura comprovável pelos cinco sentidos e não como uma "palavra vazia" jogada em algum *flyer*. A cada noite do Fangxtasy percebemos que há maior integração e sincronicidade, declarada e evidente com a temática "GOTH" Contemporânea (seja como estética, meio social, cena, interface, subcultura ou o nome que você quiser!). A presença do "vampiro" na produção e vida cultural contemporânea é profundamente enraizada – nunca foi uma modinha, apenas tendo ultraexposições midiáticas a cada década –, permitindo muitas abordagens interessantes e multidisciplinares restringidas apenas pelo imaginário de seus criadores ou apreciadores. Para conhecer mais sobre nosso Noir Haven, visite <www.redevampyrica.com/fangxtasy>.

Outra interessante criação de 2012 foi o evento Carmilla: a Noite Vamp, que teve suas primeiras edições nas dependências do MiniClub, na Rua da Consolação, nos Jardins. O evento criou um diálogo refinado e delicado entre aspectos fetichistas e a Subcultura Vamp. O clube que o hospedou também abrigava o projeto Luxúria do criativo estilista Heitor Werneck, o que de certa forma influenciou bastante os frequentadores que compareceram em peso nas edições do Carmilla organizadas por lá. Era uma festa para pessoas criativas nos figurinos e que sentem afinidade e convergência com boa música alternativa, ambientes exóticos, boas bebidas e que de alguma forma, em algum momento de suas vidas, sempre imaginaram como seria frequentar pequenos "clubes vamps" secretos, como o Admiral Arms ou Dracula Daughters, ou mesmo a festa da Vampira Maharet que aparece na abertura do filme *Rainha dos Condenados*, todos surgidos nos romances de Anne Rice, The Raven, do antigo seriado *Maldição Eterna*, e tantos outros. Bem como eventos internacionais "Vampyricos" do gênero que acontecem atualmente em Nova York, Paris, Berlim, Londres e outras capitais. O próprio nome era uma homenagem a Sheridan Le Fanu, bem como a identidade e o desenvolvimento da festa que atraía diversos públicos, como

Vamps, Goths, Fetichistas, BDS&M, GLBT e muitos outros, ainda eram uma viagem por meio de um oriente distópico. Uma das principais atrações do evento era o restaurante da casa que oferecia um agradável "Buffet Vamp", criado por Heitor e o Chef Angel, e uma rica carta de vinhos importados. Descontinuamos o evento depois de algumas edições em virtude de mudanças administrativas da própria casa e o tempo escasso para administrarmos todas as nossas outras atividades na cena. O evento contou com um *teaser* vídeo – ou um microcurta no qual muitos integrantes da cena Vamp brasileira interpretaram o papel de vampiros –, produzido pela Ausência Filmes. No momento em que este livro estiver circulando, provavelmente você já poderá frequentar a nova versão dele que será Carmilla Le Salon Noir, e terá edições semestrais a partir de 2014 em novo endereço. Conheça a história e acompanhe a agenda das próximas edições em <www.redevampyrica.com/carmilla>.

Uma interessante iniciativa do ano de 2012 foi o desfile intitulado Noivas Vampyricas, criado pela estilista Lili Angélika da grife Fetiche Furries de São Paulo – seu trabalho refinado já é bastante tradicional no *underground* e no alternativo paulistano há algumas décadas. Para esse desfile ela reuniu seus modelos, clientes e nos convidou para participar vestindo suas belas criações. O desfile se realizou no Madame *Underground* Club, reconstruído pelos empresários Gé Rodrigues e Igor Calmona do grupo DJ Club. Este foi o primeiro desfile daquilo que é nomeado como "fashionismo Vamp" em território brasileiro. "Fashionismo Vamp" é um neologismo – cunhado por mim em 2008 – e quer dizer conjunto de atributos, princípios e valores expressos em atitudes, estética, vestes e acessórios básicos para um guarda-roupa e o repertório de alguém estiloso ou *avant--garde* (sentido menos conhecido de "vamp" em francês) em que atributos do passado são reformados com elementos atuais sem descaracterizações e com praticidade. O estilo de um "Vamp" é único. Capaz de envolver atributos paradoxais como o fascínio e o grotesco, elementos de outras épocas remodelados com partes futuristas... é sedutor e por vezes romântico. Expressa e espelha ideias, virtudes e pecados de cada um. Olhando rapidamente, alguns nomeiam e reconhecem no fashionismo vamp certos traços do gótico contemporâneo, outros de *steampunk*, *glam-decadent*, vitoriano, fetiche, *modern chic* e muitas outras denominações... É algo subjetivo e elaborado por cada integrante e simpatizante desse meio social. Não há regras! Certamente acessórios e joias pessoais como as "Fangz" (próteses de dentes caninos removíveis cinematográficos), assim como os Ankhs prateados, são partes integrantes do figurino e deste conteúdo, e você pode ler sobre ambos nos *links* sugeridos em negrito neste parágrafo. A vertente do fashionismo Vamp é laica (sem vinculações religiosas ou devocionais de qualquer tipo), mas encontramos facilmente influências que ressoam harmonicamente com muitas perspectivas orientalistas – a tônica dominante é mais filosófica e pautada na criatividade de cada um no vestir, revestir e modelar suas impressões, ideias, filosofia, aquilo que reconhece como Vamp. No portal Rede Vamp oferecemos um *blog* sobre o tema em <**www.redevampyrica.com/fashionismovamp**> com postagens e álbuns com inspirações daquilo que temos visto na cena brasileira, sul-americana e lusitana – e claro de outros países também. Tudo isto influencia o olhar e provoca leitores e leitoras para que cada um encontre o seu estilo nas lojas e ateliês, ou mesmo que descubra um jeito de construir o visual que sempre sonhou; os limites continuarão sendo o imaginário e a habilidade de cada um. Ainda em 2012, os mesmos participantes do desfile citado compareceram em peso com os respectivos figurinos de época na pré-estreia do filme *Dark Shadows*, uma releitura do seriado gótico e vampiresco dos anos 1960, agora sob a direção de Tim Burton e a interpretação soberba de Johnny Deep como o vampiro Barnabas Colins. No ano 2013 houve um segundo desfile de Noivas Vampyricas também realizado no Madame *Underground* Club – ambos podem ser assistidos na íntegra na seção de vídeos do portal <**www.redevamp.com**>.

    A campanha do Dia dos Vampiros completou sua primeira década de atividades no mês de agosto de 2012. Evento comemorado tanto no vão livre do Masp quanto na festa de gala organizada pelo Tênis Clube Paulista no bairro do Paraíso, onde novamente fui o Dj convidado. A iniciativa do Dia dos Vampiros luta com presas afiadas por três nobres bandeiras: Incentivo à Doação de Sangue; Luta contra Preconceitos e Discriminações; e o Incentivo à Diversidade Artística – para a produção cultural como um todo e não apenas para o gênero ou a Subcultura Vamp. Liz Vamp compartilhou uma jubilosa mensagem na ocasião no *site* oficial do evento: *"Tivemos muitas pedras no caminho (muitas mesmo!!!). Socos, rasteiras, hipocrisia e preconceitos que me pegaram completamente desprevenida. Quem olha as belas fotos dos engajados participantes nem imagina os 'monstros humanos' que já derrotamos. Manter uma campanha, com todos os entraves que tivemos, dificuldades que eu sequer imaginava que poderiam existir, quando pessoas se unem simplesmente para fazer o bem, não é nada fácil. Mas o importante é que resistimos! Não desistimos. Afinal, somos os 'monstros ficcionais', 'monstros justiceiros', e nosso 'revide' foi digno dos mesmos. Na realidade, somos 'somente' humanos legítimos, com qualidades e defeitos, mas não aceitamos e não seremos vítimas da maldade e/ou mediocridade de 'seres' que contribuem para um sistema falido. E ano após ano a Campanha cresce! Com mais e mais adeptos. Pessoas engajadas e conscientizadas de que só a UNIÃO, juntamente com a AÇÃO, são capazes de melhorar o mundo. Sim. Eu disse MUNDO! Não sou megalomaníaca, mas tenho sonhos grandiosos. Creio nos meus sonhos e batalho 'fisicamente' por eles. PENSAR+AGIR=REALIZAR. Com atitudes, a realização dos sonhos se torna possível. Um exemplo é a crescente quantidade de cidades brasileiras e estrangeiras que atualmente estão incorporando o Dia dos Vampiros ao seu calendário de eventos. (...) De gente preconceituosa ou de 'gananciosos sanguessugas', que produzem falsos argumentos para provar que hemocentros públicos são uma falência, para depois privatizá-los. Enquanto isso, muita gente morre... Não é da família deles. Eles não se importam. Além disso, podem pagar pelo sangue, caso precisem. Grana! Grana! E mais Grana! (Mas isso é uma longa e revoltante história... não para hoje.) Estamos fazendo exatamente o que muitos gananciosos não querem. Além de salvar vidas, estamos ajudando a salvar um hemocentro público, que só será poupado se estiver superbem abastecido com o nosso sangue".* Assim falou Liz Vamp na comemoração da primeira década da campanha Dia dos Vampiros!

Em relação ao desenvolvimento da Cosmovisão Vampyrica, na primeira metade de 2012 escolhemos manter o Círculo Strigoi apenas em atividade para quem já estava trilhando o caminho – desde os novatos até os integrantes seniores. Foi um tempo de recolhimento, aprofundamento, empoderamento e fortificação. Com esse intuito, Lord A∴ abriu para o Círculo Interno e a Escuderia as dependências do Solo Sagrado Strigoi (um projeto velado e particular cultivado desde 1997) no recém-fundado Halo Amantkir, que compreende as montanhas e arredores da Serra da Mantiqueira, enquanto o Círculo Strigoi mantinha suas atividades em Halo Antares, no recanto conhecido como Morada dos Faunos apenas aos escolhidos. As órbitas mais abertas nesse período residiam no passeio São Paulo Maldita e no Encontro do Tarô dos Vampiros. Logo chegou a hora de celebrarmos o rito Honra, Caráter e Fogo Estelar durante o Encontro de Bruxas e Magos de Paranapiacaba da Universidade Holística Casa de Bruxa. Nesse mesmo evento, no dia seguinte, houve a palestra conjunta do pesquisador Marcos Torrigo e de Lord A∴ sobre o "Vampiro na América Pré-colombiana"; na sequência, veio a participação do Círculo Strigoi na primeira edição do evento Tarot Masters, com uma vivência sobre a carta do "Enforcado", que contou com a participação do público e também dos convidados internacionais Marcus Katz, Thalia Goodwin e Rachel Pollak, que teceram menções bastante elogiosas ao nosso trabalho. Na segunda metade do ano, retomamos com atividades semipúblicas no Templo de Afrodísia para uma nova turma de neófitos e da escuderia. Os deuses e deusas foram generosos para com nossas ações. Ao término de 2012, não tivemos o esperado final do mundo. Mas ao menos dançamos na bela edição do Baile de Máscaras Veneziano do Fangxtasy de novembro, que reavivou essa especial característica dos meus eventos que datavam há bem mais de uma década e passaram a ser reproduzidos posteriormente na cena paulistana – mas nunca com a aderência e o refinamento visual do público Vamp e Goth dos nossos eventos. E começávamos a nos preparar para o ano 2013, quando seria a vez da Subcultura Vamp celebrar sua primeira década de atividades fidedignas e repletas de realizações no Brasil, América do Sul e Portugal.

O ano 2013 foi marcado pela continuidade e prosseguimento fidedigno e coerente dos diversos projetos mantidos pela *Rede Vampyrica* em território nacional e principalmente pelas melhorias e especializações no seu portal internético – e pela adesão à produção contínua de registros em vídeos dos eventos e situações importantes relativos à Subcultura Vamp. Segundo os próprios Vamps integrantes da cena, somos muito mais do que um portal, e a história da cena brasileira se mistura com nossa própria história e todas as criações de eventos e geração de conteúdos desenvolvidos conjuntamente, com autonomia e focalizando sempre o universo e o tempero local – jamais servindo como degrau ou sucursal de qualquer grupo estrangeiro. Nesse ano, estreamos também na Vila dos Ingleses, em Paranapiacaba, o Sarau Jardim de Perséfone, que foi o primeiro evento criado pela srta. Xendra Sahjaza; oferece uma tarde e um poente repleto de poesia, sonhos e inspirações Vampyricas – guiadas pelos mitos associados a essa deusa, às vezes donzela, às vezes rainha dos ínferos. Outra aliança significativa e fundamental foi com a loja Fake No More Clothing, com sua temática vitoriana e hospitaleira criada por Christian Hossoi, cujo mezanino no decorrer do ano se tornou um centro cultural da nossa cena e ponto de encontro fundamental de todos Vamps de São Paulo, além de ser a sede oficial do Encontro do Tarô dos Vampiros na virada do terceiro para o quarto ano de atividades ininterruptas – talvez um dos raros eventos mensais dedicados à temática do tarô com tantos anos de atividade contínua no Brasil.

A *Rede Vamp*, como é afetivamente nomeada, é um portal brasileiro que existe desde 2008 dedicado ao gênero "Vamp" em toda a sua vastidão e amplitude. Isso quer dizer que seu conteúdo abrange tanto o vampírico do entretenimento (produção cultural, livros, *litfan*, música, seriados, quadrinhos, *games*, *cosplay*, *animes*), dos mitos e diversos folclores presentes em todas as culturas do mundo – incluindo a ocidental –, como também o "Vampyrico" no fashionismo Vamp (dos criativos artistas, bailarinas, *performers*, *designers* e integrantes da cena), e mesmo a espiritualidade e filosofia da chamada Cosmovisão Vampyrica. Dizemos que na Internet somos um pálido reflexo de uma comunidade/coletivo que vem se desenvolvendo e se organizando desde 2003, no Brasil, na América do Sul e Portugal. O portal é integrado por cinco *blogs* principais, *sites* de eventos, *hotsites* de hóspedes, loja eletrônica e uma ampla cronologia de registros (PDFs, *videologs*, menções, *podcasts* e registros da imprensa) que abrangem os quase 40 anos de produção cultural do gênero no Brasil – e também de outras partes do mundo, e claro que de outras épocas. Nosso portal foi idealizado e construído por Lord A∴ (Axikerzus Sahjaza), contando com a participação de muitos integrantes da cena local e estrangeira. Desde então, a cada ano o portal vai crescendo, ramificando e agregando conteúdos em toda sua vasta extensão – como uma teia. Na atualidade, temos em nossa agenda projetos informativos variados para ajudar a surgirem novos focos da Subcultura Vamp em diversas cidades brasileiras – e este livro integra um desses projetos e oferece não a verdade final ou um manual de instrução ou cartilha de regras, mas uma história, uma inspiração e um retrato daquilo que estabelecemos e desenvolvemos continuamente. O cinema já aponta sinais de que em 2014 teremos um novo Ano Drácula, com diversos lançamentos com o rei dos vampiros e muitos outros Vamps em produções milionárias! No momento em que encerrava as últimas passagens e a revisão final deste livro, iniciado em meados de 2004/2005, já negociávamos a primeira viagem/pesquisa de campo nas terras de Drácula com um conhecido agente de viagens e já agendávamos a estreia de videocolaboradores de Londres e dos Estados Unidos na *Rede Vampyrica* – e percebemos no horizonte que o melhor ainda estaria por vir. Como dizem em Nova Orleans: *Laisse Faire Les Bons Temps!*

Vale constar que cada manifestação e expressão da Subcultura Vampyrica em alguma cidade do mundo desenvolve-se de forma própria e mais ou menos independente uma da outra, ainda assim com pontos de convergência e significação bastante próximos. Uma cena não é igual à outra, embora haja um consenso em relação ao *Black Veil* de 2005, a não utilização ou ingestão de sangue, o respeito à liberdade de expressão e outros pontos comuns. Sendo praticamente impossível a criação de movimentos universais ou mesmo de organizações internacionais e afins – como muitas pessoas aficionadas em teorias da conspiração e outras ficções insistem em afirmar. O que acontece e se organiza na França tem caracteres e temperos franceses, assim como na Alemanha, Japão, África do Sul e Brasil. Pode haver um compartilhamento de símbolos comuns e de práticas semelhantes, mas em cada lugar eles assumem uma abordagem que reflete especificidades e características daquele local. A receita pode ser a mesma, mas cada local empresta seus toques de diversidade dentro do contexto principal. Em relação à América do Sul, mais especificamente o Brasil, o Círculo Strigoi é e sempre será potência independente, soberana e pioneira em suas abordagens e perspectivas sobre a temática Vampyrica e Strigoi. O Officina Vampyrica e o Círculo Strigoi sustentam o longo véu negro dentro das especificidades, ritmos, identidade e caracteres geográficos locais. Assim como em outros lugares do mundo, respeitamos uma cena própria que vem gerando a si aqui no Brasil e também em Portugal – não sendo uma extensão e sim mais um foco de uma Subcultura transregional e transgeográfica –, com sua própria identidade e convergências emocionais, intuitivas e afins, compatíveis ao seu próprio modo com as de outras regiões geográficas do restante do planeta. Daqui em diante, o que virá é desvelado pelo mistério e na forma que cada um escolher se aproximar do desconhecido.

3
Uma Nova Encruzilhada
Depois de Outra Encruzilhada na Calada da Noite sem Luar

A o longo desta obra tecemos uma abrangente rede integrativa de informações históricas, culturais, subjetivas e pulsionais, formando um contexto bastante razoável e fidedigno sobre o que poderia ser apresentado sobre Vampyros, Vampyras ou simplesmente "Vamps". Também exploramos as escuras encruzilhadas dos labirintos da vida e de alguns dos principais símbolos e *personas* históricas ou ficcionais de alguma forma associados ao "Vamp". Agora, chegamos à conclusão deste livro, para o autor, e talvez para o leitor, algo comparável àquelas ricas mandalas de areias coloridas cheias de significados e desenhadas meses a fio por monges tibetanos desconhecidos que, ao concluírem, a assopram e ela se desfaz. Talvez como os sigilos *mágickos* que são destruídos ao final do rito, como os pontos riscados sendo limpos no chão depois de uma gira, ou ainda como a água do mar apagando mensagens na areia. Este é o momento de começarmos a nos despedir e quando expresso gratidão a você por ter oferecido um espaço em sua mente para minha voz e minhas percepções delineadas durante o tempo que levou nesta leitura.

Nesta jornada demonstramos a trajetória do termo Uppyr ao norte da Rússia e na Bulgária, em pleno século X, para designar pessoas "não convertidas ao Catolicismo" e com práticas religiosas voltadas para o politeísmo ou o panteísmo; pessoas do campo, algumas ainda vivendo em tribos, casebres e cavernas, quem sabe, e assim tratadas negativamente pelos moradores da cidade em razão de seu modo de vida e suas crenças. Essas mesmas pessoas da cidade se esqueciam de que poucos séculos antes viveram da mesma forma, bem como suas malcheirosas e imundas cidades continuavam erigidas sobre o mesmo campo. O fato de esses pagãos estarem além da construção moral de quem vivia na cidade os colocava como mortos para o mundo, por não terem aparentemente utilidade alguma. Estranhamente, para aqueles dos campos, os mortos residiam naquelas cidades. A certeza que temos é de que uma realidade nada mais é do que a vitória temporária de disputas entre gangues de programadores de comportamentos variados, objetivando alguma forma de lucro material ou conceitual. Em vão, esses grupos se escondem atrás de governos ou de estranhos cleros de todas as eras e reinos não para executar funções necessárias e esperadas, mas apenas para continuar desenvolvendo seus próprios egoísmos, superficialidades e fachadas – não importando o grupo social, a religião, a etnia e afins. Meu olhar Vampyrico, feral e antigo percebe tais nuanças como aquilo que estagna, corrompe e represa o fluir do "Sangue" ou simplesmente do "Prana", do "Zoe", "Önd", "Orgon", "Axé" e outros incontáveis nomes. Lirismo e poesia são as formas que usamos para abordar o não ordinário e o romantismo diletante, quem sabe, a linguagem e o alfa e ômega. E tudo isto fica contido no coração de Vampyros e Vampyras, mortos para futilidades alheias, como eleger agentes e jogar tudo em cima de terceiros – preocupados apenas em lidar consigo mesmos e as consequências daquilo que deixam passar por meio dos próprios atos. Agora não é a hora da caçada, e sim da espreita. Então, exploremos aquilo que compartilhamos ao longo desta jornada com aquele conforto de quem trilhou esta estrada.

Aquilo que não tem lugar ou proximidade com seus iguais é entregue ao extermínio. Foi assim com aqueles agrupamentos pagãos – mas, talvez, se fossem eles ocupando o lugar de maior poder decisório, não teriam agido diferentemente dos seus algozes. O que sabemos é que parte considerável desses ritos se extinguira bem antes da chegada das inquisições católicas, por falta de condições naturais, financeiras e perdas significativas de fundamentos que mantinham o rito formalmente ativo e próspero. Naturalmente, houve massacres e cruzadas, agrupamentos bastante sangrentos contra outros – no Velho Continente –, tão horríveis quanto os que eles mesmos perpetuaram contra os nativos das Américas e de outros continentes. Os nativos de outras terras e também os integrantes desses ritos europeus arcaicos baseados em metodologia xamânica e processos extáticos – às vezes compostos por guildas de profissões marginalizadas mais hábeis – ocultavam o que podiam de sua sabedoria e fundamentação nos símbolos dos dominadores e invasores. E assim algo como um sussurro prosseguiu pelos tempos e encontrou uma universalidade contida em suas próprias localidades. A maior parte dos nomes atribuídos nos dias de hoje a tipos de vampiros são variações e trocadilhos dos nomes dos tais ritos europeus que mencionamos ao longo deste livro – e os chamados mitos da "Caçada Selvagem" explicam com razoável clareza tudo aquilo que foi distorcido e atribuído ao inimigo prosaico inventado pela cristandade como Vampiro nos tempos da "Renascença". Transgressão leva a transgressão; a superficialidades, a objetificações; e abrem-se as portas das barbáries. O inimigo, o forasteiro, o sem utilidade para o regime da vez é demonizado. Um mito desvinculado de um rito é folclore, história da carochinha, de bruxas, fadas e vampiros; e um rito sem mito nada mais é do que um jogo de faz de conta – assim, a arte e o romance se aproveitarão destas criações como formas de questionar a moral e o tomado como certeza indiscutível.

Também demonstramos como o monoteísmo e a cultura dominante ocidental, aproveitando-se da extinção desses agrupamentos "pagãos" a partir do século X, envolveram o termo "Uppyr" dentro de suas próprias interpretações descaracterizantes e demonizantes para com ele ilustrar ou explicar seu conceito de mal mítico sobrenatural. Ainda durante a Inquisição, assistiremos à invenção de um personagem para essas lendas chamado conceitualmente de "vampiro".

Vimos também como, do final do século XVI em diante, os pesquisadores e teóricos católicos, judeus e muçulmanos usaram o termo de forma anacrônica para classificar dentro dos parâmetros inventados anteriormente muitos deuses, deusas e seres fantásticos da Cosmovisão dos antigos cultos baseados no politeísmo ou no panteísmo – também chamados de pagãos. Era muito estranho que pessoas antagônicas ao pagão pudessem escrever algo de positivo ou estruturante. Vimos também, ao longo do século XVII (e antes também, lembra-se do Drácula?), como donos de impressoras, para fazer dinheiro rápido, inventavam folhetos desenhados com histórias grotescas sobre nobres e personalidades de poder, associando-os ao vampiro inventado durante a Inquisição e rapidamente incorporado ao folclore de algumas regiões. Ainda naquele século vimos como muitos escritores se apropriariam do personagem e do conceito como máscara ou espelho para falar de questões inerentemente humanas, como sexualidade, vida-morte, o que é viver, o que é ser masculino e descobrir em si valores femininos, o despertar da sexualidade na puberdade e tantas outras, sendo responsáveis por algumas das melhores obras de arte de todos os tempos.

Debatemos como do século XVIII para o século XIX o personagem inventado foi apropriado, ressignificado pelas emergentes religiões espiritualistas e alguns movimentos ocultistas de cunho sempre, e indiscutivelmente, monoteísta, para ilustrar seus próprios valores e símbolos dos seus discursos. E dentro dessa mistificação, notamos escritores europeus, fascinados com o mundo hindu, usarem novamente o termo de forma anacrônica para tentar caracterizar e caricaturizar deuses, deusas e seres fantásticos da religião monoteísta dos hindus.

A partir do século XX, verificou-se a forma como a Psicologia se apropriou do termo "vampiro" para designar aspectos ainda inconscientes da vida interior das pessoas, que por não se tornarem conhecidos ou integrados atuavam nelas como formas de autossabotagem e perda de inspiração e vontade de viverem mais plenamente. Podemos nos inspirar nas ideias do historiador Arturo Branco e concluir que, ao falarmos do vampiro, temos as *personas* históricas; as *personas* inventadas pelo folclore ou a ficção e também o símbolo "pop" que mistura os dois anteriores, mas que se adequa como um modelo para preencher qualquer outra criação imaginativa de um artista – ou de um integrante do poder decisório, como o governo, o clero e mesmo alguma comunidade científica. Inspirações, teorias, hipóteses, arte, música, poesia e afins advêm do imaginário e da criatividade de cada um – quando empregados ou direcionados para responder a algum discurso pessoal ou coletivo.

Também estudamos razoavelmente a produção cultural do século XX relacionada ao personagem Vampiro nas artes e a evolução de sua abordagem como monstro caricato inventado no folclore, apropriado e ressignificado por um universo religioso externo e antagônico às suas origens pagãs e não pertencentes ao monoteísmo. Vimos como Bela Lugosi e tantos outros atores que adoramos vestiram e revestiram o romance de Bram Stoker e, assim, criaram seu vampiro cinematográfico monstruoso e que vive muito bem na cultura pop contemporânea. Nesta trilha percebemos elementos diversos como "eu feral", "espírito da caçada", "processo extático", "realidade não ordinária", "longo véu negro", "metodologia xamânica", "processos labirínticos" e tantos outros símbolos que pertencem ao chamado pensar pré-moderno e indistintamente são associados ao que por comodidade nomeamos como "arquétipo do vampiro" neste livro; como algo que fala sobre habilidades que jazem nas profundezas do espírito – ou na parte límbica do nosso cérebro –, algo primevo, draconiano e soberano, quase totêmico e ancestral, cujo despertar é mais próximo aos mais aptos.

Algo capaz de se utilizar do imaginário como armas e ferramentas de modelagem e mensuração eficazes e de trazer habilidades pertinentes aos tempos de povos caçadores e coletores que também estudamos *en passant* no transcorrer destas páginas. Algo que desvela que a natureza e a mente foram construídas dentro da estrutura do Universo, não por nenhum tipo de acaso e inerentes à maneira como ele se desenvolveu. Um dragão convida a olharmos para nossa própria escuridão; alguns encontrarão a caverna descrita por Platão, mas os mais hábeis descobrirão ali a força maior ou a vastidão do espaço sideral – o infinito tem o tamanho da mente, do coração ou do espírito de cada um. Sobre isto, apenas evoco as sábias palavras do micro-historiador italiano Carlos Ginzbourg: "Por milênios o homem foi caçador. Durante inúmeras perseguições, ele aprendeu a reconstituir as formas e movimentos das presas invisíveis pelas pegadas na lama, ramos quebrados, bolotas de esterco, tufos de pelo, plumas emaranhadas, odores estagnados. Aprendeu a farejar, registrar, interpretar e classificar pistas infinitésimas como fios de barba. Aprendeu a fazer operações mentais complexas com rapidez fulminante, no interior de um denso bosque ou em uma clareira cheia de ciladas". Aos Vampyros e Vampyras que leem este livro deixo a pergunta: você apenas prefere fazer de conta e presumir ou está pronto(a) para trilhar este caminho até o final-das-suas-noites sem culpas, medos e ciente de que as consequências de seus atos são delineadas pela forma como escolhe se aproximar ou se afastar do desconhecido? Isto não significa nem tem relação alguma com autossabotagem, misantropia, coisificar terceiros, fazer-se de vítima ou ansiar ter poder para punir terceiros ou apenas agir com superficialidade, descaso, presunção, parasitismo e afins – nem com virar algum tipo de crimimoso. Os hábeis transformam isto em Arte e encontram ali sua morada, integridade, honra, amor, sina ou destino e outros termos aparentados, mesmo que tal desenvolvimento seja tomado como invisível, morto, repentino ou fantasmagórico aos olhos do vulgo. Seja pela via fashionista ou pela via da Cosmovisão, aqui estão alguns dos arcanos principais que residem no Vampyrismo, no *éthos* Vamp e até mesmo expostos de forma rasa e não tão desenvolvida na produção cultural vampírica mais inofensiva e disponível em qualquer parte; e ainda assim, isso apenas achará ressonância com aquilo que você já carrega em si, no seu âmago, não sendo capaz de transformá-lo ou de fazer ser algo que você não é, tampouco de corromper alguém como o vulgo e os *asarai* – sempre gritam para evitar reconhecer suas próprias culpas, e fazem tanto barulho para não olhar para si e encontrar respaldo em terceiros e tudo continuar estagnado e os forasteiros mortos na estaca –, seja figurativamente ou em praça pública.

  Também percebemos como, após a revolução sexual, início da cultura jovem, publicações *underground*s, bandas, fanzines e pessoas sob uma ótica pagã (em um sentido bem amplo que engloba tanto o emergente neopaganismo quanto os apenas fashionistas) começaram a reclamar para si um modo de vida alternativo, mais orgânico e "vamp" desprovido e que se distanciava da abordagem monstro das religiões monoteístas e da cultura dominante. Vimos também estudos realmente acadêmicos e aprofundados sobre folclore eslavo, húngaro e acerca da pessoa histórica do Vlad Tepes – desvinculando-o do personagem de Stoker, o que só aconteceu efetivamente da década de 1970 em diante. Vimos também como agrupamentos religiosos monoteístas (satanismo é um monoteísmo; reforçar o opositor da dicotomia judaico-católica-muçulmana é reforçar a estrutura original) oportunistas e externos à conceituação pagã da "protossubcultura", rapidamente e de forma midiática, inventaram bíblias e dogmas alienados não pertencentes à identidade da Subcultura Vampyrica. E assim tentaram usufruir dos seus conteúdos, descaracterizando o elemento pagão e tentando expô-lo como seus dogmas satânicos, como fizeram com outros elementos das diversas linhas do neopaganismo – causando profundo embaraço e recebendo o desprezo dos integrantes mais vinculados da Subcultura e também do neopaganismo até os dias de hoje. A imagem de uma deidade acusadora ou que expõe suas ideias de forma nua e crua é apenas uma deidade que age dessa forma – e tornar uma deidade ou alguém que age dessa forma um vilão ou demônio recai na questão de que a maneira como nos aproximamos do desconhecido apenas desvela mais da forma como nós mesmos agimos e em vão preferimos pensar que reside em terceiros. Deidades como Trickster ou Trambiqueiro são a mesma coisa que pessoas que agem desse modo: quando dentro do contexto esperado, são heroicos; quando agem fora do contexto esperado, são demônios. É preciso esperteza e sagacidade para escapar de algumas programações. E o que dizer de deidades associadas à fertilidade e à sexualidade – masculinas, femininas, andróginas e até mesmo pansexuais? É a mesma situação: são assim, espelham este aspecto do "Sangue" e da força da vida. Os africanos e cultos descendentes deles na América são muito mais sábios e práticos do que os europeus, até hoje honram primeiro a "Exu" como o mensageiro entre o sagrado e o ordinário. Mas também estabelecem formas apropriadas de negociar e se aproximar de tamanho poder com respeito e honra para um bem comum.

    Como vimos, a Subcultura Vampyrica enfrentou esse processo de apropriação e alienação de seus conteúdos algumas vezes. Apesar disso, conseguiu se manter íntegra e coerente ao longo das últimas quatro décadas – dentro de mais um punhado de anos completará seu primeiro cinquentenário –, e suspeito ser o primeiro autor no mundo a tocar nesta delicada questão. Alguns livros sobre Subcultura Vampyrica e outros sobre aspectos de "magia" e "neopaganismo" reforçam constantemente a não vinculação dos integrantes ao que é chamado religiosamente, ou na cultura dominante socialmente, de "satânico" ou como "satanismo". Isto se deve à superficialidade das publicações desse contexto e nada mais. O próprio neopaganismo, desde sua maior exposição na mídia, constantemente reforça sua "não vinculação" ao monoteísmo e principalmente não vinculação ao satanismo (nem como adjetivo, nem como dogma) ou elementos negativos e pejorativos da cultura dominante e do monoteísmo predominante. Contudo, uma quantidade expressiva de pagãos, neopagãos, bruxos, xamãs, druidas, vamps e tantos outros ainda têm um profundo respeito e veneração por aquilo que os hindus rapidamente apresentariam como "Atman".

O problema da associação ao satanismo é enfrentado por outras subculturas também. Os acusadores usam o termo como xingamento para se referir ao que lhes é estrangeiro e se aproximar de forma depreciativa ou violenta daqueles que recebem tal acusação. Muita gente que se afirma satanista como forma de chocar ou conseguir atenção – popularidade ou impopularidade social – também utiliza o termo de forma adjetiva e superficial. Imagino que tenho leitores satanistas que conheçam com vistoso aprofundamento seu respectivo contexto e entendam bem a necessidade desta diferenciação contextual neste livro – de que não somos ou integramos o contexto de satanismo pop, em que tudo que é forasteiro e estrangeiro ao moral e socialmente aceito é taxado desta forma. Bem, como também pouco ou nada temos a ver com outros conteúdos doutrinários ou mesmo dogmáticos do satanismo medievalesco, espero assim contribuir para reduzir situações embaraçosas para todas as partes – e para leitores menos acostumados com tais conteúdos, como pais, psicólogos, colegas de trabalho e diretores de escola, deixar pontuado que "Vamps" pertencem a outro contexto "não monoteísta" e isto não os torna cultistas da deidade opositora do seu credo. Durante o começo do século XXI, essa questão foi muito mais marcante, sempre causando embaraços e constrangimentos aos seus integrantes. Constantemente, vemos integrantes da Subcultura Gótica explicarem em seus *sites* e *podcasts* que seus costumes e produção cultural têm a ver com estética, e que se mantêm de forma laica (sem dar importância à questão religiosa, e sempre reforçando sua não vinculação ao que é chamado de satânico religiosamente ou na cultura dominante). Vestir-se com estilos alternativos, veludos, vinil, couro, maquiagens teatrais; usar anéis, correntes com símbolos pontiagudos; rapazes usarem acessórios associados ao feminino e tantas outras possibilidades são sempre tratados como tabu e de forma antagônica ou caricaturizada no cotidiano da cultura dominante e também na sua produção midiática. A Subcultura Vampyrica tem uma forte influência do elemento "Vamp", de apimentar e reconfigurar o antigo mantendo sua identidade e ainda assim improvisando e atualizando.

O fato de integrantes de agrupamentos sociais e também subculturas alternativas sustentarem seus valores de identidade, o que pertence e o que não pertence em meios informativos internos a suas cenas, é a melhor ferramenta para evitar a apropriação indevida de seus elementos de identidade por grupos externos focados apenas em capitalizar e descaracterizar o meio em benefício próprio. É natural que sempre haja um apelo estético sombrio, questionador, inconveniente e, às vezes, de choque em agrupamentos sociais alternativos, daqueles que fazem as pessoas pararem para pensar um pouco ou sentirem a importância de estar vivas e aproveitar bem e fartamente suas vidas. Expressão artística diletante ou desviante é algo cultural e já está por aí desde os tempos do expressionismo alemão – e antes da Idade Moderna...

Tudo começa com uma escolha, geralmente emocional e inconsciente que vem lá do seu âmago (no sentido mais artístico e aberto possível) – você escolhe então se aproximar ou começar a se interessar, procurar, informar-se e conhecer externamente a temática Vampyrica e suas perspectivas, valores, ideias. Em seguida começa a entender seus pontos de atração, pontos angulosos, de atrito e de convergência, e até mesmo pontos comuns que você já vivenciava e ainda não sabia que tinham "nome". Nos casos de constatar que vivenciava pontos comuns e só desconhecia o nome ou o que significava, às vezes são geradas pequenas confusões de homologia e de entendimento a quem está chegando na Subcultura. São acompanhados de expressões e frases meio esquisitas como "tenho essência vampírica" e, até mesmo, a infame "tenho alma vampírica", e muitas outras. Independentemente do valor estético ou romântico delas, sem dúvida são frases reflexivas e ditas por pessoas que estão descobrindo a temática – elas falham socialmente e geram alguns equívocos comuns, como você deve ter lido nos capítulos anteriores.

Autoconhecimento, escolhas assumidas com propriedade e sustentação, saber o que se quer e o que não se quer, não constituem o que muitas vezes é confundido e chamado de agressão ou de violência na cultura dominante ou no comportamento do monoteísmo. E também não se enquadram como desculpas para atos de desrespeito, ataques físicos, políticos, sociais, religiosos e afins contra terceiros. Claro, existem movimentos compensatórios em alguns casos, porém atenha-se ao código de ética e bom senso *The Black Veil* de 2005. Aja sempre de forma civilizada e constitucional nesses casos. O limite de cada um continua sendo o limite dos outros. E todos têm espaço assegurado. Complicado é escolher uma coisa e não outra, e ficar pensando "ah, se eu tivesse escolhido a outra coisa". Isso cria uma tensão e um drama que refletem pelo consciente, pelo inconsciente e manifestam-se com o tempo pelo próprio corpo. A tensão por curtos espaços de tempo é uma força estruturante, mas pode se tornar desestruturante em longos espaços de tempo. E até mesmo virar uma autossabotagem ou o infame vampiro-interior, como diriam alguns terapeutas holísticos. Assim como o estado contemplativo pode ser revelador e inspirador, ele também pode servir para reforçar o conformismo e roubar de você momentos de trasformação importantes. Reconhecer estes e mais elementos, suas localizações estéticas, mapear seus fluxos e refluxos, é uma arte e pertence ao campo da chamada Grande Arte, do qual sem dúvida o Strigoi é uma vertente contemporânea, sempre se desenvolvendo, se autorregulando e acompanhando os ritmos do ecossistema e da época em que vive – pelo menos desde 1970, e tem sido assim.

De forma não determinante, seguem alguns caracteres que podemos observar em integrantes da vertente neopagã da Subcultura Vampyrica que encontram no mito do vampiro uma tradução de seus valores pessoais:

– As presas do vampiro indicam que ali tem alguém de carne, osso e sangue, com sonhos, valores, ideias e que se importa com todo esse conjunto. Um grito, um rugido dionisíaco em um mundo artificializado e estagnado sob muitos aspectos.

– O olhar profundo e selvagem: a artificialidade e as múltiplas estagnações sociais não enganam e não vão servir de desculpas ou de empecilhos para o Vampyrico vivenciar aquilo que lhe fornece sentido, pertencimento e outros valores complementares ao seu contexto.

– As mãos em garras significam que ele está pronto para segurar e fazer. Está em movimento porque se sente parte relevante de um complexo e não compreendido ecossistema orgânico, emocional, e não enxerga a realidade circundante como estática ou moribunda.

– Se os Vampyricos se reconhecem como parte integrante, nem superior nem inferior ao ecossistema em que protagonizam suas vidas, reconhecem que também existem infinitas outras partes as quais devem viver e desenvolver vínculos sociais, afetivos e outros tantos – de forma ética, responsável, respeitando leis constitucionais e valores de terceiros, quartos e outrem.

– Morto-vivo: morto para os aspectos artificializados, mortificantes e sufocantes estagnados da cultura dominante. Existem algumas pessoas que interpretam o estado contemplativo de uma jornada de *dreamwalking*, meditação ou mesmo de visualização, como estar à mercê do sensorial, reptilizando e passeando pelo que esteticamente alguns filósofos chamam de mundo dos mortos – neste caso específico: o inconsciente.

– A noite: o próximo, o mistério da experimentação sensorial, estar consigo, intimismo, medo do desconhecido e do que virá, o inconsciente, o escondido, o seguro, o descanso, o abraço e o colo que envolve a todos sem recusas e nojinhos, sejam selvagens ou urbanizados.

Ser um Vampyrico não envolve e nunca envolveu se comportar como um estereótipo da caricatura presente na cultura dominante ou mesmo em todas as abusivas linhas religiosas monoteístas judaico-cristãs ocidentais. Vampyros não são parasitas nem os diabos ou diabas do mesmo monoteísmo avesso às suas naturezas e práticas. Vampyricos não são pasto nem realizam cultos aos chamados espíritos obsessores e outras variações do monoteísmo. Tampouco escolhem ser Vampyricos para se sujeitarem viver à mercê e submissos aos seus processos arquetípicos não reconhecidos da vida interior.

Em ambas as vertentes da Subcultura Vampyrica, vemos a menção aos elementos simbólicos de Renovação, Harmonização, Troca e Reciclagem. São termos expostos com mais frequência na vertente neopagã ou Strigoi – penso que a exaltação e o tom didático em reforçar esses conceitos principais tenham sido uma escolha proposital para mostrar uma variedade maior de possibilidades filosóficas e também *mágickas* interna e externamente à cena. E tem tudo a ver com Vampyrismo (inclusive é uma das muitas justificativas para a troca da letra i pelo y) e com o que chamamos de práticas do Strigoi moderno. Esses parâmetros não são o todo e são incapazes de resumir o amplo conjunto e os requisitos necessários para suas práticas. Como você vai renovar, se o tempo inteiro acha que está na mesma ou andando em círculos? Como vai harmonizar, se não conhece seu ponto de equilíbrio natural? Como vai trocar, se não sabe o que tem e principalmente se realmente tem aquilo que vai trocar? Como vai trazer palavras do invisível, se ainda nem descobriu quando é você mesmo que está falando ou quando são outros conteúdos seus que falam pela sua boca sem você perceber? Como pode falar de algo que ainda não vivenciou? E como ainda insiste em trocar, se não pode definir se o outro realmente tem aquilo que você quer trocar? E como vai reciclar, se não sabe nem por onde começar ou por onde está a circular?

Principalmente, se você anda em círculos e não percebe que está por se repetir mecanicamente em muitas escolhas e atitudes. Não é porque você acabou de conhecer ou porque foram legais com você que há de se envolver em uma relação tão intimista e pessoal de cunho místico. Lidar com energia é mais ou menos como lidar com o corpo. Há riscos sim e deveria ser uma prática "sagrada" e pessoal. Da mesma forma como você não leva todo mundo que vê na rua para sua casa, não tem nem precisa lidar com o que é traduzido sumariamente como "magia" o tempo inteiro. A elaboração de uma Subcultura Vampyrica ocorria em fanzines e pequenos eventos particulares pelo menos até 1985 e também em listas de correspondências durante os anos 1970 e 1980, até a popularização da Internet na década de 1990, no exterior. Por aqui o tema só começou a ganhar fôlego e até mesmo entrada na primeira década do século XXI – e o tal desenvolvimento foi amplamente narrado no capítulo anterior. Conteúdos relacionados a "Energia, Corpo e Sacralidade" por muito tempo foram temas ausentes de aprofundamento e até mesmo inexistentes nas publicações do gênero Vampyrico e em outras que se apropriavam da imagética do vampírico com finalidades *mágickas*, pelo menos até o século XXI. Só mesmo a partir das primeiras edições do *V Book,* de 2003 em diante, percebemos uma entrada no tema e o começo de um reconhecimento respeitoso com o "outro", e também do limite do outro e do corpo do outro. Algo inovador no ano 2003 – inovador principalmente por ser uma das primeiras vezes que tais conteúdos presentes e correntes entre os integrantes da Subcultura eram retratados em uma publicação com fácil acesso. As publicações picaretas, como os hilários manuais (masturbatórios!) práticos vampíricos, desconheciam por completo esta temática – de usar do próprio espírito para aprender a conviver bem com o próprio corpo, com a própria historicidade e com o desenvolver de vínculos saúdaveis e justos com outras pessoas fora da Subcultura. Não admira que em 1995 o livro de Gordon Melton, que nunca explorou a temática da Subcultura Vampyrica e menos ainda a Subcultura Gótica apropriadamente, provavelmente tenha se baseado nas tolices dos grupos que misturavam em uma salada só panteísmo e monoteísmo malvado – para jovens superficiais – para chamar quem vivia um modo de vida Vampyrico ou vampírico de adolescentes problemáticos.

Desenvolver vínculos saudáveis, manter e sustentar relações com trocas de ideias, amizade, ética, honra, sinceridade; estabelecer vínculos afetivos sérios ou estruturados e com planos de longo prazo, pelo menos ao encontrar a pessoa certa, são padrões presentes no ideário Vampyrico e são pontos de aglutinação muito valorizados pelos integrantes da Subcultura, tanto nas vertentes sociais quanto nas vertentes neopagãs.

Algumas terríveis doutrinas pregavam o trato das outras pessoas como pertencentes a um rebanho de gado e passivas de serem feridas socialmente pelos mandos e desmandos do vampírico em questão. Tanto nas publicações de livros quanto na Internet são normalmente tratadas como necessidade de autores não maduros que desconhecem objetivamente os padrões Vampyricos, não conviveram no meio e ainda se apropriam de historietas da Inquisição para reinventá-las e publicar em seus livros. Este foi o caso muito malfadado de um autor de Nova York que até hoje tem sua reputação bastante comprometida tanto no tema Vampyrico como também no tema Subcultura Gótica. É triste narrar esse tipo de coisa, porque, afinal, como integrante de uma Subcultura Vampyrica, gostaríamos de ver e de ter acesso a informações coerentes e que ilustrem nosso modo de vida como elementos procedentes. É triste quando compramos um livro e apenas encontramos *egotrips* intermináveis de autores preocupados somente em enrolar pessoas e sustentar ideias de modos de vida autodestrutivos. Novamente algo muito incoerente com a postura Vampyrica. Se é para imaginar e inventar, vá escrever ficção científica para podermos ler e nos divertir. Mas, na vida como ela é, pessoas pagam o preço pela imaturidade e picaretismo de certos autores. Uma pessoa que escolhe uma vida de autoconhecimento, um pensar mais orgânico, começa a desvincular-se de parâmetros sociais e culturais estagnados em busca de um caminho de individuação pelo qual possa sustentar seus valores, posturas e escolher seus vínculos afetivos e sociais de forma natural e saudável. Vem a ter uma noção importante de motivos porque escolhe algumas coisas e não outras – sem a necessidade de precisar oprimir ou de didáticas de violência para com terceiros.

A longa tradição de propagação de ideias distorcidas e inventadas em livros e Internet contendo como foco atos de desrespeito, não elaboração de vínculos sociais saudáveis, posicionamentos a favor da defesa da incapacidade de se estabelecer relacionamentos afetivos saudáveis (internos ou externos à Subcultura) e franca agressão, parasitismo e política de choque contra terceiros, prossegue até hoje em alguns autores, como Konstatinos e Michael W. Ford. Eles não são os únicos culpados. Afinal, pessoas compram os livros deles e adotam suas posturas imaturas, como forma de agredir terceiros – justificando assim sua imaturidade, falta de caráter e severos problemas emocionais, que nunca tiveram e não têm nada a ver com Subcultura Vampyrica.

Não existem obrigações (tampouco dogmas) sobre o que deve e o que não se deve aceitar na Subcultura Vampyrica. Ninguém é obrigado a aceitar um valor laico ou neopagão para si dentro do espaço eletrônico ou de um evento para se vincular à Subcultura Vampyrica. Se um sujeito não tem afinidade com alguns elementos simbólicos da Subcultura, isso não consiste em uma distorção dos conteúdos Vampyricos. Nesse caso, uma distorção seria uma pessoa alheia ou desconhecedora desses conteúdos adentrar o espaço eletrônico ou de um evento afirmando que o conteúdo da Subcultura não deveria existir. Pode ser cômodo e prático dizer que possui um "modo de vida Vampyrico" como desculpa para justificar sua ausência de ética, de maturidade e de conhecimento, bem como de vivência nesta Subcultura, para tratar terceiros como "predados", "rebanho", "vítimas" e afins. Se prestarmos bastante atenção a esses processos de preconceito e mesmo de didáticas da violência, veremos que não são nem um pouco diferentes daquilo que é sustentado na cultura dominante.

Quem escolhe um modo de vida Vampyrico, escolhe vir a ser alternativo aos padrões dominantes justamente pela falta de pertencimento, sentido e outros elementos incapazes de lhe prover sentido. Sendo assim, escolhe um modo de existir profissional, familiar e afetivamente (em alguns casos) na cultura dominante, e busca a Subcultura como o meio onde possa viver mais próximo de pessoas e valores que lhe sejam mais orgânicos e convergentes.

A Subcultura Vampyrica nunca demandou, tampouco precisou de atos de agressão física, de mau-caratismo e de comportamentos abusivos como os pregados pelo pessoal e os autores irresponsáveis que defendem didáticas de agressão aos não integrantes e que não se afinam com o vampírico e menos ainda com o Vampyrico. Esses autores se esquecem de que vivemos em sociedade, em um ecossistema bio-psico-sócio-espiritual e que as pessoas agredidas ou sacaneadas pelas políticas de didática da violência reagem. A reação se dá na perda de oportunidades de ascensão profissional, manutenção de estereótipos negativos, boatarias, perseguições religiosas e acusações civis sobre os que vivem um modo de vida Vampyrico de forma saudável e responsável.

Gradualmente, as pessoas que escolhem seguir diretrizes e didáticas de agressão começam a se deparar com uma rejeição interior (dificilmente são capazes de reconhecer este fato sozinhas e sem intervenção terapêutica) e rapidamente partem para os excessos físicos e sociais como forma de afirmação (só intensificam e mascaram assim suas feridas). Externamente, sua vida social se torna instável, dificilmente conseguem mantê-la em uma cena alternativa, precisando mudar de emprego constantemente e de endereço também. Na faculdade precisam trocar de turmas cursando várias vezes. Não avançam socialmente e há um sem-número de pormenores para ser citados aqui, baseados em observação verídica ao longo de uns bons anos. "Transgredir violentamente tudo e todos apenas demonstra raiva para consigo e bloqueios interiores expressivos que não levam a nenhum lugar metafísico. Atitudes como bombardear um vilarejo pela paz; guerrear pela passividade; ou ainda transar pela virgindade" – apenas levam a francos ataques verbais irônicos de terceiros. Outro ponto interessante é que autoagressão, rigidez de conceitos, autocastração, rejeição por aquilo que vem a ser refletem sobre o corpo com dores musculares até mesmo somatização de doenças bem graves, as quais para ser resolvidas demandam muita terapia e intervenção médica. Como é e como fica sua Energia, Corpo e até mesmo sua Sacralidade... Uma tríade que deve ser levada em consideração ao escolher estacionar as ideias em alguma vaga aparentemente confortável e que venda um falso poder imediato.

O resultado de longo prazo, enfadonhamente observado e comprovado ciclicamente, são as mesmas pessoas que praticam todos esses elementos imaturos, sem aprofundamento algum, que sempre após alguns meses anos "reaparecem" dizendo que ambas as vertentes da Subcultura Vampyrica são apenas uma fase, ou que cresceram e isso não era algo sério – e que eles agora são gente grande. Como você já leu em capítulos anteriores, integrar uma Subcultura não é apenas "fase" e, em maior ou menor quantidade, temos pessoas de faixas etárias e profissões variadas inseridas no contexto de uma Subcultura e que são capazes individualmente de prover sentido, direção e pertencimento para suas vidas.

O que vem a seguir não tem nada a ver com mero hedonismo, uso de lentes, *fangz*, maquiagens carregadérrimas, corpetes *tigh lacing*, visuais teatrais, cabelos coloridos, *body modifications* e toda a vasta gama de possibilidades fashionistas presentes no contexto da Subcultura Vampyrica. E menos ainda afirmar que é algum personagem no qual você entra e sai o tempo todo, embora os *Aethesics* citados sejam patrimônio cultural e uma peça-chave no desenvolvimento de uma Subcultura pelo mundo todo. Isso também não tem nada a ver com a orientação sexual que cada um tem para si. Uma porcentagem muito grande de pessoas não se aceita geneticamente como é. Neste ponto falo corporalmente, e esse é um elemento que anda muito próximo da vida interior de alguém. Afeta o que cada um pensa de si, as escolhas pessoais, escolhas profissionais, escolhas sexuais, manutenção de vínculos afetivos, pessoas com quem anda socialmente, etc. Não é um assunto raso ou superficial e requer autoaceitação, autoconhecimento e aprender a ficar consigo se olhando e se entendendo. Isso realmente afeta e muito a vida pessoal de cada um; aceitar a própria voz, o próprio cheiro, o jeito de caminhar, o jeito de beber líquidos na hora do jantar, aceitar que pode ser bonito mesmo sem se encaixar nas cartilhas culturais e de algumas subculturas e tantas outras possibilidades que envolvem o corpo não é exatamente fácil e corriqueiro. Muitas pessoas preferem viver como campeãs dos monitores de computador, apenas falando de idealizações e ficções sobre si mesmas e odiando as vidas medíocres a que se condenam por agirem dessa forma.

Se concordarmos que uma vida Vampyrica até pode ser um escapismo saudável e pessoal da cultura dominante, precisamos concordar também que escolher um modo de vida Vampyrico em nenhum momento significa autoalienar-se, do corpo e do mundo e da sociedade que nos rodeiam. Primeiro, porque socialmente somos anfíbios, vivemos na subcultura e na cultura dominante. Então, precisamos estar bem conosco e com o que carregamos, para ficar bem com o mundo. Mesmo não concordando com o que vemos por aí, o mundo não é composto só por pessoas intratáveis, a Terra não é suja e o corpo não é impuro – e os prazeres da carne são suados, molhados e gostosos, ainda bem! Se isso o incomoda, cuidado com os ranços monoteístas que estão mordendo você pelos cantos. A grande parte das pessoas foge deste assunto chamado sabedoria corporal, com mecanismos de defesa invisíveis, como cruzar os braços, olhar para o chão, ficar aéreo, cobrir-se dos pés à cabeça com sobretudos de lã mesmo em dias quentes, desfocar o olhar e outras formas de evasão. Se você não aceita nem a si mesmo, como pode pensar em aceitar outros e, ainda, como pode tentar abordar ou dizer se aceita deuses e deusas, seja como deidades ou mesmo como apenas mero arquétipo de vida interior? Bem, tudo no mundo e na mente funciona como um espelho celeste. Definitivamente sabedoria corporal não tem nada a ver com promiscuidade e com nenhum tipo de excessos ou exageros de qualquer natureza que vemos por aí. Não tem nada a ver com os "pseudo-tantras-das-trevas" que a gente lê, não tem a ver com sodomia, escravização e menos ainda com aquelas pessoas chatas que só sabem falar de sexo e de como querem "comer você". Em décadas passadas, poderia até ser considerado alternativo manter relacionamentos múltiplos e participar de alguns excessos – só que atualmente isto se tornou banalizado e de patrimônio público da cultura dominante, da qual você que leva um modo de vida Vampyrico escolheu tornar-se alternativo. Existe uma presença de elementos orientais na moderna Subcultura Vampyrica, misturam-se elementos oriundos dos romances de Coleridge e dos cursos de Tantra nova-iorquinos. Apenas para situar o leitor: Sexo Tântrico não é sinônimo de Fetiche Vampírico. Sim, vampyricos fazem sexo por prazer, adoram prazeres sensuais, carícias e prazeres que possam durar horas e horas. A assimilação do Tantra na subcultura, ao contrário do que se pensa, começou muito antes de ele virar moda e teve influência notoriamente oriental – visto que desde a década de 1980 cursos e aulas relacionados ao tema existiam abertamente com o auxílio de professores de Yoga e espaços terapêuticos variados no exterior. Isso mesmo antes de Osho ficar famoso. Então tivemos a entrada do tema pelo orientalismo da cena – e não do que pseudoescolas de magia trevosa com fontes desatualizadas e monoteístas pregavam.

O fetiche é uma brincadeira bastante gostosa de representações, de assumir papéis provocadores, castos ou *switchers*, neste caso com um cunho sexualizado – aliás como quase tudo que existe no mundo e na vida o tempo todo. Do figurino do ambiente profissional ao visual das baladas. O fetiche, portanto, reside na forma como algumas pessoas conseguem tornar algo muito mais atraente e desejável para sí do que outras. Nesta questão teremos arte, vivência e habilidade.

Ao falarmos de Vampyrico, é mais fácil pensar em um fetiche bem combinado entre dois parceiros, algo intenso com momentos plenos, românticos, saudáveis, transformadores e certamente com entrega – e, por vezes, com elementos de magia sexual entre parceiros com vínculos saudáveis e estáveis. Sim, existe envolvimento, preparação do ambiente, cumplicidade – só que os conteúdos são diferentes –, mesmo imitando ou duplicando ensinamentos de Tantra. Até aí é melhor isso do que aquelas balzacas ou quarentões que alegam ser assexuados. O Tantra consiste em uma expressão cultural, religiosa e bastante diferente em teor e envolvimento do que a prática de um jogo de fetiche entre dois parceiros. Esse é um engano comum que vemos por aí em alguns livros da Subcultura

Vampyrica e também nos pretensos manuais de autores que apenas projetam seus delírios pessoais e suas necessidades de vender livro para quem não conhece nada sobre a temática Vampyrica, vampírica, ocultista, neopagã, orientalista. Enfim, fetiche não é sinônimo de Tantra. Ambos, praticados com propriedade, são enriquecedores e despertam a consciência por meio da sensorialidade, e os aptos transformam tal vivência em arte.

Agora que você conhece um pouco mais sobre o tema, pode se informar mais na ampla literatura e escolas especializadas sobre Tantra ativas no Brasil. Não confunda mais o que é Tantra com os jogos e visuais FETICHISTAS do filme de Stanley Kubric *De Olhos Bem Fechados*. Aquilo é uma encenação cinematográfica – a realidade dos frequentadores dos clubes fetichistas, dos espaços BDS&M de cursos de tantra pode desapontar as idealizações e fantasias comuns.

Em diversos níveis de compreensão, debatemos neste capítulo a questão da consciência, autoconhecimento e autoaceitação como forma de encontrar e tirar certos mecanismos de nossa historicidade do modo automático ou apenas instintivo. Reconhecê-los, aceitá-los e assim adquirir algum poder decisório ou centralizador, para não mais ficarmos à mercê e no louco bailar que por não percebê-los achamos que estão só nos outros. Isso, entre muitos outros pontos, é aproximar-se mais de sua natureza e de sua autointegração. Não se trata de autoidealização e, menos ainda, de uma busca que o transforme em um "robozinho". Você não entra nessa de Vampyrismo para tornar-se um produto socialmente aceitável – interna ou externamente à Subcultura. Não se trata de vestir ou de representar um personagem autoidealizado e mesmo estereotipado da vampira ou do vampiro do filme tal; não se trata de repetir roupas, movimentos, caras, bocas, cabelos, maquiagens e tantas outras possibilidades visuais. Não se trata de camisas abertas e peitorais bem definidos expostos para Vampyricos, nem de cintas-ligas e decotes bem posicionados e, menos ainda, do preço do corpete ou da bota para ser Vampyrica. Se você sustenta esse modo de vida Vampyrico, não precisa se impor, seu próprio padrão de escolhas e valores sustentados garante a atração do que precisa e a repulsão do que não lhe convém. Não adianta nada parecer "sexy" ou desejável como uma picanha ou uma fatia de lasanha, se você não segura o tranco interior – como alguns agrupamentos mais radicais fazem parecer propositadamente em fotos de eventos ou até mesmo de encontros privados. Essa é uma das principais críticas sustentadas na vertente neopagã da Subcultura em relação ao posicionamento exarcebado dado à questão excessiva e que beira à vulgaridade da exposição e priorização sexual no meio neopagão ou ainda na Cena Vampyrica. Não é liberdade, tampouco sexy, sustentar as ideias e práticas do *glamour* vampyrico baseado apenas em caras, bocas e movimentos copiados e coreografados repetidos como um robô.

Aliás, se olharmos bem, isso é um fator que já nos desestimula mesmo na cultura dominante e que foi severamente criticado ao longo do tempo na cena. Não se trata de puritanismo tosco ou ranço monoteísta, mas entrar para um meio alternativo só para repetir posturas e atitudes é complicado.

Isso não significa descuido ou relaxo de visual – ou uso de visuais "convencionais". Não se trata de perder a sensualidade presente na identidade Vampyrica, mas de não se tornar um objeto sexual – um boneco ou boneca para uso terceirizado. Perturbar alguém não é exatamente uma atividade mística, mas ela pode ser mistificada e encarada como tal por algumas pessoas. O caso mais comum, e até mesmo simples, envolve o ato do olhar, que pode ser interpretado em expressões como: "olhou e ficou me medindo", "olhou para me sugar" e a famosa "olhou de tirar pedaço". Sim, isso incomoda a todas as pessoas mais ou menos sensíveis da face da Terra. O tal do "olho gordo" ou "mau-olhado" é frequente, comum, corriqueiro e mexe com muitos assuntos interiores conhecidos e também com os desconhecidos (aquele tipo de coisa que incomoda e que geralmente falamos que está em terceiros). O ato de olhar ou de tocar sem uma consensualidade incomoda, desvia o foco para uma atitude de guarda ou defesa, preocupação, tensão, receio e outras tantas. Não dá para pedir licença para olhar e geralmente o ato de olhar pertence ao "não controlável" e também ao tal do inconsciente e ao tal dos instintos naturais do ser. Elementos sexualizados atraem mais o olhar independentemente da conceituação ou do discurso pessoal – em qualquer parte do mundo –, independentemente do sexo; a única coisa possível a se fazer é aceitar e saber exercer o poder de atração e de repulsão (gestos bruscos, palavras negativas, palavrões, sair andando, em caso de risco físico chamar um segurança ou policial). Apesar de tudo, vivemos em um jardim selvagem o tempo todo – não deixamos de ser sexualizados em nenhum instante, não deixamos de ter corpo físico, não deixamos de ter reações sensoriais diferentes das que idealizamos ou planejamos. Só que somos responsáveis e também podemos ser responsabilizados pelo sequenciamento de escolhas que tomarmos, cônscios ou não. Fazermos de conta que não temos corpo, inconsciente, instintos, sexto sentido, memória comparativa, desconfianças, medos, inseguranças, é um escapismo danoso. Quando reconhecemos ou desconfiamos de que estamos sendo "olhados" ou "sobre um olhar", imediata ou gradativamente cessamos o foco principal e um incômodo pode sobressaltar a espinha. Daí não surpreende ouvirmos relatos da pessoa "que começou a sentir-se sugada" do seu foco principal de atenção. Que sentiu algum tipo de incômodo na pele (geralmente pelo tato) e aí vai da imaginação, do autoconhecimento e da vida interior de cada um os resultados seguintes. A certeza é de que a tensão e o instinto de sobrevivência vão aumentar sua adrenalina e isso envolve nervosismo e tremedeiras.

Os homens e as mulheres podem sustentar comportamentos introvertidos e extrovertidos e cada um reage de forma diferente ao ato de "sentir-se olhado". Existe a insegurança do "será que a pessoa me viu coçar a orelha?"; existe a invasão de privacidade e intimidade (quando se está absorvido em si ou "viajando" e percebe que sob um olhar você perdeu o barato que estava curtindo); a tensão do flerte consentido ou não consentido; falar com alguém e "viajar" no que a pessoa está falando e perder o foco. Todas essas são algumas das milhares de possibilidades orgânicas e naturais que qualquer um de nós pode experimentar ou se recordar de ter experimentado. Os mais observadores e imaginativos por natureza vão perceber que não é muito difícil descobrir informações superficiais sobre uma pessoa apenas olhando para ela. O horário do dia, a região, a roupa, o celular, a forma como pisa, o tipo de cabelo, a localização geográfica, anel de compromisso, corrente no pescoço, o que carrega na mão, a forma como carrega – são milhares de combinações possíveis e que facilmente podem ser interpretadas sem nada de "sobrenatural" ou "extranatural", a não ser que você realmente queira acreditar ou justificar para si dessa forma.

Infelizmente, as pessoas insistem em imaginar que de repente aconteceu algo sobrenatural consigo. Precisam imaginar ou tentar sustentar que estão sendo atacadas e que serão punidas assim por alguma coisa ínfima que cometeram. Muitas pessoas precisam se sentir culpadas mesmo não admitindo isso verbalmente. Outras tantas sentem que são "sujas" ou que seus corpos são instrumentos diabólicos, e que assim são tentadas pelo mal mítico. Infelizmente, também existe uma quantidade de oportunistas transtornados emocionalmente que precisam tornar pessoas dependentes deles ou se iludir que precisam se tornar dependentes de alguém. E assim começam joguinhos de dominação *versus* dominado, fetichistas e fantasiosos a se fazerem imaginados como vampiros psíquicos, vampiros energéticos, vampiros de alma ou esponjas psíquicas.

Alguns tentam vias consensuais de realizar seu fetiche (não esquecendo que eles são dependentes e incapazes de se comportar de modo diferente) e outros se utilizam de didáticas de violência, bullying e de intimidação. Dependência ou precisar se tornar dependente de algo ou alguém é uma característica antagônica e de imaturidade – bastante alienada e superficial, passando distante da identidade cultural Vampyrica, tanto nas vias humanistas/laicas como na vertente da Cosmovisão. Independentemente de a pessoa usar ou não um visual "vamp", a dependência em qualquer manifestação dela é uma característica que apenas atrasa a vida pessoal, afetiva, familar e profissional de qualquer um – seja a pessoa assediada pela dependência ou seja a assediadora. O melhor em ambos os casos é a busca por um acompanhamento terapêutico e a vontade de deixar de ser um parasita emocional ou um parasitado.

Como o leitor provavelmente deve ter deduzido ao longo da leitura deste livro, e principalmente deste capítulo, vir a ser um Vampyro ou um Strigoi não é uma escolha superficial e irresponsável – requer estudo e aprofundamento dificilmente limitável ou mesmo proibido por algum dogma, culto ou outros elementos. Os passos de um Strigoi se orientam por meio da edição do *Black Veil* de 2005 e são trilhados realmente apenas com o bom senso, a ética, a ambiguidade, o autodomino, o autoconhecimento, responsabilidade para com seus atos e o reconhecer que sua liberdade termina onde começa a liberdade do outro. Dentro dessa amplitude fica difícil sustentar crenças ou relações com o que as pessoas envolvidas superficialmente, tanto com o mito do vampiro quanto com a Subcultura Vampyrica, chamam de vampirismo psíquico – o ato de precisar ou da necessidade de sugar algo de alguém –, seja respeitosamente ou não e com tantas outras desculpas fomentadas dentro da cena por publicações irresponsáveis ou que buscavam agradar leitores para levantar fundos pessoais ou institucionais. Ainda na década de 1980, no exterior, houve muita desorientação e a utilização do termo *psyvamp* como adjetivo para diferenciar-se do vampiro sanguíneo – pessoas que tinham fetiche sexual por sangue. Com o aprofundamento da temática, de elementos de identidade, do caráter e de uma maturidade junto aos integrantes da cena Vampyrica, tanto o termo *psyvamp* como vampiro que não bebia sangue e lidava com energia deixaram de ser práticas correntes da cena. A prática do beber sangue se revelou insegura e muita gente morreu de alguma doença contraída assim. Hoje *psyvamp* é sinônimo de pessoa não Vampyrica, nem sequer vampírica com sérios problemas e transtornos emocionais. O auge de popularização desse conceito tanto na cultura dominante como por meio da Subcultura Vampyrica e outras subculturas ocorreu durante a década de 1990 com a infame publicação de bíblias satanistas monoteístas vampíricas. Seus argumentos apenas misturavam elementos oriundos do orientalismo e de óticas rígidas e não orgânicas, que se assemelhavam ao conteúdo de letras de intolerância e de ódio a minorias homossexuais e ao culto de elementos semelhantes ao dos espíritos obsessores de linhas espiritualistas mais conhecidas. Tanto assim que a maior parte do tempo, na Subcultura Vampyrica, essas publicações e seus seguidores eram motivos de chacotas e de desprezo, assim como para a Subcultura Gótica, como é facilmente comprovável no livro *HEX Files,* de Mick Mercer, da década de 1990. Citando Pierre Weill no tema sobre relações de dependência afetiva: *"O vampiro e sua vítima. Tu podes te libertar da corrente que te liga às tuas chaves; que te liga às tuas correntes. Tu podes também te livrar das chaves e das correntes".* Para a existência de um opressor ou sedutor, é preciso sempre que haja vítima ou alguém com atitude de vítima que sustente essa relação por causa da própria passividade ao papel de vítima que assumiu.

O que chamam de vampiro psíquico ou de *psyvamp*, neste caso, é uma pessoa que pratica comportamento de bullying, didáticas de violência e aquele sujeito que quer tudo para si, não se importando com o prejuízo que possa causar aos outros. Algo totalmente fora do contexto e inaceitável dentro da abordagem do Strigoi e também da Subcultura Vampyrica e dos seus simpatizantes e produtores culturais com vivência sobre o tema. Dentro de uma perspectiva aprofundanda e vivencial sobre temática Vampyrica e vampírica, é completamente inaceitável pessoas que queiram causar uma "morte psíquica" em outras pessoas, cerceando a vida por meio de didáticas de violência e chantagens fisicamente comprováveis delas até a morte. A morte, nesse caso, é quando a vítima perde sua identidade e passa a ser instrumento de satisfação e objetização daquele que empregou sua didática de violência e todos seus transtornos e desarranjos emocionais. Tanto a vítima como a pessoa "que se engana pensando-se vampírica" não confiam em seus próprios recursos para realizar – uma carga de superficialidade e autoidealização e de vertigem sem comparações. Ao sujeitar-se a isso, uma pessoa demonstra claramente a não confiança na sua capacidade de prover satisfação, sentido e crescimento para si. Em ambos os lados dessas relações doentes, é preciso que haja inconscientemente alguém que queira ser a vítima e outro, o algoz. Quando um dos dois lados trouxer para o consciente e entender o que o deixa vulnerável, reconhecendo e se integrando com esse conteúdo descoberto, a relação opressor-vítima é rompida internamente. Sequencialmente, a relação exterior começa a se fragmentar e, muitas vezes, é necessária a exposição do tiranizador e suas ações criminosas. Se o tiranizador descoberto for violento, é sugerida a busca por ajuda policial, pois a antiga vítima pode ser alvo de algum crime.

O chamado vampirismo psíquico ainda é um ranço que os integrantes da Subcultura Vampyrica levarão tempo para, com informação e tolerância, desfazer, em relação a seus enganos e problemas sempre negativos que atraem para a cena. Como o próprio nome já indica, a questão do vampirismo psíquico e suas variações pertence mais apropriadamente à Psicologia e à Psicanalítica, dado o fato de estarem relacionados diretamente com insuficiências emocionais, autoidealizações excessivas, encouraçamentos de caráter e tantos outros sintomas que afligem as pessoas que nada têm a ver com Subculturas alternativas urbanas. Observando de forma lacônica, existe na realidade-espelho muitas pessoas que precisam roubar coisas umas das outras, agredir por intolerâncias diversas e procuram apenas desculpas para fazer isso. Há superficialidade demais e escapismos bem negativos que infelizmente ainda os fazem se iludir utilizando uma temática vampírica e, às vezes, até mesmo Vampyrica. O vampirismo psíquico ou *psyvamp* nada mais é do que uma brincadeira de fetiches intelectuais, brincar de quente ou frio, enrolar um ao outro em parasitismos e em artifícios de um jogo agônico de dominador *versus* dominado. Quem rouba faz de conta que sugou e que adquiriu poder e quem perdeu se sente sugado, justificando assim sua perda de motivação. Um desequilíbrio comportamental ou mesmo uma neurose podem ser responsáveis por fazer alguém se sentir como um vampiro de energia. Aliás, uma análise dos aspectos das cartas reais do naipe de Copas do Tarô quando descompensadas oferece muito sentido para esses casos de vampirismo psíquico e o teor dos seus praticantes.

Egocentrismo é quase sempre uma porta para alguém querer afirmar-se como um agressor psíquico ou mesmo como são chamados na cena do exterior: estuprador psíquico ou bolinador psíquico. A palavra sedução ou seduzir são usadas como forma de controle, o canto da sereia. Existe um livro sobre esses vampiros emocionais aqui no Brasil, escrito por Domingos Pellegrine, que nos oferece dez tipos de vampiros emocionais, *psyvamp* ou de vampiros psicológicos bastante interessantes, provocando na vítima um estado irado, raivoso, sugando-a assim em seu estado de cólera.

A principal ferramenta de saída desses casos de *psyvamp*, vampiro psíquico, é a vítima resolver entender e tratar das questões internas que a tornam alvo de uma pessoa emocionalmente instável. Sua incapacidade em se prover de autossustentação, sentido, direção e outros fatores sempre a fazem cair vítima de pessoas instáveis e tiranas, ou ainda da sedução de dependência de outro para fazer por ela o que ela não é capaz de fazer por si. Ao escolher a responsabilidade perante o viver, não há nesessidade de projetar dependências ou outros conteúdos em terceiros.

Este conjunto de comportamentos de dependência, codependência, insuficiências diversas, não aceitação de si, não aceitação de terceiros, só permanece enquanto alguém vivencia um problema de adaptação consigo (interna ou organicamente) e com o meio social ou com o ambiente natural – a partir do instante em que esses problemas são resolvidos, tais comportamentos, vulgarmente chamados de *psyvamp*, vampirismo psíquico, parasitismo ético e afins, deixam de existir. Alguém insertado nesse padrão de comportamento ou que o manifeste e que tente aprofundar essa alienação acaba invariavelmente caindo como vítima – e quando um parasita por mais bem-intencionado ou respeitoso (se isso for possível) encontra outro parasita, a tendência é ambos mergulharem em uma relação doentia e cheia de autoidealizações destrutivas para ambos.

A incapacidade do estabelecimento de vínculos sociais e afetivos saudáveis impede aqueles que sofrem desses transtornos emocionais, e se idealizam como *psyvamps* ou vampiros psíquicos, de obter relacionamentos maduros – e que lhes possam inspirar uma mudança e crescimento para saírem do comportamento de dependência de outros ou de ficarem à espera de algo que nunca virá, ou ainda da nostalgia sufocante do passado idealizado. É preciso coragem para escolher e trilhar um caminho que permita digerir toda essa falsa sensação de conforto e acomodação.

O estado de letargia e de mesmice gerado por essa acomodação se manifesta por meio de racionalismos e mecanismos de defesa que permitem às vítimas os paradoxos de imaginarem como é sentir e narrar o que imaginaram sem realmente sentir. Conhecimento sem vivência ou sem sentimento experimentado é uma forma de doença e de autoexclusão, encouraçante e extremamente danosa para o organismo, como o leitor bem sabe. Afinal, o corpo humano é natural, sensível, orgânico e em constante movimento interno. A mecânica de encouraçar sufoca a sensibilidade, atrofia os músculos, paralisa a sexualidade, congela a capacidade de digerir e outros fatores danosos que você pode imaginar ao ler outros conteúdos demonstrados sobre energia, corpo e sacralidade ao longo deste capítulo. Não admira que mais e mais eles apelem para o "usar a cabeça", jogos psicológicos e outros mecanismos de defesa para bloquearem a própria vitalidade – alguns deles você leu de forma resumida em parágrafos anteriores. O apego deles com a imagem do vampiro inventado pela Inquisição como morto-vivo (incapaz de sentir), monstro parasita e outros adjetivos, serve como um espelho para si e sua incapacidade de ficar consigo sem precisar se ver como dependente ou como ser capaz de se integrar com tudo que rejeita de si experimentado em sua história de vida. Certas piadas contadas muitas vezes ganham vida própria na cabeça das pessoas. É de se pensar como artística e metaforicamente as pessoas inventavam formas de matar os símbolos e os comportamentos que lhes assustavam nos séculos anteriores. A estaca no coração, o coração do vampiro era seu estômago sedento. Os afetos que engolimos podem significar alimentação – ao destruirmos simbolicamente esse coração-estômago, simbolicamente temos um rompimento, um acabar de vez com tudo o que é nocivo, de que o vampiro da historinha ou daquele enredo se alimentava. O ato de cortarmos a cabeça do vampiro traz uma ideia de dar fim ao racional excessivo e doente incapaz de sentir ou de sensibilizar-se. Uma forma de trazer novamente o emocional trancafiado e adoentado por excessivos e dicotomizantes racionalismos. Simbolicamente, a cabeça mal usada apenas gerava defesas e mais defesas e atitudes racionais que bloqueavam todo o processo e racionalizavam tudo. Agora, sem ela, a emoção volta a fluir e a razão e a idealização doentia não são mais usadas como defesa. Integram-se o consciente e o inconsciente, integram-se novamente o sentir e a razão – sintetiza-se um extenso processo. Não admira a necessidade exarcebada de poder e de controle, o ato de viver sob os aspectos arquetípicos desequilibrados, idealizar deuses e deusas noturnos como diabos e diabas, invenção de dogmas violentos, castradores e severos, revanchismos doentios e a edição de bíblias e mais bíblias vampíricas com cárater de criar ainda mais controle e repetir inconsciente e conscientemente padrões de intolerância à polaridade feminina natural – culto de mulheres masculinizadas. A sensibilidade é tratada como fraqueza, o constante movimento e a não hierarquização como elementos nocivos, a ausência de liberdade e a privação como bem-estar almejado; há a necessidade de líderes paternalistas e capazes de extremos ainda mais densos e racionalizados. A presença do processo extático e de uma metodologia xamânica na Cosmovisão Vampyrica, quando corretamente utilizados, elimina os excessos do pensar, também do apenas sentir. Para o vampiro psíquico ou o *psyvamp*, a noite é apenas o escudo do ladrão e o lugar onde ele pode andar escondido por idealizar-se como marginal, como excluído e para poder esconder-se de seu corpo que tanto o perturba, de sua carne e de sua sensibilidade – afinal, ele se considera impuro e idealiza estados de perfeição que apenas existem dentro da sua cabeça. Ali fica tudo na sombra como algo ruim, como algo sujo, a qual ele não precisa reconhecer como sua e pode dizer que está sempre nos outros, dos quais precisa depender, e só consegue se relacionar como dominador ou como dominado. Nos casos mais profundos desses comportamentos, a pessoa é incapaz de reconhecer outras das milhares e mais saudáveis possibilidades de convívio. É preciso coragem e ser capaz de se oferecer substância, sentido e mesmo colo, para aguentar trazer essa autoidealização, tanta dor, tanta incompreensão de si para o consciente e deixar que o seu sol interior, seja ele um sol branco ou um sol negro, o conscientize, sensibilize, elimine tanta autoidealização e tanta sede de procurar nos outros o que carrega em si. É preciso amor- -próprio para conseguir se carregar ao longo da dor angustiante de aceitar a própria carne e a própria história de sua vida, que não é nem passou perto da forma como tanto idealizou. É preciso ardor para tirar tanta coisa da sombra pessoal e aprender a se aceitar e reconhecer que nunca esteve fora ou que foi abandonado pelo orgânico, pelo natural e pelo seu complemento feminino, no caso dos homens, e masculino, no caso das mulheres. Quando esse comportamento imaturo, sádico, covarde, castrado e que impede a pessoa de se relacionar de forma saúdavel com as outras, erroneamente chamado de vampírico ou até mesmo de Vampyrico, dissolve-se, as relações sociais adquirem novo entusiasmo e a pessoa que foi vítima, independentemente do estado que vivenciou de dominador ou de dominado, não mais necessita de tudo isso e pode, a partir daí, começar a viver. Porém, todo o processo de equilíbrio se inicia e se mantém pela inspiração e vontade de quem está com o problema e reconhece a necessidade de mudança e mesmo de cura. Não perca seu tempo tentando salvar alguém nesse estado nem ficar falando que ele pode mudar. Você pode incentivar, mas tudo tem o próprio tempo – se você estimulou a mudança e a pessoa continua na mesma, não perca seu tempo. Encerre esse vínculo afetivo ou social e cuide de você; é o melhor caminho de equilíbrio e de bem viver que posso recomendar.

Apesar da estética "Vamp" predominante nos integrantes da Subcultura Vampyrica, ela não incentiva nem valoriza a violência agressiva contra outras pessoas, como outras Subculturas urbanas o fazem. As agressões normalmente acontecem por intermédio de grupos externos que podem passear socialmente pela Subcultura. Geralmente ocorrem de forma gratuita contra Vampyricos e Vampyricas por eles não esconderem o que são. Inexistem apologias, violência ou agressão física no modo de vida Vampyrico. Porém, há grupos que podem fazer uso do vampírico como adjetivo ou caricatura, o importante é não confundir esses grupos que passeiam pela cena Vampyrica com valores e identidade dos integrantes da Subcultura Vampyrica. Não fazemos apologia à "brutalidade" ou à "agressão"; sob uma ótica Vampyrica, ter força é tomar decisões por si e sustentá-las com responsabilidade pelo que escolheu. Não existem e nunca existiram testes de admissão para tornar-se Vampyrico. Se grupos externos e alheios que fazem algum uso adjetivo do vampírico valorizam a violência, esclarecemos que para os Vampyricos a valorização da violência não é nem nunca foi um fato essencial.

A valorização da violência nunca funcionou e nunca foi coerente com os conteúdos da Subcultura Vampyrica. Nos dias de hoje, vemos pessoas que ainda não se aperceberam ou se conscientizaram disso. Normalmente são elementos desinformados e desvinculados dos caracteres de identidade da cena Vampyrica, e que tentam utilizar o vampyrico e o vampírico em uma pregação dogmática e pueril para arregimentar pessoas violentas, imediatistas, com transtorno bipolar, pessoas cindidas em geral. Não são pessoas de palavra, verdadeiras; não são coisa alguma e não se assumem como coisa alguma, e que apenas assim podem realmente fazer algo pelas coisas que não integram (e sequer entendem ou realmente vivenciaram). E assim elas constituirão mais uma vez a galera das galeras que irá erradicar todas as outras e impor sua vontade. Como em uma ordem medievalesca de algum filme ou romance fantástico que acabaram de ler. Desde a década de 1990, vejo tais grupos se autoimplodirem e desmoronarem com a mesma velocidade que começam. Acabam sempre por escorregar na própria casca de banana.

Existe uma falta de informação muito grande na cultura dominante em relação ao uso do termo **pagão**. Vamos especificar que tanto paganismo como o neopaganismo não são e nunca foram sinônimos ou variações de satanismo. É certo que muitas pessoas usem de forma superficial, sinônima ou meramente adjetiva ambos os termos. É correto também que pessoas da cultura dominante, ao verem artes, músicas e roupas alternativas presentes na Subcultura Vampyrica (e em outras também), façam essa confusão e uso impróprio dos termos. Porém, quem se vincula a uma Subcultura, independentemente do grau de vinculação, deve saber algumas informações básicas para poder esclarecer e evitar problemas pessoais ou profissionais. Outro engano comum da cultura dominante é associar o pagão a algo criminoso. O elemento pagão está à margem do culturalmente aceito, mas ainda assim é o pilar oculto que com o monoteísmo sustenta a chamada cultura ocidental e todo o seu repertório – como já dizia Camille Paglia. As práticas, ou a Cosmovisão pagã, só são criminosas, diabólicas e transgressoras como desculpa para barbáries e manutenção da própria superficialidade. Alguns fazem uso de um visual ou atitude feral para compensar sua própria alienação e incapacidade de aceitar que aquilo que odeiam está em si e não nos outros ou nos seus objetos de ódio, sejam afetivos ou culturalmente aprendidos. A Cosmovisão Vampyrica amparada no atributo pagão é natural, simples, orgânica e "comunga" com a natureza como ela é – com coisas bonitas e com as coisas feias. Isso se chama equilíbrio e está dentro do pagão; tudo é parte de tudo e nada está fora. Somos todos um sistema integrado: natureza, deuses, animais, pessoas, árvores, bactérias e o que mais houver. Não há dicotomia, inexistem o bem e o mal; há apenas ecossistemas naturais e autorreguláveis. O predador tem tanto espaço quanto o predado, quanto o decompositor, quanto o herbívoro... Vivemos em um jardim selvagem, onde somos responsáveis pelo que escolhemos sem qualquer espaço para hipocrisia.

Invariavelmente, essa observação do natural não requer dogmas tampouco mistérios inventados e intermediados por pessoas que não conseguem lidar com seus aspectos mais básicos, como sexualidade, lado infantil, desvincular o *pater spirituales* (ou a própria coluna vertebral do corpo) do pai físico, desvincular a "Thea Mater" da mãe física. A própria espiritualidade eslava e a nórdica sempre apontaram que a natureza é indiferente e o único caminho para sua compreensão é o coração. Aceitar-se como é, e como parece, do jeito como pisa e com o tom da própria voz é difícil para quem se idealiza ou que ainda idealiza e projeta um sagrado mecânico e monoteísta. Não é preciso revoltas, brigas e oposição radical – ou ainda fazer o jogo da criança descontente (o papel de vítima típica que na Subcultura Vampyrica tanto criticamos). Aceitar que não somos o que idealizamos é assustador, pois envolve o tato e o olhar do corpo no espelho, logo depois do banho. Envolve descobrir que se é falível, imaturo, que errou e foi incapaz de lidar ou sustentar situações para as quais se julgava hiperpreparado. Envolve perceber que não é único, e não é um ser autobrotado, e que se encaixa, sim, dentro de alguns arquétipos e que tem outros e outras muito parecidos na escolha dos atos e ideias por aí. Você não é como idealiza, não viveu como imaginou viver, não se socializou, tampouco compactuou ou comungou realmente consigo como pensava. Se você realmente não aceita algumas coisas que existem em você, como vai conseguir se integrar com elas? Se você não consegue se integrar consigo mesmo, como espera integrar-se com a natureza e ao mundo à sua volta? Idealizar-se não resolve. Não adianta pensar ser único e menos ainda se idealizar único – porque isso é um artificialismo, uma autoidealização e uma vertigem, nos melhores casos. Mas admitir-se como parte de algo, entender que há outros com características semelhantes e que em muita coisa você é regido por um arquétipo, ou se preferir uma deidade, tudo muda de figura. Claro que, no começo da primeira década do século XXI, certa escritora da cena Vampyrica saiu desesperada vendendo livros (como faz até hoje, sempre modificando suas ideias, assumindo posições sociais incoerentes, conforme seu editor cobra) e até mesmo publicou gratuitamente "rituais" inventados e sem aprofundamento algum sobre como "abrir-se energeticamente para ser devorado por deidades negras", e alguns meses mais tarde mudou todo discurso em outros livros. Quem está começando vai encontrar muitas pérolas desse tipo tanto nos *sites* em inglês como em português – um verdadeiro labirinto de informações, em que, se você perder seu senso comum, "dança fácil". Tem gente que lê sobre tal assunto e acha que deve realizar alguma bobagem parecida sem preparo ou na mão do pretenso metido a fazer magia da turma com a qual anda por aí. A gente também lê coisas realmente frustrantes, que não têm coisa alguma a ver com magia, Subcultura Vampyrica e outras que envolvem invasão de cemitérios à noite e comportamentos irresponsáveis e promovidos por aqueles que não têm vinculação nem adesão alguma com nossa Subcultura, mas que ficam por aí dizendo que são vampíricos... Isso é muito frustrante. Existem pessoas que usam essa crença ridícula de superioridade e a expressam por meio de frases e atos desprezíveis, como "tenho essência vampírica", "nasci com essência vampírica" ou derivados, como uma forma de foguete motivacional de entusiasmo, projeção social e ainda como discriminação a outras pessoas. Infelizmente, essas necessidades estão presentes na Internet e em diversos outros contextos humanos neste planeta. Como Vampyros ou Vampyras, **NÃO** somos raça, nenhum tipo de seita, Ordem, sociedade secreta, irmandade, movimento elitista, "muleta de ego alheio", etnia, partido político, jogo de representação, governo secreto ou equivalentes. Não tem como nascer assim ou com uma essência vampírica e, menos ainda, com uma alma vampírica. O "próprio" surgimento do termo vampírico, seu uso político, sua etimologia cronologicamente colocam abaixo esta possibilidade. A forma como você existe dentro do tempo, do espaço, da vida social e como você faz suas escolhas, sustenta suas ações e obter os resultados comprováveis delas é o que continua valendo para todos à sua volta, seja na Subcultura Vampyrica ou fora dela. Sua "história pessoal" é a sua verdadeira "essência", ou destino, ou quem sabe sina. Seu passado e seu futuro são fatias de seu presente inteiro; seu futuro imediato está inteirinho no que você escolher agora no presente. Então, você deve ficar ligado sempre com sua autenticidade e respeitar sua coerência no que vai escolher. Ou seja, a essência de alguém é sua "história pessoal", um conjunto de escolhas, vivências, ideias – já feitas ou a fazer e como escolhemos e como pensamos nossos pensamentos. Falamos de apropriação de nossa própria história ao falarmos de essência. Do contrário, podemos acabar caindo vítimas de nossos próprios mecanicismos, determinismos, perdas de vitalidade para os outros ou ainda para nós mesmos – a tal da autossabotagem. Naturalmente a questão da essência pode ser estudada e aprofundada na Filosofia, Psicologia, Ontologia, Fenomenologia e outras áreas de conhecimento acadêmico. Aproveitamos para informar que **NÃO** existe e nunca existiu nenhum tipo de ritual para tornar-se ou converter-se em um Vampyro ou uma Vampyra. **NÃO** existe nenhum tipo de mordida encantada, nenhum tipo de pacto ou qualquer coisa parecida. Como disse antes, somos pessoas que, por escolha de vida ou de cunho esotérico, resolvemos nos vincular ou integrar uma Subcultura e seus costumes, assim como podemos escolher nos desvincular dela. Na Subcultura Vampyrica tem-se o costume de utilizar um nome diurno, que é aquele que consta em nosso RG, batismo e outros documentos, normalmente escolhido pelos familiares mais próximos. Porém, temos também o costume de adotar um nome noturno, que elegemos no transcorrer da nossa vivência na Subcultura Vampyrica. É um nome que expressa melhor nossas características emocionais, nossa historicidade pessoal e até mesmo pode dar dicas de nossos gostos mais reservados. O Vampyro com "Y" considera o sangue uma metáfora para a necessidade de evoluir sempre; assim como o sangue que nunca para, você nunca deve estagnar suas ideias e sua vida. Sangue para nós é uma metáfora para algo mais sutil chamado de força vital (Prana). Esta metáfora também simboliza os elos de gostos culturais e estéticos formados pelas cenas Vampyicas de todas as cidades. Ser um Vampyro é muito mais do que a mitologia hollywoodiana mostrou e **NÃO** necessita do consumo de sangue físico para satisfazer a fome ou a sede espiritual. A brutalidade cotidiana parece insistir que devemos visceralizar e exagerar no que sentimos para realmente justificarmos nossos sentimentos reais. Nesse atropelamento perdemos a ambiguidade, a subjetividade e acabamos mecanizados e brutalizados – e perdemos a chamada consciência ou a presença... Outro ponto que deveria estar claro a esta altura é que Subcultura Vampyrica não tem, tampouco precisa, o que podemos chamar de "textos sagrados ou dogmáticos" nem de ideologias e afins. Também não existe uma espécie de liderança única ou governo ou alto sacerdote Vampyrico, ou qualquer coisa parecida. Isso não impede de aparecer sempre algum candidato, que é extremamente mal recebido e tem seu filme socialmente bem queimado. Então, pare com essa história de querer engessar suas relações sociais e afetivas nessa insanidade de mestre *versus* discípulo e de precisar da aprovação de terceiros **"para vir a ser" e viver sua própria vida com responsabilidade pelas consequências boas e nefastas de seus atos**. Não temos e tampouco precisamos de uma bíblia vampírica ou Vampyrica ou de alguém que nos diga que só poderemos chegar a algum lugar ou a algum estado "sagrado" apenas e exclusivamente por intermédio dele. O mais próximo que temos são textos informativos e livros que abordam o tema sob diversos prismas e que compõem ou pelo menos tentam formar opiniões acerca dos diversos aspectos de identidade e dos símbolos componentes da Cosmovisão ou do fashionismo desta Subcultura.

Despedidas, desperdiçando o amanhecer e esperando o manto aveludado da noite

Enfim, é chegada a hora de nossa despedida. Tudo tem o seu tempo de existir.

A partir do sequenciamento de letras, expressando ideias, impressões, resultados e observações, dividimos juntos um espaço de tempo noturno transcendente e uma longa jornada estética por meio do elemento fluido que é a cultura. A cultura é expressa como água, como rio, como fonte, como cachoeira, como pântano, como rio subterrâneo que não detém e constante, sempre fluindo rumo a um oceano. Talvez eu e você, liricamente, tenhamos cavalgado junto a esses ventos noturnos que vêm do oeste e sopram sobre essas águas que abarcam tantas cosmovisões. O final de uma jornada deve ser sempre comemorado com o melhor vinho ou absinto – como regem antigas tradições perdidas dos Bálcãs, romanticamente apropriadas e talvez inventadas na moderna Subcultura Vampyrica...

Isso não importa. Falamos de arte ao longo deste livro, comentamos mitos e ritos, abordamos como nossa história humana anda tão vinculada com o fantástico, e mesmo no coração das metrópoles modernas ainda vemos gárgulas e antigos deuses esculpidos nas frontes dos antigos edifícios iluminados pelas luzes amareladas mecânicas, com seus olhares pétreos ou férreos a nos interrogarem. Experimentamos o sopro do vento oeste em nossos cabelos. Talvez ainda venhamos a jogar novamente beijos para a Lua Cheia ou para a Lua Negra... Ao mesmo tempo que o ritmo eletrificado de um *stroble*, somado com o gelo-seco e potentes caixas de som, arremetam-nos ao êxtase da dança em um salão negro ao som do *darkwave* e do etéreo.

O que acontece agora? Vai de cada um e estas letras sequenciadas e as ideias contidas nelas serão interpretadas por cada leitor. Alguns encontrarão sentido, talvez um senso de pertencimento e as levem consigo, aprimorando e melhorando estes conteúdos. Provavelmente estas ideias hão de vagar junto ao leitor pelos quartos, bancos do metrô, ruas escuras, quintais, em rodas de amigos; quem sabe alcancem as chalanas do Rio Amazonas ou do Rio São Francisco...

É provável que elas atraiam bons encontros e a aproximação de outras pessoas afins em sua vida.

Nunca esqueça que é você, e tão apenas você, que assim pode iniciar esses bons encontros em sua vida, os quais podem levar à atemporalidade. Encontraremo-nos novamente? Um livro é apenas uma representação de encadeamento de ideias, fatos descritos e impressões. Ainda assim, é a representação de um encadeamento de momentos. Quer experimentar o que é um modo de vida Vampyrico? Não segure na mão de ninguém; experimente, envolva-se e estabeleça suas próprias conexões. Encontre na noite ou no dia suas próprias ideias e aja com responsabilidade para sustentar as escolhas que fizer. Que sua trilha pela noite seja repleta de inspiração, que você odeie todo e qualquer tipo de dogma, que sempre ame o ato de aprender, conheça doutrinas diversas que permeiam o solo brasileiro e que em seu coração sempre haja amor pela arte. Que existam sonhos e atos que estruturem esses sonhos. Nunca dependa de nada nem de ninguém para iniciar sua própria trilha. A qualquer momento de sua vida... Até o final de suas noites nesta Terra. **Veremo-nos alguma noite sob o longo e aveludado manto negro!**

Com Amor,
Lord A∴
Axikerzus Sahjaza
www.voxvampyrica.com
www.vampyrismo.org
www.redevamp.com
www.facebook.com/lord.a.oficial

MADRAS® Editora
CADASTRO/MALA DIRETA

Envie este cadastro preenchido e passará a receber informações dos nossos lançamentos, nas áreas que determinar.

Nome _____
RG _____ CPF _____
Endereço Residencial _____
Bairro _____ Cidade _____ Estado ____
CEP _____ Fone _____
E-mail _____
Sexo ❏ Fem. ❏ Masc.   Nascimento _____
Profissão _____ Escolaridade (Nível/Curso) _____

Você compra livros:
❏ livrarias   ❏ feiras   ❏ telefone   ❏ Sedex livro (reembolso postal mais rápido)
❏ outros: _____

Quais os tipos de literatura que você lê:
❏ Jurídicos   ❏ Pedagogia   ❏ Business   ❏ Romances/espíritas
❏ Esoterismo ❏ Psicologia ❏ Saúde   ❏ Espíritas/doutrinas
❏ Bruxaria   ❏ Autoajuda   ❏ Maçonaria ❏ Outros:

Qual a sua opinião a respeito desta obra? _____
_____

Indique amigos que gostariam de receber MALA DIRETA:
Nome _____
Endereço Residencial _____
Bairro _____ Cidade _____ CEP _____

Nome do livro adquirido: MISTÉRIOS VAMPYRICOS

Para receber catálogos, lista de preços e outras informações, escreva para:

MADRAS EDITORA LTDA.
Rua Paulo Gonçalves, 88 – Santana – 02403-020 – São Paulo/SP
Caixa Postal 12183 – CEP 02013-970 – SP
Tel.: (11) 2281-5555 – Fax.:(11) 2959-3090
www.madras.com.br

Este livro foi composto em Minion Pro, corpo 11,5/13.
Papel Offset 75g
Impressão e Acabamento
Orgráfic Gráfica e Editora — Rua Freguesia de Poiares, 133
— Vila Carmozina — São Paulo/SP
CEP 08290-440 — Tel.: (011) 6522-6368 — orcamento@orgrafic.com.br